Bildungsmarketing

Michael Bernecker

Bildungsmarketing

Die Deutsche Bibliothek – CIP:

Bildungsmarketing 2. Auflage

Michael Bernecker

Johanna Verlag, ISBN: 3-937763-02-3

Kieskaulerweg 71

51109 Köln

www.johanna-verlag.de

Erste Auflage erschienen bei Verlag Wissenschaft & Praxis unter der ISBN 3-89673-101-7

Alle Rechte vorbehalten

Das Werk einschließlich aller seiner Teile ist urheberrechtlich geschützt. Jede Verwendung außerhalb der engen Grenzen des Urheberechtsgesetzes ist ohne Zustimmung des Verlages unzulässig und strafbar. Das gilt insbesondere für Vervielfältigungen, Übersetzungen, Mikroverfilmungen und die Einspeicherung und Verarbeitung in elektronischen Systemen.

Printed in Germany

Inhaltsverzeichnis

I. EINLEITUNG	**1**
1. Zugang zum Thema	1
2. Aufbau des Buches	2
II. BEGRIFFLICHE UND SACHLICHE FUNDIERUNG	**9**
1. Bildung in der volkswirtschaftlichen Betrachtung	9
2. Bildung in der Betriebswirtschaftslehre	12
2.1 Bildung aus gütertypologischer Sicht	12
2.1.1 Überblick zu alternativen Güterklassifikationen	12
2.1.2 Bildung als Dienstleistung	13
2.1.2.1 Begriffliche Bestimmung	14
2.1.2.2 Systematisierung von Bildungsleistungen	16
2.1.2.2.1 Eindimensionale Systematisierungsansätze (Klassifikationen)	17
2.1.2.2.2 Mehrdimensionale Systematisierungsansätze (Typologien)	20
2.2 Bildung aus institutionaler Sicht	21
2.3 Bildung aus funktionaler Sicht	26
2.3.1 Bildung in der Beschaffung	26
2.3.1.1 Bildung als Beschaffungsgut	26
2.3.1.2 Beschaffung des Bildungsanbieters	28
2.3.2 Besonderheiten der Produktion von Bildungsleistungen	31
2.3.3 Bildung in der Personalentwicklung	35
2.3.4 Besonderheiten der Bildung als Absatzinstrument	39
3. Bildung in der Pädagogik	40
4. Bildungsmarketing	42
4.1 Bildung als Marketinginstrument	42
4.2 Bildungsmarketing als internes Marketing	43
4.3 Marketing für Bildungsanbieter	43
4.4 Strategisches Bildungsmarketing	44
III. INFORMATIONSANALYSE DES BILDUNGSMARKTES	**51**
1. Marketingforschung	51
1.1 Grundbegriffe, Aufgaben und Arten	51
1.2 Träger der Marketingforschung	54
1.3 Prozess der Marketingforschung (5 D der Marketingforschung)	55

1.3.1	Definition der Marktforschungsinhalte	56
1.3.2	Design und Datengewinnung in der Marketingforschung	56
1.3.3	Datenanalyse	59
1.3.4	Dokumentation der Ergebnisse	60

2. Methoden der Marketingforschung im Bildungsbereich — **62**

2.1	Standortforschung	62
2.2	Bildungsbedarfsanalyse	64
2.3	Qualitätsforschung	67
2.4	Zufriedenheitsforschung	69
2.5	Wettbewerbsforschung	73
2.5.1	Triebkräfte des Wettbewerbs	74
2.5.1.1	Marktform	77
2.5.1.2	Marktstadium	78
2.5.1.3	Wettbewerbsgleichgewichte	80
2.5.2	Unternehmensbezogene Determinanten der Wettbewerbsintensität	81
2.5.2.1	Ressourcen und Fähigkeiten des Bildungsanbieters	81
2.5.2.2	Ziele und Verhaltensweisen der Wettbewerber	82
2.5.3	Instrumente der strategischen Wettbewerbsanalyse	84
2.5.3.1	SWOT-Analyse	84
2.5.3.2	Lebenszyklusanalyse	87
2.5.3.3	Portfolio-Analyse	89
2.5.3.3.1	Marktanteil-Marktwachstum-Portfolio	89
2.5.3.3.2	Marktattraktivität-Wettbewerbsposition-Portfolio	91
2.5.3.4	Vergleichende Gegenüberstellung der Instrumente	93

IV. STRATEGISCHES BILDUNGSMARKETING — 99

1. Ziele im Bildungsmarketing — **99**

1.1	Zielarten	99
1.1.1	Ökonomische Ziele	103
1.1.2	Soziale Ziele	103
1.1.3	Pädagogische Ziele	104
1.1.4	Ökologische Ziele	105
1.2	Anspruchsgruppen und ihre Ziele	106
1.2.1	Interne Anspruchsgruppen	108
1.2.2	Externe Anspruchsgruppen	109
1.3	Zielbildung bei Bildungsanbietern	113

2. Strategieplanung im Bildungsbereich — 115

2.1 Grundlagen der Strategieplanung — 115
2.2 Unternehmensvision, -politik und -kultur — 116
2.3 Geschäftsfeldstrategien — 121
2.3.1 Abgrenzung strategischer Geschäftsfelder — 122
2.3.2 Marktarealstrategien — 127
2.3.2.1 Grundlagen der Strategie — 127
2.3.2.2 Nationale Gebietsstrategien — 128
2.3.2.3 Übernationale Strategien — 129
2.3.2.4 Dynamische Betrachtung der Marktarealstrategien — 132
2.3.3 Marktabdeckungsstrategie — 132
2.3.3.1 Gesamtmarkt (undifferenziertes Massenmarketing) — 133
2.3.3.2 Spezialisierung — 135
2.3.3.3 Marktnischenstrategie — 136
2.3.3.4 Dynamische Betrachtung der Marktabdeckungsstrategien — 138
2.3.4 Marktfeldstrategien — 138
2.3.4.1 Marktdurchdringungsstrategie — 140
2.3.4.2 Methodenerweiterung — 142
2.3.4.3 Zielgruppenentwicklung — 143
2.3.4.4 Markterweiterungsstrategie — 145
2.3.4.5 Leistungserweiterungsstrategie — 145
2.3.4.6 Strategie der Leistungsneuentwicklung — 146
2.3.4.7 Laterale Diversifikation — 147
2.3.4.8 Vertikale Diversifikation — 149
2.3.4.9 Dynamische Betrachtung der Marktfeldstrategien — 150
2.3.5 Wettbewerbsvorteilsstrategie — 151
2.3.5.1 Differenzierungsstrategien — 151
2.3.5.1.1 Innovationsorientierung — 153
2.3.5.1.2 Qualitätsorientierung — 155
2.3.5.1.3 Markierungsorientierung — 159
2.3.5.1.4 Programmbreitenvorteil — 160
2.3.5.1.5 Vergleichende Zusammenfassung — 160
2.3.5.2 Kostenvorteilsstrategie — 161
2.3.5.3 Hybride Wettbewerbsvorteilsstrategien — 164
2.3.5.4 Dynamische Betrachtung von Wettbewerbsvorteilsstrategien — 165
2.3.6 Timing-Strategien — 167

2.3.6.1	Pionier	167
2.3.6.2	Folger	169
2.3.6.3	Dynamische Betrachtung von Timing-Strategien	170
2.4	Marktteilnehmerstrategien	171
2.4.1	Abnehmergerichtete Verhaltensstrategie	171
2.4.2	Wettbewerbsorientierte Verhaltensstrategie	173
2.4.2.1	Passives Wettbewerbsverhalten	173
2.4.2.2	Aktives Wettbewerbsverhalten	174
2.4.2.2.1	Ausweichen	175
2.4.2.2.2	Kooperation	175
2.4.2.2.3	Konfliktstrategien	180
2.4.2.2.4	Anpassung	182
2.4.3	Absatzmittlergerichtete Verhaltensstrategie	182
2.4.3.1	Umgehen	184
2.4.3.2	Kooperation	184
2.4.3.3	Konflikt	187
2.4.3.4	Anpassung	187
2.4.4	Anspruchsgruppengerichtete Strategieoptionen	187
2.4.5	Zusammenfassendes Strategieprofil	189
2.5	Strategiebewertung	191
2.5.1	Strategiebewertung mit Checklisten	192
2.5.2	Strategiebewertung mit einem Scoring-Modell	193
2.5.3	Strategiebewertung mit einer Netzwerkanalyse	194
2.5.4	Vergleichende Darstellung	197

V.	**OPERATIVES BILDUNGSMARKETING**	**203**
1.	**Geschäftstypen im Weiterbildungsmarkt**	**203**
1.1	Grundprinzipien von Geschäftstypenansätzen	203
1.2	Entwicklung eines Integrations-Kaufhäufigkeits-Ansatzes	205
2.	**Bildungsmarketing als Leistungsgeschäft**	**208**
2.1	Besonderheiten und Charakteristika von Bildung als Einzelleistung	208
2.2	Leistungspolitik: Gestaltung der Bildungsleistung (Product)	212
2.2.1	Aufgaben und Entscheidungsfelder der Leistungspolitik	213
2.2.2	Instrumente der Leistungspolitik eines Bildungsanbieters	218
2.2.2.1	Leistungsqualität	218
2.2.2.2	Beschwerdepolitik	221

2.2.2.3	Bildungsmarkenpolitik	225
2.2.2.4	Servicepolitik	230
2.2.2.5	Schutz vor Leistungspiraterie	234
2.3	Kommunikationspolitik (Promotion)	236
2.3.1	Entscheidungstatbestände der Kommunikationspolitik	238
2.3.2	Instrumente der Kommunikationspolitik eines Bildungsanbieters	240
2.3.2.1	Klassische Werbung	240
2.3.2.2	Persönliche Kommunikation	243
2.3.2.3	Messen und Ausstellungen	244
2.3.2.4	Einsatz des Direct-Marketing	246
2.3.2.5	Öffentlichkeitsarbeit	250
2.3.2.6	Neue Medien	251
2.3.2.7	Mund-zu-Mund-Kommunikation	254
2.3.3	Integrierte Unternehmenskommunikation	255
2.4	Distribution der Bildungsleistung (Place)	256
2.4.1	Absatzwege	257
2.4.2	Terminplanung	260
2.5	Gestaltung der Gegenleistung: Kontrahierungspolitik (Price)	263
2.5.1	Besonderheiten der Preisbildung von Bildungsleistungen	264
2.5.1.1	Nachfragerorientierte Preisbildung	264
2.5.1.2	Wettbewerbsorientierte Preisfindung	267
2.5.1.3	Kostenorientierte Preisfindung	268
2.5.2	Rabattpolitik	268
2.6	Integration der Mitarbeiter (People)	269
2.6.1	Verschiedene Rollen im Marketingprozess	270
2.6.2	Internes Marketing	272
2.7	Marktorientierte Unternehmensprozesse (Process)	273
2.8	Ausstattungspolitik des Bildungsanbieters (Physical Facilities)	275
3.	**Bildungsmarketing als Customizing**	**279**
3.1	Charakterisierung des Customizing	279
3.2	Entscheidungsfelder in der Voranfragephase	281
3.2.1	Leistungsermittlung	284
3.2.2	Preisermittlung	287
3.2.3	Dauer und Zeitphasen	288
3.3	Entscheidungsfelder in der Verhandlungsphase	288
3.3.1	Leistungsmodifikationen	288

3.3.2	Ergebnisfestlegung	289
3.3.3	Preisfixierung	289
3.4	Entscheidungsfelder in der Abwicklungsphase (Mikrodidaktik)	289
3.5	Entscheidungen in der Abschluss- und Nachbereitungsphase	291
4.	**Bildungsmarketing als Systemgeschäft**	**293**
4.1	Charakteristika von Bildungssystemen	293
4.2	Gründe für das Entstehen von Bildungssystemen	298
4.3	Management der Unsicherheiten	300
4.3.1	Reduktion der Unsicherheiten durch Verringerung der Systembindung	301
4.3.2	Absicherung gegen systembedingte Gefährdungspotenziale	302
5.	**Bildungsmarketing als Zulieferergeschäft**	**308**
5.1	Charakterisierung des Bildungszulieferers	308
5.2	Ablauf des Zulieferergeschäftes	310
5.2.1	Einstieg in die Geschäftsbeziehung	311
5.2.2	Absicherung der Geschäftsbeziehung	312
5.2.3	Ausbau der Geschäftsbeziehung	313
5.2.4	Beendigung der Geschäftsbeziehung	316
6.	**Zusammenfassung des geschäftstypenspezifischen Marketing**	**317**

VI. IMPLEMENTIERUNG DES BILDUNGSMARKETING   321

1.	**Marketingorganisation**	**321**
1.1	Anforderungen an kundenorientierte Organisationsstrukturen	322
1.2	Grundtypen kundenorientierter Organisationsformen	323
1.2.1	Produktorganisation	323
1.2.2	Key-Account-Organisation	325
1.2.3	Marktorientierte Matrixorganisation	326
1.2.4	Organisiertes Teamselling	328
2.	**Barrieren bei der Implementierung des Bildungsmarketing**	**330**
2.1	Widerstände bei der Implementierung	331
2.2	Motive für Widerstand	332
2.2.1	Machtopponenten	332
2.2.2	Fachopponenten	333
2.3	Vermeidung und Abbau von Widerständen	335
2.3.1	Formulierung der grundsätzlichen Aussagen	335
2.3.2	Auswahl der Instrumente	336

VII. LITERATURVERZEICHNIS   341

Abbildungsverzeichnis

Abb. 1: Aufbau des Buches 4
Abb. 2: Drei-Sektoren-Theorie 11
Abb. 3: Bildung als Gut 12
Abb. 4: Eindimensionale Systematisierungsansätze (Corsten 1990) 19
Abb. 5: Bildungstypologie 21
Abb. 6: Differenzierungsmöglichkeiten von Bildungsanbietern 22
Abb. 7: Führende Anbieter beruflicher Weiterbildung in Deutschland (Wolther 2000) 23
Abb. 8: Möglichkeiten der Bildungsanbahnung 24
Abb. 9: Typologie von Weiterbildungsunternehmen (Ackermann/Rothenberger 1987) 25
Abb. 10: Das Beschaffungs-Kontinuum (Scheuing 1998) 27
Abb. 11: Phasenbetrachtung der Beschaffung 29
Abb. 12: Zusammenhang zwischen Kapazität und Nachfrage nach Bildungsleistungen (Heskett 1991) 31
Abb. 13: Grundmodell zur Erfassung der Bildungsproduktion (Corsten 1990) 32
Abb. 14: Blueprint-Analyse 33
Abb. 15: Produktionsprozess der Bildung 35
Abb. 16: Systematisierung von Personalentwicklungsmaßnahmen 37
Abb. 17: Alternative Bildungsmethoden in der Personalentwicklung 38
Abb. 18: Typologie der Marketingforschung 53
Abb. 19: Beurteilung der Eigenmarktforschung 55
Abb. 20: Die 5 D der Marketingforschung 56
Abb. 21: Grundsätzliche Beschaffungsmöglichkeiten 57
Abb. 22: Statistik 60
Abb. 23: Faktoren des Bildungsbedarfs (Hölterhoff/Becker 1986) 65
Abb. 24: Datenkranz der Bildungsbedarfsanalyse 65
Abb. 25: Methoden der Bildungsbedarfsanalyse 66
Abb. 26: Überblick über die Möglichkeiten der Qualitätsmessung (Mayer 1998) 68
Abb. 27: Kundenzufriedenheit (Bernecker 1998) 70
Abb. 28: Kundenbindung im Zielsystem eines Bildungsanbieters (Meffert 1994) 71
Abb. 29: Ansatzpunkte zur Messung der Kundenzufriedenheit (Meffert/Bruhn 1981) 71
Abb. 30: Fragen zur Erhebung der Seminarzufriedenheit 72
Abb. 31: Kundenbindung und Kundenzufriedenheit 73
Abb. 32: Tendenzielle Stärke der Wettbewerbskräfte im Bildungsbereich (Porter 1992) 77
Abb. 33: Kriterien für die Stärken-Schwächen-Analyse 85
Abb. 34: Kriterien für die Chancen-Risiken-Analyse 86
Abb. 35: Erweiterte SWOT-Analyse 87
Abb. 36: Produktlebenszyklus 88

Abb. 37: Marktanteil-Marktwachstum-Portfolio 90
Abb. 38: Marktattraktivität-Wettbewerbsposition-Portfolio 92
Abb. 39: Vergleichende Darstellung der vorgestellten Instrumente 93
Abb. 40: Unterscheidungsmöglichkeiten für Unternehmensziele 100
Abb. 41: Elemente der Zielpyramide (Becker 1998) 101
Abb. 42: Ergebnisse von empirischen Studien über Fortbildungsziele von Unternehmen (Berthel 2000) 102
Abb. 43: Zielkonflikt Individualisierung vs. Ertrag 105
Abb. 44: Kategorisierung der Umwelt eines Bildungsanbieters (Janisch 1993) 107
Abb. 45: Stakeholder Mapping 108
Abb. 46: Betriebliche Ziele der Weiterbildung (Aschoff 1998) 110
Abb. 47: Strategische Anspruchsgruppen des Bildungsträgers 113
Abb. 48: Zielformular 114
Abb. 49: Geschäftsfelddefinition eines Bildungsanbieters 126
Abb. 50: Geopolitische Entscheidungsfelder 128
Abb. 51: Kriterien für die Bestimmung von Absatzgebieten (Kellner 1990) 128
Abb. 52: Alternative multinationale Strategien 130
Abb. 53: Standardisierungsprozess 133
Abb. 54: Vor- und Nachteile der Massenmarktstrategie 134
Abb. 55: Vor- und Nachteile der Spezialisierung 136
Abb. 56: Exakte Beschreibung einer Leistungsnische 137
Abb. 57: Produkt-Markt-Matrix 139
Abb. 58: Alternative Marktfeldstrategien 139
Abb. 59: Methodenerweiterung 142
Abb. 60: Synergiepotenziale bei der Diversifikation 149
Abb. 61: Zielpotenziale der Marktfeldstrategien 151
Abb. 62: Innovationsarten 154
Abb. 63: EFQM-Modell 158
Abb. 64: Eignung der Marktdimensionen für die Differenzierungsmöglichkeiten 161
Abb. 65: Lernkurveneffekte im Bildungsbereich 162
Abb. 66: Outpacing-Strategieansatz nach Gilbert und Strebel 166
Abb. 67: Wichtige Einflussfaktoren der Timing-Entscheidung 170
Abb. 68: Typologie wettbewerbsorientierten Verhaltens (Meffert 1994) 174
Abb. 69: Dimensionen von Kooperationsstrategien 176
Abb. 70: Marktstrukturen (Bowersox/Cooper 1992) 183
Abb. 71: Absatzmittlerorientierte Strategien (Benkenstein 1997) 184
Abb. 72: Kooperationsstrategien im Absatzkanal (Ahlert 1991) 186
Abb. 73: Umfassendes Strategieprofil 190
Abb. 74: Strategiebewertung und Selektion (Wiedmann/Kreuzer 1989) 191

Abb. 75: Checklistenmethode 192
Abb. 76: Scoringmodell zur Selektion eines Strategiechips 193
Abb. 77: Netzwerkgrafik einer Bildungseinrichtung(Zwingmann u.a. 1998) 196
Abb. 78: Netzwerkteil einer Bildungseinrichtung (Zwingmann u. a. 1998) 197
Abb. 79: Synopse alternativer Bewertungstechniken 198
Abb. 80: Geschäftstypenansatz im Bildungsmarkt 207
Abb. 81: Erweiterter Marketing-Mix im Bildungsbereich (Meffert/Bruhn 1995) 210
Abb. 82: Besonderheiten der Leistungspolitik 213
Abb. 83: Mittel zur Gestaltung von Bildungsleistungen (Treis/Oppermann 1998) 216
Abb. 84: Eliminierungskriterien für Bildungsleistungen 217
Abb. 85: Qualitätsdimensionen in der Weiterbildung (Merx/Bötel 1997) 220
Abb. 86: Verhalten der Bildungsnachfrager bei Unzufriedenheit 222
Abb. 87: Reklamationsmanagement 223
Abb. 88: Stufen des Beschwerdemanagements 223
Abb. 89: Instrumente zum Mangelausgleich 224
Abb. 90: Konstitutive Merkmale der Identität von Personen und Marken (Meffert/Burmann/Koers 2002) 226
Abb. 91: Markenidentitä (Meffert/Burmann/Koers 2002) 227
Abb. 92: Chancen und Risiken verschiedener Markenkonzepte (Baumgarth/Freter/Schmidt 1996) 229
Abb. 93: Kommunikationsmodell (Vergossen 2004) 237
Abb. 94: Besonderheiten der Kommunikationspolitik 238
Abb. 95: Entscheidungstatbestände der Kommunikationspolitik (Schweiger/Schrattenecker 1992) 239
Abb. 96: Vier-Felder-Matrix zur Rolle und Wirkung der Werbung 241
Abb. 97: Morphologie der Messe 244
Abb. 98: Vor- und Nachteile einer Messebeteiligung 245
Abb. 99: Medien des Direct-Marketing (Bruhn 1997) 247
Abb. 100: Instrumente der Öffentlichkeitsarbeit 251
Abb. 101: Struktur eines Internetauftritts 253
Abb. 102: Zehn Tipps für Homepagebetreiber (Reese 2005) 254
Abb. 103: Integrierte Kommunikation 256
Abb. 104: Begrenzungsfaktoren der Absatzwegewahl 257
Abb. 105: Konstitutive Systemmerkmale des Franchising (Meurer 1997) 259
Abb. 106: Pflichten und Leistungen des Franchisesystems (Meffert 1998) 260
Abb. 107: Terminplanung bei Weiterbildungsveranstaltungen 262
Abb. 108: Besonderheiten der Preispolitik von Bildungsleistungen (Meffert/Bruhn 1995) .. 264
Abb. 109: Rabattarten 269
Abb. 110: Rollen von Mitarbeitern im Marketing (Judd 1987) 270
Abb. 111: Beispiele für Interne Kommunikationsinstrumente (Bruhn 1995) 273

Abb. 112: Leistungskette im Bildungsbereich 274
Abb. 113: Blueprint eines Bildungsprozesses 274
Abb. 114: Anforderungen an einen Unterrichtsraum 277
Abb. 115: Leistungsprozess des Partnergeschäftes 281
Abb. 116: Selektion von Anfragen 283
Abb. 117: Blueprint einer Bildungsbedarfsanalyse 285
Abb. 118: Angebotskomponenten 286
Abb. 119: Dreieck der Didaktik (Becker 1999) 291
Abb. 120: Kategorien von Projekterfolgskriterien (Bundschuh 1999) 292
Abb. 121: Sequentielle und revolvierende Bildungssysteme 295
Abb. 122: Bildungssystem (www.oncampus.de) 298
Abb. 123: Marketing-Maßnahmen im Systemgeschäft (Backhaus 1997) 301
Abb. 124: Leistungsketten 309
Abb. 125: Beziehungsebenenmodell (Diller/Kusterer 1988) 313
Abb. 126: Umsatzsteigerung durch Kundenbindung 314
Abb. 127: Der Instrumentaleinsatzes in den einzelnen Geschäftstypen 318
Abb. 128: Grundlage der Organisationsbetrachtung 323
Abb. 129: Produktorientierte Organisation 324
Abb. 130: Key-Account-Organisation 326
Abb. 131: Kundenorientierte Matrixorganisation 327
Abb. 132: Die interagierende Gruppe (Likert 1967) 328
Abb. 133: Linking-Pin-Prinzip (Likert 1967) 329
Abb. 134: Laterale Gruppenarbeit (Schreyögg 1998) 329
Abb. 135: Ursachen für das Scheitern von Strategien (Meffert/Bruhn 1995) 331

Vorwort

Im Jahr 2050 wird von Bildungshistorikern die erste Hälfte des Jahrhunderts vermutlich mit drei Begriffen beschrieben werden: Ungewissheit, Wettbewerb und Marketing.

Für einige Leser hat der Begriff Bildungsmarketing nach wie vor einen negativen Beigeschmack, der sich mit werberischen Phrasen, pädagogischer Unprofessionalität oder ökonomischem Missbrauch umschreiben lässt. Andere wiederum assoziieren mit Marketing schnellen Erfolg und hohe Honorare und preisen es als Patentrezept für schnelle Lösungen für alle unternehmerischen Probleme an.

In Wirklichkeit hat Marketing mit beiden Vorstellungen wenig gemeinsam.

Wir alle stimmen intuitiv damit überein, dass die Kunden das Fundament eines erfolgreichen Bildungsanbieters sind und dass alle Bemühungen darauf ausgerichtet sein müssen, die Bedürfnisse und Erwartungen der Teilnehmer zufrieden zu stellen. Doch wird dieses auch immer realisiert?

Dieses Buch soll zu der Erkenntnis beitragen, dass Marketing keinesfalls die ethischen Grundsätze der Pädagogik in Frage stellt. Es geht auch nicht darum, dem einzelnen Anbieter oder Mitarbeiter ein Konzept überzustülpen, das nicht zu ihm passt.

Bildungsmarketing ist vielmehr eine Grundeinstellung, die gerade in schwieriger werdenden Zeiten eine Leuchtturm- und Motivationsfunktion darstellen kann. Gleichzeitig werden Sie feststellen, dass viele Aspekte des Bildungsmarketing in unterschiedlichen Ausprägungen bereits in Ihrem Unternehmen angewendet werden.

Dieses Buch ist kein einfacher Leitfaden, und kein nettes Placebo, „um mal eben Marketing zu machen", sondern versteht sich als Auseinandersetzung mit Konzepten der Marketingwissenschaft. Es dient der Transformation der sinnvollen Bestandteile des Marketing auf die Weiterbildungsbranche. Der gewählte Ansatz deckt die unterschiedlichsten Formen von Anbietern ab und stellt damit einen umfassend strukturierenden Ansatz dar.

Das gesamte Buch sollten Sie unter folgendem Motto lesen:

„Marketing ist zu wichtig, um es allein der Marketingabteilung zu überlassen."

Dave Packard

Ihr

Michael Bernecker

PS. Für Fragen und Verbesserungsvorschläge stehe ich Ihnen gerne zur Verfügung.

Kontakt:
Deutsches Institut für Marketing (DIM)
Kieskaulerweg 71
51109 Köln
www.Marketinginstitut.BIZ
MB@D-I-M.info

I.
Einleitung

I. EINLEITUNG	**1**
1. Zugang zum Thema	1
2. Aufbau des Buches	2

I. EINLEITUNG

1. Zugang zum Thema

Das Marketing für Bildungsleistungen und Bildungsinstitutionen weist noch keinerlei Tradition auf. Während in der Realität von einer zunehmenden Bedeutung der Bildung und Weiterbildung gesprochen wird, wurde der Bildungsbereich in der Betriebswirtschaftslehre und im Marketing zunächst vernachlässigt (Brödel 1998).

Erst seit einigen Jahren wendet sich die Marketingforschung verstärkt dem Dienstleistungssektor zu (Meyer 1998). Hauptbetrachtungsfeld sind dabei Handel, Banken und Versicherungen sowie das Transportgewerbe (Meffert/Bruhn 1995). Dies zeigt sich insbesondere in der zunehmenden Anzahl an Publikationen zu diesen Themen, die den Bildungsbereich allerdings weitgehend ausblenden.

Der Bereich Bildung stellt sich auf den ersten Blick als sehr heterogen dar (Schulische Ausbildung, Berufliche Erstausbildung, Weiterbildung, Umschulung, Training, Aufstiegsbildung). Daraus ergeben sich in der Praxis wie in der Theorie Probleme bezüglich der Übertragbarkeit allgemeiner Aussagen. Die Problematik der Übertragung von Erkenntnissen verstärkt sich zusätzlich durch die Breite des Anwendungsspektrums der Bildung. In nahezu allen Bereichen des produzierenden Gewerbes nimmt die Bedeutung zusätzlich qualifizierter Arbeitskräfte deutlich zu. Des Weiteren bieten immer mehr Anbieter von Sachleistungen Bildungsleistungen als ergänzende Dienstleistung an, um sich von Wettbewerbern zu differenzieren. Die Firmen Siemens, SAP, Oracle und Hewlett Packard gehörten zum Beispiel 1999 zu den umsatzstärksten Anbietern von Schulungen zur Kommunikations- und Informationstechnik.

Zugleich ist eine deutliche Professionalisierung der gesamten Branche festzustellen. Sowohl Anbieter als auch Nachfrager gehen mit deutlich gewachsenem Sachverstand an die elementaren Sachprobleme der Weiterbildung heran. Dabei sehen sich die Bildungsanbieter mit einem verstärkten Wettbewerb und einem stark veränderten Nachfrageverhalten konfrontiert (Geißler/Orthey 1994). Der zunehmende Wettbewerb nimmt in einigen Segmenten des Bildungsmarktes den Charakter eines Verdrängungswettbewerbes an, was zu einer steigenden Bedeutung der strategischen

Aspekte einer marktorientierten Unternehmensführung führt.

Eine steigende Anzahl an Veröffentlichungen hat sich in den letzten Jahren im Wesentlichen mit operativen Aspekten des Bildungsmarketing auseinandergesetzt (Kuntz 1998, Goldmann 2000). Eine rein taktisch-operative Sichtweise führt allerdings oft dazu, dass die Bildungsanbieter aufgrund der vielfältigen Problemstellungen des Tagesgeschäftes strategische und langfristige Konzepte nicht beachten.

2. Aufbau des Buches

Aus dem oben geschildertem Zusammenhang leitet sich die Struktur des Buches ab. Auf der Basis des Verständnisses einer Dienstleistung wird mit Hilfe der Erkenntnisse der Forschung ein umfassender strategischer Ansatz zum Bildungsmarketing erarbeitet.

Der hier betrachtete Bildungsmarkt umfasst das kommerzielle Segment der Erwachsenenbildung. Obwohl die Erkenntnisse des kommerziellen Bildungsmarketing sich auch auf staatliche Anbieter wie Schulen, Fachhochschulen oder Universitäten ausdehnen lässt, sei an dieser Stelle auf die relevante Spezialliteratur hingewiesen (Wangen-Goss 1983).

Dieses Buch deckt auf der Basis dieser Ausrichtung einige Teilziele ab, die zugleich die Struktur des Buches vorgeben:

Klärung der Begriffsfelder Bildung als Dienstleistung, Bildungsanbieter als Unternehmen, Bildungsmarketing und strategisches Bildungsmarketing aus unterschiedlichen Positionen,

- Darstellung der Methoden der Marketingforschung im Bildungsbereich,

- Darstellung optionaler Wettbewerbsstrategien,

- Systematisierung der Marktteilnehmerstrategien im Bildungsmarkt und

- Differenzierung und Darstellung alternativer Geschäftsfelder, in denen die erarbeiteten strategischen Profile operationalisiert werden.

Die nachfolgende Abb. zeigt grafisch den Aufbau des Buches.

Die Darstellung der grundlegenden Begriffe der Arbeit erfolgt in Kapitel II aus unterschiedlichen fachlichen Sichtweisen. Ein besonderer Schwerpunkt liegt auf der Synthese alternativer Betrachtungsweisen, da diese Thema im Grenzbereich der Marketingwissenschaft und der Erwachsenenpädagogik einzuordnen ist.

Bildungsleistungen weisen aufgrund ihres Dienstleistungscharakters eine starke Interaktion zwischen Bildungsnachfrager und Bildungsanbieter auf. Sowohl aus pädagogischer als auch aus Marketingsicht erweist sich daher eine Analyse der Wünsche und Bedürfnisse der Nachfrager als unumgänglich. Die Darstellung ausgewählter Aspekte der Marketingforschung erfolgt daher in Kapitel III.

Die Darstellung eines umfangreichen Strategieansatzes, dem sich der Bildungsmarkt systematisch zuordnen lässt, prägt den Hauptteil des Abschnittes IV. Dabei besteht der Anspruch, eine umfassende strukturierende Systematik zu liefern, um so in der praktischen Anwendung der Strategiefindung im Vorfeld keine potenziellen Ausprägungen auszublenden. Die systematische Erarbeitung erfolgt in zwei Stufen. Geschäftsfeldstrategien bilden die Ausgangsbasis der strategischen Ausrichtung des Bildungsanbieters, da sie strategische Grundsatzentscheidungen zur Erzielung von Wettbewerbsvorteilen darstellen. Marktteilnehmerstrategien dagegen bestimmen die Position des Bildungsanbieters gegenüber den Abnehmern, Konkurrenten, Absatzmittlern und sonstigen Anspruchsgruppen.

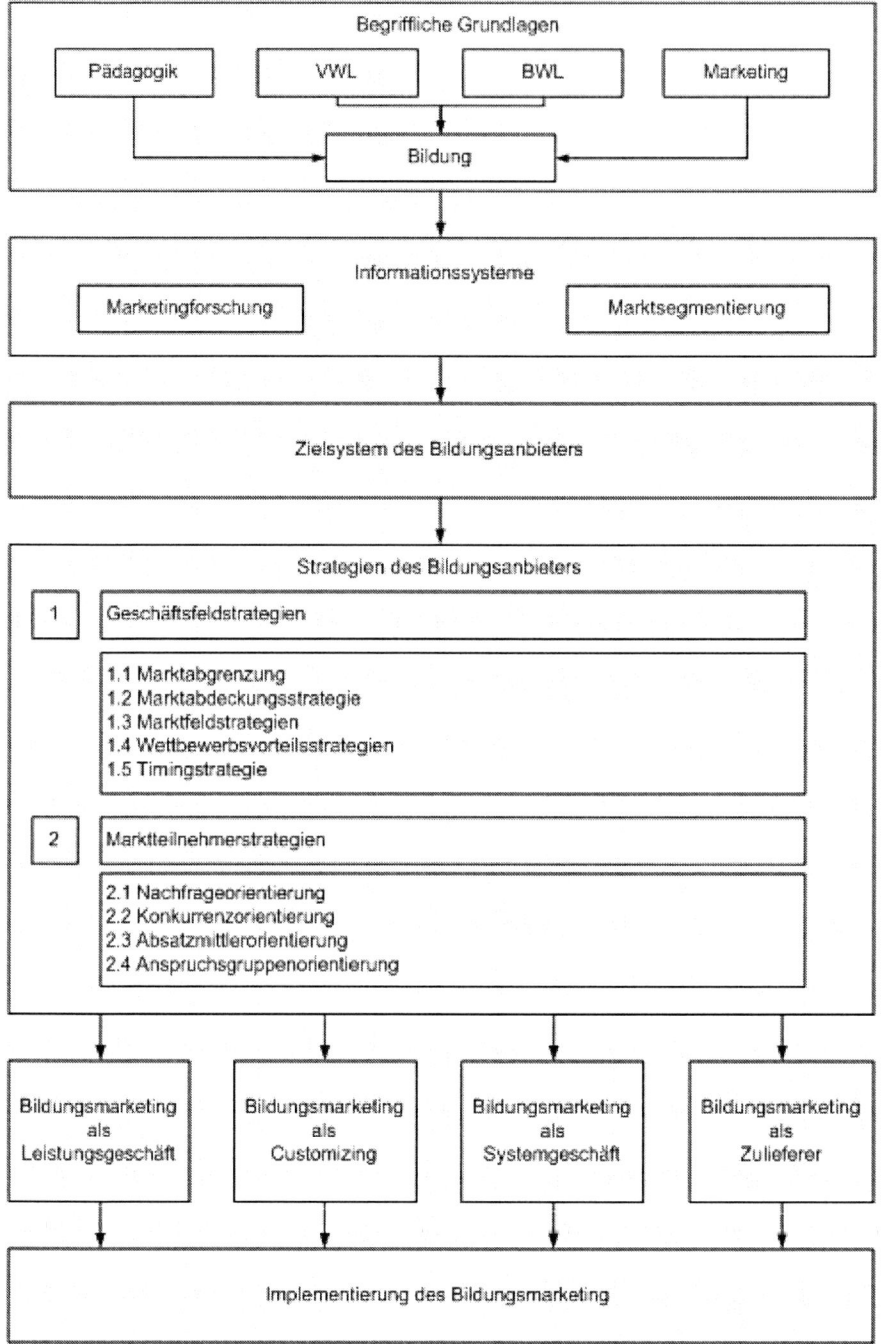

Abb. 1: Aufbau des Buches

Hat der einzelne Bildungsanbieter einen Strategiechip gewählt, steht die Operationalisierung mit Hilfe alternativer Geschäftstypen an (Kapitel V). Dabei erfolgt die Spezifizierung der vier Geschäftsfelder: Leistungsgeschäft, Customizing, Systemgeschäft, und Marketing als Zulieferer. Das Leistungsgeschäft erfordert ein Dienstleistungsmarketing für Standardleistungen, die der Bildungsnachfrager einmalig erwirbt, ohne dass eine längerfristige Anbieter-Kunden-Beziehung entsteht. Im Rahmen des Customizing erstellt der Bildungsanbieter eine einmalige, an die Kundenbedürfnisse angepasste Bildungsleistung. Das Systemgeschäft liegt im Bildungsmarkt vor, wenn Anbieter eine Standardleistung entwickeln, die der Bildungsnachfrager im Rahmen einer längerfristigen Kunden-Lieferanten-Beziehung sukzessive nachfragt. Ein Bildungsanbieter realisiert ein Zulieferergeschäft, wenn er Bildungsleistungen anbietet, die in ein Bildungssystem integriert sind und von einem weiteren Anbieter – dem Bildungsnachfrager – angeboten werden.

Das abschließende Kapitel zeigt Möglichkeiten auf, wie man Marketingkonzepte in einem größeren Bildungsunternehmen einführt. Dabei wird Bezug genommen auf strukturelle Entscheidungen und die Problemfelder im Rahmen der Implementierung.

II.
Begriffliche und sachliche Fundierung

II. BEGRIFFLICHE UND SACHLICHE FUNDIERUNG — 9

1. Bildung in der volkswirtschaftlichen Betrachtung — 9
2. Bildung in der Betriebswirtschaftslehre — 12
2.1 Bildung aus gütertypologischer Sicht — 12
2.1.1 Überblick zu alternativen Güterklassifikationen — 12
2.1.2 Bildung als Dienstleistung — 13
2.1.2.1 Begriffliche Bestimmung — 14
2.1.2.2 Systematisierung von Bildungsleistungen — 16
2.1.2.2.1 Eindimensionale Systematisierungsansätze (Klassifikationen) — 17
2.1.2.2.2 Mehrdimensionale Systematisierungsansätze (Typologien) — 20
2.2 Bildung aus institutionaler Sicht — 21
2.3 Bildung aus funktionaler Sicht — 26
2.3.1 Bildung in der Beschaffung — 26
2.3.1.1 Bildung als Beschaffungsgut — 26
2.3.1.2 Beschaffung des Bildungsanbieters — 28
2.3.2 Besonderheiten der Produktion von Bildungsleistungen — 31
2.3.3 Bildung in der Personalentwicklung — 35
2.3.4 Besonderheiten der Bildung als Absatzinstrument — 39
3. Bildung in der Pädagogik — 40
4. Bildungsmarketing — 42
4.1 Bildung als Marketinginstrument — 42
4.2 Bildungsmarketing als internes Marketing — 43
4.3 Marketing für Bildungsanbieter — 43
4.4 Strategisches Bildungsmarketing — 44

II. BEGRIFFLICHE UND SACHLICHE FUNDIERUNG

Der folgende Abschnitt behandelt die grundlegenden terminologischen und materiellen Aspekte des Bildungsmarketing. Die hier tangierten Wissenschaftsbereiche sind die Wirtschaftswissenschaften und die Pädagogik. Im Spannungsfeld von volkswirtschaftlichen Ansprüchen, betriebswirtschaftlichen Analysen und pädagogischem Anspruchsdenken wird ein umfassendes Verständnis des Begriffes Bildung skizziert, um über eine Basis für die Erarbeitung eines strategischen Dienstleistungsmarketing zu verfügen.

1. Bildung in der volkswirtschaftlichen Betrachtung

In Volkswirtschaften hat Bildung eine herausragende Bedeutung, da sie im Allgemeinen als elementarer Erfolgsfaktor für die Erwirtschaftung des Bruttosozialproduktes und damit als Begründer des Wohlstandes angesehen wird. Insbesondere die Ausbildung von mathematischen und technischen Grundkenntnissen sieht man als wesentlichen Erfolgsfaktor einer Volkswirtschaft an (Rexrodt 1996). Dieser Einfluss der Bildung auf den Wohlstand scheint mittlerweile unbestritten. Bereits seit den 70er Jahren investieren Staat und Unternehmen große Anstrengungen im Bereich der Aus- und Weiterbildung (Wolff 1998).

Theoretisch lässt sich diese volkswirtschaftliche Betrachtung als bildungsökonomischer Ansatz bis zu Adam Smith (1723-1790) zurückverfolgen. Vertreten sind dabei sowohl mikroökonomische Ansätze, die sich mit Bildungsentscheidungen von einzelnen Individuen und der Ökonomie von Bildungseinrichtungen auseinandersetzen, als auch makroökonomische Analysen zur Organisation des Ausbildungssystems sowie dem Nutzen und der Rentabilität von Bildungsausgaben (Eckhard 1978, Immel 1974).

Es fällt allerdings auf, dass in der volkswirtschaftlichen Gesamtrechnung und in statistischen Analysen von Volkswirtschaften Dienstleistungen unterrepräsentiert sind. Sachgüter standen über lange Perioden im Mittelpunkt der Nationalökonomie (Eick 1965). Bis zum Anfang des 20. Jahrhunderts wurden lediglich Sachgüter betrachtet. Dienstleistungen wurde ein volkswirtschaftlicher Nutzen überwiegend abgesprochen (Entgelter 1979). Diese Haltung ist auch heute noch oft wiederzufinden, wenn davon gesprochen wird, dass Arbeitsplätze im Dienstleistungssektor unproduktiver sind und zum Teil bis heute gesellschaftlich nicht voll akzeptiert werden (Wolff 1998, Baumgartner 1998).

Bei einer sektoralen Betrachtungsweise fällt auf, dass Bildung nicht explizit dargestellt wird. Die bekannteste Unterteilung einer Volkswirtschaft stellt die Drei-Sektoren-Theorie dar. Danach wird eine Volkswirtschaft in folgende drei Bereiche aufgeteilt: primärer, sekundärer und tertiärer Sektor, wobei unterschiedliche Abgrenzungskriterien verwendet werden. Hinsichtlich der Zuteilung einzelner Branchen herrscht jedoch weitgehende Übereinstimmung (Fischer 1935, Clark 1957, Meyer 1998).

In der amtlichen Statistik der Bundesrepublik Deutschland erfolgt die Erfassung der Bildung in einer Systematik, die institutionenorientiert strukturiert ist. Dabei werden in der volkswirtschaftlichen Gesamtrechnung, wie Abb. 2 zeigt, zehn Abteilungen unterschieden (Görgens 1975, Corsten 1990, Meyer 1998).

Aus volkswirtschaftlicher Sicht erfolgt eine Negativdefinition der Dienstleistungen. Alle Bereiche, die nicht dem primären oder sekundären Sektor zugerechnet werden, werden dem tertiären Sektor zugerechnet. Dies zeigt deutlich die nachfolgende Definition: "Dienstleistungen sind alle Tätigkeiten, die sich nicht auf die unmittelbare Gewinnung, Verarbeitung und Bearbeitung von Sachgütern richten." (Rassmusen 1975).

Sektor	Abteilung
Primärer Sektor	0 Land- und Forstwirtschaft, Tierhaltung und Fischerei
Sekundärer Sektor	1 Energiewirtschaft und Wasserversorgung, Bergbau
	2 Verarbeitendes Gewerbe
	3 Baugewerbe
Tertiärer Sektor	4 Handel
	5 Verkehr und Nachrichtenübermittlung
	6 Kreditinstitute und Versicherungsgewerbe
	7 Dienstleistungen von Unternehmen und freien Berufen
	8 Organisationen ohne Erwerbscharakter u. private Haushalte
	9 Gebietskörperschaften und Sozialversicherungen

Abb. 2: Drei-Sektoren-Theorie

Unterstellt man volkswirtschaftlich, dass Dienstleistungen einen integralen Bestandteil der Gesamtwirtschaft bilden, so kann Bildung auch als primäre oder sekundäre Dienstleistung verstanden werden (Wolff 1998). Bildung stellt eine primäre Dienstleistung dar, wenn durch sie die Bereitstellung von Nahrungsmitteln oder die Gewinnung von Bodenschätzen gefördert wird. Eine sekundäre Dienstleistung ist sie in dem Moment, wo es zu einer Bildung von Humankapital kommt, das im Sinne eines Produktionsfaktors zur Leistungserstellung und Bedürfnisbefriedigung externer Gruppen dient. Zusätzlich kann Bildung aber auch zur allgemeinen Verbesserung der Abläufe in einer arbeitsteiligen Gesellschaft führen. Durch Bildung kann insbesondere der dispositive Produktionsfaktor qualitativ aufgewertet werden – und damit können Leistungsprozesse optimiert und effizienter gestaltet werden. Durch Bildung im Sinne einer sekundären Dienstleistung kann es zu einer funktionsgerechten Ausgestaltung der Rahmenbedingungen kommen, in denen sich die volkswirtschaftliche Wertschöpfung vollzieht.

Bedingt durch diese Punkte können Prognosen und Aussagen über die volkswirtschaftliche Bedeutung der Bildung immer nur tendenziell und nicht quantitativ ausgedrückt werden. Aussagen über das tatsächlich geleistete Marktvolumen schwanken daher sehr stark und sind eher unseriöse Spekulationen (Geißler/Orthey 1998, Graf 1999).

2. Bildung in der Betriebswirtschaftslehre

Im Rahmen der Betriebswirtschaftslehre ist Bildung bereits differenziert analysiert worden. Man unterscheidet im Rahmen dieser Betrachtung eine gütertypologische, eine institutionelle und eine funktionale Darstellung.

2.1 Bildung aus gütertypologischer Sicht

Zunächst gewährt dieser Abschnitt einen allgemeinen Einblick in Gütertypologien, um anschließend Bildung als Dienstleistung zu problematisieren.

2.1.1 Überblick zu alternativen Güterklassifikationen

Im Rahmen einer Betrachtung von Bildung als Gut bietet sich eine klassische Gütertypologie aus der Allgemeinen Betriebswirtschaftslehre an.

Abb. 3 zeigt eine Güterhierarchie mit unterschiedlichen Abstraktionsstufen, welche durch eine Kombination mehrerer Klassenbildungen zustande kommen (Hermann 1998).

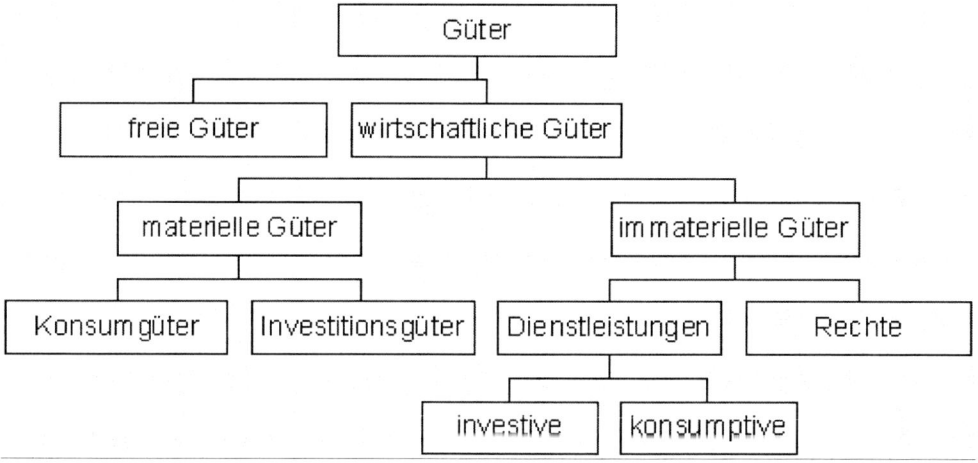

Abb. 3: Bildung als Gut

Danach werden Güter zunächst über das Knappheitskriterium in freie und wirtschaftliche Güter unterteilt (Cezanne 1997, Scheuch 1993). Freie Güter existieren in unendlichen Mengen. Wirtschaftliche Güter sind dagegen knapp und müssen aufgrund des allgemeinen Rationalitätspostulats bewirtschaftet werden (Bernecker 1999). Bei Bildung, insbesondere der Erstausbildung an staatlichen Schulen, scheint es sich zunächst um ein freies Gut zu handeln. Dies stimmt aber nicht, denn Bildung zählt zu den wirtschaftlichen Gütern, welche als knappe Güter bewirtschaftet werden müssen. Dieser Punkt wird häufig gegen das Konzept des Marketing ins Feld geführt. Im Sinne: „Ich kann keine Honorar fordern, da der Kunde die Leistung wo anders umsonst erhält." Dies ist in der Grundstruktur nicht richtig. Es gibt genügt Beispiele, wo die Kunden lieber eine Teilnahmegebühr bezahlen und dann im Vergleich zur kostenlosen Leistung allerdings auch erwarten, dass die Bildungsleistung qualitativ besser ist. Beispiel: Repetitorien, Nachhilfe, Privatschulen oder auch private Universitäten und Fachhochschulen.

Besteht die Möglichkeit, dass ein Nachfrager vom Konsum des Gutes ausgeschlossen werden kann, spricht man von privaten Gütern. Der Konsum von öffentlichen Gütern unterliegt zunächst einmal keinen Beschränkungen. Bildung in unserem Bildungssystem in Form der Erstausbildung besitzt alle Merkmale eines öffentlichen Gutes. Bildung kann aber gleichzeitig auch als privates Gut mit den entsprechenden Inhalten angeboten werden, insbesondere dann, wenn die Bildung von privatwirtschaftlich orientierten Institutionen angeboten wird.

Wirtschaftliche Güter werden üblicherweise in materielle und immaterielle Güter differenziert. Bildung stellt trotz dinglicher Bestandteile (Lehrmaterial) eine immaterielle Leistung dar, die je nach Verwendungsrichtung investiv oder konsumtiv ist. Eine investive Bildungsleistung liegt vor, wenn ein Unternehmen eine Bildungsleistung für die eigenen Mitarbeiter nachfragt. Das Unternehmen investiert in die Leistungsfähigkeit der Arbeitskräfte. Von Bildung als konsumptiver Dienstleistung wird gesprochen, wenn Bildung von Privathaushalten zu Unterhaltungszwecken nachgefragt wird (Paulik 1988).

2.1.2 Bildung als Dienstleistung

Bildung ist eine Dienstleistung, da sie über alle konstituierenden Merkmale einer Dienstleistung verfügt: Immaterialität, Nutzenstiftung und Vollziehung an einem externen Faktor (Schüler/Bildungsnachfrager). Im Folgenden werden diese Merkmale erörtert. Die Notwendigkeit hierfür resultiert aus der Tatsache, dass Dienstleistungsmarketing für Bildungsanbieter ein relativ neues Paradigma darstellt und von zahlreichen Fachvertretern und Beteiligten noch nicht voll akzeptiert wird.

2.1.2.1 Begriffliche Bestimmung

Erste tiefer gehende Präzisierungen des Begriffes Dienstleistung finden sich im deutschsprachigen Raum bei Berekoven und Maleri Anfang der 70er Jahre (Berekoven 1966, Maleri 1993, Berekoven 1974). Weitere Auseinandersetzungen mit diesem volkswirtschaftlichen Sektor erfolgten in den 80er Jahren (Meyer 1998, Falk 1980, Scheuch 1982), ihren Höhepunkt erlangten sie im Marketing der 90er Jahre (Meffert/Bruhn 1995, Meyer 1998).

Die in der Literatur anzutreffenden definitorischen Abgrenzungen lassen sich aufgrund der großen Fülle nur in Form einer Klassifikation darstellen. Es haben sich drei Arten von Dienstleistungsdefinitionen herausgebildet:

Enumerative Definitionsansätze, die den Dienstleistungsbegriff mit Hilfe von Aufzählungen erfassen. Diese Definitionsansätze finden sich insbesondere in der Wirtschaftsstatistik, da sich diese Definitionen besonders einfach operationalisieren lassen (Graßy 1993, Langeard 1981, Pepels 1995).

Negativabgrenzungen sind Versuche, die Ausgrenzung einzelner Bereiche im Sinne einer Aufzählung zu definieren, was Dienstleistungen alles nicht beinhalten (Daudel/Vialle 1992).

Merkmalskonstitutionen sind die häufigsten Definitionsversuche in der Literatur. Dienstleistungen werden hierbei über die Nennung konstituierender Merkmale definiert (Schüller 1967, Meffert 1986).

Dienstleistungen lassen sich nicht ohne eine weitere Analyse betrachten. Insbesondere die Dienstleistung Weiterbildung wird im Wesentlichen über elementare Dienstleistungsattribute, die ein einheitliches System darstellen, definiert. Zunächst wird eine hierarchielose Darstellung gesucht, um zu einem späteren Zeitpunkt durch eine Kundensegmentierung eine segmentspezifische Zuordnung der Attribute zu erlangen.

Der Charakter einer Dienstleistung wird im Wesentlichen durch folgende konstituierende Merkmale besonders deutlich:

Immaterialität

Dienstleistungen sind – im Gegensatz zu Sachleistungen – von immaterieller Natur. Es wird keine physische Leistung erstellt, sondern eine Verrichtung an einem Objekt oder einer Person ausgeführt. Bildungsleistungen im speziellen Fall können nicht an einem Objekt vollzogen werden, sondern nur an Personen. Die Immaterialität als konstituierendes Merkmal wird häufig in Frage gestellt, da auch bei Dienstleistungen materielle Bestandteile, zum Beispiel Schulungsunterlage, Begleitmaterial und Prospekte, vorkommen. Daher handelt es sich bei Bildungsleistungen mit materiellen Zusatzleistungen (Meyer/Blümelhuber 1998).

Erst wenn die materiellen Bestandteile in der Bildungsleistung überwiegen, wird die Bildungsleistung als Sachleistung betrachtet, zum Beispiel bei Lehrbüchern und computergestützten Lernprogrammen.

Aus der Immaterialität der Kerndienstleistungen ergeben sich zwei abgeleitete Eigenschaften: Dienstleistungen sind nicht lagerfähig und nicht transportfähig.

Durch die Unfähigkeit zur Lagerung entsteht das Problem der vollständigen Synchronisation zwischen Bildungsproduktion und Bildungsverbrauch. Bildungsleistungen werden in der Regel in einem zweistufigen Produktionsprozess erstellt. In der ersten Stufe erfolgt die Vorproduktion, in der mit Hilfe von internen Produktionsfaktoren Kapazitäten aufgebaut werden und die Leistungsbereitschaft gesichert wird. In der zweiten Stufe erfolgt die Integration des externen Faktors. Die eigentliche Leistungserstellung erfolgt erst, wenn der Bildungsnachfrager präsent ist. Damit ergibt sich das uno-actu-Prinzip, nachdem Produktion und Konsumption einer Dienstleistung simultan erfolgen (Corsten 1990). Lediglich die Zusatzleistungen der Bildungsleistung besitzen eine bedingte Lagerfähigkeit. Schulungsunterlagen können in größeren Mengen beschafft werden und stehen dann zum Zeitpunkt der Leistungserstellung zur Verfügung.

Die Immaterialität des Leistungsprozesses ermöglicht keinen Transport der Bildungsleistung an sich, mit der Ausnahme von Teilleistungen, wie zum Beispiel Anmeldeformulare, Skripte, Schulungsunterlagen und Computerdisketten. Die Produktion von Bildungsleistungen auf Vorrat ist nicht möglich.

Gerade dieser Aspekt scheint aber viele Trainer dazu zu bewegen, ihre Dienstleistung zu materialisieren und damit signifikante Zusatzerträge zu erwirtschaften. Bücher, Spiele, CD oder Trainingsordner sind nur einige Beispiele hierfür.

Einbindung des externen Faktors in den Leistungsprozess

Im Gegensatz zur Erstellung von Sachleistungen ist im Erzeugungsprozess der Dienstleistung ein externer Faktor sachlicher oder personeller Art zu integrieren.

Ein externer Faktor wird dabei wie folgt definiert: „Faktoren, die zeitlich begrenzt in den Verfügungsbereich des Dienstleistungsbetriebes gelangen und mit den internen Faktoren in einem Erstellungsprozess kombiniert werden." (Engelhardt 1992)

Um die Bildungsleistung zu erstellen, muss der Bildungsnachfrager mit dem Bildungsanbieter in Kontakt treten. Nur dann besteht die Möglichkeit, die Bildungsleistung an diesem externen Leistungsfaktor zu vollziehen. Dieses Zusammentreffen muss nicht räumlich erfolgen, da der Einsatz moderner Kommunikationsmedien einen medial direkten Kontakt ermöglicht, während ein Zusammentreffen räumlicher Art zwischen Bildungsanbieter und Bildungsnachfrager in einem Schulungs- oder Unterrichtsraum eine unmittelbar direkte Dienstleistung darstellt (Meyer 1998).

Bei Bildungsleistungen handelt es sich um selbstständige marktfähige Leistungen, die mit der Bereitstellung und dem Einsatz von Leistungsfähigkeiten verbunden sind. Interne und externe Leistungsfaktoren werden im Rahmen des Erstellungsprozesses kombiniert. Die Faktorkombination des Dienstleistungsanbieters wird mit dem Ziel eingesetzt, bei den Bildungsnachfragern eine nutzenstiftende Wirkung zu erzielen.

2.1.2.2 Systematisierung von Bildungsleistungen

Es besteht die Möglichkeit Bildungsleistungen auf der Basis der konstituierenden Merkmale unterschiedlich zu klassifizieren und zu typologisieren. Grundsätzlich entstehen dabei ein- und mehrdimensionale Abgrenzungen.
Das Ziel von Systematisierungen ist eine ordnende Beschreibung der Realität, indem die charakterisierenden Ausprägungen zur Differenzierung hinzuzuziehen sind. Dabei differenziert man Klassifikationen und Typologien. Klassifikationen verwenden lediglich ein Systematisierungsmerkmal, während man bei dem Einsatz von zwei oder mehr Merkmalen zur eindeutigen Einteilung von einer Typologie spricht.(Corsten 1990)

Für den Bildungsanbieter ergeben sich durch die unterschiedlichen Systematisierungsansätze unter Umständen neue Betrachtungsweisen des Unternehmens und der eigenen Leistungen. Daher sollten die Kernleistungen eines Bildungsanbieters einmal systematisch strukturiert werden.

2.1.2.2.1 Eindimensionale Systematisierungsansätze (Klassifikationen)

Abb. 4 zeigt unterschiedliche eindimensionale Systematisierungsansätze aus dem allgemeinen Dienstleistungssektor und ihre Anwendung auf den Bildungsbereich.

Merkmal	Erscheinungsform
Produktbeziehung	• komplementäre Bildungsleistung • Ergänzende Bildungsangebote liegen immer dann vor, wenn neben einer Sachleistung eine Schulungsleistung eingesetzt wird • substitutive Bildungsleistung • Substitutive Bildungsangebote liegen vor, wenn durch sie eine andere Leistung ersetzt wird. Anstelle eines Trainingsvideos wird zum Beispiel ein Seminar angeboten
Produktverbindung	• Isolierte Bildungsleistung • Die Bildungsleistung wird unabhängig von einem Produkt nachgefragt • kombinierte Bildungsleistung • Die Bildungsleistung kann nicht ohne die Produktleistung nachgefragt werden
Leistungsverwertung	• direkte Bildungsleistung • Die Bildungsleistung kann direkt am Arbeitsplatz umgesetzt werden. • indirekte Bildungsleistung • Die Bildungsleistung bezieht sich auf allgemeine Schlüsselqualifikationen
Dauerhaftigkeit der Auswirkung	• Verbrauchsleistung • Die Bildungsleistung kann nur kurzfristig verwendet werden, da sie schnell veraltet oder wieder vergessen wird • Gebrauchsleistung • Der Bildungserfolg ist langfristiger Natur und stellt somit eine Investition in die Zukunft dar
Leistungssubstanz	• Bildungsleistung als Hauptleistung • Die Bildungsleistung ist das Hauptprodukt • Bildungsleistung als Nebenleistung • Eine Sachleistung dominiert das Leistungsbündel, und die Bildungsleistung ist nur ei-

	ne Zusatzleistung
Verwendungsbereich	- Bildungsleistung zur unternehmensinternen Verwendung - Bildungsleistungen zur Unterstützung der eigenen Abteilung Aus- und Weiterbildung - Bildungsleistung, die für den Absatz bestimmt ist - Bildungsleistungen für einen externen Markt
Rechtsstellung des Bildungsträgers	- private Bildungsleistung - Bildungsangebote von privatwirtschaftlich organisierten Unternehmen oder Rechtsformen - öffentliche Bildungsleistung - Bildungsleistungen von öffentlich-rechtlichen Bildungsinstitutionen (Hochschulen, Schulen, Fachhochschulen, Volkshochschulen)
Verwendungsbezug	- konsumptive Bildungsleistung - Bildungsleistungen, die der Freizeitgestaltung dienen - investive Bildungsleistung - Bildungsleistungen, die zur Erstellung anderer kommerzieller Dienst- & Sachleistungen notwendig sind
Ausprägung des Faktors Arbeit	- körperliche Bildungsleistung - Sportseminare, Trekkingseminare, Tanzkurs ... - geistige Bildungsleistung - Mathematikunterricht ...
Physische Exklusivität	- Individualleistung - Einzelschulung, Einzelnachhilfe, Coaching - Kollektivleistung - Lehrtext, CBT, Vorlesung, Kongress
Novitätsgrad der Bildungsleistung	- neue Bildungsleistung - Echte Innovation im Bildungsbereich - alte Bildungsleistung - Standardschulung, etwa „Einführung in die Kostenrechnung"
Nach der ökonomischen Funktion	- Serviceschulung - Anwenderschulung des Kunden - Managementfunktion - Schulung von Mitarbeitern anderer Abteilungen
Nach der Kaufphase	- Pre-Sales-Service - Beratungs-, Informationsveranstaltung - After-Sales-Service

	• Anwenderschulung
Nach dem betriebswirtschaftlichen Funktionsbereich	• Schulungsleistung in der Beschaffung • Bildungsleistung am Absatzmarkt • Bildungsleistung in der Fertigung
Nach betrieblichen Phasenbereichen	• Bildungsleistung zur Planungsunterstützung • Workshop, Kreativitätsseminar • Bildungsleistung zur Unterstützung der Realisation • Training • Bildungsleistung der Kontrolle • Controllingseminar
Zeitfenster	• Einmalige Bildungsleistung • Kontinuierliche Bildungsleistung • Diskontinuierliche Bildungsleistung
Räumliche Identität von Anbieter und Nachfrager	• Mittelbare Bildungsleistung • Anbieter und Nachfrager haben einen medialen Kontakt (Fernstudium, CBT) • unmittelbare Bildungsleistung • Nachfrager und Anbieter kommen räumlich zusammen (Seminar, Workshop)
Individualität	• individuelle Bildungsleistung • Die Bildungsleistung wird individuell für den Nachfrager erstellt • standardisierte Bildungsleistung • Der Nachfrager erhält eine Standardleistung (etwa in Modulform)
Dominanz des eingesetzten Produktionsfaktors	• Personendominante Bildungsleistung • Schulung, Seminar, Coaching. • objektdominante Bildungsleistung • kombiniertes Fernstudium, interaktive multimediale Lernsysteme • vollautomatisierte Bildungsleistung • Internetschulung, CBT
Vorhandene Ausstattung des Nachfragers	• Erstausbildung • Ausbildung, Anlernen, Schulbildung, Lehre • Wissenssteigerung • Bedarf einer Erstausbildung (Fortbildung, Weiterbildung)
Art der Nutzenstiftung	• Wissenserhaltung • Begleitende Schulungsmaßnahmen • Wissenssteigerung • Einsteigerschulung, Erstausbildung • Wiederherstellung von Wissen • Auffrischung, Repetitorium

Abb. 4: Eindimensionale Systematisierungsansätze (Corsten 1990)

Die umfangreiche Darstellung der eindimensionalen Klassifikationen zeigt, dass sich Bildungsleistungen auf vielfältige Art und Weise differenzieren lassen. Die Abgrenzung und Definition erweist sich häufig als sehr sinnvoll, da hiermit der Bildungsanbieter sein eigenes Geschäftsfeld besser greifen kann und sich unter Umständen auch neue Geschäftsfelddefinitionen ergeben können.

2.1.2.2.2 Mehrdimensionale Systematisierungsansätze (Typologien)

Mehrdimensionale Systematisierungsansätze entstehen durch die kombinierte Anwendung von mindestens zwei der oben aufgeführten Kriterien oder durch das Hinzufügen zusätzlicher Eigenschaftsräume. Das Ziel einer solchen Typologie ist eine differenzierte Darstellung des Sachverhaltes und eine homogene Zusammenfassung des Untersuchungsobjektes in untereinander heterogene Leistungsklassen.

Von Meffert und Bruhn wird eine Typologie vorgestellt, die die Stellung der Dienstleistung im Sortiment des Anbieters und die Art des Abnehmers berücksichtigt. Die Autoren verwenden diese Systematik, um die Heterogenität des gesamten Dienstleistungsbereiches zu charakterisieren, und ordnen den einzelnen Bereichen gesamten Branchen zu (Meffert /Bruhn 1995). Mit dieser Typologie lassen sich auch im Bildungsbereich die unterschiedlichen Geschäftsbereiche systematisieren.

Wie in Abb. 5 zu erkennen, wählen die Autoren eine unternehmensinterne und -externe Dimension zur Systematisierung von Dienstleistungen. Je nach Bedeutung im Sortiment des Anbieters kann Bildung als Kerndienstleistung oder als Zusatzleistung auftreten.

Von Kerndienstleistungen spricht man immer dann, wenn die zu erbringende Leistung zum eigentlichen Unternehmenszweck gehört. Die Bildungsleistung wird also tatsächlich von einem Bildungsanbieter angeboten.

Eine Zusatzleistung liegt vor, wenn die Bildungsleistung von einem Unternehmen des primären oder sekundären Sektors erbracht wird. Dieser Fall liegt zum Beispiel vor, wenn ein Maschinenhersteller auch gelegentlich Seminare für seine Kunden anbietet.

Differenziert man die unternehmensexterne Dimension nach der Art der Nachfrager, dann können Privatpersonen und Unternehmen unterschieden werden. Unternehmen fragen investive Bildungsleistungen nach, während die Nachfrage der Privatpersonen konsumptiver Natur ist.

Art der Dienstleistung	Abnehmergerichtete Dimension	
	Endverbraucher	Gewerbliche Unternehmen
Kerndienstleistung des Unternehmens	konsumptive Kerndienstleistung Koch- oder Tanzkurse	investive Kerndienstleistung Managementseminare
Zusatzleistung des Unternehmens	konsumptive Sekundärdienstleistung EDV-Kurse eines EDV-Händlers	investive Sekundärdienstleistung Produktschulungen eines Lieferanten

Abb. 5: Bildungstypologie

2.2 Bildung aus institutionaler Sicht

Betrachtet man Bildung institutional, stellt sich die Frage, welche Institutionen Bildung nutzen oder anbieten (Kvech 1991). Zunächst bietet es sich an, analog zur Systematik des Statischen Bundesamtes einen Branchenkatalog zu erstellen, der einzelne Bildungsanbieter erfasst. Diese Systematik sollte eindeutig und überschneidungsfrei sein und im Hinblick auf die Aktionsseite marketingspezifische Unterscheidungen ermöglichen (Scheuch 1982)

Als Differenzierungskriterien bieten sich die Gesellschafterstruktur, das Betriebsziel, die Art der Leistung und die Unternehmensgröße an (vgl. Abb. 6).

Differenzierungskriterium	Ausprägungen
Unternehmensgröße	Klein- & Einzelunternehmen
	Mittlere Unternehmen
	Großunternehmen
Gesellschafterstruktur	Privatunternehmen
	Anstalten öffentlichen Rechtes
	nicht freie Trägerschaften
Betriebsziel	überwiegend erwerbswirtschaftliche Ziele
	kostendeckende Betriebstätigkeit
	überwiegend nicht-monetäre Ziele
Art der Leistung	primärer Bildungsanbieter
	sekundärer Bildungsanbieter

Abb. 6: Differenzierungsmöglichkeiten von Bildungsanbietern

Die klassische Differenzierung des HGB von Unternehmen nach der Mitarbeiteranzahl oder nach dem Umsatz führt zu der Einteilung von kleinen und Kleinstunternehmen, mittleren Unternehmen und Großunternehmen. Im Bildungsmarkt repräsentieren die so genannten Freiberufler oder Einzeltrainer das Segment der Kleinstunternehmen. Kleinere und mittlere Unternehmen weisen eine Mitarbeiteranzahl von bis zu 50 auf; Unternehmen mit mehr als 50 Mitarbeiter gelten als Großunternehmen (Graf 1999). Abb. 7 zeigt die Umsätze der führenden Anbieter beruflicher Weiterbildung in Deutschland, sortiert nach fallenden Umsätzen.

Betrachtet man die Gesellschafterstruktur, dann sind zunächst die Universitäten und Fachhochschulen mit ihren Instituten als Anstalten öffentlichen Rechtes zu nennen. Außerdem gibt es noch Bildungsgesellschaften, die ausschließlich der öffentlichen Hand gehören, die in staatlicher Regie arbeiten und ihre Bildungsaktivitäten mit staatlich verfügbar gemachten Ressourcen entfalten. Dazu zählen Schulen, Berufsschulen, Berufsfachschulen, Hochschulen, Fachhochschulen und – je nach gesellschaftsrechtlicher Struktur – die Volkshochschulen.

Diese Einrichtungen konkurrieren mit Bildungsanbietern, die sich in Trägerschaft von Gewerkschaften, Parteien und Sozialinstitutionen befinden, sowie mit öffentlich subventionierten Trägern der freien Jugend- und Sozialarbeit.

Die dritte Gruppe von Anbietern wird durch eine rein privatwirtschaftliche Trägerschaft gekennzeichnet. Dies sind freie Bildungseinrichtungen, die ohne jegliche staatliche Finanzierungshilfen ihre Existenz ausschließlich aus den Marktvorgängen und -ergebnissen absichern müssen.

Name	Umsatz 1999 in Mio. DM	Umsatz 1998 in Mio. DM	Veränderung 99/98 in %
DAA Bildungswerk der DAG e.V., Hamburg	450	415	8,4
Dekra Akademie, Stuttgart	307	231	32,9
Siemens Business Service, München	180	160	12,5
SAP, Walldorf	163	145	12,4
Integrata Training, Tübingen	77	64	20,3
GfN, Stuttgart	70	18	288,9
Ibis acam, Andernach	69	61	13,1
CDI Deutsche Private Akad. für die Wirtschaft	67	58	15,5
Oracle Deutschland, Oracle Education, München	65	56	13,1
csg Computer Service Bereich Weiterbildung, Berlin	52	41	26,8
Hewlett Packard, HP Education, Böblingen	45	47	- 4,3
b.i.b. e.V., Paderborn	39	33	18,2
Serco, Bonn	30	26	15,4
Technische Akademie Wuppertal	30	27	9,3
Elop München, München	29	26	11,5

Abb. 7: Führende Anbieter beruflicher Weiterbildung in Deutschland (Wolther 2000)

Die Motivation der Weiterbildungsanbieter ist äußerst unterschiedlich. Es gibt Anbieter, die rein erwerbswirtschaftliche Ziele verfolgen; andere Anbieter erwirtschaften nur eine Kostendeckung oder verfolgen überwiegend nicht kommerzielle Ziele und werden aus anderen Bereichen finanziert. Unabhängig vom verfolgten Ziel realisieren alle Anbieter im Sinne der Gutenberg'schen Terminologie einen finanziellen Ausgleich. Bei kommerziellen Anbietern erfolgt dieser Ausgleich direkt durch den Markt, bei anderen geschieht dies indirekt durch Quersubventionen oder Bereitstellung von Haushaltsmitteln.

Neben diesen primären Weiterbildungsanbietern gibt es noch sekundäre Weiterbildungsanbieter. Diese bieten nicht originär Bildungsleistungen an. Diese Anbieter sind branchenfremd und treten im Bildungsmarkt als Sekundärleister auf. Das Angebot kann getrennt oder in Verbindung mit einer sonstigen Leistung erfolgen. Typische Anbieter aus diesem Segment sind zum Beispiel Computerhersteller, die zugleich Seminare anbieten oder ein EDV-Händler, der einen Schulungsraum eingerichtet hat. Aber auch Unternehmensberatungen die neben ihren Beratungsleistungen Seminare anbieten, sind diesem Segment zuzurechnen. Zahlreiche Unternehmen bieten Bildungsleistungen zunächst nebenbei an. Wenn diese Leistungen marktfähig und Erfolg versprechend sind, werden häufig Spin-offs gegründet oder Outsourcing betrieben, so dass aus dem Sekundäranbieter ein Primäranbieter wird.

Die Verhaltensweisen auf dem Bildungsmarkt lassen keine homogenen Muster erkennen. Die Angebots- und Preisstruktur ähnelt sich in einigen Segmenten, unabhängig von der Rechtsform, der Trägerschaft oder der Eigentümerstruktur.

Auch im Rahmen der institutionellen Betrachtung können Typologien zur weiteren Systematisierung herangezogen werden. Eine zweidimensionale Typologie wird von Lovelock vorgeschlagen, indem die Verfügbarkeit der Dienstleistung und die Befriedigung der Nachfrage als Dimensionen Verwendung finden (Lovelock 1988). Angewendet auf den Bildungsbereich können den einzelnen Typen Branchenfälle zugeordnet werden (vgl. Abb. 8).

Befriedigung der Bildungsnachfrage	Verfügbarkeit der Dienstleistung	
	an einem Ort	an mehreren Orten
Bildungsnachfrager geht zum Bildungsanbieter	Anbieter mit eigenen Räumen	Kette, Anbieter mit mehreren Niederlassungen
Bildungsanbieter geht zum Nachfrager	Inhouse-Schulung	Schulungen in Hotels
Nutzung (interaktiver) Kommunikationsmedien	firmeninterne Selbstlernzentren	Fernstudium, CBT, Internet

Abb. 8: Möglichkeiten der Bildungsanbahnung

Abb. 9 stellt eine weitere Typologie dar, die mit folgenden Kriterien arbeitet:

(Ackermann/Rothenberger 1987): Unternehmensphilosophie, Zielsetzung, Leitprodukt, Marktstrategie, Zielgruppe, Referentenstruktur, Fristigkeit der Programmplanung. In dieser Arbeit erfolgt die Darstellung eines Bildungsmarketing für Weiterbildungsanbieter aller Größenordnungen, die überwiegend erwerbswirtschaftliche Ziele verfolgen und zu den privatwirtschaftlich strukturierten Primäranbietern gehören.

Typen Kriterien	Typ 1 „Englischer Club"	Typ 2 „Prospektor Typ"	Typ 3 „System-Verkäufer"	Typ 4 „Business School Typ"
Unternehmensphilosophie	beste Praxis vermitteln	beste Praxis vermitteln	beste Praxis vermitteln	neueste Forschungsergebnisse weitergeben, eigene Forschungen
Zielsetzung	Informationsaustausch	Informationsaustausch, Handlungsempfehlungen, Beratung, Training,	Handlungsempfehlungen, Training	Informationsaustausch
Leitprodukt	nicht vorhanden	nicht vorhanden	Vorhanden	nicht vorhanden
Marktstrategie	Bedarfsdeckung	Bedarfsdeckung, Bedarfsentwicklung	Bedarfsentwicklung	Bedarfsdeckung, Bedarfsentwicklung
Zielgruppe	obere Führungskräfte	alle Hierarchien, alle Funktionen, alle Regionen	alle Hierarchien, alle Funktionen, alle Regionen	obere und mittlere Führungskräfte
Referentenstruktur	externe Referenten, vorwiegend Praktiker	vorwiegend Praktiker als externe Referenten	interne Referenten	interne und externe Referenten
Fristigkeit der Programmplanung	vorwiegend langfristig	vorwiegend kurzfristig	vorwiegend langfristig	vorwiegend langfristig

Abb. 9: Typologie von Weiterbildungsunternehmen (Ackermann/Rothenberger 1987)

2.3 Bildung aus funktionaler Sicht

Die funktionale Gliederung teilt die Betriebswirtschaftslehre nach Funktionen ein, die sich aus dem betrieblichen Leistungserstellungsprozess ergeben. Danach lassen sich die Beschaffungs-, Produktions- und Absatzfunktion sowie die unterstützenden Verwaltungsbereiche unterscheiden.

2.3.1 Bildung in der Beschaffung

Betrachtet man Bildung als Produktionsfaktor, welcher im Rahmen der Leistungserstellung notwendig ist, so kann Bildung als isoliert zu beschaffende Leistung betrachtet werden. In einer anderen Interpretation stellt Bildung einen Qualitätsmaßstab des zu beschaffenden Humankapitals dar.

Die Analyse der Beschaffung erfolgt auf zweierlei Weise. Zum einen ist für die spätere marktorientierte Bearbeitung die Beschaffung von Bildungsleistungen durch Unternehmen darzustellen. Der zweite Aspekt setzt sich mit dem Beschaffungsverhalten des Bildungsanbieters auseinander.

2.3.1.1 Bildung als Beschaffungsgut

Zur Aufgabe der Beschaffung von Bildungsleistungen gehören alle Aktivitäten für die kostengünstige, sichere und rechtzeitige Versorgung des Unternehmens mit den benötigten Qualitäten und Quantitäten.

Die Beschaffung von Bildungsleistungen kann intern und extern erfolgen. Die interne Beschaffung wird als Eigenerstellung, die externe Beschaffung als Fremdbezug bezeichnet (Scheuing 1998). Diese beiden Beschaffungssituationen für Dienstleistungen lassen sich in einem Kontinuum darstellen (vgl. Abb. 10).

Die Bildungsleistungen können vom zu beschaffenden Unternehmen selbst erstellt werden. Eine Mischform liegt vor, wenn einige Bildungsleistungen selbst erstellt und einige fremdbezogen werden. Wenn externe Dienstleister Bildungsleistungen im Hause erstellen, bezeichnet man dies als hybride Beschaffungsform. Diese Beschaffungsform „interne Seminare" scheint mittlerweile die Regel für Firmenschulungen darzustellen (Graf 1999). Die Teilung liegt vor, wenn eine enge Kooperation von Bildungsanbieter und Bildungsnachfrager, zum Beispiel in Form von Kapitalverflechtungen, existiert. Der Kauf ist der reine Fremdbezug aller Bildungsleistungen (Scheuing 1998).

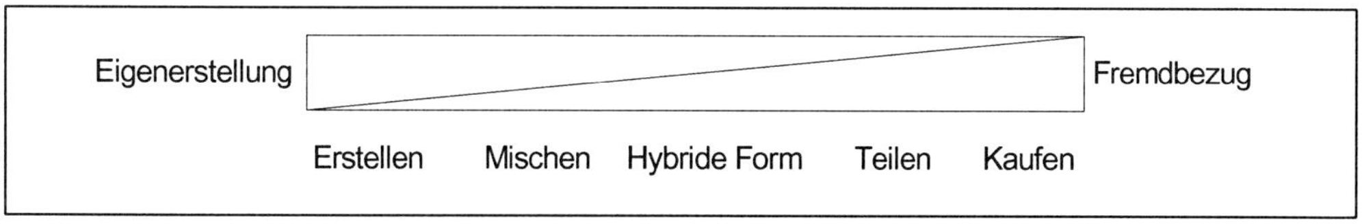

```
Eigenerstellung ─────────────────────────── Fremdbezug
       Erstellen   Mischen   Hybride Form   Teilen   Kaufen
```

Abb. 10: Das Beschaffungs-Kontinuum (Scheuing 1998)

Der Ablauf des Beschaffungsprozesses kann äußerst unterschiedlich dargestellt werden. Die wesentlichen Unterschiede der einzelnen Beschaffungsmodelle sind die unterschiedlichen Differenzierungsgrade in der Prozesskette. Backhaus gibt einen Überblick zu allgemeinen Phasenablaufkonzepten der Beschaffung (Backhaus 1997).

Der Ansatz von Robinson, Faris und Wind differenziert den Beschaffungsprozess nach dem Anlass der Beschaffung. Dabei bilden sie drei Kaufklassen auf der Basis des Wiederholungsgrades: (Robinson/Faris/Wind 1967)

Der Neukauf ist dadurch gekennzeichnet, dass das entsprechende Bildungsproblem erstmalig im Unternehmen auftritt.

Beim modifizierten Wiederkauf wird die Bildungsleistung leicht verändert nochmals nachgefragt. Die Kaufinstitution besitzt bereits Erfahrung beim Kauf von Bildungsleistungen. Allerdings treten einige neue Aspekte auf, die einen weiteren Informationsbedarf auslösen.

Der identische Wiederkauf entspricht einer Routinebeschaffung, bei der die beschaffende Organisation identische Bildungsleistungen zu einem späteren Zeitpunkt unter unveränderten Rahmenbedingungen nochmals nachfragt. Der identische Wiederkauf ist eine habitualisierte Kaufhandlung.

Weiterhin gibt es Unterschiede in der Beschaffung von Standardleistungen und angepassten Bildungsleistungen (Customizing). Der Beschaffungsprozess bei Standardleistungen ist aufgrund der einfacheren Bewertung und Vergleichbarkeit kürzer als bei Spezialangeboten.

2.3.1.2 Beschaffung des Bildungsanbieters

Neben den bereits dargestellten Aspekten ist das Beschaffungsverhalten und der Beschaffungssektor der Bildungsanbieter zu betrachten. Das Beschaffungsverhalten von Bildungsanbietern ist in der Literatur noch nicht analysiert worden. Dabei weisen Bildungsanbieter spezifische Besonderheiten auf, die darauf hindeuten, dass dieser Funktionsbereich im Sinne eines integrativen Unternehmenssystems nicht zu vernachlässigen ist.

Durch die Integration des externen Faktors in den Leistungsprozess und das uno-acto-Prinzip sind Qualitätsprobleme der Einsatzstoffe bzw. der verwendeten Ressourcen und Mitarbeiter für den Kunden direkt wahrnehmbar (Meyer/Oppermann 1998). Berry und Parasuraman schlussfolgern darüber hinaus sogar, dass inkompetente Mitarbeiter einen der Hauptgründe von mangelnder Qualität in der Dienstleistungserstellung darstellen (Berry/Parasuraman 1991).

Daraus kann man folgern, dass bei personalintensiven Dienstleistungen die Beschaffung der relevanten Einsatzfaktoren ein nicht zu vernachlässigendes, strategisches Entscheidungsproblem ist.

In der klassischen betriebswirtschaftlichen Betrachtung findet die Beschaffungsfunktion prozessorientiert regelmäßig vor der Produktion und dem Absatz statt. Die einzige Ausnahme bilden auftragsorientierte Produktionen, bei denen zunächst der Absatz erfolgt und dann die Einsatzfaktoren zu beschaffen sind, mit denen die Produktion daraufhin durchgeführt wird (Corsten 1990).

Die Beschaffungsfunktion eines Bildungsanbieters gestaltet sich in zwei Phasen. Die erste Phase der Beschaffung dient der Sicherstellung der Leistungsbereitschaft. Regelmäßig ist eine betriebliche Tätigkeit erst dann möglich, wenn diese Leistungsbereitschaft dem Bildungsnachfrager dokumentiert werden kann. Dann erfolgt in der Regel der Absatz der Leistungsfunktion. Erst wenn dieser erfolgt ist und eine sichere Zusage des Kunden vorliegt, werden die spezifischen Faktoren beschafft (Corsten 1990). Anschließend erfolgt die Kombination sämtlicher interner und externer Produktionsfaktoren.

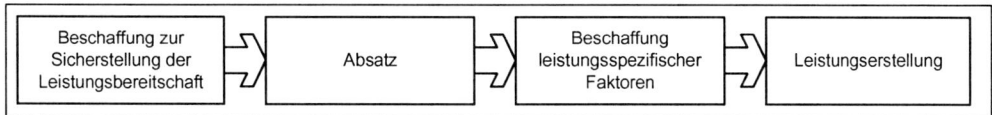

Abb. 11: Phasenbetrachtung der Beschaffung

Betrachtet man die internen Produktionsfaktoren eines Bildungsanbieters näher, dann sind in Anlehnung an Gutenberg die Elementarfaktoren und der dispositive Faktor zu unterscheiden. Die Elementarfaktoren eines Bildungsanbieters umfassen die objektbezogene menschliche Arbeitskraft, Werkstoffe und Betriebsmittel. Elementarfaktoren dienen unmittelbar der Leistungserstellung. Bei einem Bildungsanbieter umfassen diese Faktoren u. a. die Unterrichtsleistung, die Teilnehmerbetreuung, Schulungsunterlagen und die Raumausstattung. Da die Leistungserstellung nicht als automatischer Vorgang abläuft, bedarf es noch der dispositiven Arbeit der Betriebsführung mit den Tätigkeiten Leitung, Planung, Organisation und Überwachung. Die Betriebsleitung wird als originärer Bestandteil, die Tätigkeiten Leitung, Planung, Organisation und Überwachung werden als derivative Bestandteile des dispositiven Faktors betrachtet.

In der ersten Beschaffungsstufe sind zunächst Kapazitäten aufzubauen, die den Standort, die Ausstattung, die Verwaltung und den gesamten Back-Office-Bereich betreffen. Zusätzlich besteht die Notwendigkeit, in die konzeptionellen Tätigkeiten des Bildungsanbieters zu investieren.

Der damit verbundene Begriff der Kapazität hat sich in der jüngeren Literatur wie folgt durchgesetzt: „Kapazität ist Leistungsvermögen einer wirtschaftlichen oder technischen Einheit – beliebiger Art, Größe und Struktur - in einem Zeitabschnitt." (Layer 1979, Kern 1962, Pack 1993)

Dieser Begriff umfasst drei Merkmale:

- Die Kapazität eines Bildungsträgers steht immer in Interdependenz zur Leistung. Das Leistungsvermögen bezeichnet dabei die Möglichkeit und Bereitschaft produktive Bildungsleistungen zu erstellen.

- Das Leistungsvermögen kann sich auf verschiedene produktive Einheiten beziehen. Es sind nicht nur die Unterrichtsstunden, sondern auch jeder Produktionsfaktor (zum Beispiel Computer, Overheadprojektor oder Kopierer) zu beachten.

Auch jeder Teilbereich eines Bildungsträgers hat eine Kapazität.

- Die Kapazität lässt sich nur für einen bestimmten Zeitpunkt erfassen, da es sich um eine dynamische Größe handelt. Sie wird üblicherweise in Manntagen oder Unterrichtsstunden ausgedrückt.

In diesem Bereich entstehen Probleme, da bei einer Bildungsleistung Leistungserstellung und Leistungsabsatz zeitlich zusammenfallen und keine Lagerfähigkeit vorliegt. Auf auftretende Nachfrage sollte in aller Regel sofort reagiert werden, da es sich kaum ein Bildungsträger leisten kann, die Bedürfnisse eines Nachfragers über einen längeren Zeitraum nicht zu erfüllen. Die Kapazitäten sind daher so zu planen, dass weder zu große Leerkosten entstehen noch die Nachfrage zu häufig nicht bedient werden kann (vgl. Abb. 12), (Quartapelle/Larsen 1996, Daudel/Vialle 1992).

Die besondere Bedeutung der Leistungsbereitschaft wird in Zeiten geringer Nachfrage deutlich. Mit der Leistungsbereitschaft ist in der Regel ein hoher Anteil an Fixkosten verbunden. Eine hohe Auslastung soll die Leerkosten minimieren. Ein Beispiel von mehreren Tagungsstätten mit unterschiedlichen Zielgruppen und inhaltlichen Positionierung zeigt, dass die Auslastungen zwischen 25 % und 61 % schwanken (Zimmermann 1994).

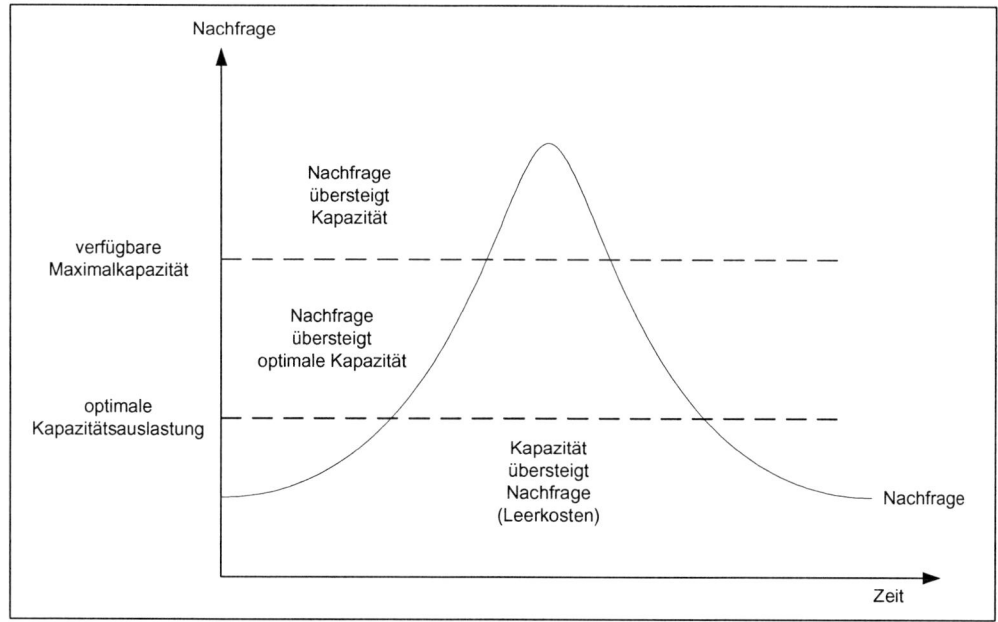

Abb. 12: Zusammenhang zwischen Kapazität und Nachfrage nach Bildungsleistungen (Heskett 1991)

Daher wird im Folgenden noch zu untersuchen sein, wie mit effizienten Marketingmethoden die Kapazitäten des Bildungsanbieters optimal ausgelastet werden können (Corsten/Stuhlmann 1998).

Im Rahmen der Beschaffung von leistungsorientierten Faktoren sind die Humanfaktoren von herausragender Bedeutung, da noch immer die personenorientierten Dienstleistungen im Bildungsbereich dominieren. Die Bildungsanbieter reagieren mit unterschiedlichen Strategien und unterschiedlicher Professionalität auf diesen Themenkomplex. Einige Bildungsanbieter stellen Trainer als feste Mitarbeiter ein. Dies erfolgt dann in der Kapazitätsaufbauphase. Da der Bildungsbereich allerdings, wie oben dargestellt, von großen Nachfrageschwankungen gekennzeichnet ist, steigt der Anteil der freiberuflich tätigen Trainer kontinuierlich an. Diese werden dann nur im Falle eines Auftrages gebucht.

2.3.2 Besonderheiten der Produktion von Bildungsleistungen

Die Erstellung von Bildungsleistungen vollzieht sich analog der Sachleistungsproduktion in einem produktiven System. Die Produktion von Sachleistungen ist in der betriebswirtschaftlichen Theorie umfangreich abgegrenzt und behandelt worden (Bernecker 1999). Dagegen weist die Erstellung von Dienstleistungen noch vielfältige Schwachstellen auf.

Die Faktorkombination stellt die Verbindung von Inputfaktoren und dem Outputfaktor her und ist somit die Grundlage des Leistungserstellungsprozesses. Die Kombination von Produktionsfaktoren zum Zwecke einer Erstellung der Dienstleistung Bildung kann als Produktion von Bildung bezeichnet werden. Es ist erforderlich, dass mit Hilfe geeigneter Methoden und Verfahren die Inputfaktoren unter Berücksichtigung der Einbindung des externen Faktors kombiniert werden, so dass sie in den angestrebten Output transformiert werden können. Wie oben bereits dargestellt verläuft dieser Produktionsprozess üblicherweise in den zwei Phasen Vorkombination und Endkombination ab (Corsten 1990, Meffert/Bruhn 1995).

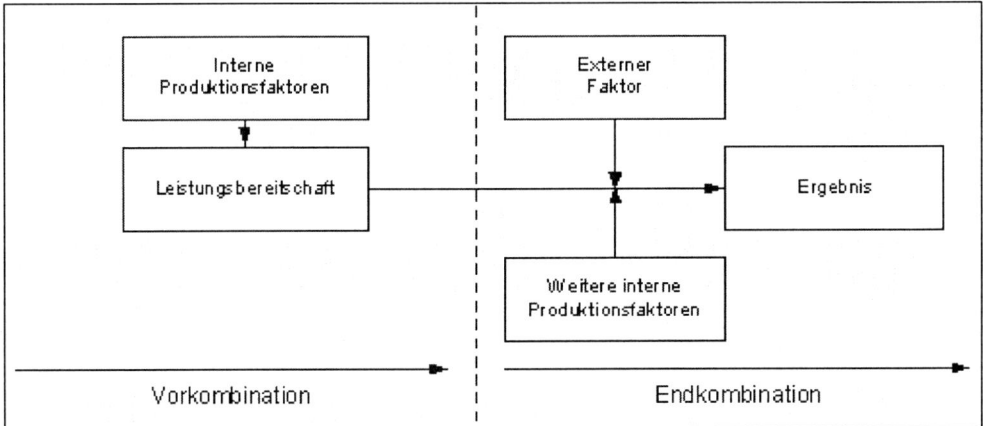

Abb. 13: Grundmodell zur Erfassung der Bildungsproduktion (Corsten 1990)

Die Erstellung der Bildungsleistung setzt sich aus einer Reihe von Handlungen zusammen, die entscheidend das Ergebnis beeinflussen. Um eine qualitativ akzeptable Bildungsleistung zu erstellen, bedarf es einer umfangreichen Analyse der zu realisierenden Arbeitsschritte.

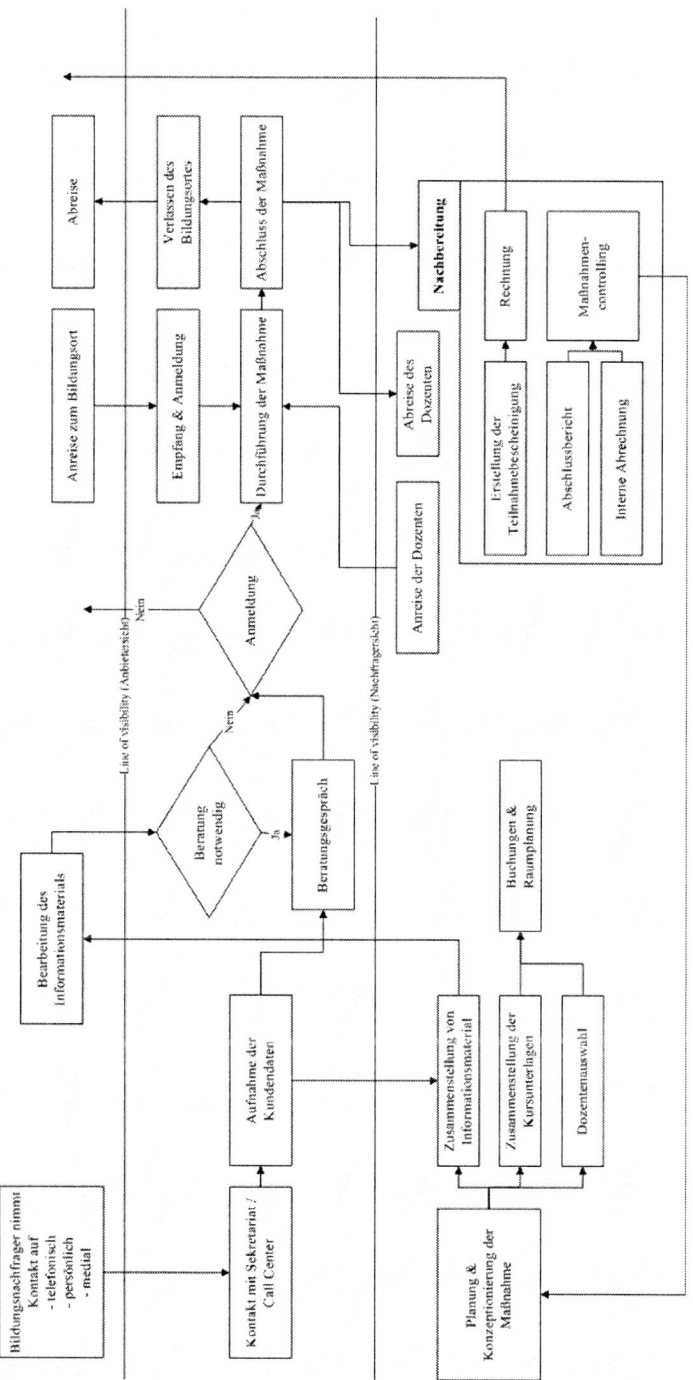

Abb. 14: Blueprint-Analyse

Für diese Tätigkeit der Ablauforganisation steht eine Vielzahl von Methoden zur Verfügung (Schreyögg 1998, Hammer/Champy 1994, Davenport 1993).

Eine besonders kundenorientierte Methode zur Analyse der Arbeitsprozesse bei Dienstleistungen bietet in diesem Zusammenhang das Blueprint-Verfahren. Der Blueprint (Blaupause) stellt sämtliche vom Kunden während der Erbringung der Bildungsleistung durchgeführte Handlungen in chronologischer Reihenfolge dar (Shostack 1984, Quartapelle/Larsen 1996, Bernecker 1997).

Bei der Blueprint-Methode werden mit Hilfe der „visible Line" die Handlungen in zwei Gruppen unterteilt. Der sichtbare Bereich umfasst alle Handlungen, die der Kunde sehen kann. Der unsichtbare Bereich umfasst alle Handlungen, die für den Kunden nicht direkt sichtbar sind. Dieses Verfahren hat den Vorteil, dass alle mit der Leistungserstellung verbundenen Handlungen analysiert und damit als leistungsrelevante Arbeitsschritte erfasst werden können.

Die Abb. 13 zeigt einen Blueprint für einen Bildungsprozess. Alle Leistungsschritte, die innerhalb der „visible Line" liegen, sind Produktionsschritte, die durch die Kombination von internen und externen Produktionsfaktoren entstehen. Alle Leistungsschritte vor der „visible Line" entstehen lediglich durch die Kombination oder Veränderung interner Produktionsfaktoren.

Prinzipiell kann der Prozess der Leistungserstellung von Bildung in vier Hauptphasen unterteilt werden (vgl. Abb. 15). Schritt eins umfasst den Bereich des Kapazitätsaufbaues, Schritt zwei den Bereich der spezielleren Leistungsbereitschaft, Schritt drei die Erstellung der Dienstleistung und Schritt vier den Abschluss der Dienstleistung bzw. die Nachbearbeitung.

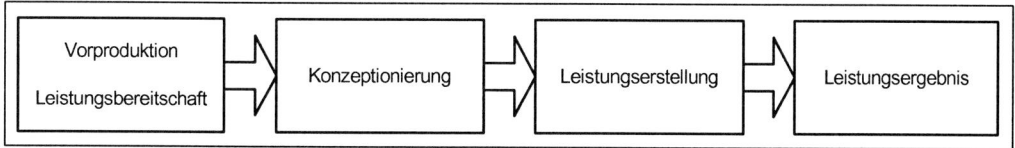

Abb. 15: Produktionsprozess der Bildung

Die eigentliche Leistungserstellung wirft damit für die weitere Betrachtung einige Problemfelder auf. Zunächst wird die Bildungsleistung nach dem uno-acto-Prinzip produziert und gleichzeitig abgesetzt. Zusätzlich schwankt die Qualität der Leistungsproduktion durch die Einbindung des externen Faktors in einem hohen Maße. Das Ergebnis ist in seiner Zusammensetzung, qualitativen Ausgestaltung und Erfolgswahrscheinlichkeit nur sehr schlecht voraussehbar.

2.3.3 Bildung in der Personalentwicklung

Im Rahmen des Personalmanagements hat der Begriff Bildung einen großen Stellenwert (Fritsch 1985). Die Personalentwicklung, die sich im Wesentlichen mit Bildungsmaßnahmen beschäftigt, ist ein Teilbereich des Personalmanagements, welches in den letzten Jahren immer mehr an Bedeutung gewonnen hat (Mentzel 1980, Becker 1992). Zum einen ist die Personalentwicklung eine wesentliche Komponente und ein Einflussfaktor im Rahmen der betrieblichen Verhaltenssteuerung, zum anderen eine wesentliche Planungskomponente im Rahmen der Systemgestaltung (Berthel 2000).

Zur Personalentwicklung können alle Maßnahmen gezählt werden, die der individuellen beruflichen Entwicklung der Mitarbeiter dienen und ihnen unter Beachtung ihrer persönlichen Interessen die zur optimalen Wahrnehmung ihrer jetzigen und zukünftigen Aufgaben erforderlichen Qualifikationen vermitteln (Mentzel 1980, Becker 1992, Rohleder 1995). Dabei wird, je nach Blickwinkel, eine enge Auffassung vertreten, die Bildungsmaßnahmen in den Mittelpunkt der Personalentwicklung stellt (Rohleder 1995), oder eine weitere Fassung, die Personalentwicklung auf den Themenkomplex der Organisationsentwicklung ausdehnt (Mentzel 1980, Becker 1992, Berthel 2000).

Die Personalentwicklung wird häufig über den Adressaten der Bildungsmaßnahmen begrenzt, in dem der angloamerikanische Begriff „Management Development" im

Sinne einer Führungskräfteweiterbildung unterstellt wird (Becker 1992). Andere Autoren sind allerdings der Meinung, dass Personalentwicklung hierarchieunabhängig ist (Fritsch 1985, Berthel 2000).

Unabhängig vom verwendeten Begriff sind in der Personalentwicklungsliteratur folgende Gemeinsamkeiten zu finden: (Becker 1992).

- Qualifizierungsmaßnahmen sollen Arbeitnehmer befähigen, den gegenwärtigen und zukünftigen Stellenanforderungen gerecht zu werden.

- Personalentwicklung erstreckt sich auf alle Unternehmensmitglieder für die gesamte Dauer ihrer Zugehörigkeit.

- Ein Personalentwicklungssystem umfasst bildungs- und stellenbezogene Elemente.

- Der Einfluss informatorischer Elemente in der Personalentwicklung steigt.

- Aufbau- und ablauforganisatorische Dimensionen werden im Rahmen der Personalentwicklung als gegeben akzeptiert.

- Es erfolgt eine dualistische Beachtung von Mitarbeiter- und Unternehmenszielen.

Mit der modernen Personalentwicklung geht ein Wandel des Bildungsverständnisses einher. Im Rahmen einer modernen Personalentwicklung wird akzeptiert, dass sich ein Wandel des Bildungsverständnisses vollziehen muss. Bildung kann nicht mehr im Sinne eines Vorratslernens vom einzelnen Mitarbeiter während der Ausbildung erworben werden und dann dem Unternehmen uneingeschränkt zur Verfügung stehen. Vielmehr sind die betrieblichen Bildungsbereiche mit einem lebenslangen Lernen in einer dynamischen Umwelt verbunden (Mentzel 1980). Einige Autoren bezeichnen diese Modernisierungsprozesse des Unternehmens und deren Kopplung mit der Bildung als „Rationalisierung des Pädagogischen" im Betrieb (Geißler/Ortey 1998, Becker 1999).

Der gegenwärtige Stand der Personalentwicklung differiert allerdings erheblich (Aschoff 1998). Die dabei eingesetzten Instrumente weisen ein weites Spektrum auf, das sich wie folgt systematisieren lässt:

Differenzierungskriterium	Ausprägungen
Ort der Maßnahme	on-the-job off-the-job
Wirkungszeitraum	kurz mittel lang
Berufsbezug	berufsvorbereitend berufsbegleitend berufsverändernd berufsbeendend
vermittelte Komponenten	Wissen Können Verhalten
Zugehörigkeit des Trainers/ Bildungsanbieters	interne Maßnahme externe Maßnahme

Abb. 16: Systematisierung von Personalentwicklungsmaßnahmen

Personalentwicklungsmaßnahmen können nach der räumlichen Nähe zum Arbeitsplatz wie folgt systematisiert werden (vgl. Abb. 16):

Personalentwicklung on-the-job: Bei dieser Form der Personalentwicklung erfolgt die Bildungsmaßnahme individuell am Arbeitsplatz des Mitarbeiters (Heberer/Grap 1996). Diese sehr praxisorientierte Bildungsform realisiert eine permanente Konfrontation mit der zu bewältigenden Aufgabe.

Personalentwicklung off-the-job wird von einigen Autoren auch als externe Maßnahme bezeichnet, die sich dadurch auszeichnet, dass auf deren Zielsetzung und Gestaltung der Betrieb keinen unmittelbaren Einfluss hat. Dies sind häufig Maßnahmen der klassischen Aufstiegsfortbildung der IHK oder von anderen Berufsverbänden (Brandt 1994, Heberer/Grap 1996).

Differenziert man Personalentwicklungsmaßnahmen nach dem Wirkungszeitraum, dann können kurz-, mittel- und langfristige Maßnahmen unterschieden werden. Personalentwicklungsmaßnahmen mit einer kurzfristigen Wirkung basieren häufig auf einer kurzfristigen Problemsituation, die schnell gelöst werden soll. Personalentwicklungsmaßnahmen mit langem Wirkungszeitraum sind häufig Maßnahmen, die Schlüsselqualifikationen betreffen.

Differenziert man Entwicklungsmaßnahmen hinsichtlich des Bezuges zum Beruf, dann können berufsvorbereitende, berufsbegleitende, berufsverändernde und berufsbeendende Maßnahmen differenziert werden. Berufsvorbereitende Maßnahmen sind klassische Maßnahmen in der Ausbildung (Pukke 1991). Berufsbegleitend ist die Fortbildung. Fortbildungen sind Maßnahmen, die darauf abzielen, berufliche Kenntnisse und Fertigkeiten zu erhalten, zu erweitern oder der technischen Entwicklung anzupassen, aber auch Maßnahmen, die einen beruflichen Aufstieg ermöglichen, wenn eine abgeschlossene Berufsausbildung oder angemessene Berufserfahrung vorliegt (Pukke 1991). Berufsverändernd ist die Umschulung. Sie findet statt, wenn Mitarbeiter durch Unternehmensveränderungen in ein neues Betätigungsfeld gelangen, das nicht vergleichbar ist mit ihrer Ausbildung. Für den Fall, dass Mitarbeiter aus dem Beruf aussteigen, bieten einige Unternehmen zum Abschluss der Mitarbeit Maßnahmen an, die auf die nachberufliche Zeit vorbereiten (Kirsch/Bruder/Gabele 1976, Bruder 1979, Gabele 1982).

Die Personalentwicklung kann zudem nach den vermittelten Komponenten differenziert werden (Hackstein/Nüssgen/Uphus 1979, Heberer/Grap 1996). Inhalt der Entwicklungsmaßnahmen können die Vermittlung von Wissen, die Entwicklung von geistigen und manuellen Fähigkeiten und die Einwirkung auf sach- und personalbezogenes Verhalten sein.

Personalentwicklungsmaßnahmen können auch durch die Anzahl der eingebunden Mitarbeiter und die Dauer der Maßnahme differenziert werden:

	ein Teilnehmer	**mehrere Teilnehmer**
befristete Maßnahme	Coaching Einzeltraining, Nachhilfe	Planspiel Abteilungsseminar Workshop
unbefristete Maßnahme	Online-Trainings durch Internet & CBT	nebenberufliches Studium

Abb. 17: Alternative Bildungsmethoden in der Personalentwicklung

Die Personalentwicklung hat sich in den letzten Jahren deutlich wahrnehmbar von einer reinen Ausbildungsabteilung hin zu einer integrierten Dienstleistungsfunktion verändert.

Die organisatorische Einbindung der Personalentwicklung kann unterschiedlich realisiert werden. Bei größeren Unternehmen ist die Aus- und Weiterbildungsabteilung in der Regel eine Verwaltungs- oder Stabsabteilung, die zentral sämtliche Personalentwicklungs- und Bildungsaktivitäten koordiniert. Im Falle der dezentral organisierten Weiterbildung wird einzelnen Fachabteilungen ein Bildungsbudget zugewiesen, das diese in ihrem Verfügungsbereich einsetzen können. Mischformen zwischen diesen Alternativen sind anzutreffen, wenn eine Ausbildungsabteilung oder eine Lehrwerkstatt existiert und zusätzlich die Fachabteilung einen Weiterbildungsetat erhält.

2.3.4 Besonderheiten der Bildung als Absatzinstrument

Fasst man die Eigenschaften und Besonderheiten der Bildung als Marktleistung zusammen, können gütertypologische, institutionelle und funktionale Eigenschaften differenziert werden, die das Absatzobjekt Bildung und damit zwangsläufig den Absatzbereich eines Bildungsanbieters beeinflussen (Meffert/Bruhn 1995).

Bildungsleistungen haben, wie oben bereits dargestellt, einen immateriellen Kern und können somit weder gelagert noch transportiert werden. Als Konsequenz ergibt sich für den Bildungsanbieter die Notwendigkeit, die immaterielle Bildungsleistung mit materiellen Bestandteilen zu kombinieren, um so die Aufmerksamkeit und Wertschätzung der Nachfrager zu gewinnen.

Die Unfähigkeit zur Lagerung von Bildungsleistungen erfordert eine intensive Koordination zwischen Bildungserstellung und -nachfrage. Dabei macht die spezielle Kapazitätsproblematik eine flexible Einsatzplanung und kurzfristige Nachfragesteuerung notwendig.

Eine besondere Analyse gilt der Koordination von Bildungsnachfrage und -angebot, da die Leistung nicht transportiert werden kann. Da die Erstellung der Bildungsleistung eine Vorkombination erfordert, hat der Bildungsanbieter die Pflicht, seine Leistungsfähigkeit zu dokumentieren und gesondert herauszustellen, um sich gegenüber anderen Anbietern zu profilieren. Zusätzlich besteht die Notwendigkeit, dass er sein Fähigkeitspotenzial materialisiert. Insbesondere im Bereich der Kommunikationspolitik ist es wichtig, dass der Leistungsanbieter seine Fähigkeiten sowie das Erscheinungsbild seines Personals, der Räumlichkeiten und der Ausstattung nach außen kommuniziert.

Der Bildungsanbieter ist zudem darauf angewiesen, den Nutzen seiner Leistungen zu dokumentieren und, wenn möglich, zu materialisieren, damit der Nachfrager, der die kostenlose Nutzung des öffentlichen Gutes Schulbildung gewohnt ist bereit ist, einen realistischen Marktpreis zu zahlen.

Da der Bildungsnachfrager als externer Faktor Bestandteil des Leistungsprozesses ist, schwankt die Leistungsqualität beträchtlich, und das Leistungsergebnis lässt sich nur sehr schwer standardisieren. Der Bildungsanbieter sollte sich daher wesentlich bessere Kenntnisse über seine Kunden und Nachfrager aneignen als ein Sachleistungshersteller, um die Leistungsqualität zu sichern und damit die Kundenzufriedenheit positiv zu beeinflussen.

Damit erweitert sich die absatzwirtschaftliche Betrachtung vom Leistungsergebnis auf den Leistungsprozess. Der gesamte Leistungserstellungsprozess inkl. der beteiligten internen Leistungsfaktoren sollte sich am Markt orientieren.

Durch die Heterogenität der angebotenen Bildungsleistungen ergibt sich eine erweiterte Substitutionskonkurrenz im Bildungsmarkt. Die Profilierung der einzelnen Bildungsleistungen gestaltet sich dabei besonders schwierig, da in der Regel kein direkter räumlicher und zeitlicher interpersonell überprüfbarer Nutzen vorhanden ist, sondern die Bildungsleistung in der Regel einen personenbezogenen substanziellen Nutzen stiftet. Diese Immaterialität stellt den Konsumenten wie den Hersteller vor große Bewertungsprobleme.

3. Bildung in der Pädagogik

Auch die pädagogische Betrachtung der Bildung geht zunächst von einer zugrundeliegenden Rationalität aus. Diese formuliert Sloane als die Höherführung der menschlichen Persönlichkeit (Sloane 1997). Da dieses Rationalitätspostulat im Rahmen der ökonomischen Betrachtung von Bildung vor dem ökonomischen zurückzutreten scheint, erfolgt eine Präzisierung dieser Konzeption im Rahmen der Berufspädagogik durch die folgenden Bildungsausprägungen (Sloane 1997).

In der pädagogischen Diskussion wird zunächst ein realistischer Bildungsbegriff gefordert, der nicht nur Bildung als normatives, sondern auch als real existierendes Objekt betrachtet (Roth 1967).

Interpretiert man Bildung aus didaktischer Sicht, steht die Interaktion zwischen Lernenden und Lehrenden sowie dem Lehrarrangement im Vordergrund. Die didaktische Auseinandersetzung mit Bildung erfolgt dabei im Rahmen der Curriculumtheorie und der Frage der didaktischen Konzeptualisierung (Schulz 1965, Robinsohn 1975, Kron 1993).

Der qualifikatorische Bildungsbegriff betrachtet Bildung als Bündel von Kenntnissen, Fertigkeiten und Einstellungen, das es dem Menschen ermöglicht, in einer erwerbswirtschaftlichen, arbeitsteiligen Gesellschaft zu handeln (Schmiel 1967, Sloane 1993). Dadurch wird Bildung als Investivvermögen des Menschen erfasst, das es ihm ermöglicht, in der gesellschaftlichen Praxis zu bestehen.

Bildung im Rahmen des bildungsökonomischen Begriffes umfasst im Konstrukt des Humankapitals einen immateriellen Vorrat an Kenntnissen und Fertigkeiten. Bildung ist ein Aktionsparameter im Kontext von ökonomischen Modellen, da ein Zusammenhang von Bildung und ökonomischen Zielen unterstellt wird. Bildung wird hier als Berufsbildung klassifiziert und ist damit zur Allgemeinbildung abgegrenzt (Sloane 1992). Die Betrachtung der Bildung erfolgt investiv und konsumptiv. Investive Bildung erfolgt durch ökonomisch-technische Anforderungen (Manpower Approach), während konsumptive Bildung durch die sozialen und individuellen Bedürfnisse ausgelöst wird (Social Demand Approach) (Recum 1987, Combe/Petzhold 1977).

Die gesellschaftstheoretische Betrachtung des Bildungsbegriffes ergänzt die bildungsökonomischen und qualifikationstheoretischen Betrachtungen um eine gesellschaftliche Komponente. Damit wird neben der Zielsetzung einer Handlungsoptimierung des beruflichen Individuums eine berufliche Mündigkeit des Einzelnen angestrebt (Lipsmeyer 1992, Sloane 1997).

Diese unterschiedlichen Interpretationen der Bildung erfahren in dem hier angestrebten Kontext eine Eingrenzung über das betrachtete Objekt. Die hier betrachtete Bildung bezieht sich auf Erwachsene. Die Erwachsenenbildung bezeichnet somit die Gesamtheit der institutionalisierten Lehr-/Lernprozesse von und mit Erwachsenen. Häufig werden auch die Begriffe Andragogik und Erwachsenenpädagogik verwendet, wobei sich der Begriff Weiterbildung als Synonym für die Erwachsenenbildung durchgesetzt hat (Arnold 1996).

4. Bildungsmarketing

Der Begriff des Bildungsmarketing findet in der Literatur unterschiedliche Ausprägungen und begriffliche Inhalte. Damit im Folgenden konsistent argumentiert werden kann, besteht zunächst die Notwendigkeit, diese alternativen Begrifflichkeiten darzustellen, um anschließend die hier definierte Sichtweise eines strategischen Bildungsmarketing zu formulieren.

4.1 Bildung als Marketinginstrument

Wenn man Bildung oder Weiterbildung als Instrument im Marketing-Mix betrachtet, dann kann man drei Ausprägungen identifizieren:

Bildungsleistungen stellen einen Teil der Sachleistung dar. Komplexe Anlagegüter werden oft nur dann einsetzbar, wenn neben der Sachleistung eine Schulungsleistung vorhanden ist. Die Schulungsleistung steht folglich in einem untrennbaren Zusammenhang mit der Sachleistung (Engelhardt 1998, Chisnall 1985, Kuntz 1998).

Seminare oder Produktschulungen, die ein Hersteller im Rahmen der Servicepolitik anbietet, um somit den Produktkern zu ergänzen und dem Kunden einen Zusatznutzen zu verschaffen (Augmented Products) (Pepels 1999). Bildung kann man damit als Serviceinstrument interpretieren, und sie wird häufig als Differenzierungsmerkmal empfohlen, um eine homogene Leistung in der Wahrnehmung des Kunden isoliert zu positionieren. Man spricht in diesem Fall von einem Value-Added-Service (Meffert. 1997, Meffert/Bruhn 1995, Simon 1993).

Bildungsleistungen, die ein Sachleister zusätzlich als Randsortiment anbietet, um Verkaufsförderungsfunktionen zu realisieren. Diese Leistung unterscheidet sich von der vorhergehenden Variante durch den Charakter einer isolierten Dienstleistung, die auch getrennt erworben werden kann (Schick 1991).

Bildungs- und Weiterbildungsleistungen als Service- bzw. Marketingmixelemente werden immer häufiger angeboten, um eine Differenzierung im Wettbewerb zu realisieren. Vor allem in Branchen mit einem hohen Wettbewerbsdruck oder mit homogenen Leistungen können Bildungsleistungen in Form von Kundenseminaren eingesetzt werden, um eine Differenzierungsstrategie umzusetzen (Kuntz 1998).

4.2 Bildungsmarketing als internes Marketing

Bildungsmarketing versteht man häufig auch als Marketing für betriebsinterne Weiterbildung (Schäffner 1993, Holzer 1993). Es gilt zum einen die permanente Weiterbildung im Sinne eines lebenslangen Lernens zu fördern und zum anderen durch profilierte Weiterbildung eine Unterstützung des Personalmarketings zu realisieren (Schwertfeger 2000). Man will damit erreichen, dass neue Mitarbeiter neben der Entlohnung auch auf die Weiterbildungsmöglichkeiten achten. Damit hat internes Bildungsmarketing den Sinn, durch eine verstärkte Mitarbeiterbindung und -zufriedenheit den langfristigen Unternehmenswert zu steigern (Cramer 1987, Witt 1987, Schnitzler 1994).

Internes Bildungsmarketing kann man in drei Ausprägungen antreffen (Cramer 1987, Geißler 1991).

Im Rahmen der angebotsorientierten Weiterbildung erfolgt die Ermittlung des Bildungsbedarfs, die Bedarfsplanung und die Akquisition der Teilnehmer zentral von Seiten der Bildungsabteilung, ohne auf die konkreten Bedürfnissen der Nachfrager einzugehen.

Nachfrageorientierte Weiterbildung geht dagegen den umgekehrten Weg, da die Fachvorgesetzten den Bildungsbedarf erheben und mit diesem Ergebnis von der Weiterbildungsabteilung konkrete Maßnahmen einfordern.

Die anbieterbeeinflusste nachfrageorientierte Weiterbildung ist ein komplementäres Mischmodell aus den beiden vorangegangenen Ansätzen. Dieser Ansatz akkumuliert die Stärken der beiden Ansätze, indem die Weiterbildungsabteilung auf die Nachfrager direkt und indirekt einwirkt und so die Nachfrage nach betrieblichen Bildungsleistungen steuert.

4.3 Marketing für Bildungsanbieter

Marketing für Bildungsträger ist zunächst eine einfache Transformation des Marketinggedankens in einer instrumentalen Interpretation auf die Anbieter von Bildung (Schuler 1991).

Diese unreflektierte Umsetzung des Marketing für Konsumgüter auf eine heterogene Dienstleistung hat zu vielen Auseinandersetzungen und zu einer Ablehnung des Marketinggedankens bei vielen Betroffenen geführt (Miller 1991, Kempkes 1987, Maisberger 1991, von Gyldenfeldt 1980).

Seit dem Höhepunkt der Diskussion um Bildungsmarketing Anfang der 90er Jahre hat es aber eine deutliche Weiterentwicklung gegeben. Zunächst lässt sich diese anhand der zitierten Literatur nachweisen (Cramer 1987, Schuler 1991, Miller 1991, Kempkes 1987, Maisberger 1991, Sarges/Haeberlin. 1980; Schick 1991). Diese Quellen setzen sich überwiegend mit Non-Profit Marketing auseinander oder bevorzugen – wie Geerken – eine populistische Darstellung des eingegrenzten Marketingbegriffes (Schick 1991). Mit der Verstärkung der Forschungsbemühungen um Dienstleistungen allgemein wurde dieses Gedankengut im Bildungsmarketing aufgegriffen, so dass bei der Mehrheit eine qualifiziertere Auseinandersetzung zu beobachten ist (Falk 1996, Geißler 1997, Bernecker 1998).

Bildungsmarketing wird als Dienstleistungsmarketing interpretiert, wobei aber häufig von Dienstleistungsmanagement die Rede ist, um die Verwendung des vermeintlich negativ vorbelasteten Marketing-Begriffes zu vermeiden (Geißler 1997, Kuntz 1998).

Im Rahmen dieser Arbeit wird ein Marketingbegriff vertreten, der sich auf das Angebot von Weiterbildung für einen externen Markt beschränkt. Weiterbildung wird in diesem Kontext als institutionell angebotene Dienstleistung interpretiert. Dabei sind die Grenzen insbesondere zum Angebot der internen Bildungsleistungen variabel, da eine Bildungsabteilung gelegentlich im Rahmen von Outsourcing-Bemühungen auf dem Markt für externe Nachfrager auftritt (Kaak 1997, Neal 1993).

Marketing hat als Unternehmensaufgabe den Aufbau, die Aufrechterhaltung und die Verstärkung der Beziehungen zum Bildungsnachfrager, anderen Partnern und gesellschaftlichen Anspruchsgruppen zu gestalten. Mit der Sicherung der Unternehmensziele sollen auch die Bedürfnisse der beteiligten Gruppen befriedigt werden (Meffert 1997).

4.4 Strategisches Bildungsmarketing

Strategisches Marketing stellt eine Abkehr von kurzfristigen operativen Betrachtungsweisen der Märkte dar, da diese Betrachtung der reinen Austauschbeziehung von Anbieter und Nachfrager zu einer uneffizienten Behandlung der Realsituation führt.

Die Bedeutung des strategischen Marketing ist in den letzten Jahren kontinuierlich gestiegen. Die aktuelle Bedeutung lässt sich durch die steigende Komplexität der Unternehmensumwelt und der zunehmenden Dynamik der Marktprozesse nachweisen (Meffert 1994).
Strategische Marketingplanung ist eine von den oberen Hierarchieebenen im Unternehmen durchgeführte längerfristige Planung mit Leit- und Lenkungsfunktions-Charakter.
Ein strategisches Bildungsmarketing kanalisiert den Instrumenteneinsatz und determiniert dadurch die Handlungsvorgaben, womit Umwege und unkoordinierte Mehrfachwege bei der Verfolgung der Unternehmensziele verhindert werden (Becker 1992). Unternehmensstrategien haben zum Ziel, die Erreichung einer bestimmten Position im Markt zu sichern und Erfolgspotenziale aufzubauen (Ansoff 1966, Kotler 1982).

Das strategische Marketing kann als Bindeglied zwischen der formulierten Unternehmenspolitik, der Zielausprägung, sowie der taktischen/operativen Planung begriffen werden. Die strategische Planung dominiert alle nachfolgenden Planungsebenen und hat daher einen Zielcharakter.

Sie lässt sich wie folgt charakterisieren:

- Strategisches Marketing bildet das Bindeglied zwischen der formulierten Unternehmenspolitik und der operativen Planung.

- Im Mittelpunkt steht die Entwicklung von Unternehmensstrategien, um die im Vorfeld formulierten Unternehmensziele zu erreichen.

- Die Strategie ist langfristig, auf das gesamte Unternehmen, global und weitgehend qualitativ ausgerichtet.

- Strategien zielen auf die Schaffung von Kosten- und Erfolgspotenzialen, um die Überlebenschancen der Unternehmung zu sichern.

Die Vorgaben der strategischen Planung werden ihrerseits auf der operativen Planungsebene konkretisiert. Dabei handelt es sich um eine kurzfristige, ablauforientierte Planung, und zwar mit primär handlungsbezogener Ausrichtung auf Einzelziele.

Begreift man Marketing als konsequente marktorientierte Führung des gesamten Unternehmens, dann folgt daraus, dass es sich bei Unternehmensstrategien immer zugleich auch um Marketingstrategien handelt. Marketingstrategien dominieren damit langfristig den Handlungsspielraum des Bildungsanbieters. Diese Dominanz bedeutet allerdings weder Einschränkung noch Restriktion, sondern stellt die Hauptorientierungsgrundlage des Bildungsanbieters dar, um die Kräfte zu bündeln und zu kanalisieren (Becker 1998).

Die allgemeinen Erfolgserwartungen des strategischen Marketingmanagements lassen sich auf folgende Punkte zurückführen (Brauchlin/Wehrli 1991):

- Die Auseinandersetzung mit der Zukunft hat einen didaktischen Wert. Veränderungen der Umwelt können in der Planung bereits frühzeitig berücksichtigt werden.

- Die Auseinandersetzung mit der Zukunft schützt vor Überraschungen. Die meisten Trends in der Weiterbildung deuten sich bereits Jahre vorher an, und ein vorausschauender Bildungsanbieter kann somit bereits frühzeitig Erfahrungen sammeln.

- Strategisches Denken schützt vor Verzettelung und Zersplitterung der Kräfte. Zahlreiche Bildungsanbieter nehmen jede Kundenanfrage an bzw. füllen offene Seminare auch mit nicht zielgruppengerechten Teilnehmern, mit dem Ergebnis, dass die Qualität der Angebote durch heterogene, nicht zu befriedigende Kundenansprüche sinkt. Heterogene Teilnehmerstrukturen werden selbst von den Befürwortern oft als Belastung für die Teilnehmer gewertet (Moser 1999).

- Strategisches Denken hat koordinierende Kraft in einem multipersonellen Gebilde.

- Eine klare Strategie dient als Grundlage für ein einheitliches, klares Erscheinungsbild und bestimmt damit den Charakter und die Persönlichkeit des Unternehmens.

Strategisches Marketing ist demnach ein ganzheitlicher Handlungsplan, der sich an angestrebten Zielen orientiert, für ihre Realisierung geeignete Strategien wählt und auf deren Grundlage die adäquaten Marketinginstrumente festlegt. Nur wenn ein unternehmensweiter Konsens über die zu realisierenden Ziele existiert, kann der Nachfrager auch konsequent, zielgerichtet und langfristig erfolgreich aus- und weitergebildet werden.

III.
Informationsanalyse des Bildungsmarktes

III. INFORMATIONSANALYSE DES BILDUNGSMARKTES　51

1. Marketingforschung　51

1.1　Grundbegriffe, Aufgaben und Arten　51

1.2 Träger der Marketingforschung　54

1.3 Prozess der Marketingforschung (5 D der Marketingforschung)　55

1.3.1 Definition der Marktforschungsinhalte　56

1.3.2 Design und Datengewinnung in der Marketingforschung　56

1.3.3 Datenanalyse　59

1.3.4 Dokumentation der Ergebnisse　60

2. Methoden der Marketingforschung im Bildungsbereich　62

2.1　Standortforschung　62

2.2　Bildungsbedarfsanalyse　64

2.3　Qualitätsforschung　67

2.4　Zufriedenheitsforschung　69

2.5　Wettbewerbsforschung　73

2.5.1　Triebkräfte des Wettbewerbs　74

2.5.1.1　Marktform　77

2.5.1.2　Marktstadium　78

2.5.1.3　Wettbewerbsgleichgewichte　80

2.5.2　Unternehmensbezogene Determinanten der Wettbewerbsintensität　81

2.5.2.1　Ressourcen und Fähigkeiten des Bildungsanbieters　81

2.5.2.2　Ziele und Verhaltensweisen der Wettbewerber　82

2.5.3　Instrumente der strategischen Wettbewerbsanalyse　84

2.5.3.1　SWOT-Analyse　84

2.5.3.2　Lebenszyklusanalyse　87

2.5.3.3　Portfolio-Analyse　89

2.5.3.3.1　Marktanteil-Marktwachstum-Portfolio　89

2.5.3.3.2　Marktattraktivität-Wettbewerbsposition-Portfolio　91

2.5.3.4　Vergleichende Gegenüberstellung der Instrumente　93

III. INFORMATIONSANALYSE DES BILDUNGSMARKTES

Wie oben bereits dargestellt, ist im Bildungsmarkt die Interaktion von Anbietern und Nachfragern wesentlich größer als in reinen Sachleistungsmärkten. Daher besteht eine besondere Notwendigkeit, diese Interaktionsprozesse kundenorientiert zu gestalten.

Als Informationsbasis benötigt der Bildungsanbieter Marketinginformationen, die für eine zielgruppengerechte Ausgestaltung der Marketinginstrumente und -strategien benötigt werden. In diesem Zusammenhang kommt der Informationsbeschaffung und der Informationsverarbeitung die Aufgabe zu, Käufer- und Marktpotenziale zu identifizieren und die Anhaltspunkte für die Formulierung von Zielen und Strategien sowie für die Ausgestaltung der Marketinginstrumente zu liefern. Daher erfolgt in diesem Abschnitt die Erarbeitung

- der Grundlagen der Marketingforschung und
- die Darstellung der Anwendungsfelder der Marketingforschung.

1. Marketingforschung

1.1 Grundbegriffe, Aufgaben und Arten

Der Begriff der **Marketingforschung** ist in der Literatur mit verschiedenen Inhalten belegt und weist Überschneidungen mit dem Terminus Markt- und Meinungsforschung auf. Ein synonymer Terminus für Marketingforschung stellt der amerikanische Begriff des Marketing Research dar. Üblicherweise lässt sich die Marketingforschung wie folgt definieren:

„Marketingforschung ist die systematische Anlage und Durchführung von Datenerhebungen sowie die Analyse und Weitergabe von Daten und Befunden, die in bestimmten Marketingsituationen von Unternehmen benötigt werden" (Kotler/ Bliemel 1992).

Nach dieser Definition zeichnet sich die Marketingforschung durch folgende Merkmale aus:

- **systematische** Vorgehensweise: Abgrenzung gegenüber der Markterkundung, die nur das zufällige und gelegentliche Abtasten von Märkten umfasst,

- Ausrichtung am **Zweck** der Marketingforschung, der darin besteht, Marketingentscheidungen informatorisch zu unterstützen und

- Hervorhebung des Prozesscharakters.

In der Definition der Marketingforschung wurde die Zweckorientierung hervorgehoben. Diese soll im Folgenden etwas detaillierter betrachtet werden. Empirisch zeigt sich, dass die konkreten Inhalte der Marketingforschung ein sehr breites Feld abdecken.

Durch veränderte Anforderungen an das Marketing hat sich auch das Aufgabenspektrum der Marketingforschung in den letzten Jahren gewandelt bzw. erweitert. Ein Haupttrend ist der verstärkte Einsatz der Marketingforschung für **strategische Entscheidungen**. Eng verbunden damit ist die Erweiterung des Methodenspektrums um **qualitative Verfahren**. Einen weiteren Trend induziert die Verlagerung vom Transaktions- zum Beziehungsmarketing. Dadurch finden Analysen zu Themen wie **Kundenzufriedenheit und -bindung** verstärkt Aufmerksamkeit.

Vor diesem Hintergrund erfüllt die Marketingforschung einige Funktionen für den Bildungsanbieter:

- Innovationsfunktion: Erkennen von Chancen und Trends,

- Frühwarnung: Erkennen von Risiken in der Unternehmensumwelt,

- Intelligenzverstärkung: Unterstützung der Willensbildung in der Unternehmensführung,

- Unsicherheitsreduktion: Präzisierung und Objektivierung bei der Entscheidungsfindung,

- Strukturierung der Planung: Förderung des Verständnisses bei den Lernprozessen der Marketingplanung, und

- Selektionsfunktion: Selektion von relevanten Informationen aus der Masse des Informationsangebotes.

Zur Deckung dieser unterschiedlichen Informationsbedarfe haben sich das Methodenspektrum und die Vorgehensweisen der Marketingforschung immer weiter ausdifferenziert. Ein denkbares Raster zur Klassifizierung wichtiger Formen gibt die nachfolgende Tabelle wieder.

Abgrenzungskriterium	Marktforschungsbereiche			
Umfeld	Mikroebene		Makroebene	
Quellen	Intern		extern	
Informationsbezug	Demoskopisch		ökoskopisch	
Träger	Intern (Eigenmarktforschung)		extern (Fremdmarktforschung)	
Erhebungszeitraum	fallweise	retrospektiv	prospektiv	
Form	Quantitativ		qualitativ	
Marktteilnehmer	Kunde	Konkurrenz	Lieferant	Handel
Häufigkeit	einmalig/mehrmalig		fortlaufend (Panelforschung)	
Erhebungsformen	Primärforschung (Field Research)		Sekundärforschung (Desk-Research)	
Ort	Labor		Feld	
Erhebungsmethode	Befragung	Beobachtung	Experiment	
Räumliche Dimension	lokal	Regional	national	International

Abb. 18: Typologie der Marketingforschung

Die folgenden Abschnitte nehmen insbesondere auf die Abgrenzungskriterien Form, Träger der Marketingforschung, Quellen, Häufigkeit, Erhebungsform und Erhebungsmethode Bezug. Daher werden an dieser Stelle die nicht vertieft behandelten Kriterien Umfeld, Informationsbezug und räumliche Dimension nur kurz erläutert.

Nach dem Kriterium **Umfeld** lassen sich grob die **Mikro-** und die **Makroebene** unterscheiden. Während die Mikroebene sich stark auf die direkten Kaufakte und Absatzmärkte konzentriert, bildet auf der Makroebene die weitere Umwelt den Analysegegenstand. Speziell die Marketingforschung auf der Makroebene liefert die informatorische Basis für Marketingstrategien und für die strategische Früherkennung.

Folgende Bereiche lassen sich auf der Makroebene unterscheiden:

- ökonomische Umwelt (zum Beispiel Bruttosozialprodukt, Wechselkurse),

- sozio-kulturelle Umwelt (zum Beispiel Wertewandel, demographische Bevölkerungsentwicklung wie etwa die „Überalterung" oder die Zunahme der Single-Haushalte in Deutschland),

- technologische Umwelt (zum Beispiel neue Produkte wie Elektronik in der Uhrenbranche, neue Verfahrenstechnologie wie zum Beispiel CIM- oder IuK-Technologie),

- politisch-rechtliche Umwelt (zum Beispiel EU-Richtlinien, Kartellrecht, Normung) und

- ökologische Umwelt (zum Beispiel umweltverträgliche Produkte).

Nach dem Informationsbezug lässt sich die demoskopische gegenüber der ökoskopischen Marketingforschung abgrenzen. Die demoskopische Marketingforschung analysiert die mit den Marktteilnehmern untrennbar verbundenen Tatbestände objektiver (so etwa Alter, Geschlecht, Einkommen) und subjektiver Art (etwa Einstellungen, Meinungen). Die ökoskopische Marketingforschung dagegen ermittelt objektive, von den einzelnen Marktteilnehmern losgelöste Marktgrößen wie Umsätze, Marktpotenziale oder Distributionsgrade.

Das Kriterium der räumlichen Dimension ermöglicht die Differenzierung zwischen lokaler, regionaler, nationaler und internationaler Marketingforschung.

1.2 Träger der Marketingforschung

Grundsätzlich gibt es drei Möglichkeiten zur Durchführung der Marketingforschung:

- **Eigen(markt)forschung:** die unternehmensinterne Abwicklung eines Marketingforschungsprojektes,

- **Fremd(markt)forschung:** die Vergabe des Projektes an einen spezialisierten Dienstleister, und

- Kombination aus Fremd- und Eigenforschung.

Die Eigenforschung existiert in unterschiedlichen Organisationsformen:

- selbstständige Abteilung im Marketingbereich der Unternehmung,

- Stabsstelle sowie

- funktionaler Informationsbereich mit darunter angesiedelter Marketingforschung.

Unabhängig von der konkreten Organisationsform sind mit der Eigenmarktforschung eine Reihe von Vor- und Nachteilen verbunden, die man vor dem Einsatz berücksichtigen sollte:

Vorteile	Nachteile
- Nutzung subjektiver Informationen - bessere Kenntnis der spezifischen Probleme des Unternehmens - bessere Kontrolle der Marktforschungsaktivitäten - schnellere Reaktion - Datenschutz - Kommunikationsvorteil - bessere Branchenkenntnis	- Betriebsblindheit - fehlende Methodenkenntnis - begrenztes Methoden- und Verfahrensspektrum - Fixkostenbelastung - fehlende Objektivität - fehlende Unabhängigkeit - fehlende Spezialisten - fehlende Kapazitäten - Self Fullfilling Prophecy

Abb. 19: Beurteilung der Eigenmarktforschung

1.3 Prozess der Marketingforschung (5 D der Marketingforschung)

In der grundlegenden Definition wurde Marketingforschung als systematischer Prozess charakterisiert. Idealtypisch läuft er in fünf Phasen ab, zwischen denen in der Realität zahlreiche Rückkopplungen und Überlappungen existieren.

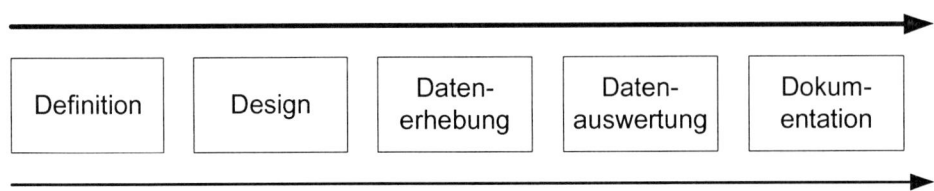

Abb. 20: Die 5 D der Marketingforschung

In der ersten Phase der Marketingforschung (**Definition**) geht es darum, die Problemstellung möglichst genau zu formulieren. Nur eine genaue Problemformulierung stellt die Erhebung und Auswertung relevanter Informationen sicher. Im Rahmen der **Designphase** sind Entscheidungen über die grundsätzliche Informationsbeschaffungsmethode, die Bestimmung von Skalen zur Messung sowie über die zu befragenden oder zu beobachtenden Merkmalsträger zu treffen. Im Rahmen der **Datengewinnung** werden die verschiedenen Erhebungsinstrumente eingesetzt. Die verschiedenen Methoden der Datengewinnung liefern eine große Anzahl von Einzelinformationen. Im Rahmen der **Datenanalyse** erfolgt die Ordnung, Verdichtung und die Analyse der Daten, um auf dieser Basis Marketingentscheidungen sinnvoll unterstützen zu können. Den letzten Schritt eines jeden Marketingforschungsprojektes bildet die **Dokumentation** und Präsentation der Ergebnisse. Dabei erfolgen bei Marketingforschungsprojekten i. d. R. eine schriftliche Dokumentation sowie eine mündliche Präsentation.

1.3.1 Definition der Marktforschungsinhalte

In der ersten Phase der Marketingforschung geht es darum, die Problemstellung möglichst genau zu formulieren. Nur eine genaue Problemformulierung stellt die Erhebung und Auswertung relevanter Informationen sicher.

1.3.2 Design und Datengewinnung in der Marketingforschung

Im Rahmen der Datengewinnung werden die verschiedenen Erhebungsinstrumente eingesetzt. Die Grundformen bilden die Befragung und die Beobachtung. Spezielle Anordnungen, die aber gleichfalls auf den Grundformen Befragung und/oder Beobachtung basieren, bilden das Panel und das Experiment.

Einen Überblick über die grundsätzlichen Beschaffungsmöglichkeiten von Marketinginformationen liefert die nachfolgende Abb.:

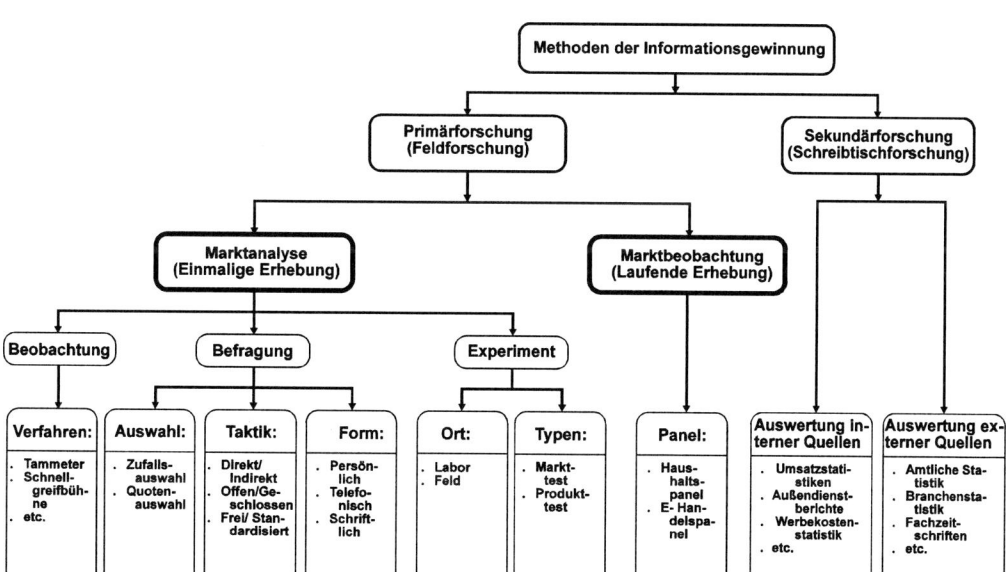

Abb. 21: Grundsätzliche Beschaffungsmöglichkeiten

Im Rahmen der Marketingforschung ist immer zunächst die **Sekundärforschung** zu nutzen. Unter Sekundärforschung versteht man die Auswertung bereits vorliegenden, d. h. nicht eigens für die aktuelle Problemstellung beschafften Materials. Die Methoden der Sekundärforschung haben den Vorteil, dass sie im Vergleich zur Primärforschung schneller durchzuführen sind und geringere Kosten verursachen. Im Rahmen der Sekundärforschung lassen sich nach der Datenherkunft unternehmensinterne und unternehmensexterne Quellen voneinander abgrenzen. Wichtige **interne Quellen** sind u. a. folgende:

- Rechnungswesen, Kostenrechnung, Investitionsrechnung, Deckungsbeitragsrechnung, Mahnwesen, Bilanzierung,

- Produktions- und Lagerstatistik,

- Beschwerdewesen,

- Kundenstatistik, Interessentenkartei,

- Zielgruppen- und Database-Management,

- Absatz-, Verkaufs- und Umsatzstatistik,

- Außendienstberichtssystem und

- eigene Archive sowie frühere Primärerhebungen.

Noch zahlreicher sind die möglichen **externen Quellen**, von denen hier nur die wichtigsten Gruppen aufgeführt werden:

- allgemeine amtliche Statistiken (Statistisches Bundesamt, UN, Eurostat, Statistische Landesämter etc.),

- Ressortstatistik (Deutsche Bundesbank, Kraftfahrtbundesamt etc.),

- Wirtschaftsorganisationen und -verbände (IHK, AHK, VDMA, VDA etc.),

- wirtschaftswissenschaftliche Organisationen (Ifo-Institut, DIW, Universitäten und Fachhochschulen etc.),

- Fachliteratur und -zeitschriften,

- Zeitungen und Zeitschriften,

- Messe- und Ausstellungskataloge,

- Firmenveröffentlichungen,

- Hilfsbetriebe (Adressdienste, Werbeträger etc.) und

- Datenbanken.

Falls die Sekundärforschung den Informationsbedarf nicht decken kann, ist der Einsatz der **Primärforschung** notwendig. Die Primärforschung zeichnet sich durch die Neuerhebung von Daten für eine konkrete Problemstellung aus. Die Grundmethoden der Primärforschung bilden die Befragung und die Beobachtung. Das **Experiment** und das **Panel** stellen keine eigenständigen Erhebungsmethoden dar, sondern spezielle Erhebungsanordnungen, die aber letztlich auch auf den Erhebungsmethoden Befragung und/oder Beobachtung basieren.

Die **Befragung** bildet die am häufigsten angewandte Methode der Datengewinnung im Rahmen der Primärforschung. Im Gegensatz zur Beobachtung ermöglicht die Befragung auch die Erhebung von nicht beobachtbaren Tatsachen, d. h. die Befragung ermöglicht eher als die Beobachtung die Erforschung von Einstellungen, Wahrnehmungen und Verhaltensweisen, die vom Unterbewusstsein gesteuert sind.

Die zweite grundsätzliche Methode der Primärforschung bildet die **Beobachtung**, die sich dadurch auszeichnet, dass der festzustellende Sachverhalt nicht aufgrund einer ausdrücklichen Erklärung der Auskunftsperson, sondern unmittelbar aus dieser selbst bzw. ihrem Verhalten abgeleitet wird.

1.3.3 Datenanalyse

Die verschiedenen Methoden der Datengewinnung liefern eine große Anzahl von Einzelinformationen. Im Rahmen der Datenanalyse erfolgt die Ordnung, Verdichtung und Analyse der Daten, um auf dieser Basis Marketingentscheidungen sinnvoll unterstützen zu können.

Zur Datenanalyse werden insbesondere statistische Verfahren herangezogen, wobei der Begriff Statistik die Gesamtheit der Methoden umfasst, die für die Verarbeitung empirischer Daten relevant sind. Als Hauptgruppen der Statistik lassen sich die **deskriptive** (beschreibende) und die **induktive** (schließende) Statistik voneinander abgrenzen. Die deskriptive Statistik umfasst alle Verfahren, die sich mit der Aufbereitung und Auswertung der Stichprobe bzw. der Grundgesamtheit befassen. Sie zielen darauf ab, die unüberschaubare Datenmenge durch möglichst wenige, jedoch aussagekräftigere Zahlen zu charakterisieren. Im Extremfall wird lediglich eine Zahl (zum Beispiel arithmetisches Mittel) zur Charakterisierung der gesamten Datenmenge verwendet. Die induktive Statistik dagegen versucht, auf der Basis von Stichprobenergebnissen Verallgemeinerungen bzw. Schlüsse auf die Grundgesamtheit abzuleiten. Dies bedeutet, dass die induktive Statistik nur dann notwendig ist, wenn in der Design- und Datengewinnungsphase eine Teilerhebung erfolgt ist. Die nachfolgende Abb. fasst die beiden Gruppen der statistischen Verfahren noch einmal zusammen.

Statistik	
Deskriptive Statistik	**Induktive Statistik**
Erhebung, Aufbereitung, Darstellung, Verdichtung und Charakterisierung von statistischen Daten	Schlussfolgerung aus den untersuchten Daten auf übergeordnete Datenmengen

Abb. 22: Statistik

1.3.4 Dokumentation der Ergebnisse

Den letzten Schritt eines jeden Marketingforschungsprojektes bildet die Dokumentation und Präsentation der Ergebnisse. Dabei erfolgt bei Marketingforschungsprojekten i. d. R. eine schriftliche Dokumentation sowie eine mündliche Präsentation.

Bei der schriftlichen Dokumentation bietet sich folgende Grobstruktur an:

- Vorwort/Problemstellung,

- Zusammenfassung der wichtigsten Ergebnisse („Management Summary"),

- methodische Vorgehensweise,

- Ergebnisdarstellung,

- Tabellen

- Grafiken

- statistische Kennzahlen

- Schlussfolgerungen,

- Interpretation/Empfehlungen

- weitere Vorgehensweise sowie

- Anhang (zum Beispiel Fragebogenbeispiel, Detailauswertungen).

Bei dem Verfassen eines Berichts ist auf eine verständliche Sprache, einen angemessenen Umfang („der Meister zeigt sich im Auslassen") sowie eine formal ansprechende Gestaltung zu achten. Speziell bei der Ergebnisdarstellung bietet es sich an, die quantitativen Ergebnisse durch Grafiken zu visualisieren.

Der Erfolg einer mündlichen Präsentation hängt stark von der Vorbereitung ab. Diese Vorbereitung umfasst **organisatorische Aspekte** wie zum Beispiel die Information der Teilnehmer (Ort, Zeit, voraussichtliche Dauer, Teilnehmer, Thema und Ziel der Veranstaltung), Raumauswahl und Reservierung sowie die Auswahl der Beteiligten. Daneben bildet die **inhaltliche** und **formale Gestaltung** der Präsentation einen Gegenstand der Vorbereitungsphase. Die inhaltliche Vorbereitung betrifft die Festlegung der Struktur sowie die Auswahl der zu übermittelnden Informationen. Die formale Vorbereitung umfasst vor allem die Gestaltung der Präsentationsfolien sowie die Auswahl der Präsentationshilfsmittel und die Produktion von Präsentationsunterlagen. Bei der Gestaltung der Folien sind folgenden Grundlagen zu beachten:

- einheitliche Gestaltung der Folien (Corporate Design),
- wenige Aussagen pro Bild,
- Vergleiche nebeneinander abbilden,
- Verwendung von Farben zur Hervorhebung (nicht mehr als drei Farben pro Folie),
- wichtige Aussagen in die Folienmitte und
- gute (Aus)Nutzung des zur Verfügung stehenden Platzes.

Im Rahmen der eigentlichen Präsentation ist der Erfolg stark von der Persönlichkeit des Präsentierenden abhängig. Diese kann durch den gezielten Einsatz von **Rhetoriktechniken** verbessert werden.

Abschließend werden noch einige typische Fehlerquellen aufgeführt, die sowohl für die schriftliche Dokumentation als auch die mündliche Präsentation repräsentativ sind:

- Ziel, Aufgabenstellung und Konzept nicht erkennbar,

- zu lang und umfangreich,

- Übergenauigkeit („Zahlenfriedhöfe"),

- unzureichende Erklärung und „Fachchinesisch",

- sehr sachliche und farblose Darstellung,

- zu viele Grafiken („Folienschlachten") und

- es werden keine Empfehlungen aussprechen, um nicht „festgenagelt" werden zu können.

2. Methoden der Marketingforschung im Bildungsbereich

Im Rahmen der Strategieplanung gilt es, möglichst alle relevanten Informationen über das gegenwärtige und zukünftige Marktgeschehen zu beschaffen um daraus zieladäquate Marketingstrategien abzuleiten.

Die hier näher betrachteten Bereiche der Marktforschung sind die Standortforschung, Bildungsbedarfsanalyse, Qualitätsforschung, Zufriedenheitsforschung und die Wettbewerbsforschung.

2.1 Standortforschung

Zu den konstituierenden Merkmalen eines Bildungsanbieters gehört die Wahl des optimalen Standortes für die Verwaltung und Unterrichtsstandorte. Diese Standortproblematik ist bei Dienstleistungen wesentlich wichtiger als bei Sachleistungen. Bedingt durch die Immaterialität der eigentlichen Leistung ziehen viele Bildungsnachfrager den Standort und die Ausstattung des Standortes als Ersatzindikator bei der Beurteilung der Qualität hinzu. Zusätzlich besteht durch das uno-acto-Prinzip die Notwendigkeit der Kontaktaufnahme von Bildungsanbieter und -nachfrager. Gerade bei personendominanten Vertrauensgütern wird häufig von der Lage des Betriebes auf die betriebliche Leistungsfähigkeit geschlossen (Bieberstein 1995). Die optimale Wahl wird durch die Standortfaktoren bestimmt, die einen limitierenden oder substitutionalen Charakter aufweisen können. Bei der Standortwahl von Bildungsanbietern können folgende Ausrichtungen unterschieden werden (Bernecker 1999):

Materialorientierung: Der Standort richtet sich nach den minimalen Beschaffungskosten der Rohstoffe. Dieses Entscheidungskriterium ist bei einem Dienstleistungsanbieter relativ unwichtig, da Rohstoffe einen zu vernachlässigenden Anteil an der Wertschöpfung einer Bildungsleistung aufweisen.

Arbeitsorientierung: Standorte in Niedriglohn-Gebieten oder mit ausreichendem Arbeitskräfteangebot. Dieses Kriterium ist im Bildungsbereich nicht von ausschlaggebender Bedeutung, da keine großen Schwankungen in der Entlohnung von Seminarleitern oder Dozenten regional vorhanden sind. Lediglich in ländlich strukturierten Gebieten entsteht unter Umständen das Problem, dass Spezialisten nicht in ausreichenden Mengen zur Verfügung stehen.

Abgabe- oder Subventionsorientierung: Standorte, die besonders gefördert werden oder sich durch eine minimale Besteuerung auszeichnen. Diese Variante wird von vielen Bildungsanbietern realisiert, die geförderte Maßnahmen anbieten, da sich die Förderung dieser Maßnahmen nach dem Fördergebiet, d. h. der regionalen Ansiedlung des Bildungsträgers und der Teilnehmer, richtet. Dieser Punkt kann unter Umständen auch für kleinere Unternehmen sehr interessant sein, da zum Beispiel die klassische Beratungsunterstützung (Potenzialförderung) in NRW höher ausfällt als in Bayern.

Verkehrsorientierung: Betriebsstandorte mit sehr guter Anbindung an die Infrastruktur (Verkehrsknotenpunkte). Da der Bildungsnachfrager häufig zum Bildungsanbieter gelangen muss, wählen einige Bildungsanbieter Standorte zum Beispiel in der Nähe eines Bahnhofs oder einer Bushaltestelle.

Absatzorientierung: Der Standort richtet sich nach der Nachfragerverteilung oder dem Standort des Kunden. Dieses Kriterium ist im Bildungsbereich das dominante Auswahlkriterium für den Standort eines Bildungsanbieters. Viele Anbieter suchen die Nähe der Nachfrager und siedeln sich daher häufig in deren geographischer Nähe an. (Einige Anbieter, die im Rahmen der Lean-Management-Welle die gesamte Personalentwicklung von ihren Kunden übernommen haben, eröffnen häufig in deren direkter Nähe Niederlassungen.) Insbesondere regionale Strategien basieren auf diesem Auswahlkriterium. In den Ballungsgebieten Nordrhein-Westfalen, München,

Berlin und Rhein-Main sind daher wesentlich mehr Bildungsanbieter vertreten als in eher ländlichen Gebieten mit einer geringeren Besiedlungsdichte, wie etwa im Hochschwarzwald oder in Schleswig-Holstein. Die Deutsche Post bietet eine Software an, mit der man die Einwohnerzahlen sogar in einzelnen Stadtteilen identifizieren kann. Näherer Informationen unter: www.direktmarketing.de.

In nahezu jeder Stadt existiert eine Wirtschaftsförderung, die spezifische Standortdaten aufbereitet hat. Auch die lokale IHK kann diese Informationen bereit gestellt haben. Nähere Informationen unter: www.ihk.de.

2.2 Bildungsbedarfsanalyse

Die Bildungsbedarfsanalyse bildet die erste Stufe innerhalb eines Funktionszyklus der Bildung. Ihr Ziel ist es, möglichst konkret und authentisch festzustellen, was eine bestimmte Lerngruppe bis zur Erfüllung bestimmter Qualifikationsanforderungen noch zu lernen hat. Außerdem soll die Bildungsarbeit in pädagogischer und ökonomischer Sicht zum Erfolg führen (Müller/Stürzl 1992, Gluminski/Stangel-Meseke 1993).

Generell sollen bei der Bedarfsplanung folgende Gesichtspunkte einbezogen werden (Hölterhoff/Becker 1986, Heberer/Grap 1996):

- Soll-Verhalten bzw. Soll-Leistungen herausfinden,

- Ist-Leistungen bzw. Ist-Verhalten erfassen (messen, beurteilen),

- Abweichungen identifizieren und Ursachen herausfinden und

- Maßnahmen einleiten.

Der Bildungsbedarf eines Unternehmens resultiert aus drei unterschiedlichen Faktorengruppen. Dies sind der gesellschaftliche Bildungsbedarf, der betriebliche Bildungsbedarf und die individuellen Bildungsbedürfnisse der Mitarbeiter (vgl. Abb. 23).

Informationsanalyse des Bildungsmarktes

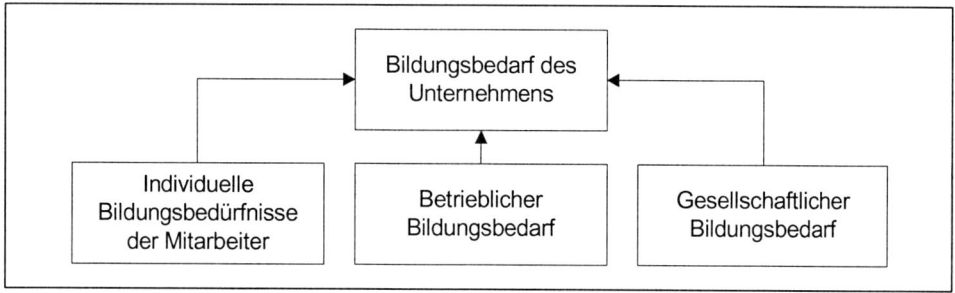

Abb. 23: Faktoren des Bildungsbedarfs (Hölterhoff/Becker 1986)

Voraussetzung für die Ermittlung des Bildungsbedarfs ist, dass eine umfangreiche Berücksichtigung interner und externer Informationen erfolgt (vgl. Abb. 24), (Czisnik 1990).

Unternehmens-externe Daten	Mitarbeiter spezifische Daten	Unternehmensspezifische Daten
Bevölkerungsentwicklung	Ausbildungsniveau	Unternehmensplanung
Strukturwandel der Industrie	Berufserfahrung	exakte Kenntnis der Arbeitsplätze
Tendenzen von Konzentration oder Dezentralisierung	Motivation	Fluktuationsstatistik
	Weiterbildungshistorie	Fehlzeitenstatistik
	Alter	Ruhestandsplanung
Wirtschaftspolitik	Arbeitsverhältnis	exakte Kenntnisse des Personals
Entwicklung der Automatisierung		technische Ausrüstung des Unternehmens
Sozialpolitik & Arbeitsrecht		
Tarifpolitik		
Arbeitsmarkt		
Hochschul- und Schulpolitik		

Abb. 24: Datenkranz der Bildungsbedarfsanalyse

Grundsätzlich werden eine defizitorientierte und eine vorausschauende Bildungsbedarfsanalyse unterschieden (Pawlowsky/Bäumer 1996). Im Rahmen der defizitorientierten Bildungsbedarfsanalyse wird eine aktuelle Soll-Position mit dem aktuellen Wissensstand der Zielgruppe verglichen (Ist-Position). Diese gegenwartsbezogene Soll-Ist-Gegenüberstellung hat zur Folge, dass der Weiterbildungsqualifikationsbedarf erst in der aktuellen Situation erkannt werden kann. Die vorausschauende

Bildungsbedarfsanalyse berücksichtigt eine Prognose des zukünftigen Bildungsbedarfs. Somit wird der aktuelle Ist-Zustand mit einer zukünftigen Soll-Position verglichen (Pawlowsky/Bäumer 1996, Arnold 1996).

Becker spricht von der Analyse des Weiterbildungsbedarfs der ersten Generation, wenn die Unternehmen die Notwendigkeit einer Weiterbildung neben der beruflichen Erstausbildung erkennen. In die Differenzierungsphase tritt das Unternehmen erst ein, wenn es den Bildungsbedarf im Unternehmen systematisch erhebt (Becker 1999).

Die einsetzbaren Instrumente der Bildungsbedarfsanalyse sind sehr unterschiedlich und umfangreich. Zu den wichtigsten Methoden der Bildungsbedarfsanalyse gehören die in Abb. 25 aufgeführten Instrumente (o. V. 1997).

Instrumente der Bildungsbedarfsanalyse
- Mitarbeiterbefragung durch Fragebogen
- Trainingsbedarfserfassung durch Workshops
- Assessment Center/Potenzialanalyse
- Beobachtungen am Arbeitsplatz
- Einzelbefragung

Abb. 25: Methoden der Bildungsbedarfsanalyse

Es wird jedoch regelmäßig in empirischen Analysen festgestellt, dass die Bildungsbedarfsanalyse eher Zufallscharakter hat und in den meisten Unternehmen lediglich intuitiv durchgeführt wird (Gerhard 1992, Höffer-Mehlmer 1994, Malcher 1980, Bahnmüller u. a. 1990).

Ein besonderes Problem der Bildungsbedarfsanalyse stellt der häufig schwer zu ermittelnde Wissensstand dar (Schepansky 1986). Einige Autoren machen die Feststellung, dass die Ermittlung in der betrieblichen Weiterbildung noch vergleichsweise einfach verläuft, während sich dies in anderen Weiterbildungsbereichen ungleich schwieriger darstellt (Schäffter 1992, Höffer-Mehlmer 1994, Arnold 1996). Dieses ist durch die Immaterialität der Wissenskomponenten bedingt. Bei den meisten Weiterbildungstechnologien kommt es zudem auf eine relative Einordnung des Wissensstandes an, damit homogene Gruppen gebildet werden können und sich die Vorkenntnisse nicht zu sehr unterscheiden.

Diese Problematik drückt das Begriffspaar „Bildungsbedürfnis und Bildungsbedarf" aus. Der Bildungsbedarf beschreibt die objektive Differenz zwischen der Ist- und der Soll-Position. Das Bildungsbedürfnis stellt die subjektiv empfundenen Diskrepanz zwischen Soll- und Ist-Position dar. Bildungsbedarf und Bildungsbedürfnis können differieren (Hölterhoff/Becker 1986).

Für Bildungsanbieter ist die Bildungsbedarfsanalyse unter Umständen ein Tool, um den Zugang zum Kunden zu finden. Zum einen wird nicht nur reaktiv auf den Kunden gewartet, sondern der Bedarf des Kunden wird identifiziert und geweckt. Zum anderen besteht eine mögliche Einnahmequelle, um zusätzliche Dienstleistungen anzubieten.

2.3 Qualitätsforschung

Mit der flächenweiten Umsetzung der Zertifizierungen nach DIN ISO 9000 ff. in der verarbeitenden Industrie hat dieses Konzept und damit die steigende Qualitätsbeachtung auch im Weiterbildungsbereich eine Relevanz erhalten. Insbesondere größere Bildungsanbieter versuchen, die Qualitätsschwankungen, die im Dienstleistungsprozess vorkommen, durch systematische Erhebungen und Analysen zu erfassen. Diese Qualitätsforschungen sind seit den 70er Jahren auch unter dem Begriff „Evaluierung" bekannt und treten in den letzten Jahren unter dem Begriff „Bildungscontrolling" verstärkt in der Literatur auf (für die Fülle der Literatur stellvertretend: Döring 1973, Will 1987, Landsberg/Weiß 1992, Bernecker 1998).

Moderne Konzepte versuchen, mit einem Methoden-Mix den gesamten Bildungsprozess zu dokumentieren, um so alle relevanten Qualitätsdimensionen abzudecken. Generell können Erhebungsmethoden nach dem Beurteiler in kundenorientierte oder unternehmer- bzw. drittorientierte Verfahren unterteilt werden (vgl. Abb. 26), (Mayer/Ertl 1998, Bernecker 1997, Merx/Bötel 1997, Bernecker 1998).

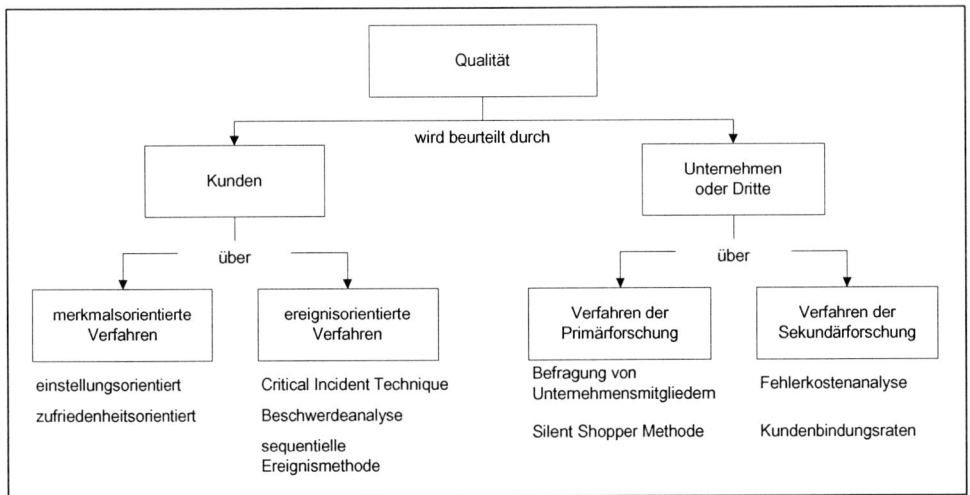

Abb. 26: Überblick über die Möglichkeiten der Qualitätsmessung (Mayer 1998)

Eine der bekanntesten Methoden zur Erfassung der Dienstleistungsqualität ist der SERVQUAL-Ansatz, der sich durch seine gute empirische Verwendbarkeit auszeichnet, allerdings keine bildungsspezifischen Komponenten aufweist (Zeithaml 1991, Zeithaml/Berry/Parasuraman 1996, Zeithaml/Parasuraman/Berry 1992, Bernecker 1997). Zusätzlich setzten sich immer mehr internationale Bewertungskriterien für die Qualität einer Dienstleistung durch. Die bekanntesten Kriterienkataloge sind der Malcom Baldrige Award, European Foundation für Quality Management (EFQM) und die DIN ISO 9000 ff.

Diese Kriterienkataloge wendet der Bildungsanbieter zunächst im Selbstaudit an, bevor die Bewertung anschließend durch eine externe Zertifizierung oder durch Teilnahme an einem Wettbewerb relativiert wird (sehr gute Checklisten und Arbeitsmaterialien sind in den folgenden Quellen zu finden: Merx/Bötel 1997, Uehlinger/von Allmen 1999).

Alle Qualitätsforschungen sind dadurch gekennzeichnet, dass auch in der Aus- und Weiterbildungsforschung mittlerweile kundenorientierte Erhebungsmethoden dominieren und sich der kundenorientierte Qualitätsbegriff durchgesetzt hat. Dabei ist das klassische hierarchische Verständnis der Lehrer-Lernende-Beziehung durch das kooperative Marktkonzept von Leistungsanbieter und Leistungsnachfrager verdrängt worden. Die Qualitätsdefinition bestimmt demnach nicht mehr nur der Lehrende, sondern auch der Lernende mit seiner Wahrnehmung der Leistung. Dies erfordert eine kontinuierliche Erhebung der Qualitätserwartungen der einzelnen Bildungsnachfrager, die mit Hilfe eines dynamischen Qualitätsmodells erfolgt (Bernecker 1997).

2.4 Zufriedenheitsforschung

Der Begriff der Kundenzufriedenheit hat seit einiger Zeit auch in der Forschung immer mehr an Bedeutung gewonnen und zählt mittlerweile zu einem der am intensivsten behandelten Forschungsfelder der Marketingwissenschaft (Stauss/Seidel 1998, Müller 1998, Meister/Meister 1998, Scharnbacher/Kiefer 1996).

Mit dem Begriff Kundenzufriedenheit verbindet man im allgemeinen Sprachgebrauch positive psychische Zustände wie Wohlbefinden, Freude, Glück oder Befriedigung. Es besteht allerdings im vorherrschenden Schrifttum keine Einigkeit über die Zuordnung begrifflicher Merkmale zu dem Konzept der Zufriedenheit (Müller 1998).

Hinsichtlich des Beurteilungsprozesses folgen die meisten Autoren dem „Disconfimation Paradigm", nach dem die Zufriedenheit bzw. Kundenunzufriedenheit als Folge einer wahrgenommenen Diskrepanz zwischen erwarteter und erlebter Leistung entsteht (Oliver 1980, Hill 1986, Hansen 1990, Stauss/Seidel 1998, Meyer/Dornach 1998) Abb. 27 charakterisiert diesen Bewertungsprozess.

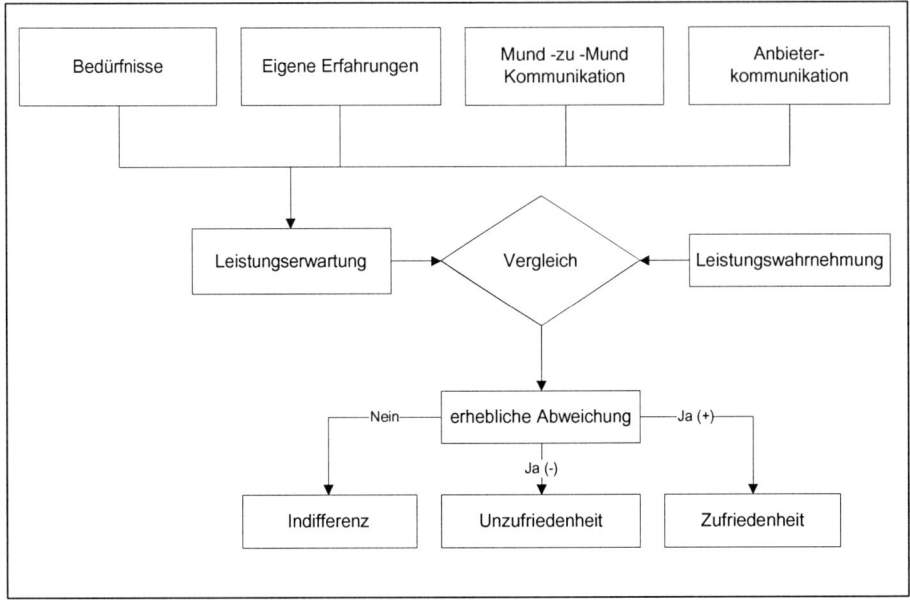

Abb. 27: Kundenzufriedenheit (Bernecker 1998)

Die Zufriedenheit eines Bildungsnachfragers ist eine wesentliche Erfolgsgröße für die langfristige Kundenbindung und den ökonomischen Erfolg eines Bildungsanbieters. Kundenzufriedenheit und die daraus resultierende Kundenloyalität stärken die Anbieter-Nachfrager-Beziehung und führen zu langfristigen Geschäftsbeziehungen, die sich durch eine wesentlich höhere Rentabilität auszeichnen (zu den ökonomischen Erträgen erhöhter Kundenbindung gibt es mittlerweile zahlreiche empirische Nachweise: Stauss/Seidel 1998, Reichheld 1993, Reichheld/Sasser 1990, Vavra 1993). Abb. 28 zeigt einen möglichen Zusammenhang zwischen dem Konstrukt der Kundenzufriedenheit und dem Deckungsbeitrag eines Bildungsanbieters (Meffert/Bruhn 1995).

Informationsanalyse des Bildungsmarktes

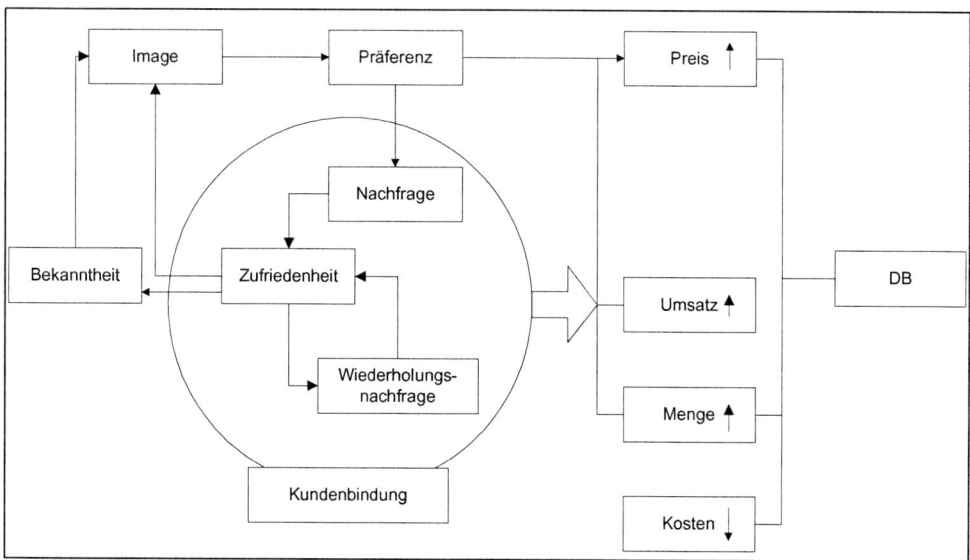

Abb. 28: Kundenbindung im Zielsystem eines Bildungsanbieters (Meffert 1994)

Die Messung der Kundenzufriedenheit erfolgt mit einer Reihe verschiedener Ansätze. Diese lassen sich zunächst in objektive und subjektive Messverfahren unterteilen (vgl. Abb. 29), (Homburg/Werner 1998). Objektive Verfahren stützen sich auf Meßgrößen, die eine hohe Korrelation mit der Kundenzufriedenheit aufweisen. Subjektive Verfahren dagegen beziehen sich auf die Erfassung vom Kunden subjektiv empfundener Zufriedenheit. Darüber hinaus ist eine globale Erhebung ohne Bezugnahme auf konkrete Nachfragerprobleme sowie eine direkte Messung mit Bezugnahme auf konkrete Probleme möglich (Meffert/Bruhn 1981).

	Objektbezogene Messung	Subjektbezogenen Messung
Messung ohne Bezugnahme auf Kundenprobleme	Umsatz, Marktanteil, Wiederkaufsraten, Eroberungsraten	Konsumentenbefragungen (Zufriedenheits-Skalen), Meinungsbefragungen von Verkäufern und Absatzmittlern
Messung mit Bezugnahme auf Kundenprobleme	Häufigkeit von Garantiemängeln Häufigkeit objektiver Produktmängel	Häufigkeit wahrgenommener Kundenprobleme, Prozess der Beschwerdeführung, Beschwerdezufriedenheit, Häufigkeit „Unvoiced Complains"

Abb. 29: Ansatzpunkte zur Messung der Kundenzufriedenheit (Meffert/Bruhn 1981)

Die nachfolgende Tabelle zeigt beispielhaft, welche Fragen gestellt werden können, um die Zufriedenheit von Seminarteilnehmern festzustellen.

Themenfeld	Beispielfragen
Inhalt	Waren Sie mit den vorgestellten Inhalten zufrieden?
	Entsprachen die Inhalte den vereinbarten Zielen?
	Welches Thema sollte neu aufgenommen werden?
Methode	Welche Lehrmethode wurde angewandt?
	Waren Sie mit der Behandlung Ihrer Probleme zufrieden?
	Der Anteil der Übungen war ....
Referent	Wie beurteilen Sie die Fachkenntnisse des Referenten?
	Konnte der Referent Sie motivieren?
	Wie beurteilen Sie die didaktischen Fähigkeiten des Referenten?
Organisation	Wie beurteilen Sie den Ablauf der Veranstaltung?
	Wie beurteilen Sie den Unterrichtsraum?
	Wie beurteilen Sie die Versorgung, den Empfang, die Abwicklung?
Lerntransfer	Konnten Sie die Inhalte im Arbeitsumfeld umsetzen?
	Waren die Inhalte für die tägliche Arbeit hilfreich?
	Haben Sie aufgrund der Maßnahme einen sichtbaren Erfolg gehabt?
Teilnehmer	Fanden Sie die Gruppengröße richtig?
	Waren die Vorkenntnisse ausreichend?
	War die Gruppe homogen genug für einen gemeinsamen Erfolg?
	Wie beurteilen Sie das Gruppenverhalten?

Abb. 30: Fragen zur Erhebung der Seminarzufriedenheit

Neben dieser Erhebung der direkten Kundenzufriedenheit im Nachgang einer einzelnen Seminarleistung bieten sich zudem weitere Erhebungen an, durch die neben der Produktzufriedenheit auch die Kundenbindung und die Referenzneigung der Kunden festgestellt werden können. Die nachfolgende Abb. zeigt einige Fragen für die Themenkomplexe Kundenkontakt, Kundenzufriedenheit und Kundenbindung.

Themen-komplex	Einzelthema	Einzelfrage
Kontakt	Branchen- bzw. Unternehmenskontakt	Hat der Kunde mit Wettbewerbern Kontakt? Wenn Ja: Bei welchem Anbieter fragt der Kunde hauptsächlich nach?
Kundenzufriedenheit	Globalzufriedenheit	Wie zufrieden sind Sie mit den Leistungen insgesamt?
Kundenzufriedenheit	Grund für das Zufriedenheitsurteil	Nennen Sie bitte den ausschlaggebenden Grund für die Zufriedenheit.
Kundenzufriedenheit	Zufriedenheit mit einzelnen Leistungsmerkmalen	Wie zufrieden sind Sie mit den einzelnen Leistungsmerkmalen?
Kundenbindung	Weiterempfehlungsabsicht	Werden Sie uns weiterempfehlen?
Kundenbindung	Wiederkaufabsicht	Werden Sie bei Bedarf wieder bei uns nachfragen?
Kundenbindung	Cross-Buying-Absicht	Werden Sie in Zukunft auch noch andere Leistungen bei uns nachfragen?

Abb. 31: Kundenbindung und Kundenzufriedenheit

2.5 Wettbewerbsforschung

Die Entwicklung einer Strategie ist für den Bildungsanbieter immer auch mit der Analyse der Wettbewerbsstrukturen verbunden, in denen er sich befindet. Die Anzahl der möglichen Einflussfaktoren mit ihren unterschiedlichen Abhängigkeiten und die Unsicherheit der zukünftigen Entwicklung tragen dazu bei, dass die strategische Wettbewerbsanalyse einen hohen Komplexitätsgrad aufweist (Benkenstein 1997).

Ausgangspunkt der Analyse des Wettbewerbs bilden die Erkenntnisse der Industrial Organisation, deren ursprüngliches Analyseziel die Ermittlung der Rentabilitätsunterschiede zwischen einzelnen Unternehmen war (Porter 1981). Diese Analysen umfassen die Strukturierung der Triebkräfte des Wettbewerbs, der Marktform, des Marktstadiums sowie der Wettbewerbsgleichgewichte.

2.5.1 Triebkräfte des Wettbewerbs

Der Wettbewerb im Bildungsbereich ist nicht nur durch die aktuellen Wettbewerber beeinflusst, sondern auch von einigen sonstigen Einflussfaktoren (Fronhoff 1986). Dies gilt im Allgemeinen für alle Märkte, was auf die These schließen lässt, dass ein Wettbewerb im Bildungsbereich auch diesen grundlegenden Strukturen folgt. Dieses Konzept des erweiterten Wettbewerbs umfasst die folgenden Komponenten: (Joas 1990, Porter 1992, Benkenstein 1997):

- aktuelle und potenzielle Wettbewerber,
- Bildungsnachfrager,
- Lieferanten und freie Mitarbeiter und
- Substitutionsleistungen.

Im Bildungsmarkt stellt die Heterogenität des Wettbewerbsumfeldes ein wesentliches Problemfeld dar. Nur die wenigsten Anbieter können ihre direkten Wettbewerber identifizieren (Kotler/Bliemel 1999). Auch die potenziellen Wettbewerber sind eine wichtige Triebfeder für den Wettbewerb in einem Bildungssegment (Lambin 1987, Porter 1992). Neue Wettbewerber lassen sich im Bildungsbereich vor allem folgenden Gruppen zuordnen:

Unternehmen und Bildungsanbieter aus artverwandten Segmenten.

- Beratungsgesellschaften bieten immer häufiger auch reine Wissensvermittlung an. Auch Werbeagenturen bieten ihren Kunden oftmals Trainings im Marketingbereich an.
- Unternehmen, die nicht zum Produktmarkt gehören, die jedoch Markteintrittsbar-

rieren ohne Probleme überwinden können, wie zum Beispiel Verlage, Beratungsunternehmen oder ausgelagerte Bildungsabteilungen.

- Unternehmen, für die ein Marktzutritt deutliche Synergien hervorbringen würde. Dies sind zum Beispiel Unternehmen aus der IT-Branche, die ihre Wertschöpfung erhöhen möchten.

- Kunden, Lieferanten und freie Mitarbeiter, die eine vertikale Vorwärts- bzw. Rückwärtsintegration betreiben können.

Die Stärke der Bedrohung hängt von der Höhe der Eintrittsbarrieren ab. Eintrittsbarrieren stellen die nicht institutionellen Faktoren dar, wie zum Beispiel Kostenvorteile, Investitionsvolumen, Markteintrittsrisiken und Produktdifferenzierungsvorteile (Bain 1968, Berg 1978, Simon 1989, Porter 1992, Kotler/Bliemel 1999). Den notwendigen Kapital- und Zeitressourcen kommt eine besondere Bedeutung bei dem Aufbau von Image, Reputation und Kundenbindung zu. Diese Kosten stehen im Wesentlichen in Zusammenhang mit Kundenzufriedenheit, Kundenflexibilität und Aufgeschlossenheit der Bildungsnachfrager in den Teilmärkten.

Die Nachfrager von Bildungsleistungen besitzen in einigen Teilmärkten eine größere Verhandlungsmacht, die zu einem stärkeren Wettbewerb in den relevanten Segmenten führt. Im Wesentlichen hängt die Nachfragemacht von folgenden Faktoren ab:

- hoher Konzentrationsgrad: Ein Nachfragemonopol zeichnet sich durch eine größere Wettbewerbsdynamik aus als ein Polypol. Es gibt zum Beispiel regionale Märkte, auf denen die Arbeitsverwaltung als Nachfrager von Fördermaßnahmen zur Bekämpfung von Arbeitslosigkeit auftritt.

- einige wenige A-Kunden: Der Wettbewerb hat eine stärkere Ausprägung, wenn in einem Segment einige Nachfrager mit hohem Umsatz vertreten sind.

- geringe Produktdifferenzierung: Wenn alle Nachfrager gleiche homogene Bildungsleistungen nachfragen, ohne stark zu differenzieren, steigt der Wettbewerb zwischen den Anbieter an.

- geringe Wechselkosten: Wenn der Anbieterwechsel mit einem geringen Risiko und geringen Kosten verbunden ist, dann steigt die Nachfragemacht.

- hohe Informationstransparenz: In übersichtlichen, transparenten Bildungssegmenten hat der Nachfrager eine stärkere Position.

- Eigenerstellung: Wenn die potenzielle Möglichkeit besteht, Bildungsleistung selbst zu erstellen, dann steigt der Nachfragedruck auf die Anbieter.

Der Wettbewerb in einzelnen Segmenten wird u. a. auch von Lieferanten und freien Mitarbeitern beeinflusst. Ein wesentlicher Einfluss und Verhandlungsmacht durch Dozenten entsteht in kurzfristigen Engpasssituationen und bei wesentlicher Spezialisierung. In aller Regel bauen Bildungsträger einen umfangreicheren Ressourcenpool auf, um die Lieferantenmacht abzuschwächen, so dass diese Wettbewerbskomponente in den Hintergrund rückt. Wesentlich wird die Lieferantenmacht nur, wenn:

- ein hoher Konzentrationsgrad vorliegt,

- der Bildungsträger als Kunde für den freien Mitarbeiter nicht wichtig ist,

- die Bildungsleistung für das Unternehmen eine große Bedeutung aufweist,

- die Bildungsleistung sehr stark differenziert ist und hohe Wechselkosten vorliegen und

- die Gefahr besteht, dass der Lieferant vorwärtsintegriert und als Wettbewerber auftritt.

Bei Substitutionsleistungen handelt es sich um Bildungsleistungen, die in den Augen der Nachfrager den gleichen oder ähnlichen Nutzen aufweisen. Im Bildungsbereich erhöht sich der Wettbewerb, wenn der Nachfrager für ein bestimmtes Themengebiet unterschiedliche Bildungstechnologien substituieren kann. Das Seminar wird durch einen Kongress, das Lehrbuch durch einen Videofilm oder durch eine Multimediaanwendung und diese wiederum durch ein Coaching substituiert.

Die potenziellen neuen Anbieter üben tendenziell großen Einfluss aus, da es kaum relevante Eintrittsbarrieren gibt. Insbesondere seit Anfang der 90er Jahre hat sich der Wettbewerbsdruck wesentlich verstärkt. Einige Personalabteilungen sind ausgelagert (Outsourcing) worden und bieten Bildungsleistungen auf dem freien Markt an. Zahlreiche freigesetzte Mitarbeiter versuchen, sich als Trainer und Anbieter von

Trainingsleistungen zu positionieren, viele Anbieter von artverwandten Leistungen versuchen in den Trainingsbereich einzudringen.

Auch die Nachfrager werden immer professioneller. Sie sind mittlerweile wesentlich effizienter und nutzen ihre Nachfragemacht auf dem Bildungsmarkt, um ihre Vorstellungen durchzusetzen.

Dem Wettbewerbsdruck durch Lieferanten und freie Mitarbeiter kommt bis auf einige wenige Ausnahmen keine Bedeutung zu, da diese aufgrund des großen Angebots leicht ersetzt werden können.

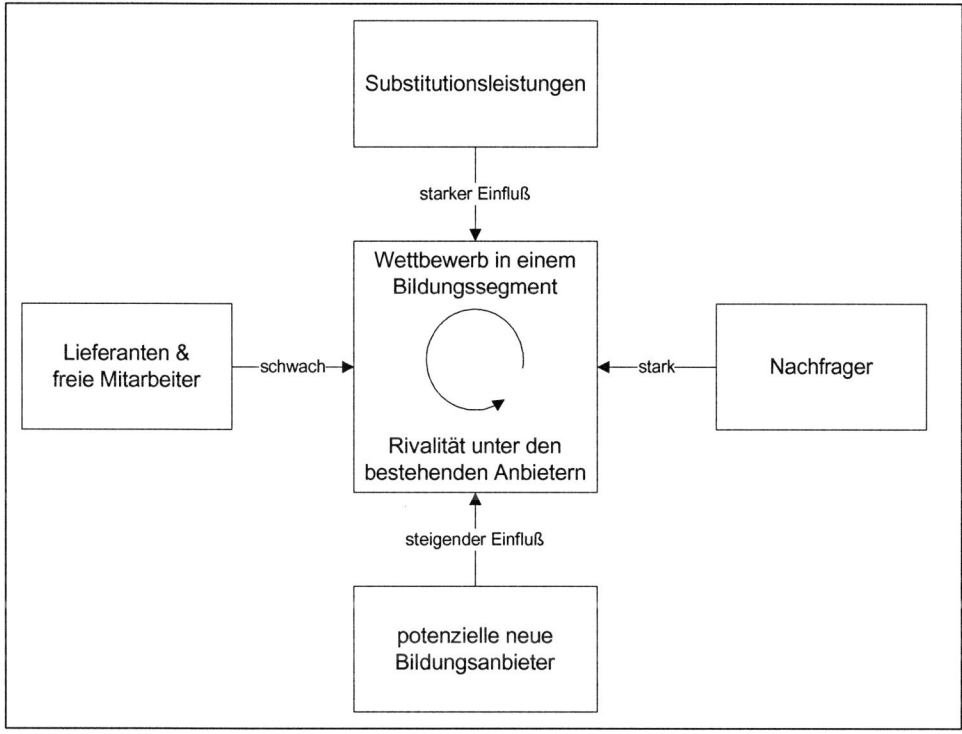

Abb. 32: Tendenzielle Stärke der Wettbewerbskräfte im Bildungsbereich (Porter 1992)

Die Anwendung dieses Ansatzes kann empfohlen werden – und zwar für den Bildungsanbieter selbst und für die spezifische Branche, die er bearbeiten möchte.

2.5.1.1 Marktform

Die Marktform stellt eine wesentliche Größe der Wettbewerbsintensität dar. Nach dem Verhalten der Marktteilnehmer werden die drei Marktformen Polypol, Oligopol und Monopol unterschieden (Kotler/Bliemel 1999, Meffert 1999, Franz/Bernecker 2000). Wichtig ist bei dieser Dreiteilung, dass nicht die absolute Anzahl der Marktteilnehmer den Ausschlag für das Wettbewerbsverhalten gibt, sondern die Erwartungen des Anbieters.

Ein Bildungsanbieter verhält sich wie ein Monopolist, wenn er glaubt, dass er keine Konkurrenten hat. Er befindet sich als alleiniger Anbieter in der Regel zahlreichen Nachfragern gegenüber und hat einen wesentlichen Entscheidungsspielraum bezüglich seiner Absatzparameter.

Der Bildungsanbieter verhält sich dagegen wie ein Oligopolist, wenn er damit rechnet, dass die Wettbewerber auf seine Aktionen reagieren werden. Daher berücksichtigt er bei den Entscheidungen die Reaktionen der Wettbewerber.

Hat der Anbieter keinen Spielraum bei der Preisbildung, da er dem Druck vieler Konkurrenten ausgesetzt ist, dann übernimmt er den Marktpreis und kann nur die Angebotsmenge variieren. Dieses Verhalten, das Mengenanpasserverhalten, ist in atomistischen Marktstrukturen regelmäßig zu beobachten.

2.5.1.2 Marktstadium

Einen weiteren Einflussfaktor auf das Wettbewerbsverhalten bildet das Stadium, in dem sich der Markt befindet. Märkte können sich in der Einführungs- oder Wachstumsphase befinden oder stagnieren bzw. schrumpfen.

In der *Einführungsphase* definieren einige wenige Pioniere neue Bildungsinhalte, Technologien oder Zielgruppen. Zu diesem Zeitpunkt ist der Markt zunächst durch ein Fehlen von Wettbewerbsregeln gekennzeichnet (Porter 1992, Meffert 1994, Meffert 1997). In dieser Phase definieren die Pioniere die Marktregeln, um eine günstige Marktposition einzunehmen und erfolgreich darin zu operieren.

Ein *Wachstumsmarkt* liegt im Bildungsbereich immer dann vor, wenn überdurchschnittliche Wachstumsraten von den Anbietern realisiert werden können. Davon sind immer die jungen, neuen Märkte betroffen. Neben den Pionieren treten weitere Wettbewerber auf, die mit ähnlichen oder geringfügig veränderten Bildungsleistungen die gleichen Bedürfnisse der Nachfrager befriedigen. In dieser Phase weist der Markt eine große Wettbewerbsintensität auf. Der Zugang wird im Laufe der Zeit immer schwieriger, da die Bildungsanbieter versuchen, Eintrittsbarrieren aufzubauen und den Zugang für neue Anbieter zu erschweren. Zahlreiche Modifikationen im Angebot führen zu einer Fülle von Angeboten.

Stagnierende Märkte sind dadurch gekennzeichnet, dass die Wachstumsraten der Anbieter gegen Null tendieren. Stagnierende Märkte kommen durch eine Marktsättigung zustande, ausgelöst durch demographische und gesellschaftliche Veränderungen, die Entwicklung kostengünstigerer und überlegener Substitute sowie durch geänderte staatliche Rahmenbedingungen. In dieser Phase bestehen häufig Überkapazitäten im Markt, da viele Bildungsträger in Wachstumsphasen die Kapazitäten größer dimensioniert haben, um potenzielle Zuwächse abdecken zu können. Das Wettbewerbsverhalten verändert sich in diesen Phasen, und vordringliches Ziel wird die Erhöhung der Kundentreue, der Verwendungsraten sowie die Erhöhung der Marktanteile zu Lasten der Wettbewerber. In diesen Phasen werden gezielt die Kunden der Konkurrenz angesprochen, um diese abzuwerben. Es kommt zu einer Ausdehnung und einem Überangebot an Serviceleistungen, um zumindest ein wertmäßiges Wachstum zu erzielen (Hinder 1986, Hinder/Bartosch 1987, Gordon 1991, Ohlsen 1985, Meffert 1994). In dieser Phase sollte der Bildungsanbieter auf jeden Fall neue Geschäftsfelder ansprechen.

Schrumpfende Märkte zeichnen sich durch negative Wachstumsraten aus. Es gibt in dieser Phase drei alternative Strategien. Einige Anbieter, welche die zukünftige Marktsituation noch negativer einschätzen, verlassen das Segment. Eine weitere Gruppe versucht durch Kooperationen, den eigenen Anteil zu halten und durch strategische Allianzen auf mögliches zukünftiges Wachstum zu spekulieren. Die dritte Gruppe hält die Position und versucht mit Hilfe von Neuentwicklungen, den Ausstieg durch Konversionen zu realisieren, indem die neuen Umsatzträger die schrumpfenden Segmente ausgleichen (Meffert 1994).

Diese Systematisierung entspricht der These der Marktlebenszyklen. Ein Marktsegment oder Teilmarkt durchläuft mehrere Phasen des „Werdens und Vergehens". Diese Lebenszyklen bauen auf einem grundlegenden Konzept auf. Unabhängig von der Dauer und der eigentlichen Leistung ist in jedem Segment zunächst mit steigenden Grenzerträgen und anschließend mit fallenden Grenzerträgen zu rechnen. Junge Märkte weisen üblicherweise starke Zuwachsraten auf. Sie werden von einzelnen Pionieren eröffnet, denen nach kurzer Zeit die ersten Nachahmer (frühe Folger) in den Markt folgen, die ein zusätzliches Marktwachstum auslösen. Nach einiger Zeit reift der Markt, die Marktteilnehmer sammeln immer mehr Erfahrung mit der Bildungstechnologie und den angebotenen Bildungsinhalten und realisieren unter Umständen neue Innovationen, die als Substitute in Konkurrenz zu den bisherigen Angeboten treten. Das Marktwachstum verlangsamt sich und wird schließlich negativ (Meffert 1997, Meffert/Bruhn 1995, Bernecker, 1998).

2.5.1.3 Wettbewerbsgleichgewichte

Die Wettbewerbssituation im Bildungsmarkt ist zwar tendenziell dynamisch, man kann jedoch beobachten, dass insbesondere in regionalen Bildungsmärkten häufig ein Wettbewerbsgleichgewicht eintritt.

Die Existenz eines Wettbewerbsgleichgewichts wird durch drei Dimensionen beeinflusst (Henderson 1983, Oster 1990, Meffert 1994):

- Ähnlichkeit zwischen den Wettbewerbern,

- Anzahl der kritischen Wettbewerbsfaktoren und

- Marktanteilsveränderungen zwischen den Wettbewerbern.

Verhalten sich die Anbieter in einem Segment sehr ähnlich und verfolgen gleichartige Strategien, dann besteht ein instabiles Wettbewerbsgleichgewicht. Tendenziell herrscht in diesen Segmenten ein latenter Konflikt, wenn kaum Möglichkeiten zur Differenzierung der Leistung oder der Preise existieren. Das Wettbewerbsgleichgewicht wird immer dann gestört, wenn ein Anbieter die Preise senkt. Insbesondere bei Seminaren mit relativ hohen Gemeinkosten und relativ geringen Einzelkosten kann man diese Tendenz regelmäßig beobachten. Bildungsträger mit Überkapazitäten tendieren zu diesem Vorgehen, das regelmäßig zu Auseinandersetzungen mit der Konkurrenz führt.

Existiert in einem Bildungssegment nur ein relevanter, vom Nachfrager wahrgenommener Wettbewerbsfaktor, dann besteht ein stabiles Wettbewerbsgleichgewicht. Gibt es jedoch mehrere kritische Wettbewerbsfaktoren, dann kann der einzelne Bildungsanbieter sich damit aus der Sicht des Nachfragers differenzieren. Je größer die Anzahl der kritischen Faktoren, um so größer ist die wettbewerbsstabile Anzahl der Unternehmen in einem Segment.

Zusätzlich steht das Wettbewerbsgleichgewicht in Abhängigkeit zu der Verteilung der Marktanteile in dem relevanten Segment. Theoretische Untersuchungen und empirische Belege sprechen von einer Verteilung von 2:1, um zu einem stabilen Gleichgewicht zwischen zwei Unternehmen zu gelangen (Henderson 1983, Hatten/Hatten 1988, Oster 1990, Meffert 1994). Im Bildungsbereich ist dies allerdings noch nicht verifiziert worden.

Eine langfristige Stabilität der Segmentstrukturen bleibt zweifelhaft, da der Aufbau von Eintrittsbarrieren zahlreiche Schwierigkeiten bereitet. Zumindest kurzfristig ist der Zutritt neuer Anbieter nicht zu verhindern, was zwangsläufig zu einer Verschiebung der Wettbewerbsgleichgewichte führt. Sollte der neue Anbieter aus dem Markt wieder austreten, dann könnte sich ein neues Gleichgewicht einstellen.

2.5.2 Unternehmensbezogene Determinanten der Wettbewerbsintensität

Neben den geschilderten Komponenten haben die unternehmensbezogenen Determinanten eine herausragende Bedeutung. Dazu gehören die internen Ressourcen und Fähigkeiten sowie die externen Ziele und Verhaltensweisen der Wettbewerber (Grahamer 1984, Rieser 1989, Joas 1990).

2.5.2.1 Ressourcen und Fähigkeiten des Bildungsanbieters

Die Marktposition und die Wettbewerbssituation ergeben sich aus den Stärken und Schwächen der Vergangenheit der einzelnen Bildungsanbieter. Das Halten und Verändern der Wettbewerbsposition in der Zukunft bedarf allerdings einer individuellen Analyse der Ressourcen und Fähigkeiten der einzelnen Bildungsträger, denn diese bilden die Stärken und Schwächen, mit denen der Bildungsanbieter in der Zukunft agieren wird (Meffert 1994).
Porter identifiziert vier Analysebereiche, die von besonderer Bedeutung scheinen. Dies sind die Wachstumsfähigkeit, die Reaktionsgeschwindigkeit, die Anpassungsfähigkeit und das Durchhaltevermögen (Porter 1992).

Bei der Analyse der *Wachstumsfähigkeiten* soll der Frage nachgegangen werden, ob die Ressourcen weiteres Wachstum unterstützen und fördern können. Dabei sind im Bildungsbereich insbesondere die Kapital- und Humanressourcen zu beachten.

Die *Reaktionsgeschwindigkeit* spiegelt die Flexibilität des Bildungsanbieters wider, mit der er auf Marktveränderungen reagieren kann. Zusätzlich hat sie Einfluss auf die Geschwindigkeit, mit der offensive Maßnahmen im Bildungsmarkt umgesetzt werden können. Die Reaktionsgeschwindigkeit ist wesentlich von den Ressourcen des Leistungsanbieters abhängig. Liquiditätsreserven, freie Managementkapazitäten und überschüssige Investitionsressourcen beeinflussen daher die Geschwindigkeit im starken Maße.

Die *Anpassungsfähigkeit* an neue Wettbewerbssituationen stellt einen wesentlichen Überlebensfaktor für den Bildungsanbieter dar, denn nur wenn er sich flexibel an die schnell verändernden Marktkonstellationen anpassen kann, wird er langfristig seine Existenz sichern (Schnitzler 1994). Die Anpassungsfähigkeit eines Bildungsanbieters wird üblicherweise durch die Vermeidung einer langfristigen Kapitalbindung realisiert. Die meisten Mitarbeiter sind nur durch Zeitverträge an die Bildungsanbieter gebunden bzw. treten als freie Mitarbeiter in Erscheinung. Auch Anlagenbindungen erfolgen im Bildungsbereich selten, da ausreichende Kapazitäten in Tagungshotels vorhanden sind und technische Anlagen häufig geleast oder gemietet werden können.

Das *Durchhaltevermögen* hat vor dem Hintergrund der langwierigen Akquisitionsphasen und dem saisonalen Effekt der Branche eine herausragende Bedeutung. Viele Bildungsanbieter müssen bereits im ersten Jahr wieder den Markt verlassen, da sie es nicht schaffen, einen stabilen Kundenstamm aufzubauen.

2.5.2.2 Ziele und Verhaltensweisen der Wettbewerber

Sowohl die kommunizierten als auch die individuellen Verhaltensweisen und Ziele der Wettbewerber beeinflussen das Verhalten der Bildungsanbieter im Markt sehr stark. Diese These basiert auf der Grundlage der systemischen Betrachtung von Individuen und Unternehmen. Dabei wird unterstellt, dass Wahrnehmungen und Interpretationen des Umfeldes immer auf der persönlichen Biographie des Bewerters aufbauen und damit individuell sind. Eine objektive Wahrnehmung kann man nach dieser These ausschließen (Zwingmann 1998, Luhmann 1990, Luhmann 1997, von

Foerster 1993, Spencer-Brown 1997, Glaserfeld 1997).

Ein Bildungsanbieter, der eine Monopolstellung für sich in Anspruch nimmt oder eine überdurchschnittliche Kundenbindung unterstellt, wird sehr angreifbar. Er wird vor allen Dingen nicht oder nur halbherzig auf neue Wettbewerber reagieren. Ein Wettbewerber, der dieses Verhalten wahrnimmt, kann durch gezielte kundenorientierte Maßnahmen große Marktanteile erreichen. Bei der Analyse der Wettbewerber sollten folgende Aspekte berücksichtigt werden (Porter 1992):

- Welche Wahrnehmung hat der Wettbewerber über die eigene relative Position in Bezug auf Kostenniveau, Leistungsqualität und technologischem Niveau?

- Existiert eine historische oder emotionale Bindung an bestimmte Leistungen oder Instrumente, wie zum Beispiel Bildungstechnologie, Standorte, Bildungskonzepte etc.?

- Gibt es beim Wettbewerber institutionalisierte Werte und Normen?

- Wie schätzt der Wettbewerber die zukünftige Situation und Entwicklung ein?

- Welche Ziele und Verhaltensweisen hat der Wettbewerber?

- Werden bestimmte konventionelle „Branchenweisheiten" vom Wettbewerber verfolgt?

Neben den generellen Annahmen über den Wettbewerb beeinflusst das Zielsystem des Wettbewerbers seine Verhaltensweisen im Markt. Dabei sollten folgende Einflussfaktoren im Bildungsmarkt beachtet werden (Meffert 1994):

- Welche ökonomischen, sozialen und pädagogischen Zielgrößen verfolgt der Wettbewerber?

- Welche Risikoeinstellung weist er auf? Diese Frage ergibt sich insbesondere, wenn neue Marktsegmente entstehen.

- Welche Organisationsstruktur weist der Wettbewerber auf?

- Welche Strategien des Wettbewerbers können identifiziert werden?

- Mit welchen Kooperationspartnern tritt der Wettbewerber auf?

- Existieren latente Zielkonflikte und damit auch Schwächen der Strategieimplementierung beim Wettbewerb?

Neben den Zielen, die der Wettbewerber in der Vergangenheit verfolgt hat, müssen auch die zukünftigen Strategien und die dabei tangierten Erfolgsfaktoren analysiert werden, um Aussagen für das Wettbewerbsverhalten abzuleiten.

2.5.3 Instrumente der strategischen Wettbewerbsanalyse

Im Zusammenhang mit der strategischen Planung sind zahlreiche strategische Analyse- und Planungsinstrumente entwickelt worden. Insbesondere die SWOT-Analyse, die Lebenszyklusplanung, die Portfolioanalyse, die Wertkettenanalyse und das Konzept der strategischen Gruppen bieten sich für den Einsatz im Rahmen der Wettbewerbsanalyse an (Bernecker 1998).

2.5.3.1 SWOT-Analyse

Die zusammenfassende Bewertung der Stärken und Schwächen sowie Chancen und Risiken eines Unternehmens wird SWOT-Analyse (Strength, Weakness, Opportunity, Threats) genannt. Die SWOT-Analyse setzt sich aus einer internen Analyse (Stärken-Schwächen-Analyse) und einer externen Analyse (Chancen-Risiken-Analyse) zusammen.

Stärken-Schwächen-Analyse

Im Rahmen der Stärken-Schwächen-Analyse (Ressourcenanalyse) wird in drei Stufen die gegenwärtige und zukünftige Ressourcensituation des Bildungsträgers ermittelt. Ziel dieser Analyse ist es, folgende Informationen für die strategische Bildungsplanung zur Verfügung zu stellen:

- Erkennen der eigenen Stärken und Kernkompetenzen.

- Erkennen der eigenen Schwächen, die im Rahmen der neuen Bildungsstrategie zu vermeiden sind.

- Erkennen der Synergiepotenziale, die von neuen Strategien ausgehen können.

- Erkennen der eigenen Ressourcen.

- Beurteilung der heutigen Situation hinsichtlich erfolgsbestimmender Faktoren.

Eine wesentliche Dimension betrifft die Ressourcen des Unternehmens. Die Ressourcen des Unternehmens müssen dabei im weitesten Sinne analysiert und geprüft werden: sachliche Mittel (zum Beispiel Raumkapazitäten, technische Standards), finanzielle Mittel (verfügbare bzw. beschaffbare Finanzmittel) und persönliche Mittel (spezielles Management, besonderes Mitarbeiterpotenzial oder generelles Know-how).

Bei der Stärken-Schwächen-Analyse ist in der Regel eine funktionsorientierte Betrachtung sinnvoll, da hier die Potenziale der Unternehmensbereiche spezifisch erfasst werden können. Die eigentliche Erfassung der Stärken und Schwächen kann grundsätzlich entweder auf der Basis subjektiver oder aber anhand nachprüfbarer Werte erfolgen. Da beide Ermittlungsformen Vor- und Nachteile aufweisen, ist eine kombinierte Erfassung der Stärken und Schwächen sinnvoll. Die folgende Übersicht zeigt beispielhaft Kriterien für eine Stärken-Schwächen-Analyse:

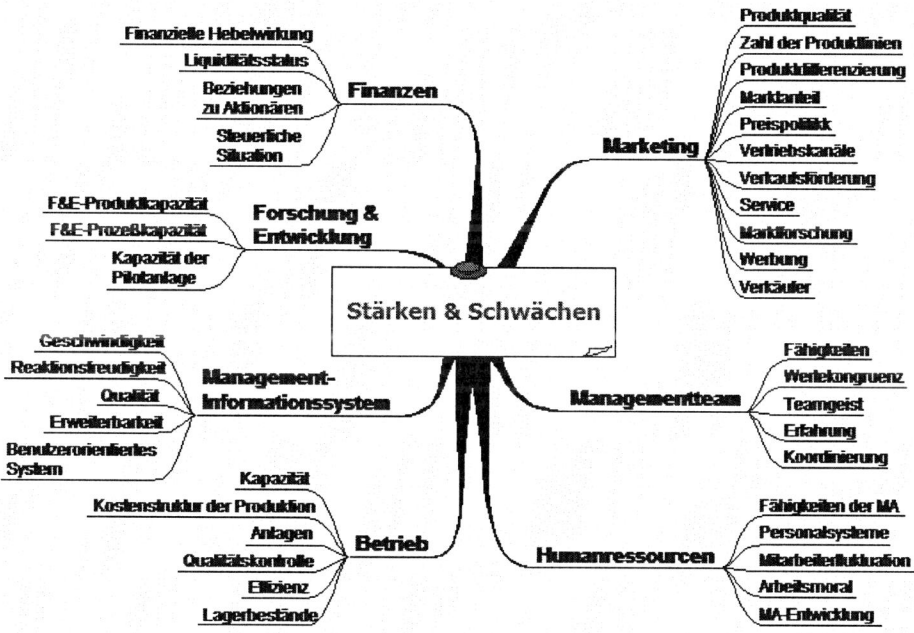

Abb. 33: Kriterien für die Stärken-Schwächen-Analyse

Im Rahmen der Chancen-Risiken-Analyse versucht der Bildungsträger, die unternehmensexternen Umwelteinflüsse zu erkennen, die für die Planung der Unternehmens- und Marktstrategien von Bedeutung sind.

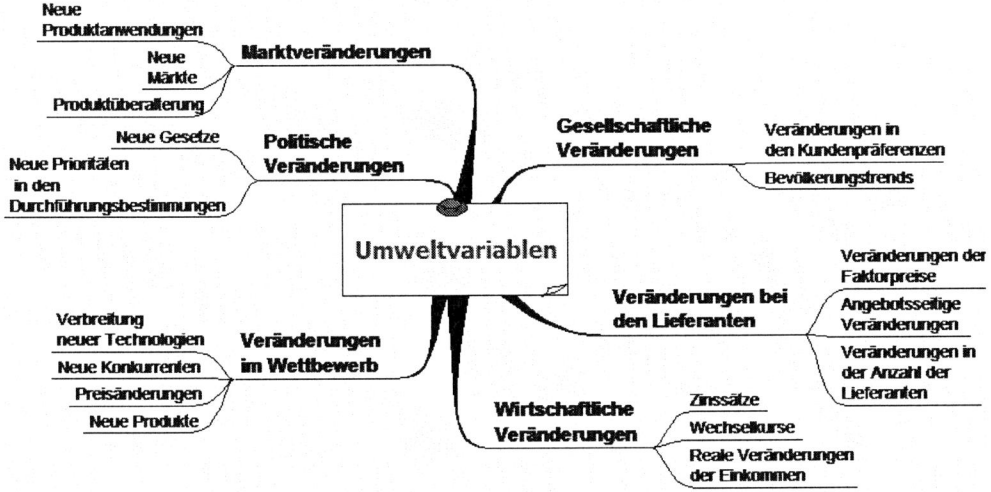

Abb. 34: Kriterien für die Chancen-Risiken-Analyse

Die Chancen und Risiken sollten nicht nur wahrgenommen werden, um sich ihnen im Rahmen der Planung anzupassen. Es sollten zudem alle Möglichkeiten genutzt werden, um negative Ereignisse zu verhindern und ihrem Eintreten entgegenzuwirken sowie positive Veränderungen zu verstärken. Die Hauptchancen und -risiken sind regelmäßig neu zu überprüfen und dürfen niemals als statische Erkenntnisse betrachtet werden.

Kombination der Einzelanalysen

Die Stärken-Schwächen-Analyse und die Chancen-Risiken-Analyse werden häufig miteinander kombiniert und – wie bereits gesagt – als SWOT-Analyse (Strength, Weakness, Opportunity, Threats) implementiert. Der SWOT-Analyse kommt die Aufgabe zu, das Entscheidungsfeld des Bildungsplaners einzugrenzen und in dem abgesteckten Rahmen Strategien zu finden und umzusetzen. Prinzipiell wird nachfolgender Aufbau vorgeschlagen. Der Vorteil dieser Vorgehensweise liegt auf der Hand: Aus der einfachen Analyse der internen Ressourcen und der externen Umfeldfaktoren wird eine Entscheidungsmatrix, die strategische Handlungsfelder aufzeigt.

	Stärken-S 1. ... 2. ... 3. ... 4.	Schwächen-S 1. 2. 3. 4. ....
Chancen-C 1. 2. 3. 4.	SC-Strategien Verwende die Stärken und nutze die Chancen.	SC-Strategien Bewältige die Schwächen durch Nutzung der Chancen.
Risiken-R 1. 2. 3. 4. ...	SR-Strategien Verwende die Stärken, um Risiken zu vermeiden.	SR-Strategie Minimiere die Schwächen und verhindere die Risiken.

Abb. 35: Erweiterte SWOT-Analyse

In der Matrix erfolgt zunächst die einfache Nennung der Stärken und Schwächen sowie der Chancen und Risken. Durch die Kombination der Felder können dann sehr einfach potenzielle Strategien abgeleitet werden. Ziel dieses Tools ist es, zunächst alternative Strategieoptionen zu sammeln. Eine Bewertung dieser Alternativen erfolgt erst in einem weiteren Schritt. In der Regel können jedoch nicht alle Optionen zeitnah umgesetzt werden.

2.5.3.2 Lebenszyklusanalyse

Das Konzept der Produktlebenszyklusanalyse basiert auf der Idee, dass ein Produkt einen Weg vom Werden zum Vergehen beschreitet und dass dieser mit Hilfe der Zeit erklärt werden kann. Es handelt sich um ein zeitbezogenes Marktreaktionenmodell bei dem ein Produkt oder eine Produktgruppe mehrere Phasen durchläuft. Grundlegende Aussage ist, dass jedes Produkt zunächst steigende und dann sinkende Umsätze erzielt und dass jedes Produkt bestimmte Phasen durchläuft. Je nach Autor sind dies zwischen vier und zwölf Phasen. Die Konsequenz aus diesem Modell ist im Bildungsmarkt oft zu beobachten: Ein Seminarthema entwickelt sich ähnlich diesem Verlauf vom Mode- und Hype-Thema zu einem etablierten Inhalt, der irgendwann nicht mehr nachgefragt wird.

Die *Einführungsphase* beginnt mit dem Eintritt des Produktes in den Markt. Dies ist im Wesentlichen die Phase der Marktinvestitionen; in dieser wichtigen Phase wird durch Werbung, aktive Preispolitik, Verkaufsförderung etc. das Produkt in den Markt eingeführt. In dieser Phase ist noch mit negativen Deckungsbeiträgen zu rechnen. Ein Großteil der neu eingeführten Produkte erreicht die Phase der positiven Deckungsbeiträge nicht (Flop).

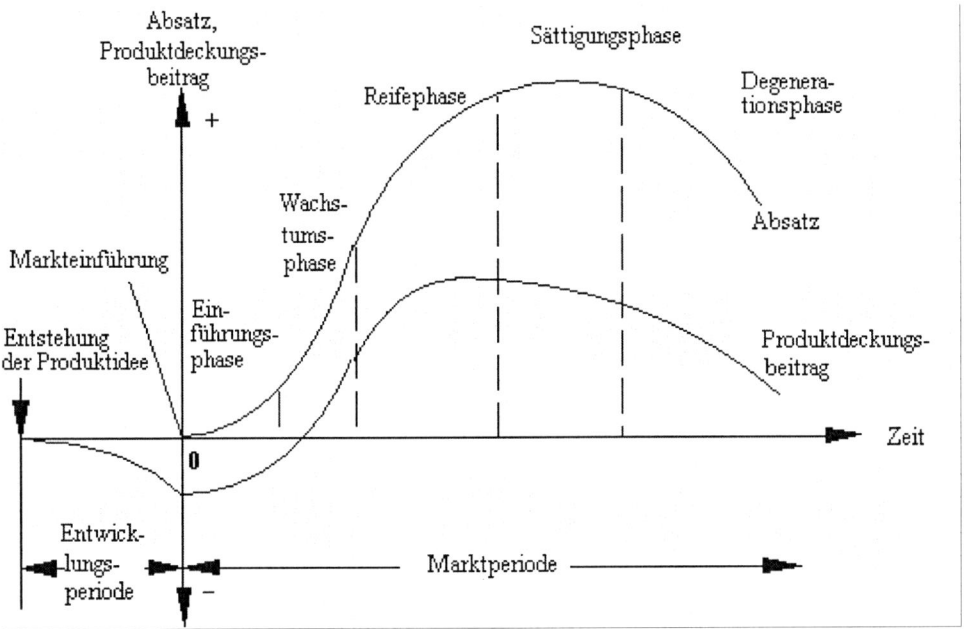

Abb. 36: Produktlebenszyklus

Während der *Wachstumsphase* erfolgen überproportionale Umsatzzuwächse, die Gewinnschwelle (positive Deckungsbeiträge) wird erreicht. Die ersten Folgekäufe werden getätigt und die erste Konkurrenz taucht auf.

Die Umsätze steigen langsamer weiter und die Deckungsbeiträge erreichen in der *Reifephase* das Maximum. In dieser Phase ist ein verstärkter Wettbewerb zu beobachten. Die Anbieter fangen an, auch über den Preis die Nachfrage zu steuern.

In der *Sättigungsphase* erreicht der Produktlebenszyklus sein Maximum, die Grenzumsätze sind gleich Null. Der Markt erreicht damit seine größte Ausdehnung. Die

Zuwächse sind zum Teil durch innovative Varianten erreicht worden, zum anderen Teil jedoch durch Preisdumping. Im Jahr 2003/2004 war zum Beispiel zu beobachten, dass IT-Trainings immer weniger nachgefragt wurden. Der Markt schien gesättigt zu sein.

Nun folgen sinkende Umsätze und Deckungsbeiträge – dies wird als *Degenerationsphase* bezeichnet. Der Bildungsanbieter kann diese Phase relativ einfach identifizieren: Ehemals volle Seminare werden nicht mehr ausgebucht, die Akquisition von neuen Teilnehmern wird immer schwieriger, der Markt ist überfüllt mit Anbietern.

2.5.3.3 Portfolio-Analyse

Die *Portfolio-Analyse* ist ein Analyseverfahren, das aus dem allgemeinen Management stammt. Die Grundidee ist, ein Analyseinstrument einzusetzen, das es erlaubt, Unternehmensbereiche – so genannte Strategische Geschäftseinheiten (SGE) – zu steuern. In Anlehnung an Wertpapierportfolios soll eine optimale Mischung von Produkten und Produktgruppen hinsichtlich des Investitionsbedarfs (Risiko) und des Ertrages (Rendite) erfolgen.

2.5.3.3.1 Marktanteil-Marktwachstum-Portfolio

Die Ursprungsform der Portfolio-Analyse wurde von dem Beratungsunternehmen Boston-Consulting Group entwickelt. Ausgehend von der PIMS-Analyse (Profit Impact of Market Strategy), den Erkenntnissen der Produktlebenszyklen und Erfahrenskurven ist das Produktprogramm anhand des Marktwachstums und des relativen Marktanteils zu bewerten.

Der relative Marktanteil ergibt sich für eine einzelne Strategische Geschäftseinheit, indem der Umsatz der Strategischen Geschäftseinheit ins Verhältnis zum Umsatz des größten Wettbewerbers gesetzt wird. Die Position der Produkteinheiten innerhalb der vier Felder gibt Auskunft über den Investitionsbedarf bzw. hilft bei der Ableitung so genannter Normstrategien. Die Produkteinheiten werden mit den Feldnamen belegt, daraus werden schließlich Handlungsstrategien abgeleitet.

Bei großem Marktwachstum und einem kleinen relativen Marktanteil handelt es sich um ein *Question Mark*. Dort empfiehlt sich ein selektives Vorgehen als Normstrategie. Wenn die Produkteinheit erfolgversprechend ist, sollte investiert werden, um den

Marktanteil zu erhöhen. Handelt es sich um eine weniger erfolgversprechende Einheit, sollte in diese nicht weiter investiert werden.

Von einem *Star* spricht man, wenn die Einheit einen großen relativen Marktanteil ein großes Marktwachstum aufweist. Als Normstrategie empfiehlt es sich zu investieren, um am Marktwachstum teilzunehmen.

Bei einem großen Marktanteil und einem geringen Wachstum spricht man von einer *Cash Cow*. Die hier entstehenden Überschüsse sollten für die anderen Produktgruppen verwendet werden, die Position sollte gehalten werden. Produkte mit geringem relativen Marktanteil in stagnierenden Märkten (*Dogs*) sind zu eliminieren.

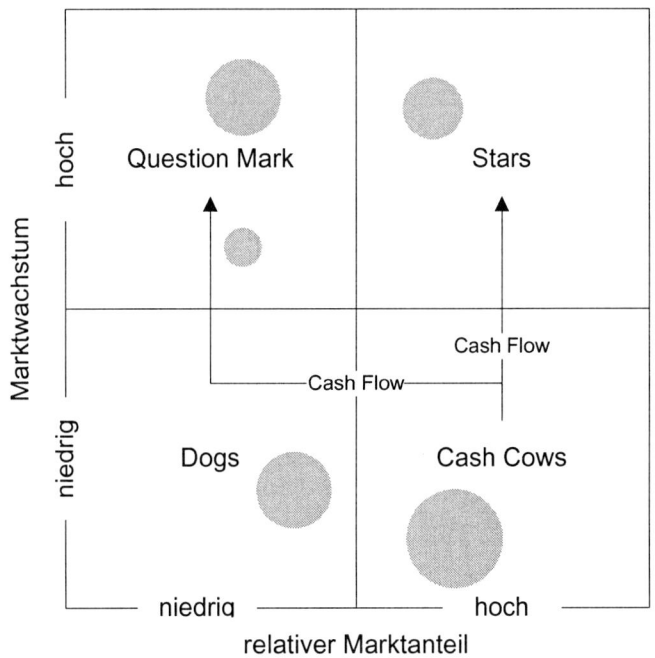

Abb. 37: Marktanteil-Marktwachstum-Portfolio

Die Portfolio-Analyse ist sehr anschaulich und leicht zu operationalisieren, hat eine weite Verbreitung und ist leicht zu handhaben. Die Bewertung der Strategischen Geschäftseinheiten erfolgt aber nur mit zwei Größen, die Abgrenzung der Sektoren ist relativ willkürlich und die Reaktion der Wettbewerber nur bedingt berücksichtigt.

2.5.3.3.2 Marktattraktivität-Wettbewerbsposition-Portfolio

Dem BCG-Portfolio wird immer wieder vorgeworfen, dass die beiden Achsen „relativer Marktanteil" und „Marktwachstum" lediglich Einzelkriterien des Marktgeschehens abbilden. Das Portfolio Marktattraktivität-Wettbewerbsposition von McKinsey versucht über die Integration von mehreren Faktoren innerhalb der Achsen diesen Kritikpunkt zu vermeiden.

Die Analyse der Unternehmensumwelt führt zu der Größe *Marktattraktivität*. Diese Größe setzt sich aus zahlreichen einzelnen Faktoren zusammen und steht daher auf einer deutlich breiteren Basis als die Größe Marktwachstum. Die Marktattraktivität hängt unter anderem von den folgenden Faktoren ab:

- Marktwachstum,
- Marktgröße,
- Marktrisiko,
- Markteintrittskosten,
- Konkurrenzsituation und
- Preiselastizität.

Die aktuelle Unternehmensposition kann mit Hilfe der Größe *Wettbewerbsposition* abgebildet werden. Diese so genannte Geschäftsfeldstärke wird durch folgende Faktoren bestimmt:

- relativer Marktanteil,
- Produktqualität,
- Distributionspolitik,
- Vertriebsvorteil,
- Preisvorteil und
- Standortvorteil.

Das Marktattraktivität-Wettbewerbsposition-Portfolio bildet diese Größen ab. Die nachfolgende Abb. zeigt die Visualisierung dieses Portfolio-Modells.

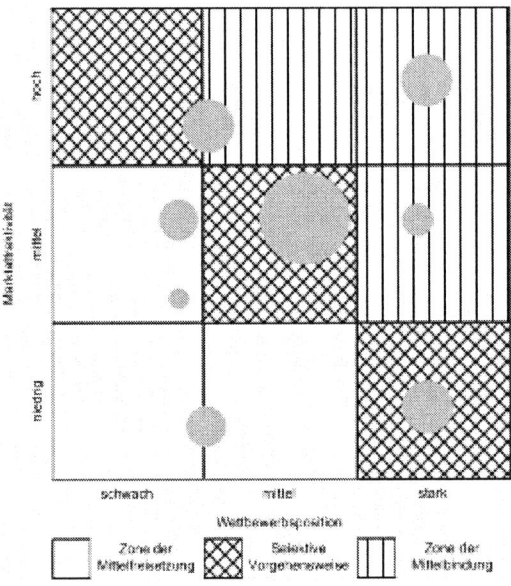

Abb. 38: Marktattraktivität-Wettbewerbsposition-Portfolio

Durch die Abb. der beiden unabhängigen Dimensionen ergibt sich eine Typologie, die im Grundmodell zu drei unterschiedlichen Bereichen führt:

Strategische Geschäftseinheiten, die sich in der Zone der Mittelfreisetzung befinden, sollen eliminiert werden, um Mittel für Investitionen in anderen Bereichen zu erhalten.

Der Bereich der selektiven Vorgehensweise bedarf einer näheren Untersuchung der SGE. In lohnenswerte SGE sollte investiert werden, während die finanziellen Mittel der nicht lohnenswerten SGE anderweitig genutzt werden sollten.

Geschäftseinheiten, die sich in der Zone der Mittelbindung befinden, sollten gepflegt und weiterentwickelt werden.

Dieser Portfolio-Ansatz weist die Möglichkeit auf, deutlich mehr Erfolgsfaktoren bei der Bewertung von strategischen Einheiten zu berücksichtigen. Gleichzeitig erlauben die zusätzlichen Normstrategien eine dezidiertere Betrachtungsweise des Gesamtunternehmens.

2.5.3.4 Vergleichende Gegenüberstellung der Instrumente

Die vorgestellten Instrumente decken nicht alle Aspekte der strategischen Wettbewerbsanalyse ab. Daher können die einzelnen Ansätze nicht als Alternativen, sondern sollten ergänzend eingesetzt werden. Die nachfolgende Abb. zeigt eine Gegenüberstellung der einzelnen Analyseinstrumente unter Berücksichtigung der wettbewerbsrelevanten Kriterien und der potenziellen Einsatzmöglichkeiten.

Berücksichtigte Aspekte		SWOT-Analyse	Lebens-zyklus-planung	Portfolio-planung
Externe Umwelt	allgemeine Umwelt	●	●	○
	Marktform	●	○	○
	Nachfrager	●	○	-
	Wettbewerber	●	○	●
	Lieferanten	●	-	-
Interne Umwelt	Stärken/Schwächen des Bildungsanbieters	●	-	○
	Geschäftsfeldübergreifende Zusammenhänge	○	-	●
	funktionsübergreifende Zusammenhänge	○	-	-
Dynamische Entwicklung und Risikoaspekte	Marktstadium	-	●	●
	Risiko	-	-	○
Planungs- und Entscheidungs-unterstützung	Eignung zur Strukturierung	●	●	●
		○	○	●
	Ableitung von Zielvorgaben	-	○	●
	Ableitung von Normstrategien	○	●	●
	Eignung zur Kommunikation			

Abb. 39: Vergleichende Darstellung der vorgestellten Instrumente

IV.
Strategisches Bildungsmarketing

IV. STRATEGISCHES BILDUNGSMARKETING 99

1. Ziele im Bildungsmarketing 99

1.1 Zielarten 99
1.1.1 Ökonomische Ziele 103
1.1.2 Soziale Ziele 103
1.1.3 Pädagogische Ziele 104
1.1.4 Ökologische Ziele 105
1.2 Anspruchsgruppen und ihre Ziele 106
1.2.1 Interne Anspruchsgruppen 108
1.2.2 Externe Anspruchsgruppen 109
1.3 Zielbildung bei Bildungsanbietern 113

2. Strategieplanung im Bildungsbereich 115

2.1 Grundlagen der Strategieplanung 115
2.2 Unternehmensvision, -politik und -kultur 116
2.3 Geschäftsfeldstrategien 121
2.3.1 Abgrenzung strategischer Geschäftsfelder 122
2.3.2 Marktarealstrategien 127
2.3.2.1 Grundlagen der Strategie 127
2.3.2.2 Nationale Gebietsstrategien 128
2.3.2.3 Übernationale Strategien 129
2.3.2.4 Dynamische Betrachtung der Marktarealstrategien 132
2.3.3 Marktabdeckungsstrategie 132
2.3.3.1 Gesamtmarkt (undifferenziertes Massenmarketing) 133
2.3.3.2 Spezialisierung 135
2.3.3.3 Marktnischenstrategie 136
2.3.3.4 Dynamische Betrachtung der Marktabdeckungsstrategien 138
2.3.4 Marktfeldstrategien 138
2.3.4.1 Marktdurchdringungsstrategie 140
2.3.4.2 Methodenerweiterung 142
2.3.4.3 Zielgruppenentwicklung 143
2.3.4.4 Markterweiterungsstrategie 145
2.3.4.5 Leistungserweiterungsstrategie 145
2.3.4.6 Strategie der Leistungsneuentwicklung 146

2.3.4.7	Laterale Diversifikation	147
2.3.4.8	Vertikale Diversifikation	149
2.3.4.9	Dynamische Betrachtung der Marktfeldstrategien	150
2.3.5	Wettbewerbsvorteilsstrategie	151
2.3.5.1	Differenzierungsstrategien	151
2.3.5.1.1	Innovationsorientierung	153
2.3.5.1.2	Qualitätsorientierung	155
2.3.5.1.3	Markierungsorientierung	159
2.3.5.1.4	Programmbreitenvorteil	160
2.3.5.1.5	Vergleichende Zusammenfassung	160
2.3.5.2	Kostenvorteilsstrategie	161
2.3.5.3	Hybride Wettbewerbsvorteilsstrategien	164
2.3.5.4	Dynamische Betrachtung von Wettbewerbsvorteilsstrategien	165
2.3.6	Timing-Strategien	167
2.3.6.1	Pionier	167
2.3.6.2	Folger	169
2.3.6.3	Dynamische Betrachtung von Timing-Strategien	170
2.4	Marktteilnehmerstrategien	171
2.4.1	Abnehmergerichtete Verhaltensstrategie	171
2.4.2	Wettbewerbsorientierte Verhaltensstrategie	173
2.4.2.1	Passives Wettbewerbsverhalten	173
2.4.2.2	Aktives Wettbewerbsverhalten	174
2.4.2.2.1	Ausweichen	175
2.4.2.2.2	Kooperation	175
2.4.2.2.3	Konfliktstrategien	180
2.4.2.2.4	Anpassung	182
2.4.3	Absatzmittlergerichtete Verhaltensstrategie	182
2.4.3.1	Umgehen	184
2.4.3.2	Kooperation	184
2.4.3.3	Konflikt	187
2.4.3.4	Anpassung	187
2.3.4	Anspruchsgruppengerichtete Strategieoptionen	187
2.4.4	Zusammenfassendes Strategieprofil	189
2.5	Strategiebewertung	191
2.5.1	Strategiebewertung mit Checklisten	192
2.5.2	Strategiebewertung mit einem Scoring-Modell	193

2.5.3	Strategiebewertung mit einer Netzwerkanalyse	194
2.5.4	Vergleichende Darstellung	197

IV. STRATEGISCHES BILDUNGSMARKETING

Das Strategische Bildungsmarketing wird im Folgenden in zwei Abschnitten systematisiert. Zunächst erfolgt auf der Basis des so genannten Stakeholderansatzes die Darstellung des Zielsystems eines Bildungsanbieters, um dann darauf aufbauend im umfangreicheren zweiten Abschnitt Marketingstrategien zu erarbeiten. Dabei steht die Darstellung alternativer Totalansätze der Strategieplanung im Vordergrund.

1. Ziele im Bildungsmarketing

Die Betriebswirtschaftslehre stellt Ziele an den Anfang von Erörterungen betriebswirtschaftlicher Sachverhalte. (Becker 1998) Ein Bildungsanbieter hat im Rahmen einer normativen Vorgehensweise zunächst sein Zielsystem zu bestimmen. Allerdings soll diese Zielbestimmung nicht alleine die Innenorganisation, sondern auch den externen Leistungsfaktor sowie die Mikro- und Makroumwelt umfassen, um eine optimierte Leistungserstellung und -realisierung zu gewährleisten.

Ziele spielen eine zentrale Rolle im Führungsprozess bzw. im unternehmerischen Steuerungsprozess. Ohne explizit oder implizit vorgegebene Ziele können Probleme nicht wahrgenommen, erkannt und beschrieben und keine Lösungsalternativen gefunden werden. Ohne Ziele ist es nicht möglich, rationale Entscheidung zu treffen und ein Unternehmen zu führen. Auch die Effizienz der Führung hängt wesentlich von der Qualität der Ziele ab. Damit stellt sich die Frage, welche Ziele verfolgt, wie Ziele systematisch gewonnen werden können und welche Anforderungen sie erfüllen sollten.

1.1 Zielarten

Ein Ziel ist eine Aussage mit normativem Charakter, die einen gewünschten, zukünftigen Zustand der Realität beschreibt (Hahn 1997). Unternehmensziele stellen allgemein Orientierungs- und Richtgrößen für unternehmerisches Handeln dar. Sie konkretisieren Aussagen über Zustände, die mit unternehmerischen Maßnahmen erreicht werden sollen. Abb. 40 zeigt alternative Differenzierungsmöglichkeiten für Ziele.

Kriterien	Ausprägungen
Hierarchieebene	- Oberziel - Unterziel
Bedeutung	- Hauptziel - Nebenziel
Fristigkeit	- kurzfristige Ziele - mittelfristige Ziele - langfristige Ziele
Ausrichtung	- monetäre Ziele - soziale Ziele - ökologische Ziele - pädagogische Ziele
Formalisierungsgrad	- Formalziel - Sachziel

Abb. 40: Unterscheidungsmöglichkeiten für Unternehmensziele

Hauptziele stellen für den Bildungsanbieter Ziele mit einer dominanten Stellung dar, während *Nebenziele* hinter diesen zurückstehen und eine nachrangige Bedeutung haben. Einige Autoren bezeichnen im Bildungsbereich die Aufgabenerfüllung während des Bildungsprozesses als Hauptziele und betriebswirtschaftliche Ziele, wie zum Beispiel die Liquidität oder die Rentabilität, als Nebenziele (Harny 1998).

Im Bereich der Arbeitsmarktpolitik gilt das Ziel der Verbesserung der fachlichen und sozialen Qualifikation als Primärziel, während die Wiedereingliederung des Teilnehmers in den Arbeitsmarkt als Sekundärziel gewertet wird.(Blaschke/Plath/Nagel 1992) Diese Gewichtung kann sich jedoch auch im Zeitablauf verändern. So hat das Ziel „Wiedereingliederung in den Arbeitsmarkt" in konjunkturell schwachen Zeiten einen deutlich höheren Stellenwert. Dieses eher innengerichtete Ziel kann aber auch als Zielformulierung der Kunden einen dominanten Charakter erhalten.

Nach der Fristigkeit wird zwischen kurz-, mittel- und langfristigen Zielen unterschieden. Kurzfristige Ziele haben einen Zeithorizont von bis zu einem Jahr, mittelfristige Ziele liegen zwischen einem und vier Jahren, und langfristige Ziele sind auf mehr als vier Jahre ausgerichtet.

Nach dem Formalisierungsgrad werden Formalziele und Sachziele unterschieden.

Formalziele sind nicht auf konkrete Leistungsbereiche ausgerichtet, sondern stellen Erfolgsziele dar (zum Beispiel Liquidität, Rentabilität, Wachstum). Sachziele umfassen auf Funktionsbereiche ausgerichtete Leistungsziele (zum Beispiel Beschaffungs-, Produktions- oder Absatzziele). Die Zielerreichung von Sachzielen im Bildungsbereich hängt maßgeblich von den Determinanten Lehrkraft, externer Faktor, Inhalt und Dauer der Veranstaltung und den eingesetzten Bildungstechnologien ab (v. Landsberg 1995).

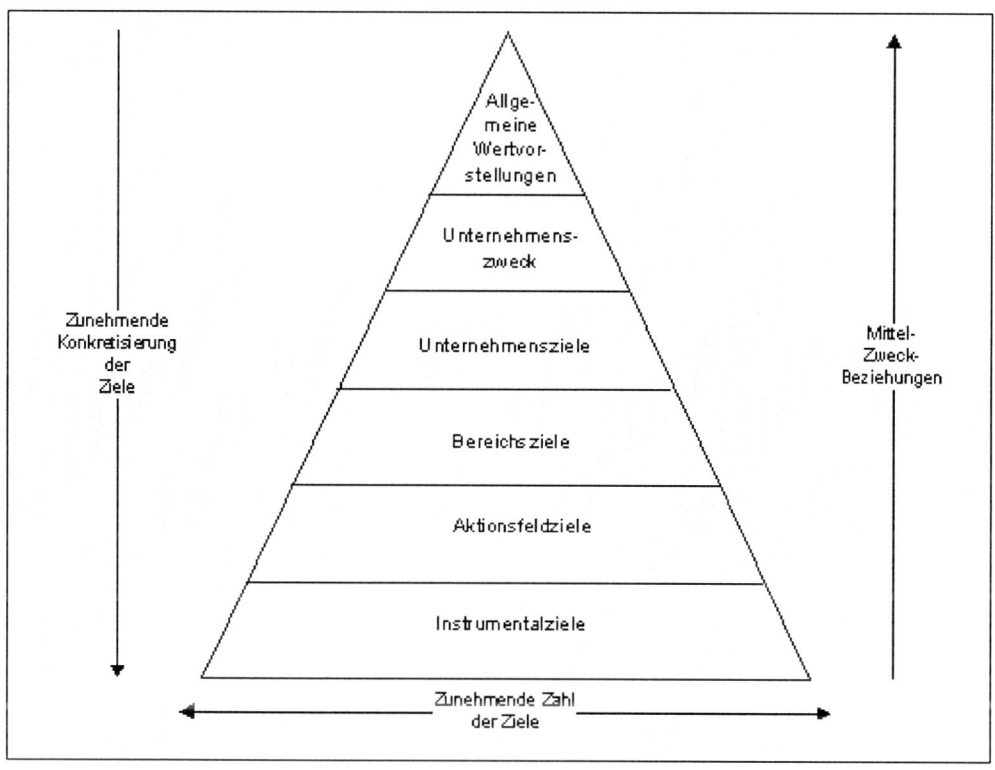

Abb. 41: Elemente der Zielpyramide (Becker 1998)

Die nachfolgende Abb. 42 zeigt anhand empirischer Studien die Vielfalt praktischer Bildungsziele.

Kailer (1990)	Weiss (1990)	Hofstetter u. a. (1986)
Behebung von Qualifikationsdefiziten	Einführung neuer Technologien	Anpassungsqualifikation
Anpassungsqualifizierung	Deckung des Fachkräftebedarfs	Führungskräfteentwicklung
Einführung neuer Technologien	Erhöhung der Arbeitsmotivation	Verbesserung des Leistungsverhaltens
Förderung der allgemeinen Persönlichkeitsbildung	Einführung neuer Produkte	Aufstiegsqualifizierung
Vorbereitung auf beruflichen Aufstieg	Steigerung der Produktivität	Sicherung der gegenwärtigen Qualifikation
Steigerung der Identifikation mit Unternehmen	Vorbereitung auf Führungsaufgaben	Erhöhung der Änderungsbereitschaft
Verbesserung des Kontaktes der Mitarbeiter untereinander	Erschließung neuer Märkte/Festigung der Marktstellung	Sicherung des notwendigen Bestandes an Fachkräften
Anpassungsqualifizierung	Aufstiegsqualifizierung	Verbesserung des Sozialverhaltens
Training sozialer Fertigkeiten	Förderung der Persönlichkeit der Mitarbeiter	Förderung der Persönlichkeit des Einzelnen
Erhöhung der Bereitschaft für organisatorische Veränderungen	Unterstützung organisatorischer Maßnahmen	Zusatzqualifizierung zur Erhöhung der Einsatzflexibilität
Verminderung von Personalfluktuation	Belohnung der Mitarbeiter	Erhöhung der Identifikation mit dem Unternehmen
Andere Ziele		Belohnung für gute Leistung
Belohnung für gute Leistungen		Erhöhung der Attraktivität des Unternehmens auf dem Arbeitsmarkt
		Ersatz für andere Leistungen
n = 1000 österreichische Unternehmen	n = 435 deutsche Unternehmen	n = keine Angaben

Abb. 42: Ergebnisse von empirischen Studien über Fortbildungsziele von Unternehmen (Berthel 2000)

Im Folgenden werden die Ziele im Bildungsbereich nach den Ausrichtungen ökonomische, soziale, pädagogische und ökologische Ziele differenzierter dargestellt.

1.1.1 Ökonomische Ziele

Von besonderer Bedeutung für den Bildungsanbieter als Institution sind die Existenzbedingungen. Zu diesen Existenzbedingungen zählen: Rentabilität, Liquidität und Wachstum (Schierenbeck 1993).

Ökonomische Ziele haben in den letzten Jahren ihre Position im hierarchischen Zielsystem der Bildungsanbieter deutlich verändert. Insbesondere bei Trägern, bei denen zuvor betriebswirtschaftliche Ertragskriterien nachrangig waren, ist eine deutliche Aufwertung dieser Zielkategorie festzustellen (Brödel 1998). Über diese Veränderung und deren Konsequenzen wird allerdings sehr kontrovers und zumeist ablehnend diskutiert (Harny 1998, Fischer /Weber 1999).

Typische ökonomische Zielformulierungen aus Sicht der Praxis sind:

- Erreichung der Kostendeckung,
- Erreichen eines bestimmten Gewinnniveaus und
- Minimierung der Zuschussquote vom Mutterhaus oder von der Gemeinde.

1.1.2 Soziale Ziele

Soziale Ziele stellen außerökonomische Sachverhalte in den Vordergrund. Typische Ziele aus dieser Kategorie in Bildungsunternehmen sind:

- gutes Betriebsklima,
- Raum für die Entfaltung der einzelnen Ideen und Gedanken,
- menschenwürdige Arbeitsleistung,
- Arbeitsplatzsicherheit,
- Beteiligung der Arbeitnehmer am Gewinn und Vermögen und
- Mitspracherechte bei der Formulierung und Verfolgung von Unternehmenszielen.

1.1.3 Pädagogische Ziele

Weiterbildungsmaßnahmen und -anbieter stehen in ständiger Auseinandersetzung mit allgemeinen pädagogischen Zieldimensionen. Eine Weiterbildung ohne Zielsetzung führt in der Konsequenz zu Unzufriedenheit bei allen Beteiligten, da Erwartungen nicht erfüllt werden. Die Zielsetzung hängt wesentlich vom bestehenden Bildungsbedarf ab. Dabei versteht Mager (1971) unter Lernzielen folgendes:

„Eine Absicht, die durch die Beschreibung von Eigenschaften, die der Lernende nach erfolgreicher Lernerfahrung erworben hat. Es ist die Beschreibung eines Katalogs von Verhaltensweisen, die der Lernende äußern können soll." (Mager 1971, Weber 1983, Bronner/Schröder 1983, Fritsch 1985)

Nach Umfang der Zielinhalte unterscheidet man Richtlernziele, Groblernziele und Feinlernziele. Auch die Unterteilung in kognitive, affektive und psychomotorische Lernziele ist häufig anzutreffen (Mentzel 1980).

Kognitive Lernziele beschreiben Lernvorgänge im Bereich der psychischen Funktionen. Sie richten sich auf Kategorien des Wissens und Denkens, der Wahrnehmung, des Gedächtnisses bzw. allgemein des Intellektes.

Psychomotorische Lernziele umfassen Lernvorgänge, die zum Erwerb von Bewegungen, d. h. von manuellen oder motorischen Fertigkeiten, erforderlich sind.

Affektive Lernziele schließen Lernvorgänge im Bereich der psychischen Kräfte ein, sie beinhalten Kategorien des Empfindens, der Einstellung, der Motivation, des Gefühls oder des Willens.

Andere Aufzählungen von pädagogischen Richtzielen der Erwachsenenbildung umfassen häufig Leitziele wie etwa Mündigkeit, Selbstbestimmung, Emanzipation und Kritikverständnis (Siebert 1980).

Im Bildungssektor wird wiederholt das Spannungsfeld zwischen pädagogischen und ökonomischen Zielen thematisiert. Einige Autoren sprechen dabei von einer Bimentalität der Ziele (v. Landsberg 1995, Weiß 1994). Bei der Leistungserstellung werden pädagogische Ziele verfolgt; diese Zielverfolgung steht aber häufig im Konflikt mit der Realisierung ökonomischer Zielgrößen, insbesondere seit in den letzten Jahren immer mehr die Forderung aufgestellt wird, dass sich Bildungsangebote auch selbst finanzieren müssen. Ein exemplarischer Zielkonflikt entsteht zwischen dem Ziel „Individualisierung der Bildungsleistung" und der ökonomischen Erfolgsgröße „Ertrag" (vgl. Abb. 43).

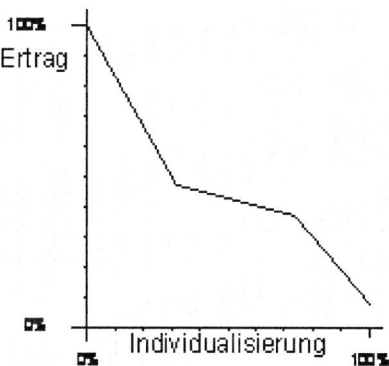

Abb. 43: Zielkonflikt Individualisierung vs. Ertrag

Mit steigender Individualisierung ist auch mit höheren Aufwendungen in der Entwicklungsphase der Bildungsleistung zu rechnen. Zusätzlich kann der Bildungsprozess nur unter Integration einer geringen Anzahl von Teilnehmern stattfinden. Diese sind zwar bis zu einem bestimmten Betrag bereit, für die Individualisierung mehr zu zahlen, aber die Zahlungsbereitschaft hat seine Grenzen, so dass auch der erzielbare Ertrag limitiert sind.

1.1.4 Ökologische Ziele

Seit Mitte der 80er Jahre werden auch ökologische Ziele in die Diskussion um Unternehmensziele mit einbezogen. Dabei haben empirische Analysen ergeben, dass ökologische Ziele auch einen positiven Einfluss auf andere Unternehmensziele wie Mitarbeitermotivation, Ansehen in der Öffentlichkeit oder Kunden- und Marktorientierung haben (Becker 1998). Typische ökologische Ziele sind:

- Vermeidung von umweltschädlichen Herstellungsmethoden,

- Einsatz von energie- und ressourcenschonenden Materialien (der Einsatz von Endlosfolienrollen für Overheadprojektoren wird von Seminar- und Kursteilnehmern immer wieder aus ökologischen Gründen kritisiert),

- Angebot von ökologisch orientierten Unterrichtseinheiten,
- Sensibilisierung der Nachfrager für ökologische Themen und
- Müllvermeidung und -trennung.

1.2 Anspruchsgruppen und ihre Ziele

In der Ökonomie werden häufig primär ökonomische Ziele wie Nutzenmaximierung und Gewinnmaximierung unterstellt. Auch die aktuelle Literatur der Wirtschaftswissenschaften stellt die so genannten Existenzbedingungen (ökonomische Ziele) in den Betrachtungsmittelpunkt. Diese Betrachtung einer monoistischen Zieldefinition entspricht dem so genannten Shareholder-Ansatz. Seit den 70er Jahren erfolgt allerdings die Einbeziehung systemtheoretischer Erkenntnisse in das Gedankengut der Betriebswirtschaftslehre. Ein Bildungsbetrieb steht mit der ökologischen, technologischen, politischen, gesellschaftlichen und ökonomischen Umwelt in ständigem Kontakt. Die optimale Ausgestaltung dieser Interdependenzen hat sich zu einem wichtigen Erfolgsfaktor herausgebildet (Schmid 1998). Da die Interessensgruppen und ihre Einflüsse im Bildungsmarkt allerdings vielschichtiger sind, empfiehlt es sich, diese näher zu betrachten. In Abhängigkeit von der Art und der Ausprägung der Macht dieser einzelnen Gruppen sowie deren Wille, diese Macht gegenüber dem Bildungsanbieter auch auszuüben, lassen sich folgende Umweltgruppen kategorisieren. (Achleitner 1985, Janisch 1993).

Abb. 44: Kategorisierung der Umwelt eines Bildungsanbieters (Janisch 1993)

Bezugsgruppen: Zu den Bezugsgruppen gehören alle sozialen Gruppen, die irgendeine tatsächliche oder potenzielle, direkte oder indirekte Beziehung zum Bildungsanbieter aufweisen. Ihre Macht und der Wille diese Macht auszuüben, sind sehr gering. Soziale Organisationen, Kirchen oder die Gemeinde, in der sich der Standort des Bildungsanbieters befindet, bilden mögliche Bezugsgruppen.

Interessensgruppen: Zu dieser Kategorie gehören die sozialen Gruppen, die eine direkte oder indirekte Beziehung zum Bildungsanbieter aufweisen und ein erhöhtes Interesse daran haben, ihren Willen durchzusetzen. Diese Gruppen verfügen allerdings nicht über die notwendige Macht, diesen Willen durchzusetzen.

Strategische Anspruchsgruppen: Zu den Stakeholdern (der Begriff strategische Anspruchsgruppen wird analog zum angloamerikanischen Begriff des Stakeholders verwendet; zur Definition vgl. Freemann 1984) gehören alle Umweltgruppen, die ihre Interessen in Form von konkreten Erwartungen und Ansprüchen an die Unternehmen formulieren und entweder mittelbar oder unmittelbar auf die Unternehmensziele und deren Verfolgung durch den Bildungsanbieter Einfluss nehmen können. Die Ansprüche bzw. Eingriffsmöglichkeiten der Anspruchsgruppen basieren auf faktischen, vertraglichen, gesetzlichen oder normativen Grundlagen. Zu den strategischen Anspruchsgruppen eines Bildungsanbieters zählen die Anspruchsgruppen, die über eine effektiv wirkende, erfolgreiche Machtposition verfügen und auch den Willen zur Machtausübung haben (Janisch 1993).

Über den Kreis der strategischen Anspruchsgruppen eines Unternehmens herrscht in der Literatur keine einheitliche Meinung. Für jeden Bildungsanbieter ist eine eingehende Analyse notwendig, da je nach spezifischer Situation die Anzahl und die Art der Anspruchsgruppen unterschiedlich ausfallen kann. Einige Anspruchsgruppen können relativ leicht identifiziert werden, da diese nahezu jedem Bildungsanbieter bekannt sein sollten. Lediglich die Kategorisierung der sozialen Gruppen erfordert bei jedem Bildungsanbieter eine Überprüfung.

Grundsätzlich empfiehlt es sich, eine Einschätzung vorzunehmen, welche Widerstände von den einzelnen Anspruchsgruppen zu erwarten sind. Dieses so genannte Stakeholder Mapping empfiehlt sich immer, wenn komplexe Marketingaufgaben zu realisieren sind. Die folgende Abb. zeigt eine mögliche Struktur für eine Übersicht:

Wer	Rolle	Standort	Interesse/Rolle	Klassifizierung

Abb. 45: Stakeholder Mapping

1.2.1 Interne Anspruchsgruppen

Die internen Anspruchsgruppen des Bildungsanbieters umfassen die Gesellschafter, das Management und die Mitarbeiter. Da diese in der Regel einen direkten Einfluss auf den Bildungsanbieter haben, sind sie auch als strategische Anspruchsgruppen zu kategorisieren (v. d. Oelsnitz 1999).

Die Eigentümer eines Bildungsbetriebes können unter anderem folgende Ziele habe:

- finanzielle Wertsteigerung der Unternehmung (Rappaport 1986),
- Erzielung eines Einkommens bzw. Gewinns,
- Erhaltung, Verzinsung und Wertsteigerung des investierten Kapitals und
- Selbständigkeit und Entscheidungsautonomie.

Das Management eines Bildungsbetriebes verfolgt Ziele wie Macht, Einfluss, Prestige und die Möglichkeit der Entfaltung eigener Ideen und Fähigkeiten (Ulrich/Probst, 1982, Korndörfer 1989, Bischoff 1973).

Die pädagogischen Mitarbeiter verfolgen unterschiedliche Ziele, zum Beispiel Lebensqualität, Existenzsicherung, Selbstverwirklichung, Verfolgung pädagogischer Ideale (zu Mitarbeiterzielen vgl. Hunziker 1980, v. Rosenstiel 1973, Becker 1995). Die Zielvorstellungen der Mitarbeiter sind im Rahmen einer personalintensiven Dienstleistung besonders zu berücksichtigen, da eine direkte Interaktion zwischen dem externen und dem internen Faktor stattfindet.

Eine Ignoranz der Zielvorstellung, insbesondere der pädagogischen Mitarbeiter, führt zu Qualitätsschwankungen der Leistungserstellung und einer nicht koordinierten Kommunikation mit dem Kunden. Besonders problematisch erscheint dies, wenn freie Mitarbeiter eingesetzt werden, deren eigene Zielvorstellungen sich nicht notwendigerweise mit dem Zielsystem des Bildungsanbieters decken (Siebert 1980).

Daher sollte ein Bildungsanbieter auch stets die Kommunikation mit seinen freien Mitarbeitern pflegen.

1.2.2 Externe Anspruchsgruppen

Einen direkten oder indirekten Einfluss auf die absatzgerichteten Aktivitäten von Bildungsanbietern üben die Kunden, die Meinungsführer, die Absatzmittler und die konkurrierenden Bildungsanbieter aus.

Meinungsführer übernehmen im Bildungsmarketing die Aufgabe, die von der Kommunikationspolitik nicht oder nur unzureichend erreichten Marktteilnehmer mit kommunikativen Leistungen zu versorgen. Zu den Meinungsführern im Bildungsbereich zählen die Personen und Organisationen, denen eine erhöhte Kompetenz zum Thema Bildung zugesprochen wird. Ihr Einfluss ist bei der Bildungsleistung wesentlich höher als bei Sachleistungen, da viele Nachfrager das Risiko bei der Nachfrage einer immateriellen Dienstleistung mit Hilfe von Informanten und Meinungsbildern minimieren möchten. Sie gehören zur Kategorie der strategischen Anspruchsgruppen (Bruhn/Tilmes 1994).

Kunden können je nach Zielgruppe sehr unterschiedliche Ansprüche an den Bildungsanbieter haben (vgl. zu den Weiterbildungsmotiven einzelner Personen Kapitel III., 1.1.2.). Einzelne Teilnehmer, an denen die Bildungsleistung in Form des externen Leistungsfaktors vollzogen wird, haben zum Teil sehr heterogene Zielvorstellungen, die bereits im Vorfeld zu identifizieren sind. Eine Nichtbeachtung dieser Zielvorstellungen führt zu einer Sanktionierung des Bildungsanbieters. Heterogene Ansprüche stellen im Rahmen der Leistungserstellung ein wesentliches Problem dar, das nur durch eine effiziente Analyse im Vorfeld behoben werden kann.

Institutionelle Nachfrager haben unterschiedliche Betrachtungsschwerpunkte. Einerseits besteht die Notwendigkeit, laufend ihr Mitarbeiterpotenzial an die veränderte Umweltsituationen anzupassen, andererseits haben sie als Institution unterschiedliche Auffassungen über die Weiterbildung auf der Makroebene (Becker 1995). Abb. 46 systematisiert die betrieblichen Ziele der Weiterbildung nach der Ausprägung der betrieblichen Bildungspolitik (Aschoff 1998, Berthel 2000).

Neben den Anspruchsgruppen auf den Absatzmärkten wird der Bildungsanbieter mit weiteren Anspruchsgruppen konfrontiert, deren Machtposition allerdings in Abhängigkeit zu der spezifischen Situation des Bildungsanbieters steht. Dazu gehören unter anderem Zulieferer, Politik und Gewerkschaften.

	Betriebliche Ziele der Weiterbildung
Investitionsmodell	Weiterbildung als Bestandteil strategischer Unternehmensentwicklung
	Entwicklung einer lernfähigen Organisation mit lernfähigen Führungskräften und Mitarbeitern
	Erhöhung der Flexibilität
	Ausbau der Wettbewerbsfähigkeit
	Aufnahme von neuem Know-how
	Erleichterung der innerbetrieblichen Substitution
	Einstellung auf zu erwartende Probleme
Defizitmodell	Weiterbildung zum Abbau von aktuellen Qualifikationsdefiziten
	Erhaltung der Wettbewerbsfähigkeit
	Verbesserung der Problemlösungsfähigkeit bzw. Lösung eines aktuellen Problems
Individualmodell	Weiterbildung als Anerkennungsbonus subjektiver Leistung
Nichtmodell	Weiterbildung findet unsystematisch und sporadisch statt, daher keine Zielsetzung

Abb. 46: Betriebliche Ziele der Weiterbildung (Aschoff 1998)

Die Stellung der Lieferanten als eigenständige Anspruchsgruppe mit konkreten Nutzenvorstellungen wird in der Literatur und Praxis in der Regel vernachlässigt. Diese geringe Beachtung der Lieferanten müsste daher auch auf ein geringes Macht- und

Bedrohungspotenzial schließen lassen. Handelt es sich um Lieferanten von unbedeutenden Komponenten der Bildungsleistung und lassen sich diese ohne Schwierigkeiten substituieren, werden diese tatsächlich der Kategorie der Bezugsgruppen zugeordnet. (In einigen Segmenten wird dies durch deutliche Machtausübung der Bildungsträger dokumentiert, vgl. Schrader 1998.) In dem Fall, dass sie allerdings als Zulieferer oder als Systempartner wesentliche Komponenten der Bildungsleistungen liefern, steigt die Sanktionierungsmacht bei Missachtung der Ziele und Ansprüche. Die freien Mitarbeiter, die als Zulieferer fungieren und wesentliche Leistungen erbringen, haben im Bildungsbereich eine besondere Bedeutung. Ansprüche und Zielvorstellungen dieser Lieferanten sind bisher noch unerforscht und lassen sich nur enumerativ darstellen (Schrader 1998).

Viele Einzeltrainer, die von Bildungsanbieter integriert werden, verfolgen Ziele wie:

- eigene Unternehmenswertsteigerung,

- Einkommenserzielung,

- Unabhängigkeit und

- Sicherheit.

Die Politik erzeugt gelegentlich durch partei-, verbands- und parlamentspolitische Auseinandersetzungen einen wahrnehmbaren Druck auf die privatwirtschaftlichen Anbieter (Harny 1998). Eine Konfrontation mit politischen Interessensgruppen entsteht insbesondere dann, wenn sich Bildungsanbieter in dem von der Arbeitsverwaltung oder die EU definierten „Markt" der Fördermittel bewegen (Harny 1998).

Gewerkschaften haben im Bildungsbereich einen relativ großen Einfluss. Zum einen bieten sie Bildungsleistungen als Träger selber an, zum anderen beteiligen sie sich im Rahmen des Entscheidungsprozesses bei der Nachfrage nach Bildungsleistungen in der Regel als Meinungsbildner und haben eine institutionelle Funktion im Machtgefüge des Bildungsmarktes. Ihre Ziele und Ansprüche beinhalten Folgendes (Nierhaus 1982):

- Recht des Bürgers auf Weiterbildung als Grundrecht,

- freie Entscheidung des Individuums zur Weiterbildung,

- freie, plurale Trägerschaft,

- kompensatorische Funktion der Weiterbildung,

- Weiterbildung soll die Vertabilität der von Veränderungen in Beruf und Gesellschaft betroffenen Menschen fördern, gleichzeitig aber auch zur „humaneren Arbeit" verhelfen,

- Weiterbildung soll die Ausübung von den in Inhalten und Anforderungen gewandelten Berufstätigkeiten ermöglichen, gleichzeitig aber auch zu „humanerer Arbeit" verhelfen,

- Weiterbildung soll die Umstellungsfähigkeit des von Wandlungsprozessen im beruflichen und persönlichen Lebensbereich betroffenen Menschen fördern, gleichzeitig aber auch seiner nur kritiklosen, fatalisierten Anpassung an neue Belastungen entgegenwirken, und

- Weiterbildung soll fachliche und berufsspezifische Kenntnisse vermitteln, gleichzeitig aber auch allgemeine Kompetenzen fördern.

Zusätzlich findet eine ständige Konfrontation zwischen dem Bildungsanbieter und den allgemeinen Werten der Gesellschaft statt. Durch die Sozialisation, die die externen Faktoren erleben, ist auf deren Werte und Milieuprägungen innerhalb der Bildungsmaßnahme Rücksicht zu nehmen. Diese gesellschaftlichen Prägungen können anhand der Dimensionen Kultur, Technologie, Ethik und Einstellungen identifiziert werden.

Aufgrund der unterschiedlichen Anspruchsgruppen ergibt sich für den einzelnen Bildungsanbieter ein Wirkungsgeflecht, in dem er sich bewegt und dessen Strukturierung und Zusammensetzung er zu analysieren hat (vgl. nachstehende Abb.). Insbesondere die Divergenzen innerhalb der Zielsysteme und Anspruchshaltungen erfordern umsetzungsfähige Lösungen.

Strategisches Bildungsmarketing

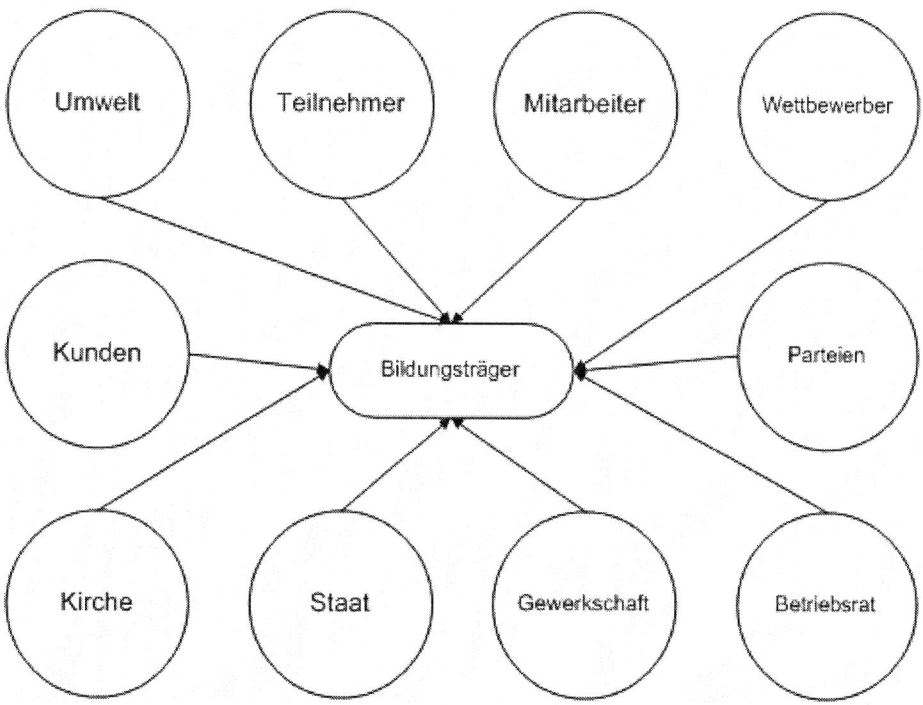

Abb. 47: Strategische Anspruchsgruppen des Bildungsträgers

1.3 Zielbildung bei Bildungsanbietern

Die Zielbildung eines Bildungsanbieters muss die spezifischen Prioritäten des Anbieters abdecken. In der Regel erfolgt die Bildung von Zielhierarchien durch Ableitung aus der SWOT-Analyse und durch eine interne Konsensbildung mit den spezifischen Anspruchsgruppen.

Die zu formulierenden Ziele eines Bildungsanbieters müssen SMART sein (Bangs 2002):

Specific: Unternehmensziele müssen spezifisch sein. Es kommt immer wieder vor, dass allgemeine Ziele formuliert werden. Die konkrete Umsetzung scheitert daran, dass die Formulierungen sehr große Entscheidungsspielräume zulassen. Eine Umsetzung und Realisierung scheitert dann regelmäßig an den Interpretationsspielräumen.

Measurable: Ziele müssen Messbar sein. Allgemein formulierte Ziele wie zum Beispiel „Wir wollen Marktführer werden" sind oft inhaltslos. Wie soll die Marktführerschaft gemessen werden? Ist der Bekanntheitsgrad, die Anzahl der Teilnehmer, der Umsatz

Attainable: Ziele die nicht glaubwürdig und erreichbar sind können ihre Funktion nicht erfüllen. Sobald Mitarbeiter zum Beispiel merken, dass die Ziele sie die Ziele auf keinen Fall erreichen werden, dann kann man auch nicht davon ausgehen, dass sie einen motivierenden Effekt haben und verfolgt werden.

Realistic: Ziele müssen realistisch sein. Unrealistische Erwartungshaltungen sind genauso problematisch wie Ziele die auf Phantasie beruhen, die nicht umsetzbar sind. Eine realistische Einschätzung ist für die Wirksamkeit unabdingbar.

Timed: Ziele müssen immer einen Zeitbezug haben. D. h. jedes Ziel sollten mit Hilfe von Meilensteinen in ein spezifisches Zeitraster gebracht werden. Wenn ein Ziel zum Beispiel ist „Durchführung von 100 Maßnahmen", dann ist es natürlich von großer Relevanz, ob diese Maßnahmen in sechs oder zwölf Monaten realisiert werden.

Der Zielbildungsprozess sollte mit der notwendigen Sorgfalt und einem ausreichenden Zeitbudget ablaufen. Konkrete Umsetzungsfehler sollten hier vermieden werden, da eine Ausrichtung auf unpassende oder falsche Ziele sich auf der strategischen oder operativen Ebene kaum noch korrigieren lassen.

Die folgende Abb. zeigt eine mögliche Realisierungsform für einen Bildungsanbieter:

Nr.	Kurz-bezeichnung	Beschreibung	Mess-kriterium	Verantwortlicher	Budget	Termin
1						
2						

Abb. 48: Zielformular

2. Strategieplanung im Bildungsbereich

Auf der Basis der zuvor formulierten Zielausrichtungen des Bildungsanbieters erfolgt eine Strategieplanung, um die abstrakten und oftmals generischen Ziele zu operationalisieren.

Ausgehend von einer Übersicht der allgemeinen Strategieansätze erfolgt die Deduktion einer Strategiematrix und einzelner Strategieoptionen für Bildungsanbieter.

2.1 Grundlagen der Strategieplanung

Marketingstrategien lassen sich in Einzel- oder Partialstrategien sowie integrierte Ansätze unterscheiden. Partialansätze setzen sich mit einem Ausschnitt des strategischen Entscheidungsfeldes auseinander. Zu den Partialansätzen zählen die Strategieansätze von Ansoff, Kotler, Porter sowie Gilbert und Strebel. Integrierte Ansätze versuchen, das gesamte Entscheidungsfeld innerhalb des strategischen Marketing abzubilden und zu systematisieren. Zu den integrierten Ansätzen zählen die Ansätze von Becker, Backhaus, Haedrich und Tomczak sowie Meffert.

Da hier das Ziel verfolgt wird, einen umfassenden Marketingansatz für Bildungsanbieter zu entwickeln, wird hier ein Ansatz gesucht, der folgende Anforderungen erfüllt (Meffert 1994):

- Die einzelnen Strategiedimensionen sollen sich aus der Marketingplanung ergeben bzw. ableiten lassen und somit auf Geschäftsfeldebene basieren.

- Die Strategiedimensionen müssen für unterschiedliche Unternehmensphilosophien, -ziele und -situationen Gültigkeit haben.

- Der Bildungsnachfrager hat gemäß den zuvor entwickelten Grundsätzen im Mittelpunkt zu stehen.

- Die Komplexität der Strategieprofile soll auf einige wenige, sinnvolle Alternativen reduziert werden.

- Die einzelnen Dimensionen der Strategie bedürfen einer eindeutigen Erläuterung und Zuordnung.

Der hier gewählte Strategieansatz umfasst drei Stufen. In der ersten Stufe erfolgt die Festlegung der strategischen Geschäftsfelder des Bildungsanbieters (Meffert 1997). Die Entscheidungen bezüglich der Geschäftsfelder betreffen die Marktabgrenzung, die Bearbeitung, die Abdeckung, das Timing und die anzustrebenden Wettbewerbsvorteile.

Mit der vollzogenen Festlegung der Geschäftsfelder erfolgt die zweite Stufe der strategischen Planung mit den Entscheidungen zur Bearbeitung von vier unterschiedlichen Gruppen von Anspruchsträgern (Meffert 1997). Für jedes gewählte Geschäftsfeld ist bezüglich der vier möglichen Marktteilnehmergruppen (Abnehmer, Konkurrenten, Absatzmittler und sonstige Anspruchsgruppen) eine spezifische Verhaltensstrategie zu wählen.

Die Konkretisierung der Strategien erfolgt in der dritten Stufe mit Hilfe der Instrumentalstrategien in den einzelnen Geschäftsfeldern in Kapitel V. Dabei wird auf einen Geschäftstypenansatz zurückgegriffen, um eine erfolgreiche Umsetzung im heterogenen Marktumfeld sicherzustellen, da die einzelnen Geschäftstypen, Leistungsgeschäft, Customizing, Systemgeschäft und Zulieferer spezifische Besonderheiten in der Marktbearbeitung aufweisen.

Diese Strategieplanung sollte nicht isoliert oder partiell erfolgen. Eine zweistufige Vorgehensweise scheint in diesem Zusammenhang wesentlich effektiver, da zwischen beiden Entscheidungsfeldern Interdependenzen vorliegen, die nicht zu vernachlässigen sind. Zugleich gewährleistet die zweistufige Vorgehensweise, dass die Wahl und die Ansprache der Anspruchsgruppen auf der Basis der gefundenen Geschäftsfelder vollzogen wird.

2.2 Unternehmensvision, -politik und -kultur

Am Anfang der unternehmerischen Tätigkeit im Bildungssektor steht wie bei jeder schöpferischen Arbeit eine Vision. Diese Vision ist ein konkretes Zukunftsbild, nahe genug, dass die Realisierbarkeit sichtbar ist, sie aber schon fern genug ist um die Begeisterung des Unternehmens für eine neue Wirklichkeit zu erwecken (Bleicher 1996).

Visionen weisen dem Unternehmen und seinen beteiligten Stakeholdern eine Richtung. Gelegentlich wird die Vision mit dem Polarstern oder einem Leuchtturm verglichen. Er ist nicht das Ziel der Reise, gibt jedoch die Richtung an, in die das Unternehmen und die Mitarbeiter streben (Hinterhuber 1992).

Eine Vision ist regelmäßig ein komplexes Konstrukt, das mehrere Komponenten beinhaltet (Hinterhuber 1992, Bleicher 1996):

Realitätssinn: Die Umwelt und das Unternehmen sollten so gesehen werden, wie sie sind – und nicht, wie sie der Vorstellung und den Wünschen nach sein sollten.

Offenheit: Eine Vision muss gegenüber der Umwelt, dem Zeitgeist und den echten Bedürfnissen der Menschen offen sein.

Spontaneität: Durch die Vision muss es möglich sein, verschiedene Betrachtungsperspektiven einzunehmen.

Erfahrung: Die Vision muss auf Erfahrungen im Umgang mit komplexen, sich verändernden Situationen basieren, da sie sonst kein stabiles Fundament für die Unternehmenspolitik bieten kann. Der Vergleich zu Luftschlössern bietet sich hier an.

Kreativität: Visionen sind durch kreative Höchstleistungen entstandene Bilder von einer in der Zukunft liegenden Wirklichkeit. Visionen lassen sich daher auch nicht aus dem Alltag deduktiv ableiten.

Visionen sollen eine natürliche Selektionsfunktion für die unterschiedlichen Strategien und Marketingprogramme erfüllen (Leitfunktion). An dieser Eigenschaft muss sich die Vision eines Bildungsanbieters letztlich messen lassen. Darauf aufbauend erfüllt die Vision für das Unternehmen die folgenden Funktionen (Bleicher 1996):

- Fokussierungsfunktion in Beziehung des Anbieters zum Wettbewerbsumfeld,

- Legitimationsfunktion in Beziehung der Unternehmung zur Gesellschaft und

- Identifikations- und Motivationsfunktion des Anbieters in Beziehung zu seinen Mitarbeitern.

Die Wirkung von Visionen auf den einzelnen Mitarbeiter lassen sich wie folgt zusammenfassen (Magyar 1989):

- Sinnvermittlung und Faszinationskraft,

- Begeisterung und „Brandstiftung",

- Impulsgebung und Trendsetting,

- Identifikations- und Erinnerungsfähigkeit,

- Kreativitäts- und Innovationsförderung,

- Lokomotionswirkung, Motivation und Integration,

- Kompass- und Leuchtturmfunktion sowie

- Vorsprungproduktion, Macht- und Existenzsicherung.

Eine gemeinsam geteilte Vision stabilisiert ein Unternehmen und gibt ihm eine gemeinsame Identität. Zu oft haben aber gerade größere Bildungsanbieter lediglich individuelle Visionen. Bei der Entwicklung einer stabilen Vision muss jedoch der Schritt von einer individuellen zu einer gemeinsamen Vision beschritten werden. Diverse Studien und die Erfahrungen in Umsetzungsprojekten haben immer wieder gezeigt, dass sowohl die nicht kommunizierte und verinnerlichte Vision einzelner Geschäftsführer als auch alle Versuche einer rein demokratischen Visionsbildung zum Scheitern verurteilt sind. Um einen umfassenden Visionsentwicklungs- und Konkretisierungsprozess in Gang zu setzen, erarbeiten einzelne Personen eine Vision. Im Rahmen eines Multiplikationsprozesses mit Hilfe des internen Marketing werden dann vielfältige Anschlussprojekte ausgelöst, die eine Konkretisierung auf bereichsspezifische Erfordernisse sowie Korrekturen am Gesamtkonzept zur Folge haben. Eine derartige Vorgehensweise generiert ein spezifisches, gemeinsames Verständnis über die Identität und die Vision des Anbieters.

Die Vision des Bildungsanbieters bildet seinen Kern und bietet ein stabiles Fundament für die Unternehmenspolitik. Diese stellt die Gesamtheit der Unternehmensgrundsätze dar, die in einem Leitbild festgehalten oder oftmals auch mündlich weitergegeben werden. Sie regeln das Verhalten des Bildungsanbieters und geben an, welcher unternehmerischen Vision und welchen Werten, Normen und Idealen die Unternehmung verpflichtet ist. Die Unternehmenspolitik wird getragen von einem eher „harten" Gestaltungsaspekt, der Unternehmensverfassung, und einem „weichen" Entwicklungsaspekt, der Unternehmenskultur.

Die Unternehmenspolitik lässt sich normativ wie folgt charakterisieren (Ulrich 1987):

- Die Unternehmenspolitik umfasst die **originären Entscheidungen** der Unternehmung: Sie wird auf oberster Führungsebene bestimmt und umfasst daher Entscheidungen, die nicht aus übergeordneten Entscheidungen ableitbar sind.

- Die Unternehmenspolitik ist **allgemein** abgefasst: Unternehmenspolitische Entscheidungen weisen einen hohen Abstraktionsgrad auf und beziehen sich auf die Unternehmung als Ganzes. Sie sind also nicht operational, d. h. nicht unmittelbar in ausführende Handlungen umsetzbar (Leerformelcharakter).

- Die Unternehmenspolitik ist **langfristig** ausgerichtet: Es geht um die Festlegung von Grundlinien der zukünftigen Unternehmensentwicklung auf lange Sicht.

- Unternehmenspolitik beinhaltet auch die **Kontrolle** der Einhaltung von Zielen, Verhaltensnormen und Richtlinien: Unternehmenspolitik umfasst neben dem Treffen von Entscheidungen auch die Realisation und Kontrolle der Ziele.

- Unternehmenspolitik muss **Flexibilität** aufweisen: Unternehmenspolitische Entscheidungen müssen auf einem sehr weiten und vielschichtigen Bereich von Umwelt-Informationen beruhen. Je langfristiger die Entscheidungsinhalte angelegt sind, desto unsicherer ist ihre informatorische Basis.

- Mit unternehmenspolitischen Entscheidungen sollen das oberste **Zielsystem** der Unternehmung, das erforderliche **Leistungspotenzial** und die anzuwendenden **Unternehmensstrategien** festgelegt werden.

Die für die Zukunft des Unternehmens grundlegenden Entscheidungen über zu bearbeitenden **Märkte** und anzubietende **Marktleistungen** gehören auf die Stufe der Unternehmenspolitik.

Die Unternehmenspolitik definiert letzten Endes den Rahmen für die langfristigen unternehmerischen Aktivitäten des Bildungsanbieters. Als Grundkonzeption ist sie die Vorstellung von dem, was die Unternehmung *sein* soll.

Die Unternehmenspolitik manifestiert sich formal im Rahmen Unternehmensverfassung und wird geprägt durch die jeweils herrschende Unternehmenskultur. Damit ist eine Sichtweise angesprochen, die die Unternehmung im Ganzen als eine Art Kultursystem begreift. Die Idee liegt darin, dass Unternehmen eigene, unverwechselbare Vorstellungs- und Orientierungsmuster entwickeln, die das Verhalten der Mitglieder und der betrieblichen Funktionsbereiche auf wirkungsvolle Weise prägen. Eine Unternehmenskultur ergibt sich aus dem Wechselspiel von Umweltfaktoren, Unternehmenstraditionen, -symbolen, -normen sowie den Einstellungen, Bedürfnissen, Wahrnehmungen und Verhaltensweisen der Unternehmensmitglieder.

Unabhängig von einzelnen uneinheitlichen Definitionsversuchen in der Literatur gibt es einige Kernelemente, die heute allgemein mit dem Begriff Unternehmenskultur verbunden werden (Steinmann/Schreyögg 1991):

- Unternehmenskultur ist ein im Wesentlichen **implizites** Phänomen; sie hat keine separate, quasi physische Existenz, die sich beobachten ließe. Unternehmenskulturen sind gemeinsam geteilte Überzeugungen, die das Selbstverständnis und die Eigendefinition prägen.

- Unternehmenskulturen werden **gelebt**, ihre Orientierungsmuster sind selbstverständliche Annahmen, wie sie dem täglichen Handeln zugrunde liegen. Ihre (Selbst-) Reflexion ist die Ausnahme, keinesfalls die Regel.

- Unternehmenskultur bezieht sich auf **gemeinsame** Orientierungen, Werte usw. Es handelt sich also um ein kollektives Phänomen, das das Handeln des einzelnen Mitgliedes prägt. Kultur macht infolgedessen organisatorisches Handeln einheitlich und kohärent – jedenfalls bis zu einem gewissen Grade.

- Unternehmenskultur ist das Ergebnis eines **Lernprozesses** im Umgang mit Problemen aus der Umwelt und der internen Koordination. Bestimmte, kulturell anderweitig vorgeprägte Handlungsweisen werden zu erfolgreichen Problemlösungen, andere weniger. Orientierungsmuster werden zu mehr oder weniger selbstverständlichen Voraussetzungen des organisatorischen Handelns gemacht. Unternehmenskultur hat also immer eine Entwicklungsgeschichte.

- Unternehmenskultur repräsentiert die „**konzeptionelle Welt**" der Unternehmensmitglieder. Sie vermittelt Sinn und Orientierung in einer komplexen Welt, indem sie Muster für die Selektion und die Interpretation von Handlungsprogrammen vorgibt. Die Unternehmensmitglieder verschaffen sich ein Bild von der Aufgabenumwelt auf der Basis eines gemeinsam verfügbaren Grundverständnisses.

- Unternehmenskultur wird in einem **Sozialisationsprozess** vermittelt; sie wird nicht bewusst gelernt. Organisationen entwickeln zumeist eine Reihe von Mechanismen, die dem neuen Mitglied verdeutlichen, wie im Sinne der kulturellen Tradition zu handeln ist.

Die klassischen betriebswirtschaftlichen Optimierungstheorien versuchen, Unternehmensstrukturen quantitativ zu erfassen (ISO 9000, Balanced Scorecard). Das hier geschilderte Verständnis einer Unternehmenskultur sperrt sich jedoch zunächst gegen den Einsatz einfacher und linearer Kennzahlensysteme. In den letzten 20 Jahren ist das Verständnis gereift, dass eine funktionierende Unternehmenskultur einen elementaren Wettbewerbsvorteil darstellt und im Vergleich zu Produkten nicht so einfach zu kopieren ist. Gerade im schnelllebigen Bildungsmarkt ist eine funktionierende Unternehmensidentität Überlebensgarant.

2.3 Geschäftsfeldstrategien

Auf der Basis der Unternehmenspolitik und der zu realisierenden Ziele soll in einem ersten Schritt das strategische Geschäftsfeld des Bildungsträgers gefunden werden. Diese Geschäftsfeldstrategien werden üblicherweise für Strategische Geschäftseinheiten ermittelt.

Bei kleinen Bildungsanbietern charakterisiert das strategische Geschäftsfeld den gesamten Unternehmenszweck, während sehr große Bildungsanbieter oftmals in mehreren Strategischen Geschäftsfeldern auftreten.

Im Rahmen der Bestimmung der Geschäftsfeldstrategien erfolgt zunächst die Definition und Abgrenzung der strategischen Geschäftsfelder über folgende Dimensionen:

- eingesetzte Bildungstechnologie,

- Bildungsinhalte und

- angesprochene Zielgruppe.

Untrennbar damit verbunden und doch eine zweite Stufe darstellend, ist die geografische Definition des Geschäftsfeldes.

Auf der nächsten Ebene erfolgt die Entscheidung, welche Marktabdeckungsstrategie realisiert werden soll. Daran schließt sich die Suche nach den objektiven Wettbewerbsvorteilen und das Timing der Strategischen Geschäftseinheiten an.

2.3.1 Abgrenzung strategischer Geschäftsfelder

Im Rahmen der strategischen Planung für Bildungsunternehmen kommt der Wahl des relevanten Marktes eine besondere Bedeutung zu.

Allgemein wird ein Markt als Prozess verstanden, bei dem Anbieter und Nachfrager Leistungen austauschen. Im Bildungsbereich werden demnach von Bildungsanbietern und Bildungsnachfragern in einem Prozess Bildungsleistungen ausgetauscht. Diese allgemeine und umfassende Definition eines Bildungsmarktes geht für die hier zu analysierenden Prozesse allerdings zu weit. Der relevante Markt ist für das Verhalten und das Agieren eines Bildungsanbieters ausschlaggebend. Zur Bestimmung des relevanten Marktes differenziert man unterschiedliche Marktabgrenzungskonzepte (Meffert 1997).

Eindimensionale Abgrenzungsversuche betrachten die einzelnen Marktbestandteile isoliert. Dadurch ergeben sich sachliche, räumliche, zeitliche, nachfrager- und anbieterorientierte Abgrenzungen (Meffert 1997).

Eine strategische Betrachtung des relevanten Marktes führt zum Begriff der strategischen Geschäftsfelder, die wie folgt definiert werden können:

„Ein strategisches Geschäftsfeld ist ein homogener Tätigkeitsbereich, in dem eine strategische Geschäftseinheit die Stärken des Unternehmens ausspielen kann" (Hinterhuber 1992).

An die Abgrenzung der Strategischen Geschäftsfelder sind präzisere Anforderungen zu stellen (Kreilkamp 1987, Hinterhuber 1984, Meffert 1994, Hahn 1997):

Eine Strategische Geschäftseinheit (SGE) erfordert eine eigenständige Marktaufgabe. Eine SGE kann daher nicht nur innerbetriebliche Leistungen anbieten, sondern sollte zumindest einen überwiegenden Teil der Leistungen im freien Markt realisieren. Bildungsabteilungen, die nur interne Leistungen anbieten, stellen demnach keine SGE dar. Bietet diese Abteilung ihre Leistungen externen Partner an, dann kann sie als SGE betrachtet werden.

Ein eigenständiger Einfluss auf die eigene Marktposition ist für eine SGE unerlässlich. Daher sollte sie eigene Zielbilder und ein eigenständiges Leitbild aufweisen und zusätzlich über eigene Erfolgspotenziale verfügen, die zur Realisierung von Wettbewerbsvorteilen genutzt werden können. Synergieeffekte zu anderen SGE sollten ausgeschlossen sein. Dieser theoretische Anspruch scheitert häufig an der betrieblichen Praxis, da innerhalb des Unternehmens Synergieeffekte angestrebt und in der Regel gefördert werden, um somit den Unternehmenserfolg zu steigern (Ansoff 1966).

Zur Abgrenzung von strategischen Geschäftsfeldern bieten sich auf der Basis der Konzepte des relevanten Marktes unterschiedliche Alternativen an. Diese lassen sich grundlegend in ein-, zwei- und dreidimensionale Abgrenzungskonzepte differenzieren. Bei den klassischen Abgrenzungen von strategischen Geschäftsfeldern handelt es sich um eindimensionale Abgrenzungen auf der Basis von Gütereigenschaften, technologischen Konzepten oder Zielgruppen (Benkenstein 1997). Alternative Marktdefinitionen stellen im Bildungsmarkt zum Beispiel der Markt für Sprachkurse, EDV-Seminare, Kongresse oder der Bildungsmarkt für Senioren dar. Diese sehr allgemeine Marktabgrenzung kann nur für volkswirtschaftliche oder globale, unspezifizierte Aussagen verwendet werden. Für ein handlungsorientiertes Bildungsmarketing erweisen sich diese eindimensionalen Abgrenzungen als nicht zielführend.

Um eine Definition des relevanten Marktes vorzunehmen, wird im Bildungsmarkt häufig die angebotene Bildungsleistung für eine spezifische Zielgruppe modifiziert. Der so betrachtete Bildungsmarkt kann zum Beispiel nach den Zielgruppen unterteilt werden in Top-, Middle- und Lower-Management. Die zweite Dimension bilden dann die Bildungsinhalte, wie zum Beispiel EDV-Kurse oder Sprachkurse. Ein typisches Beispiel dieser Abgrenzung ist der EDV-Kurs für Frauen. Dass diese Abgrenzung sehr naheliegend ist, zeigt, dass es in Kassel, Köln, München, Tübingen oder Offenbach Unternehmen gibt, die als Frauencomputerschulen firmieren. (www.computerfrauen.de, www.frauen-computer-schule.de, www.frauencomputerschule-koeln.de, www.frauencomputerschule-kassel.de, www.frauen-computer-schulen.de).

Wichtige Innovationsbereiche kann der Bildungsanbieter mit diesem Ansatz nicht erfassen. Zielgruppen und Bildungsinhalte verhalten sich über mittelfristige Zeiträume relativ homogen. Innovationen sind, insbesondere in den letzten Jahren, überwiegend methodischer oder technologischer Natur gewesen. Daher bietet sich, anlehnend an Abell, ein dreidimensionaler Ansatz zur Geschäftsfelddefinition im Bildungsmarkt an (Abell 1980).

Die Differenzierung der Geschäftsfelder erfolgt mit Hilfe folgender Dimensionen (Abell 1980):

- bediente Nachfragergruppe,
- bediente Kundenfunktion und
- verwendete Technologie.

Dieser Ansatz wurde zwar explizit für Investitionsgütermärkte entwickelt, findet allerdings in den letzten Jahren auch mehrfach im Dienstleistungsbereich Anwendung (Hill 1990, Birkelbach 1988, Krups 1985).

Bei den hier vorliegenden Besonderheiten des Bildungsmarktes scheint dieser Ansatz eine hilfreiche Anwendung zu sein, da neben der Zielgruppe auch Bildungsinhalte und die Bildungsmethode als Systematisierungsmöglichkeit eingesetzt werden können. Anhand der konkreten Ausprägungen der drei Dimensionen lassen sich unterschiedliche strategische Geschäftsfelder für die Bildungsträger definieren. Die drei Dimensionen sollten nicht anhand von vorhandenen Leistungen oder Abteilungen definiert werden, sondern mit Hilfe eines systematischen Evaluierungsprozesses.

Im Nachfolgenden werden die einzelnen Dimensionen exemplarisch erläutert:

Nachfragergruppe

Nachfrager unterteilt man hier in einzelne Gruppen gemäß ihrer Ähnlichkeit. Die Unterteilung dieser Dimension ergibt sich aus den Informationen, die man im Rahmen der Marktsegmentierung erhält. Mögliche Unterteilungsmöglichkeiten bieten sozio-ökonomische Kriterien, psychografische Kriterien oder Kriterien des beobachtbaren Kaufverhaltens. Aus praktischen Gesichtspunkten sollte hier eine mehrstufige Vorgehensweise gewählt werden. Zunächst kann eine Differenzierung nach beobachtbaren Sektoren vorgenommen werden. Diese Sektorenbildung kann zum Beispiel zu Firmenkunden, Privatkunden und behördlichen Nachfragern führen. In einem zweiten Schritt können diese Sektoren weiter differenziert werden. Eine Einteilung auf Individualebene wird hier dann nicht mehr realisiert, da dies die Aufgabe der Implementierung und Umsetzung der strategischen Wahl ist.

Technologie

Die Technologie oder Methode beschreibt die alternativen Möglichkeiten, Bildungsinhalte zu transportieren, also die Art und Weise, wie die Bedürfnisse des Nachfragers befriedigt werden (vgl. zu diesem Verständnis Abell 1980, Sudharshan 1995). Eine Technologie ist in diesem Verständnis als Problemlösungsmöglichkeit zu betrachten. Für den Bildungssektor bietet es sich an, die unterschiedlichen Methoden als technologische Varianten zu betrachten, wie die Inhalte an den Benutzer bzw. Kursteilnehmer transportiert werden. Diese Dimension weist insbesondere unter langfristigen Gesichtspunkten das größte Veränderungspotenzial auf. Durch technologischen Fortschritt kommt es auch in klassischen Geschäftsfeldern zu permanenten Veränderungen, die eine angemessene Reaktion erfordern. Zur Unterteilung dieser Dimension bietet sich die methodische Strukturierung aus dem Grundlagenkapitel an.

Das hier unterstellte Begriffsverständnis ist synonym mit den Begriffen Didaktik und Lehrmethode. Man kann somit von einem modifizierten Verständnis des Begriffes Technologie ausgehen. Technologien stellen hier analog den Ausführungen von Meffert und Bruhn alternative Methoden zur Erstellung der Bildungsleistung dar (Meffert/Bruhn 1995).

Ein Bildungsträger könnte demnach unterschiedliche Bildungstechnologien wie zum Beispiel Seminare, Coaching, Superlearning, Kongresse, Audiokassetten, CBT und Lehrtexte betrachten.

Inhalte

Bildungsveranstaltungen erfüllen eine Funktion und sollen dem Kunden einen Nutzen stiften. Inhaltlich stellt sich zunächst die Frage, ob schwerpunktmäßig Wissen oder soziale Komponenten als vermittelt werden sollen. Durch eine Schwerpunktbildung kann es so zu unterschiedlichen inhaltlichen Dimensionen kommen. Inhalte könnten zum Beispiel Sprachen, EDV, Führungsverhalten, Kommunikationsfähigkeiten, Projektmanagementwissen etc. sein. Anhand der konkreten Ausprägung dieser drei Dimensionen lässt sich ein strategisches Geschäftsfeld als strategischer Kasten darstellen (vgl. Abb. 49).

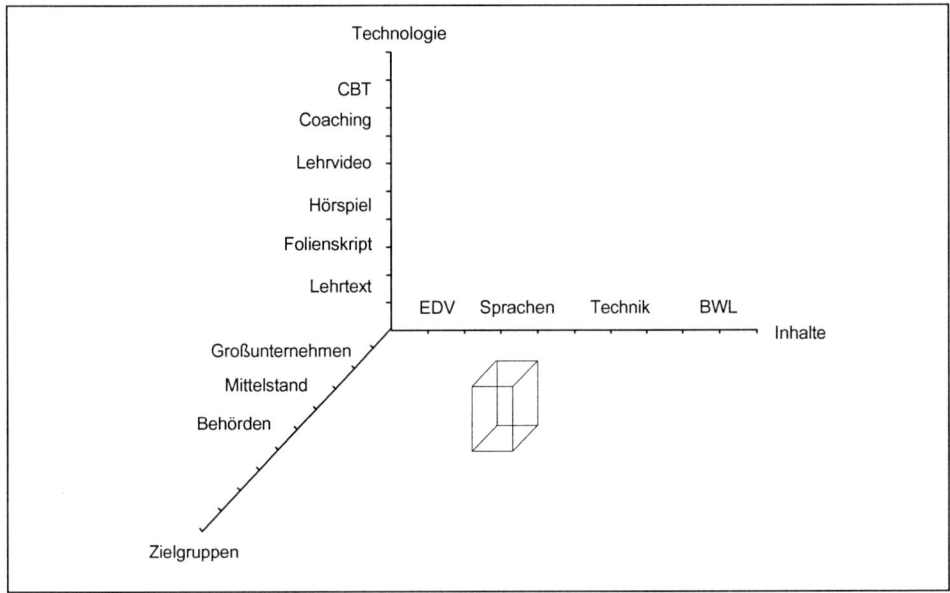

Abb. 49: Geschäftsfelddefinition eines Bildungsanbieters

Die Breite und die Ausrichtung des Geschäftsfeldes hat im Folgenden eine direkte Auswirkung auf die strategische Konzeption. Prinzipiell lassen sich Geschäftsfelder zwar verändern, ausweiten oder neu konzipieren. Aus Effizienzgründen sei aber drauf hingewiesen, dass eine Markterschließung mit nicht unerheblichen Kosten verbunden ist.

2.3.2 Marktarealstrategien

2.3.2.1 Grundlagen der Strategie

Die Wahl des zu bedienenden Marktareals ist nicht eindeutig von der Definition des Geschäftsfelds zu trennen. Einige Autoren schlagen sogar vor, dies in einem einzigen Schritt zu realisieren (Meffert/Bruhn 1995). Hier wird die zweistufige Vorgehensweise gewählt, um die Komplexität der strategischen Entscheidung zu reduzieren.

Die Entscheidung über die einzelnen Marktareale, die man bedienen möchte, ist in der allgemeinen Strategieliteratur bisher im Zusammenhang mit der weltweiten Globalisierung behandelt worden (Porter 1989).

Durch die konstituierenden Merkmale der Dienstleistung Bildung ergibt sich allerdings bezüglich der Marktarealstrategien eine andere Problemstellung. Dadurch, dass Bildung keine Lagerfähigkeit besitzt, die Einbindung des externen Faktors vonnöten ist, und Bildungsleistungen nur bedingte Transportfähigkeiten aufweisen, sollte die Entscheidung von Gebietsarealen besonders berücksichtigt werden. Daher hat die Standortfrage bei Bildungsleistungen eine ähnlich hohe Bedeutung wie im Handel (vgl. zur Standortwahl Nieschlag/Dichtl/Hörschgen 1991).

Die Standortwahl vollzieht sich in mehreren Schritten. Nach der Festlegung der Standortanforderungen und der Bestimmung alternativer Standorte trifft man die Standortwahl und eventuell auch die Entscheidung über eine Standortspaltung. Anschließend erfolgt periodisch eine Standortkontrolle unter Berücksichtigung der aktuellen und der zukünftigen Standortqualität.

Im Rahmen der Marktarealstrategien unterscheidet man zwei große geopolitische Entscheidungsfelder (vgl. Abb. 50) (Jain 1985, Becker 1992). Zieht man nationalstaatliche Grenzen zur Unterteilung heran, können sich lokale Anbieter zu regionalen und nationalen Unternehmen entwickeln. Sobald diese Anbieter die nationalen Grenzen überschreiten und Standorte in anderen Ländern errichten, stellen sie internationale bzw. multinationale Unternehmen dar (Rall 1997).

Bildungsmarketing

Nationale Gebietsstrategien	Übernationale Strategien
▪ Lokale Markterschließung ▪ regionale Markterschließung ▪ überregionale Markterschließung ▪ vollständige Markterschließung	▪ multinationale Markterschließung ▪ internationale Markterschließung ▪ Weltmarkterschließung

Abb. 50: Geopolitische Entscheidungsfelder

Für die Auswahl der relevanten Absatzgebiete gibt es Kriterien, die man in aktive und passive Kriterien unterscheidet (vgl. Abb. 51).

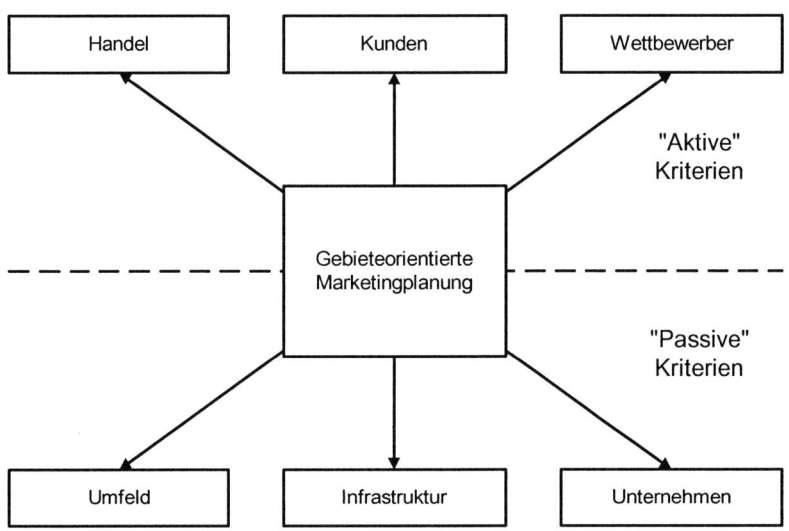

Abb. 51: Kriterien für die Bestimmung von Absatzgebieten (Kellner 1990)

Aktive Kriterien werden durch die direkten Marktpartner beeinflusst. Passive Kriterien bilden das weitere Umfeld, das Unternehmen und die Infrastruktur des Bildungsanbieters ab.

2.3.2.2 Nationale Gebietsstrategien

Lokale Strategien stellen den engsten Betrachtungsfokus dar. Sie stellen in der Regel die Ausgangsbasis für viele kleinere Bildungsträger dar, die durch die Platzierung und Standortwahl in der Gründungsphase einen lokalen Schwerpunkt bilden (zur

Vorgehensweise einer lokalen Positionierung am Beispiel eines Fitnessstudios vgl. Woratschek 1998). Die lokale Strategie erfordert, dass die Abnehmer bzw. die Bildungsnachfrager aus der direkten Umgebung des Anbieters stammen oder der Bildungsträger sein Angebot lokal begrenzt.

Als typische Anwender dieser Strategietyps gelten lokale Volkshochschulen, die überwiegend stadtteilbezogene Angebote realisieren und selbst in beschränkten, räumlichen Ausdehnungen mehrere Standorte aufweisen. Alleine in NRW existieren 147 Volkshochschulen (www.vhs.de).

Auch Industrie- und Handelskammern bieten ihr Angebot in der Regel regional an. Der DIHT ermöglicht unter der Domain www.diht.de den Zugriff auf zahlreiche Kammern, die Weiterbildung anbieten.

Die Verkehrsanbindung, die Miete und die Verteilung und Mobilität der Bildungsnachfrager dominieren in dieser Entscheidungssituation.

Regionale Strategien gehen geografisch über die lokalen Regionen hinaus. Das Einzugsgebiet ist deutlich größer und nicht mehr auf Stadtgrenzen beschränkt. (Häufig werden Bundesländer, Ballungsräume oder Nielsen-Gebiete als regionale Abgrenzungen gewählt.) Bei dieser Strategie dominiert das Kriterium der Absatzorientierung und Verkehrsorientierung die weiteren Kriterien.

Überregionale Strategien umfassen mehrere Bundesländer oder Nielsen-Gebiete. Diese Strategie bieten sich an, wenn ein Angebot vorliegt, dass auf eine kleinere Zielgruppe abzielt oder in Verbindung mit einem längeren Aufenthalt der Teilnehmer verbunden ist. Das Einzugsgebiet erweitert sich deutlich.

Die *vollständige Markterschließung* wird von Anbietern realisiert, die ihre Nachfrager aus dem gesamten Bundesgebiet akquirieren und keine regionale Abgrenzungen vornehmen. Diese Anbieter wählen unterschiedliche Wege, um die Bildungsleistung zu realisieren.

2.3.2.3 Übernationale Strategien

Multinationale Strategien werden von Bildungsanbietern verfolgt, die ihre Leistungen über Landesgrenzen hinweg anbieten. Zunächst naheliegend sind dabei Länder, bei denen keinerlei sprachliche Barrieren vorliegen. Daher bieten viele Anbieter ihre Leistungen auch in der Schweiz und in Österreich an. Durch die Europäische Union erfolgt zudem immer häufiger die Förderung multinationaler Bildungskonzepte.

Multinationale Strategien lassen sich unterschiedlich realisieren (vgl. Abb. 52). Grundsätzlich besteht die Möglichkeit, die wesentliche Wertschöpfung im Inland oder im Ausland zu erwirtschaften. Erfolgt die Wertschöpfung im Inland, kann die Leistung indirekt oder direkt exportiert werden. Indirekter Export liegt vor, wenn ein Exporteur zwischengeschaltet ist. Diese Systematisierung kennt man zunächst aus dem Sachgüterbereich. Es besteht die Möglichkeit, dieses begriffliche Instrumentarium auch bei Bildungsleistungen anzuwenden. Ein Export von Seminaren liegt zum Beispiel vor, wenn die Seminarvorbereitung im Inland erfolgt und der Dozent im Ausland das Seminar durchführt. Diesen Seminarexport bezeichnet man bei Zwischenschaltung eines inländischen Vermittlers als indirekt.

Wertschöpfung im Inland	Wertschöpfung im Ausland
Indirekter Export • Exporteigenhandel (insbesondere bei medialen Technologien) • Exportgemeinschaft Direkter Export • Direktexport ohne Absatzmittler im Ausland • Direktexport mit Absatzmittler im Ausland • Direktexport an ausländischen Generalvertreter • Repräsentanz • Zweigniederlassung	Strategien ohne Kapitalverkehr • Lizenzen • Vertragsproduktion Strategien mit Kapitaltransfer • Joint Ventures • Tochtergesellschaften

Abb. 52: Alternative multinationale Strategien

Der Bildungsanbieter kann den direkten Export unterschiedlich realisieren. Er kann dies mit und ohne Absatzmittler im Ausland tun. Wenn der Bildungsträger eine Repräsentanz oder eine Zweigniederlassung im Ausland gründet, dann liegt hier auch ein direkter Export vor.

Erfolgt die Wertschöpfung überwiegend im Ausland, dann können Strategien mit und ohne Kapitalverkehr differenziert werden. Oft sind im Bildungsbereich so genannte Lizenzgeschäfte zu beobachten. Besonders innovative und erfolgreiche Bildungskonzepte können dann von ausländischen Marktpartnern lizenziert und in eigenem Namen realisiert werden. Ähnlich laufen Vertragsproduktionen ab, bei denen ein Partner im Ausland die Leistungen für den Bildungsträger erstellt. Strategien mit Kapitalverkehr führen zu Joint Ventures oder Tochtergesellschaften.

Ein Bildungsanbieter verfolgt eine internationale Strategie, sobald er kein ausgewiesenes Heimatland mehr hat, sondern seinen Umsatz überwiegend im Ausland tätigt. Bei internationalen Strategien erfolgt noch keine vollständige, gleichmäßige Marktabdeckung, sondern es kommt zu einer Schwerpunktbildung in einzelnen Regionen.

Eine eindeutige Abgrenzung des weltweit agierenden Bildungsträgers von einem internationalen Unternehmen ist nicht so ohne weiteres möglich. Es gibt zahlreiche Zwischenstufen, und für die zweifelsfreie Zuordnung kann man eine Vielzahl unternehmens- und marktindividueller Kriterien heranziehen (Tajima 1974, Buzzell 1988, Kreutzer 1989):

- weltweite Operationsbasis des Bildungsträgers,
- Filialen und Tochtergesellschaften in der gesamten Welt,
- überwiegende Leistungserstellung im Ausland,
- internationale Kapitalisierung,
- weite Streuung des Leistungsprogramms,
- internationales Management,
- autonome internationale Leistungseinheiten und
- Stammhaus als Holdinggesellschaft.

2.3.2.4 Dynamische Betrachtung der Marktarealstrategien

Marktarealstrategien unterliegen Veränderungen. Als gebietsstrategische Basisrichtungen kommen Gebietsausdehnungen und Gebietsschrumpfungen in Frage.

Gebietsausdehnungen konkretisieren sich immer mit Wachstumsstrategien. Dabei kann man regelmäßig eine Erweiterung der Gebietsareale in Form einer Prozesskette beobachten. Aus einem lokalen Anbieter wird ein regionaler, ein überregionaler und ein nationaler Anbieter. Dieser Entwicklungsprozess kann durch die strategischen Grundtypen konzentrische, selektive und inselförmige Gebietsausdehnung abgegrenzt werden (Becker 1992).

Die *konzentrische Gebietsausdehnung* erfolgt ringförmig, so dass der Bildungsanbieter bestehende Marktgebiete kontinuierlich erweitert. Die Ausstrahlungseffekte des Stammmarktes nutzt der Bildungsanbieter dann, um eine langsame, überregionale oder nationale Gebietsabdeckung zu realisieren.

Bei der *selektiven Gebietsausdehnung* wird der Markt nicht mehr ring- oder schichtenförmig erweitert, sondern aus dem Kerngebiet differenziert selektiert, und besonders lohnenswert erscheinende Marktareale werden besetzt, während einzelne Lücken zunächst bewusst in Kauf genommen werden. Durch eine Umschließung der Lücken werden diese aber langfristig in das Absatzgebiet integriert.

Die *inselförmige Gebietsausdehnung* trifft man im Bildungsbereich sehr häufig an. Dabei werden zum Beispiel Ballungsgebiete gezielt besetzt und durchdrungen, während geografische Angebotslücken bewusst in Kauf genommen werden, da eine Bearbeitung dieser Lücken mit hohen Kosten verbunden ist.

2.3.3 Marktabdeckungsstrategie

Marktabdeckungsstrategien setzen sich mit der Frage auseinander, inwieweit eine Marktdifferenzierung bzw. Abdeckung des Marktes erfolgen soll. Bei einer Gesamtmarktstrategie differenziert der Anbieter nicht zwischen unterschiedlichen Segmenten. Dies wiederum erfolgt bei einer partiellen Marktabdeckung (Becker 1998).

2.3.3.1 Gesamtmarkt (undifferenziertes Massenmarketing)

Die Strategie des undifferenzierten Massenmarketing stammt aus dem Konsumgüterbereich und gilt als Standardstrategie, um große Märkte abzudecken. Im Rahmen der undifferenzierten Marktbearbeitung kommt es darauf an, nicht Kundenunterschiede, sondern Kundengemeinsamkeiten in den Betrachtungsmittelpunkt zu stellen, um die Bildungsleistung für den Gesamtmarkt anbieten zu können (Kotler/Bliemel 1999, Meffer/Bruhn 1995). Diese Standardisierung kann der Bildungsanbieter unterschiedlich realisieren.

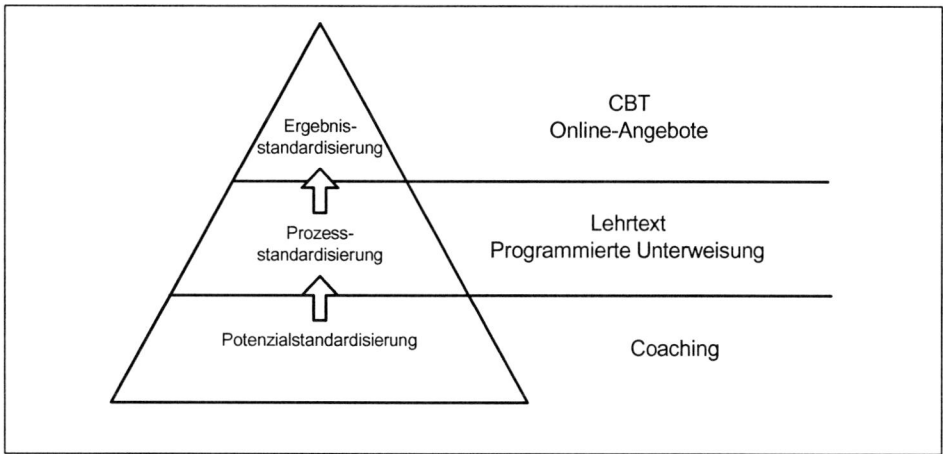

Abb. 53: Standardisierungsprozess

- Standardisierung der gesamten Bildungsleistung

Diese Möglichkeit bietet sich bei Bildungsleistungen mit einem geringen Interaktionsgrad zwischen Nachfrager und Anbieter an. Die Grundvoraussetzung besteht darin, dass die Lernziele und die Anforderungen im Vorfeld bekannt sind und der gesamte Bildungsprozess damit bereits im Vorfeld systematisiert und gesteuert werden kann.

- Standardisierung von Teilkomponenten

Im Bildungsbereich kommt die Teilstandardisierung häufiger vor. Standardmodule werden realisiert, und während des Bildungsprozesses kommt es zu nachfragerspezifischen Anpassungen durch die Interaktion zwischen internen und externen Faktoren.

Grundsätzlich liefert der Erstellungsprozess von Bildungsleistungen Ansatzpunkte für eine Standardisierung. Unterscheiden lassen sich eine Potenzialstandardisierung, eine Prozessstandardisierung und eine Ergebnisstandardisierung. Diese Standardisierungsstufen bauen aufeinander auf und lassen sich sukzessive realisieren (Meffert/Bruhn 1995).Eine reine Potenzialstandardisierung liegt zum Beispiel beim Coaching vor, bei dem lediglich der Input, d. h. der interne Faktor, die Standardkomponente bildet. Der Bildungsprozess steht in starker Abhängigkeit von den Eigenschaften des Teilnehmers, insbesondere zu den Vorkenntnissen und dem Lernverhalten. Das Ergebnis kann dementsprechend auch nicht standardisierbar sein. Mit der Methode der programmierten Unterweisung versucht man einen Schritt weiter zu gehen. Dort erfolgt neben der Standardisierung des Bildungspotenzials die Standardisierung des Bildungsprozesses, um damit den Einfluss des Lernenden zu fixieren. Das Ergebnis ist nicht standardisiert, sondern abhängig von dem Lernvermögen des Nachfragers. EDV-gestützte Lehr- und Lernsysteme können dagegen eine Komplettstandardisierung unterstützen. Das Lernergebnis stellt damit auch eine Standardkomponente dar. Der Bildungsnachfrager kann zum Beispiel den Bildungsprozess erst dann abbrechen, wenn er einen Abschlusstest bestanden hat. Abb. 54 zeigt die wesentlichen Vor- und Nachteile der Massenmarktstrategie.

Grundsätzliche Bewertung	Massenmarktstrategie
Vorteile	• Kostenvorteile durch Massenproduktion. Der Bildungsanbieter setzt einzelne Kurskonzepte mehrfach um und kann damit eine Fixkostendegression und weitere Kostenvorteile realisieren • Abdeckung des Gesamtmarktes. Eine Abdeckung des Gesamtmarktes bedeutet ein geringeres Risiko und größere Zielgruppen • Die Aufwendungen für die Teilbereiche Marketing und Organisation sind geringer
Nachteile	• Die Nachfragerbedürfnisse können in der Regel nicht vollständig abgedeckt werden • begrenzte Preisspielräume • Gefahr des Preiswettbewerbes in Massenmärkten (zum Beispiel Sprachkurse, EDV-Kurse)
Bewertung insgesamt	Der Erfolg der Strategie ist im Wesentlichen von einer niedrigen Kostenposition abhängig

Abb. 54: Vor- und Nachteile der Massenmarktstrategie

2.3.3.2 Spezialisierung

Neben der totalen Marktabdeckung bietet sich im Bildungsmarkt aufgrund der spezifischen Besonderheiten eine Spezialisierungsstrategie an. Dabei versucht der Bildungsträger durch eine konsequente Selektion von Marktsegmenten bzw. durch Spezialisierung auf bestimmte Zielgruppen, Bildungstechnologien und Bildungsinhalte, Wettbewerbsvorteile gegenüber der Konkurrenz zu erzielen (Meffert/Bruhn 1995, Bernecker 1998).

Die *Marktspezialisierung* basiert auf dem Grundgedanken, mit einem heterogenen Leistungsprogramm *eine* abgegrenzte Zielgruppe zu bedienen. Eine Zielgruppenabdeckung stellt die Bedürfnisse der Zielgruppe in den Vordergrund und versucht, deren Bedürfnisse (Bildungsbedarf) mit allen Technologien zu befriedigen. Diese Strategie besitzt immer dann Vorteile, wenn die Möglichkeit besteht, die Zielgruppe sehr spezifisch und eindeutig vom Gesamtmarkt zu trennen. Zusätzlich erfordert diese Spezialisierung die Möglichkeit der Anwendung einer spezifizierten Strategie, und damit verbunden die Realisierung echter Wettbewerbsvorteile. Voraussetzung für diese Strategie bildet eine umfangreiche Analyse der Zielgruppen sowie eine funktionsfähige Marktsegmentierung.

Der *Technologiespezialist* zeichnet sich dadurch aus, dass er eine Begrenzung auf eine Bildungstechnologie realisiert und mit dieser Komponente sämtliche Zielgruppen und Bildungsinhalte anspricht. Anbieter, die eine bestimmte Technologie kommunikativ in den Vordergrund stellen, vertreten diese Strategieausrichtung.

Eine *Themenspezialisierung* findet dann statt, wenn ein Bildungsträger bestimmte, klar definierte Bildungsinhalte über sämtliche Bildungstechnologien an alle Zielgruppen vertreibt. Diese Strategie wird zum Beispiel von einigen Sprachschulen realisiert, die Sprachunterricht für alle Sprachen an alle Zielgruppen mit allen Methoden anbieten.

Abb. 55 zeigt die wesentlichen Vor- und Nachteile der Spezialisierungsstrategie.

Grundsätzliche Bewertung	Spezialisierungsstrategie
Vorteile	• hohe Erfüllung zielgruppendifferenzierter Nachfragewünsche. Aufgrund der besseren Bedürfniserfüllung, über eine der drei Strategierichtungen, kann eine bessere Nutzenargumentation aufgebaut werden • Erarbeitung überdurchschnittlicher Preisspielräume, da der Nachfrager für spezialisierte Leistungen häufig bereit ist, mehr zu bezahlen • gute Lenkungsmöglichkeiten der Teilmärkte • Es besteht die Möglichkeit, den Preiswettbewerb durch einen Qualitätswettbewerb weitgehend zu überlagern
Nachteile	• Verzicht auf Massenerstellung und den entsprechenden Kostenvorteilen • teilweise eingeschränkte Stabilität von Marktsegmenten • hoher Marketing-Know-how-Bedarf
Bewertung insgesamt	• Der Erfolg der Strategie ist aufgrund der besseren Nutzenerfüllung und den damit verbundenen überdurchschnittlichen Preisen möglich

Abb. 55: Vor- und Nachteile der Spezialisierung

2.3.3.3 Marktnischenstrategie

Im Vergleich zur Gesamtabdeckung einer Dimension ist die Nischenbildung durch die exakte Definition aller drei Marktachsen gekennzeichnet. Um die Nischenstrategie zu verwirklichen, besteht für den Bildungsanbieter die Notwendigkeit, einen Kompetenzvorteil gegenüber dem Generalisten und dem Spezialisten zu realisieren. Die Nischenbildung erfolgt über die gleichzeitige Definition und Begrenzung aller drei Dimensionen. Die Nischenstrategie ist eine hochkonzentrierte Strategie auf bestehende oder potenzielle Marktlücken bzw. Marktnischen. Dabei handelt es sich häufig um spezielle Teilmärkte, die für größere Anbieter aufgrund des zu kleinen Absatzvolumens uninteressant sind, oder sie besitzen für deren Bearbeitung nicht die notwendigen Fähigkeiten und Kompetenzen (Becker 1998).

Im Bildungsbereich befinden sich zahlreiche Anbieter, die lediglich einen eng gesteckten Rahmen abdecken und häufig nur marginale Marktanteile realisieren (Delmhorst/Häuser 1994). Dabei sollte hier beachtet werden, dass nur von einer Nische gesprochen wird, wenn eine exakte Festlegung auf die abgesteckten Zielgruppen, Bildungstechnologien und Inhalte stattfindet. Eine undifferenzierte Festlegung, zum Beispiel nur Spanischsprachkurse anzubieten, stellt keine Nische dar. Eine Nische wäre zum Beispiel durch folgende Beschreibung abgegrenzt (vgl. Abb. 56):

Das Ziel dieser Strategie ist es, durch die hohe Spezialisierung ein exakt auf die Kundenbedürfnisse abgestimmtes Angebot zu erstellen, um so eine geschützte Marktposition aufzubauen. Diese erstellten Nischenbarrieren erschweren es dem Generalisten, in den Markt einzudringen. Dieser ist gezwungen, mit einem relativ hohen Kostenaufwand die Barrieren und die Erfahrungen des Nischenspezialisten zu überwinden (vgl. dazu ergänzend die Timingstrategien).

Zielgruppe:	Nachwuchsmanager
Bildungstechnologie:	Coaching
Bildungsinhalt:	Wirtschaftsspanisch

Abb. 56: Exakte Beschreibung einer Leistungsnische

Der Spezialist sollte bestrebt sein, eine sehr hohe Kundenzufriedenheit zu erzeugen, die Kundenbindung dadurch zu erhöhen und ein positives Image im Segment aufzubauen, um so mit einer Profilierungsstrategie die Generalisten abzuwehren.

Diese Strategievariante weist die gleichen Vorteile auf wie die Spezialisierung. Allerdings verstärken sich diese Vorteile noch weiter, je spezialisierter die Nischenabgrenzung erfolgt.

Diese Strategie birgt die Gefahr, dass eine große Abhängigkeit vom Segment entsteht. Kommt es zu Nachfrageveränderungen oder einer Nachfragereduktion, dann ist unter Umständen die Existenz des Bildungsanbieters gefährdet (Kotler/Bliemel 1999). Zudem besteht die Gefahr, dass der Bildungsanbieter eine zu starke „künstliche" Segmentierung vornimmt und dadurch Marktpotenziale nicht ausschöpft. Konzentriert sich der Anbieter zusätzlich zu sehr auf ein einzelnes Segment, dann wandern nicht direkt angesprochene Zielgruppen zum Wettbewerb ab (Becker 1998).

2.3.3.4 Dynamische Betrachtung der Marktabdeckungsstrategien

Marktabdeckungsstrategien verändern sich im Zeitablauf. Da sich der Bildungsmarkt dynamisch verhält und viele Nachfrager auch kurzfristig ihr Nachfrageverhalten verändern, besteht die Notwendigkeit, die Marktabdeckung an die Marktgegebenheiten anzupassen.

Empirisch kann man häufig feststellen, dass ein Bildungsträger aufgrund von unsystematischem Wachstum oder aufgrund günstiger Situationen in unterschiedliche Segmente eingedrungen ist, ohne einen klaren Zusammenhang erkennen zu lassen. Diese Position führt, solange sie geplant und objektiv erfolgt, zu einer selektiven Spezialisierung.

Diese Vorgehensweise scheint kurzfristig Erfolg versprechend zu sein. In der Regel lassen sich aber keine langfristigen Erfolgspotenziale aufbauen, Rationalisierungseffekte ergeben sich nur marginal, und es entstehen auch keine Synergieeffekte.

Eine systematische Veränderung der Marktabdeckungsstrategie sollte anhand der Kernkompetenzen des Bildungsanbieters erfolgen. Weist er eine starke Zielgruppenaffinität auf, dann können für diese Zielgruppe weitere Angebote entworfen werden, die unterschiedliche technologische Hintergründe aufweisen.

Mit Hilfe einer starken Kompetenz in der technologischen Dimension kann ein Bildungsanbieter zusätzliche Inhalte anbieten oder neue Zielgruppen ansprechen und zugleich seine Kernkompetenzen nutzen.

Nimmt der Bildungsanbieter in seiner Nische die inhaltliche Komponente seines Angebotes als wesentlichen Erfolgsfaktor wahr, dann kann er diese Inhalte mit anderen naheliegenden Technologien transportieren.

2.3.4 Marktfeldstrategien

Im nächsten Schritt der Festlegung einer Geschäftsfeldstrategie erfolgt die Fixierung der generellen strategischen Stoßrichtung, mit der die Erreichung der Unternehmensziele sichergestellt wird. Einen Ansatzpunkt zur Systematisierung der strategischen Alternativen stellt die Ansoff-Matrix dar (vgl. Abb. 57) (Ansoff 1966, 1965, Sarges/Haeberlin 1980, Hahn 1981, Johnson/Scholes 1993, Becker 1998).

Ein Bildungsanbieter kann demnach mit vorhandenen Bildungsleistungen gegenwärtige oder neue Märkte bearbeiten, und neue Bildungsleistungen kann er für gegenwärtige oder neue Kunden entwickeln (Ansoff 1966 sowie in der Anwendung für den Bildungsbereich Bernecker 1998).

Produkte\Märkte	gegenwärtige	neue
gegenwärtige	Marktdurchdringung	Marktentwicklung
neue	Leistungsentwicklung	Diversifikation

Abb. 57: Produkt-Markt-Matrix

Die Ansoff-Matrix scheint im Zusammenhang mit den obigen Erörterungen allerdings nicht das adäquate Mittel zu sein, um die spezifischen Besonderheiten des Bildungsmarktes abzubilden. Auch werden hier die Besonderheiten der Methode bzw. Bildungstechnologie außer acht gelassen. Daher ist es empfehlenswert, die Ansoff-Matrix um eine zusätzliche Dimension zu erweitern, um alle sich ergebenden Strategieoptionen darstellen zu können. Durch diese Integration ergibt sich Abb. 58. Aus dieser Matrix ergeben sich für den Bildungsträger nicht nur vier sondern acht alternative Wachstumsstrategien.

Bildungsleistung	bestehende Bildungsinhalte		neue Bildungsinhalte	
Technologie	alte Methode	neue Methode	alte Methode	neue Methode
vorhandenes Kundensegment	Marktdurchdringung ①	Methodenerweiterung ②	Leistungserweiterungsstrategie ⑤	horizontale Diversifikation ⑥
neues Kundensegment	Zielgruppenentwicklung ③	Markterweiterungsstrategie ④	Leistungsneuentwicklung (vertikale Diversifikation) ⑦	laterale Diversifikation ⑧

Abb. 58: Alternative Marktfeldstrategien

2.3.4.1 Marktdurchdringungsstrategie

Die Strategie der Marktdurchdringung wird dadurch gekennzeichnet, dass der Bildungsträger in einem vorhandenen Kundensegment mit einer bereits eingesetzten Technologie und definierten, bereits angebotenen Inhalten auftritt. Diese Strategie stellt die naheliegendste Variante dar, da sie am latenten Potenzial des bisherigen Geschäftsfeldes anknüpft (Becker 1998).

Die Strategie der Marktdurchdringung hat zum Ziel, einen erhöhten Absatz der Bildungsleistung im gegenwärtigen Zielmarkt zu realisieren (Sandhusen 1993, Bernecker 1998). Auch wenig marketingbewusste Unternehmen wählen diesen Weg, um höhere Erträge zu erwirtschaften oder vorhandene Kapazitäten besser auszulasten. Diese höheren Erträge lassen sich auf zwei Effekte zurückführen:

- Mit steigendem Marktanteil ergeben sich Kosteneinsparungspotenziale, da die Kapazitäten des Bildungsanbieters besser ausgelastet sind.

- Mit steigendem Marktanteil steigt der Einfluss auf die Preisbildung im Sinne von Preiserhöhung und Preisstabilität.

Diese Strategievariante kann entweder isoliert angewendet oder je nach Reifegrad des Segmentes bewusst mit anderen Strategien kombiniert werden. Diese Strategie besitzt dann besondere Vorteile, wenn folgende Kriterien vorliegen (David 1995):

- Die Bildungsangebote haben den Markt noch nicht vollständig durchdrungen. Häufig existieren noch Marktareale oder Kundengruppen, die mit dem Bildungsangebot noch nicht konfrontiert wurden.

- Die Verwendungsrate der Nachfrager kann noch signifikant erhöht werden. Die Bildungsnachfrager haben unter Umständen ein weit größeres Umsatzpotenzial als das bisher erarbeitete.

- Es lassen sich Kostenvorteile durch einen großen Marktanteil realisieren.

Die Ausschöpfung des gegenwärtigen Marktes mit gegenwärtigen Bildungsangeboten kann dabei auf folgende Weise erfolgen:

1. Erhöhung der Buchungen bei bestehenden Kunden

Durch Modifikationen des Bildungsangebotes kann der Bildungsanbieter die Nachfragerzeiträume verlängern. Anstelle von zwei aufeinander aufbauenden Kursen werden drei angeboten. Zusätzlich kann der Bildungsanbieter, insbesondere bei Firmenkunden, versuchen, seinen relativen Lieferanteil zu erhöhen. (Ein hilfreiches Instrument zur Realisierung dieser Strategie ist die Kundenportfolio-Analyse, vgl. Freter 1992). Darüber hinaus besteht die Möglichkeit, die Zeitabstände zwischen aufeinander aufbauenden Lehreinheiten zu verkürzen und die Abbrecherquote bei längeren Bildungsangeboten zu senken (Tull/Kahle 1990).

2. Gewinnung neuer Kunden für das bestehende Bildungsangebot durch Abwerbung von Kunden der Konkurrenz

Besonders in strategischen Geschäftsfeldern mit starker Wettbewerbsintensität gibt es die Variante der Marktdurchdringung durch Abwerben der Kunden des Wettbewerbers. Dies kann durch unterschiedliche Aktionen gestützt werden. Die naheliegendste Variante ergibt sich durch Angebote an den unzufriedenen Fremdkunden, die die Schwächen des Wettbewerbers transparent machen und offensichtliche Lösungsmöglichkeiten durch die eigene Leistung aufzeigen. Andere Möglichkeiten ergeben sich durch eine konkurrenzorientierte Preisstellung und Modifikationen der Kommunikation, zum Beispiel durch zusätzliche Informationen und Argumente (Bieberstein 1995).

3. Gewinnung bisheriger Nichtverwender des Bildungsangebotes

Jedes Marktsegment weist Zielgruppen auf, die eine Bildungsleistung bisher nicht nachfragt haben. Eine Möglichkeit zur Gewinnung dieser bisherigen Nichtverwender sind kostenlose Testschulungen oder der Vertrieb von Bildungsangeboten über unübliche Absatzwege. Viele Seminaranbieter sehen offene Seminare als Akquisitionsplattform für Inhouse-Beratungen.

Alle drei Varianten können strategisch isoliert oder kombiniert realisiert werden. Je größer die Wettbewerbsintensität und je reifer das Segment, um so notwendiger ist die kombinierte Vorgehensweise.

Diese Strategie bietet sich an, da sie ein relativ geringes Risiko aufweist und keinerlei neue Marktkonstellationen mit neuen Gegebenheiten zu bearbeitet sind. Zudem erfordert diese Strategiealternative relativ geringe Investitionen. Das Wachstumspotenzial ist für den Bildungsanbieter allerdings – je nach Reifegrad des Segmentes – stark begrenzt.

2.3.4.2 Methodenerweiterung

Die Strategie der Methodenerweiterung basiert auf der Idee, bestehende Inhalte an bekannte Kundensegmente mit einer neuen Bildungstechnologie anzubieten.

Zahlreiche Bildungsanbieter versuchen ihre vorhandenen Konzepte multimedial neu umzusetzen. Damit entsteht ein Angebot, das zwar an die gleiche Zielgruppe geht, allerdings eine neue Technologie aufweist.

Der Vorteil dieser Strategie besteht dann darin, dass die inhaltlichen Fachkompetenzen von bestehenden Segmenten übernommen werden können und auch die Kundenbeziehungen vorhanden sind. Die nachfolgende Abb. 59 verdeutlicht ein Beispiel.

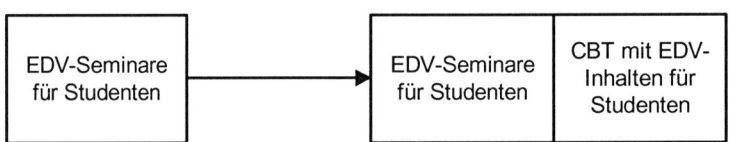

Abb. 59: Methodenerweiterung

Diese Strategie bietet sich für alle Anbieter an, die ihre Kernkompetenzen im Bereich der Zielgruppe oder der Inhalte sehen. Für Leistungsanbieter mit einer starken Spezialisierung auf eine einzelne Methode ist diese Strategie mit großen Risiken verbunden (vgl. zum Begriff Kernkompetenzen Wurzer 1997, Deutsch 1997, Hinterhuber/Handlbauer/Matzler 1997, Rasch 1994). Bei verfehlten Eintritten in fremde Segmente können kompetenzgefährdende Situationen auftreten, da der Nachfrager nicht nur das neue Angebot wahrnimmt, sondern häufig auf die Qualität des Kernangebotes schließt.

Das Nachfragevolumen der bestehenden Kunden begrenzt diese Strategie, wobei die Gefahr besteht, dass ein Leistungskannibalismus einsetzt. Unter Umständen nehmen die Kunden die Substitutionslücke nicht als solche wahr und ersetzen die Ursprungsleistung lediglich durch die neue Leistung. Daher sollte das neue Geschäftsfeld zwar die gleichen Kundengruppen und Inhalte aufweisen, die technologische Andersartigkeit der Leistungen aber so gravierend sein, dass der einzelne Nachfrager die Leistungen tatsächlich als unabhängige Leistungen wahrnimmt bzw. die technologische Erweiterung einen tatsächlichen Mehrwert darstellt.

Sehr häufig bietet diese Strategie eine Möglichkeit, um die Synchronität von Produktion und Absatz im Bildungsbereich aufzulockern. Einige Bildungsträger nutzen diese Strategie, um ein Cross-Selling zu realisieren. Neben Seminaren werden zusätzlich Fernkurse, Audiokassetten oder Lehrbücher angeboten, die der Nachfrager zusätzlich kauft.

Die strategische Ausrichtung der Methodenerweiterung erfordert eine kontinuierliche Marktbeobachtung und eine stringente Orientierung an Prozessinnovationen. Die Methodenerweiterung kann nur dann sinnvoll betrieben werden, wenn sich der Bildungsanbieter kontinuierlich bemüht, die eingesetzten Methoden zu überdenken, zu modifizieren und zu variieren. Dabei kann die Methodeninnovation aus der Sicht des Bildungsträgers unterschiedlich weit gefasst werden (vgl. zum Innovationsbegriff Trommsdorf 1991). Einfache Variationen und leichte Modifikationen stellen dabei noch keine Ausweitung auf ein neues Segment, sondern lediglich Instrumente im Rahmen der Markterweiterung dar. Prozesserweiterungen, die für das Unternehmen eine echte Innovation darstellen, sind eine Möglichkeit, diese Strategie zu realisieren. Objektiv radikale Prozessveränderungen kommen relativ selten vor und stellen im Rahmen der Bildungstechnologien revolutionäre Neuentwicklungen dar.

2.3.4.3 Zielgruppenentwicklung

Die Strategie der Zielgruppenentwicklung basiert auf dem Prinzip, mit einem bereits existierenden Bildungsangebot neue Zielgruppen zu finden oder zu entwickeln. Bildungsanbieter, die diese Strategie verfolgen, versuchen, die Marktgrenzen für ihre Bildungsleistung auszuweiten bzw. aufzubrechen (David 1995, Sandhusen 1993).

Der Ansatz besteht darin, Erfahrungen und Kompetenzen, die im Kernmarkt bezüglich der Inhalte und der Methoden gesammelt wurden, auf neuen Märkten anzuwenden. Folgende Realisierungspunkte ergeben sich aus dieser Strategiealternative:

(1) Erschließung zusätzlicher, räumlicher Zielgruppen

Viele Weiterbildungsanbieter sind regional begrenzt. Bei einer Vielzahl der Kunden fehlt die Bereitschaft, ihre Mitarbeiter über größere Distanzen auf Seminare zu schicken, insbesondere wenn Substitutionsmöglichkeiten bestehen (Birkenfeld 1994). Gründung von neuen Niederlassungen, Franchisekonzepte und Inhouse-Schulungen stellen Alternativen dar. Die Ausdehnung kann regional, überregional und national erfolgen (Graumann 1984).

(2) Eindringen in zielgruppenspezifische Zusatzmärkte

Zusatzmärkte stellen naheliegende Segmente dar, die bisher noch nicht beachtet wurden und artverwandte Zielgruppen beinhalten. Ein Bildungsanbieter könnte damit das bediente strategische Feld signifikant ausweiten, ohne die Position im alten Segment zu gefährden. Der Novitätsgrad ist begrenzt und somit besteht nur eine geringe Gefahr einer Fehlbearbeitung. Auch neue Kapazitäten bildet man bei derartigen Strategien nur in einem geringen Ausmaß. Das Wachstumspotenzial steht daher in Abhängigkeit zu der bearbeiteten Zielgruppe. (Ein Beispiel für diese Ausprägung könnte ein Seminaranbieter von EDV-Seminaren für Hausfrauen sein, der nun auch Mutter & Kind-Kurse anbietet.)

(3) Erschließung neuer zielgruppenspezifischer Geschäftsfelder

Diese Variante kommt nur dann zum Einsatz, wenn ganz neue Märkte und Zielgruppen entstehen. Dabei handelt es sich um echte Zielgruppeninnovationen im Bildungssektor. Mit einer bestehenden Bildungsleistung definiert man ein neues Segment. Dies gelingt mit der Einschaltung von abnehmerspezifischen Absatzwegen oder Kommunikationsinstrumenten, um so eine spezifische Positionierung zu realisieren.

Die Strategie der Zielgruppenentwicklung wird häufig als Wachstumsstrategie eingesetzt. Sie ist mit relativ geringem Risiko ausgestattet und kommt den Besonderheiten der Bildungsbranche entgegen.

2.3.4.4 Markterweiterungsstrategie

Im Rahmen der Markterweiterungsstrategie werden mit neuen Technologien bestehende Inhalte an neue Kunden transportiert. Diese zweidimensionale Strategie umfasst zwei Innovationsbereiche: Der Leistungsanbieter muss eine neue Zielgruppe ansprechen und zugleich neue Inhalte transportieren.

Diese Strategieoption hat elementare Vorteile, wenn:

- der Bildungsanbieter eine starke Inhaltskompetenz nachweisen kann, die auch von den neuen Zielgruppen wahrgenommen wird,

- das Wachstumspotenzial der originären Zielgruppe beschränkt ist,

- die inhaltlichen Synergieeffekte die zusätzlichen Erweiterungskosten übersteigen,

- die transportierten Inhalte einen hohen Innovationscharakter aufweisen und

- das neue Bildungsangebot als tatsächlich neue Leistung wahrgenommen wird und das bisherige Angebot nicht kannibalisiert.

Diese Strategie hat den Vorteil, dass die Wachstumspotenziale in einem neuen Segment liegen, das andere konjunkturelle und saisonale Abhängigkeiten aufweist. Damit verteilt sich das Risiko der unternehmerischen Tätigkeit auf mehrere Segmente. Der Nachteil dieser Strategie besteht in den stark veränderten Marktkonstellationen. In einem neuen Segment sind neue Wettbewerber und neue Nachfrager vertreten. Beide haben, wenn es sich um ein existierendes Segment handelt, bereits Lerneffekte realisiert. Die Wettbewerber konnten bereits Lerneffekte realisieren und nutzen, und auch die Nachfrager haben bereits Erfahrungen mit den vorhandenen Angeboten gemacht.

2.3.4.5 Leistungserweiterungsstrategie

Im Rahmen der Leistungserweiterungsstrategie bietet der Bildungsanbieter neue Bildungsangebote mit der vorhandenen Bildungstechnologie Altkunden an. Die Novität dieser Strategie begründet sich lediglich in den neuen Inhalten. Sowohl die angestrebte Zielgruppe als auch die Bildungstechnologie bleiben unverändert.

Die Strategie der Leistungserweiterung ist sehr naheliegend, da bei sich beschleunigenden Marktprozessen den Bildungsnachfragern immer neue Angebote gemacht werden müssen. Einige Nachfrager erwarten sogar, dass sie immer neue Konzepte vorgestellt bekommen, die jünger als ein Jahr sind.

2.3.4.6 Strategie der Leistungsneuentwicklung

Der Ansatzpunkt der Strategie der Leistungsneuentwicklung besteht darin, für bestehende Märkte neue Bildungsangebote zu entwickeln. Die Innovation umfasst sowohl die inhaltliche als auch die methodische Komponente.

Grundsätzlich besteht hier die Möglichkeit tatsächliche Neuentwicklungen oder Me-too Innovationen zu kreieren. Echte Neuentwicklungen werden häufig auch als Basisinnovationen bezeichnet, die für den gesamten Markt grundlegend neu sind. Me-too Innovationen stellen lediglich für den innovativen Bildungsträger eine Neuheit dar.

Echte Neuentwicklungen haben den Vorteil, dass der Bildungsträger seine Fachkompetenz dokumentieren kann. Sie weisen allerdings das Problem auf, dass die Innovation vom Nachfragersegment akzeptiert werden muss. Wenn es gelingt, das Vertrauen und die Kompetenz, die das bestehende Segment gegenüber dem Anbieter aufweist, zu nutzen, dann kann auch eine marktfähige Innovation realisiert werden.

Man unterscheidet im Rahmen der Entwicklungsstrategie Eigenproduktionen in Form von Eigenforschung, Eigenentwicklung und Auftragsforschung bzw. Auftragsentwicklung.

Die häufigste Form von Neuentwicklungen stellt die Eigenforschung dar. Diese dient auch dazu, die eigenen Leistungen auf dem „State of the Art" zu halten. Forschung und Entwicklung von neuen Dienstleistungen umfassen im weitesten Sinne alle planvollen und systematischen Aktivitäten, die mit Hilfe wissenschaftlicher Methoden den Erwerb neuer oder neuartiger Kenntnisse anstreben (Kern/Schröder 1977).

Zusätzlich erfolgt häufig im Bildungsbereich die Fremdforschung und Entwicklung. Zulieferer und freie Mitarbeiter entwickeln Bildungsleistungen, die der Bildungsanbieter anschließend vermarktet.

2.3.4.7 Laterale Diversifikation

Der Begriff der Diversifikation wird in Theorie und Praxis unterschiedlich verwendet. Die gebräuchlichste Variante geht auf Ansoff zurück (Jones 1957, Ansoff 1966, Agthe 1978, Yip 1982, Aaker 1984, David 1995). Diese klassische Fassung des Diversifikationsbegriffes umfasst zwei Dimensionen für die Innovation. Der bearbeitete Markt und die bearbeitete Zielgruppe müssen neu sein. Andere Autoren erweitern den Diversifikationsbegriff und subsumieren unter diesen Begriff auch alle Wachstumsstrategien, die nur eine Dimension neu gestalten. Dies führt dazu, dass die Strategien Marktentwicklung und Leistungsentwicklung als Diversifikationsarten betrachtet werden (Mattmüller/Tuner 1998).

In dieser Arbeit wird Diversifikation wie folgt verstanden:

Diversifikation ist eine Unternehmensstrategie der planmäßigen Ausdehnung der bisherigen Schwerpunkte eines Bildungsunternehmens auf angrenzende oder völlig neue Märkte und Leistungsbereiche.

In Anlehnung an Ansoff werden heute überwiegend sowohl in der Marketinglehre als auch in der Marketingpraxis drei Arten der Diversifikation unterschieden:

Eine *horizontale Diversifikation* ist dadurch gekennzeichnet, dass ein Bildungsträger eine Leistung anbietet, die obwohl sie neu bezüglich der Kunden, Lieferanten und eingesetzten Technologie ist, auf der gleichen volkswirtschaftlichen Leistungsstufe steht. Diese Möglichkeit der Diversifikation könnte ein Bildungsanbieter realisieren, der neben Seminaren zusätzlich Lehrbücher anbietet.

Im Rahmen der *vertikalen Diversifikation* stößt das Bildungsunternehmen in vor- oder nachgelagerte Produktions- bzw. Absatzstufen vor. Man unterscheidet je nach Richtung die vorwärts- und die rückwärtsgerichtete Diversifikation.

Die *laterale Diversifikation* stellt einen Vorstoß in völlig neue Leistungsbereiche dar. Die Geschäftstätigkeit wird in neue, nicht mit dem Stammgeschäft verwandte Bereiche ausgedehnt.

Diese drei Arten der Diversifikation stellen zwar sinnvolle Unterscheidungen dar; ihre Abgrenzung ist jedoch nicht in jedem Falle eindeutig. Überhaupt besteht bisher keine

Einigkeit darüber, „wie wenig verwandt bzw. wie fern" eine neue Leistung bezogen auf das bisherige Programm sein muss, um überhaupt von einer (echten) Diversifikation sprechen zu können (Becker 1998).

Mit der Diversifikationsstrategie verfolgt der Leistungsanbieter unterschiedliche Ziele. Das globale Leitmotiv der Diversifikation ist das allgemeine Überleben oder die Erhaltung und Steigerung der Leistungsfähigkeit des Unternehmens. Daneben können mit dieser Strategie folgende Ziele verfolgt werden: Wachstum, Risikoreduktion, Erhöhung der Wettbewerbsfähigkeit, Rentabilität.

Das Wachstumsziel erreicht der Bildungsanbieter mit der Diversifikation immer dann, wenn das Bildungssegment, in dem sich der Anbieter befindet, sich nicht weiterentwickelt oder wenn Wachstumsbeschränkungen auftreten. Diese Strategie gilt als beste Strategie, um langfristig zu wachsen (Ansoff 1957).

Das Ziel der Risikoreduktion kann der Leistungsanbieter mit der Diversifikationsstrategie sinnvoll verfolgen. Durch Eindringen in neue Märkte sinkt die Abhängigkeit des Bildungsträgers vom Stammmarkt. Konjunkturelle Schwankungen, Verlagerungen von Nachfragergruppen oder das Wegbrechen eines Segmentes kann der Bildungsanbieter damit ausgleichen. Der Risikominderungseffekt ist besonders groß, wenn der zusätzliche Absatz strukturell mit dem Stammgeschäft stark negativ korreliert. Zugleich beinhaltet diese Strategie aber auch ein hohes Misserfolgsrisiko. Da sich das neue Geschäft kaum noch mit dem bisherigen Geschäftsfeld vergleichen lässt, können die Kernkompetenzen häufig nicht übertragen und realisiert werden. Auch Synergieeffekte treten schwächer auf als bei verwandten Geschäftsbereichen (Ansoff 1966). Abb. 60 zeigt einige Synergiepotenziale, die der Bildungsträger bei der Diversifikation nutzen sollte (Ansoff 1966).

Anfangssynergie	- für den Erfolg ausschlaggebende Fach- und Methodenkompetenz - ähnliche Managementfähigkeiten - ähnliche Organisationsmöglichkeiten - ähnliche Räumlichkeiten - zeitliche Vorteile
Verfahrenssynergien	- Möglichkeit der Schaffung eines gemeinsamen Absatzmarktes - gemeinsame Nutzung von Büro und Unterrichtsräumen - gemeinsame Forschung und Entwicklung von Konzepten - Aufteilung der Gemeinkosten - Gemeinsames Management

Abb. 60: Synergiepotenziale bei der Diversifikation

Mit Hilfe der Diversifikation sichert ein Bildungsanbieter seine Wettbewerbsfähigkeit und seine neuen Geschäftsfelder ab – insbesondere dann, wenn er seine Kernkompetenzen übertragen kann, um so gegenüber etablierten Unternehmen einen Wettbewerbsvorteil zu realisieren. Zugleich können die in einem neuen Segment gesammelten Erfahrungen im Stammgeschäft zu Wettbewerbsvorteilen führen.

Die hier vorgestellten Strategien sind immer dann erfolgreich, wenn aufgebaute Wettbewerbsvorteile bzw. strategische Erfolgsfaktoren in einen neuen Bereich mit übernommen werden können. Dabei werden positive „Carry-over-Effekte" genutzt.

Es sollte dabei vermieden werden, negative „Carry-over-Effekte" mitzunehmen. Empirische Untersuchungen bezüglich des ursprünglichen Ansatzes von Ansoff haben gezeigt, dass das unternehmerische Risiko und der Arbeitsaufwand der Diversifikation mit steigendem Novitätsgrad zunehmen (Aurich/Schröder 1977, Hinterhuber/Thom 1979).

2.3.4.8 Vertikale Diversifikation

Im Rahmen der vertikalen Diversifikation entwickelt der Leistungsanbieter neue Bildungsinhalte für neue Zielgruppen, während die Technologiedimension unverändert ist.

Bildungsanbieter, die eine starke technologische Fokussierung aufweisen, realisieren diese Strategie, um ihre Kernkompetenzen in der Technologiedimension möglichst flexibel einzusetzen. Neue Geschäftsfelder suchen diese Anbieter danach, ob vorhandene Ressourcen ohne große Anpassungen genutzt werden können. Zusätzlich erfordert das neue Geschäftsfeld gewisse Ertragschancen, die größer sein müssen als die mit der Markterschließung verbundenen Kosten. Die Risiken der Fehlpositionierung sollten vermieden werden und vergebliche Markterschließungen keine Auswirkungen auf das Kerngeschäft haben.

Diese Strategie weist relativ hohe Risiken auf, und nur sehr wenige Bildungsträger können diese Wachstumsrichtung tatsächlich vollständig nutzen. Besonders effektiv ist die Strategie, wenn der Nachfrager die Technologiekompetenz wahrnimmt und sie für ihn eine nachfragerelevante Dimension darstellt. Zudem bestehen große Wachstumschancen, und das Risiko der Geschäftstätigkeit verteilt sich auf mehrere unabhängige Geschäftsfelder. Die Dauer und die Kosten der Markterschließung sind aber relativ hoch.

2.3.4.9 Dynamische Betrachtung der Marktfeldstrategien

Bei den Marktfeldstrategien handelt es sich nicht um statische Konzepte, sondern sie durchlaufen unterschiedliche Stufen. Den Ausgangspunkt aller Bildungsträger bildet die Marktdurchdringungsstrategie, die nahe liegt und kein Risiko in der Umsetzung darstellt. Das Wachstumspotenzial ist bei dieser Strategie allerdings begrenzt. Eine weitere Ausweitung und Veränderung kann der Bildungsanbieter mit unterschiedlichen Expansionspfaden realisieren. Dabei steht die Reihenfolge in Abhängigkeit zu der realisierbaren Kernkompetenz des Bildungsanbieters. Eine eindeutige Reihenfolge kann nicht abgeleitet werden. Vielmehr scheinen Veränderungen über eine Dimension zunächst mit einem geringeren Risiko verbunden zu sein. Daher bieten sich in der zweiten Stufe die Strategien Zielgruppenentwicklung, Leistungserweiterungsstrategie und Methodenerweiterungsstrategie an. Die Reihenfolge, in der diese Strategieoptionen angestrebt werden, ist sehr unterschiedlich und kann nicht verallgemeinert werden. Erst wenn man alle Potenziale auf dieser Ebene ausgeschöpft hat, sollte die nächste Ebene angestrebt werden.

Differenziert der Anbieter anschließend eine zweite Dimension, erweitert sich das Handlungsspektrum auf der nächsten Ebene um die Strategieoptionen Markterweiterungsstrategie, Leistungsneuentwicklung und horizontale Diversifikation. Für die Reihenfolge innerhalb der Realisierungsstufen können keine signifikanten Regeln abgeleitet werden. Erst in der abschließenden Stufe sollte der Bildungsanbieter eine laterale Diversifikation anstreben. Das Risiko, aber auch das Wachstumspotenzial ist bei dieser Strategie am größten. Synergiepotenziale lassen sich vermutlich schlecht umsetzten. Diese Potenziale sind in Abb. 61 dargestellt.

Stufe	Strategietyp	Wachstumspotenzial	Risiko
1	Marktdurchdringung	begrenzt	gering
2	Zielgruppenentwicklung	groß	relativ gering
	Leistungserweiterungsstrategie	begrenzt	gering
	Methodenerweiterungsstrategie	begrenzt	hoch
3	Markterweiterungsstrategie	groß	groß
	Leistungsneuentwicklung	groß	groß
	Horizontale Diversifikation	begrenzt	begrenzt
4	laterale Diversifikation	groß	sehr groß

Abb. 61: Zielpotenziale der Marktfeldstrategien

2.3.5 Wettbewerbsvorteilsstrategie

Aufgrund der starken Wettbewerbsintensität in vielen Bereichen des Bildungsmarktes sollte ein Bildungsträger neben einer kundenorientierten auch eine wettbewerbsorientierte Strategie realisieren. In Anlehnung an Porter bilden die Differenzierungsstrategie und die Strategie der Realisierung von Kostenvorteilen die Alternativen.

2.3.5.1 Differenzierungsstrategien

Differenzierungsstrategien können sich im Rahmen des gewählten Ansatzes auf eine Methodendifferenzierung und eine inhaltliche Differenzierung beziehen. Für die Ausprägungen der Differenzierungsstrategie bildet allerdings die Schaffung einer Präferenzzone die Grundlage, innerhalb derer die Nachfrager ihre Nachfrage nur indirekt an den Preis knüpfen und damit eine erheblich geringere Preiselastizität erreicht wird.

Dieser objektive Wettbewerbsvorteil hat erst dann Erfolg, wenn er eine positive subjektive Bewertung durch die Kunden erfährt. Echte Wettbewerbsvorteile liegen nur dann vor, wenn die nachfolgenden Bedingungen erfüllt werden (Ghemawat 1995, Simon 1988, Backhaus 1992, Meffert 1994):

- Es handelt sich um ein für den Bildungsnachfrager wichtiges Merkmal.

Das Kriterium ist für den Bildungsnachfrager von besonderer Bedeutung. Es handelt sich somit um eine subjektive Wahrnehmung des Nachfragers, die sich nicht unbedingt auf eine objektive Rationalität zurückführen lässt. Rein subjektive Beurteilungen können daher sehr wohl vom Wahrnehmungsraum des Bildungsanbieters abweichen.

- Der Nachfrager nimmt den Vorteil wahr.

Problematisch erscheint insbesondere im heterogenen Bildungsmarkt die Anforderung, dass der Wettbewerbsvorteil vom Nachfrager wahrgenommen werden kann.

- Der Wettbewerbsvorteil kann von der Konkurrenz kurzfristig nicht eingeholt werden (Ghemawat 1995, Simon 1988, Meffert 1994).

Echte Wettbewerbsvorteile liegen vor, wenn die Konkurrenz die Vorteile nicht in kürzester Zeit kopieren kann. Bei immateriellen Leistungen ist dies zunächst wesentlich schwieriger zu realisieren als bei Sachleistungen, die unter Umständen langfristige Entwicklungszyklen aufweisen.

- Der Vorteil basiert auf knappen Ressourcen (Bharadway/Varadarajan/Fathy 1999, Barney 1991).

Damit der Wettbewerbsvorteil dauerhaft erhalten werden kann, sollte er auf Fähigkeiten und Ressourcen basieren, die nur in einem beschränkten Umfang in der Branche bzw. dem wahrnehmbaren Wettbewerbsumfeld vorhanden sind.

Der Bildungsanbieter kann die Differenzierungsstrategie mit Hilfe von vier Realisierungsformen umsetzen:

- Innovationsorientierung,

- Qualitätsorientierung,

- Programmbreitenvorteil und

- Markierung (Reputation/Image).

2.3.5.1.1 Innovationsorientierung

Eine hohe Innovationsorientierung eines Bildungsträgers ist dadurch gekennzeichnet, dass ein großer Anteil der Leistungen noch nicht lange angeboten und eine Pionierposition im Markt identifiziert wird.

Die Innovationsorientierung eines Bildungsanbieters kann sich auf drei unterschiedliche Dimensionen beziehen. Ein Bildungsanbieter kann neue Bildungstechnologien, neue Inhalte und neue Zielgruppen als seinen vorherrschenden Innovationsfaktor betrachten.

Unabhängig davon differenziert man unterschiedliche Innovationsarten (Becker 1998).

Basisinnovationen setzen Grundlagenforschung voraus und stellen wissenschaftlichen Fortschritt dar. Der Ressourcenaufwand und damit das Risiko sind sehr groß. Dafür erhöht sich aber auch die Chance einer Steigerung der Wettbewerbsfähigkeit und des Gewinnpotenzials überdurchschnittlich. Es erfolgt in der Regel eine methodische und inhaltliche Neudefinition des Geschäftsfeldes.

Verbesserungsinnovationen beschränken sich auf angewandte Forschung und Entwicklung und stellen technologische Weiterentwicklungen dar. Das Risiko und der Ressourcenaufwand erweisen sich als überschaubar, die Gewinnpotenziale allerdings als durchschnittlich. Verbesserungsinnovationen stellen Innovationen auf der technologischen Achse eines Geschäftsfeldes dar.

Routineinnovationen konzentrieren sich auf die Anwendungsseite und stellen Weiterentwicklungen auf der Basis bereits verwendeter Bildungsangebote dar. Der Ressourcenaufwand und das Risiko sind niedrig. Dafür bestehen auch nur geringe zusätzliche Gewinnchancen und kaum Möglichkeiten, sich wesentlich im Wettbewerb zu differenzieren. Routineinnovationen findet man in der Regel auf der inhaltlichen Achse des Geschäftsfeldes.

Abb. 62 zeigt anhand der Dimensionen Bildungsinhalt und eingesetzter Technologie, in welchem Verhältnis die unterschiedlichen Innovationsarten zueinander stehen.

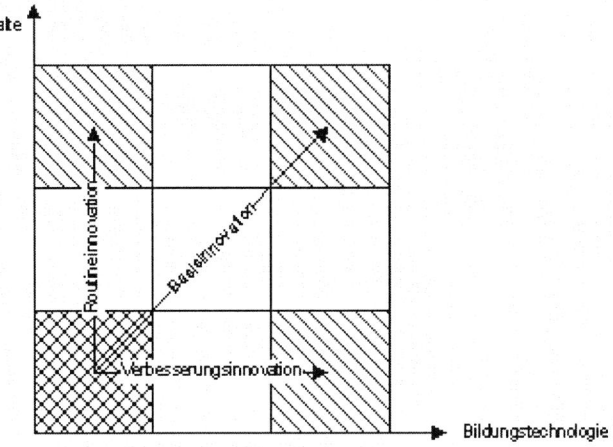

Abb. 62: Innovationsarten

Um diese Strategie zu realisieren, sollte der Bildungsträger einige Erfolgsvoraussetzungen aufweisen (Perlitz 1988, Albach 1990):

- Innovationsfähigkeit setzt ein gezieltes Management des Wissens voraus. Das personelle Know-how sollte als Wissensbasis vorhanden sein, und die Schaffung der Rahmenbedingungen ist erforderlich, um innovativ zu sein.

- Neben der Implementierung von Innovationsmanagement besteht die Notwendigkeit, auch Innovationsziele der Unternehmung zu formulieren, zum Beispiel exakte Definitionen dazu, wie groß der Anteil von neuen Angeboten im Sortiment sein soll.

- Eine zentrale Voraussetzung bildet die konsequente Marktorientierung unter Berücksichtigung des Entwicklungspotenzials in Form von innovationsgerichtetem Schnittstellenmanagement.

- Weiterhin ist internes Marketing in Form von Förderung des Innovationspotenzials der Mitarbeiter insbesondere unter Berücksichtigung der Misserfolgsmöglichkeit. Besonders innovative Unternehmen sind durch kooperative Führungsmodelle und die Einräumung eines Entwicklungsspielraumes für Innovationen gekennzeichnet.

- Das Hauptproblem ergibt sich dadurch, dass Innovationserträge meistens nicht über längere Zeiträume gesichert werden können. Insbesondere durch die seltene Nutzung von Schutzrechten, durch die fehlenden Möglichkeiten, Innovationspotenziale im Bildungsbereich zu verbergen, als auch aufgrund der begrenzten Möglichkeiten, Konzepte zu schützen, entstehen Problemfelder.

Die Vorteile der Pionierpositionen lassen sich auf zwei Zeitkomponenten reduzieren. Zum einen haben Pioniere den Zeitvorteil des frühen Markteintritts. Zum anderen zeichnet Pioniere eine unmittelbare Kundenbefriedigung aus.

Ein wesentlicher Vorteil der Strategie der Innovationsorientierung ist die Möglichkeit, frühzeitig Know-how zu erlangen und somit signifikante Zeitvorteile gegenüber den Nachfolgern zu realisieren. Diese Zeitvorteile führen zu der Möglichkeit, dass Degressionsvorteile früher genutzt werden können.

2.3.5.1.2 Qualitätsorientierung

Die Qualitätsorientierung als Differenzierungsstrategie ist im Weiterbildungsbereich von herausragender Bedeutung, da sie sowohl in Veröffentlichungen als auch in der Praxis einen wesentlichen Schwerpunkt bildet (Bernatzeder/Bergmann 1997, Beywl 1997). Die Qualitätsmessung bzw. Darstellung der Qualität eines Bildungsanbieters kann auf unterschiedliche Dimensionen reduziert werden (Bernecker 1997):

- die sachliche Ausstattung des Bildungsträgers,
- die personelle Ausstattung des Bildungsträgers,
- die Verlässlichkeit, mit der die versprochenen Leistungen ausgeführt werden,
- die generelle Bereitschaft, den Abnehmer bei der Problemlösung zu unterstützen,
- die Glaubwürdigkeit des Bildungsanbieters und
- das Kundenverständnis.

Grundlegende Idee ist eine Umsetzung des Qualitätsgedankens in allen Bereichen des Bildungsanbieters. Insbesondere in den so genannten Back-Office-Bereichen besteht somit die Möglichkeit, Qualität konsequent umzusetzen. Folgt man dabei der Dreiteilung in Potenzialqualität, Prozessqualität und Ergebnisqualität, dann sollte ein

TQM-System diese Qualitätsdimensionen planbar, steuerbar und realisierbar machen.

Um einen bestimmten Qualitätsstandard zu implementieren, sollte der Bildungsanbieter zunächst die wesentlichen Qualitätsdimensionen der Bildungsleistung identifizieren und auf allen Ebenen installieren (Arnold/Krämer-Stürzl 1995).

Das Modell der wahrgenommenen Servicequalität von Grönroos stellt einen Ansatz zur Identifizierung von Qualitätsdimensionen dar (Grönroos 1982, Bernecker 1997). Dabei steht ein kundenorientierter Qualitätsbegriff im Vordergrund, da der Nachfrager die Qualität der Bildungsleistung bewertet. Diese sollen für eine Bildungsleistung angeben, inwieweit die erwartete und die tatsächlich geleistete Dienstleistungsqualität voneinander abweichen. Dabei unterscheidet man eine technische und eine funktionale Qualität der Bildungsleistung. Die Komponenten Know-how, technische Problemlösungsfähigkeit, Computer-Systeme und maschinelle Fähigkeiten beeinflussen die technische Dimension einer Dienstleistung. Die Komponenten Erscheinung, Erreichbarkeit, Benehmen, Betriebsklima, Einstellung, Kundenkontakt und die Grundeinstellung prägen den funktionalen Qualitätsaspekt.

Parasuraman, Zeithaml und Berry wählen dagegen fünf Dimensionen zur Differenzierung der Dienstleistungsqualität (Zeithaml/Parasuraman/Berry 1992, Zeithaml 1991, Zeithaml/Berry/Parasuraman 1996, Parasuraman/Zeithaml/Berry 1994):

- die Annehmlichkeit des tangiblen Umfeldes des Bildungsträgers (Tangibles),

- die Zuverlässigkeit, mit der die versprochenen Bildungsleistung ausgeführt wird (Reliability),

- die Reaktionsfähigkeit bzw. die generelle Bereitschaft, den Bildungsnachfragern bei der Problemlösung zu unterstützen (responsiveness),

- die Glaubwürdigkeit, Leistungskompetenz, Höflichkeit und Vertrauenswürdigkeit der Mitarbeiter (Assurance) und

- das Einfühlungsvermögen bzw. die Bereitschaft, auch auf individuelle Wünsche der Abnehmer einzugehen (Empathy).

Bei der Analyse und Umsetzung der Qualitätsstrategie stellt die Kombination der Qualitätsdimensionen mit den tatsächlichen Wertschöpfungstätigkeiten einen wesentlichen Aspekt dar. Jede primäre und sekundäre (unterstützende) Aktivität bei der Leistungserbringung erfordert eine Untersuchung der qualitätsrelevanten Einflussfaktoren.

Die Strategie der Qualitätsorientierung ist sehr häufig im Bildungsbereich anzutreffen. Die inhaltliche Ausgestaltung der Wettbewerbsstrategie in Form einer Qualitätsstrategie bietet sich häufig an, da in der subjektiven Betrachtung immer noch gute Qualität mit einem hohen Preis gleichgesetzt wird (Meffert 1997). Bedingt durch die Immaterialität der Bildungsleistung ist es für den Nachfrager allerdings schwierig, die Qualitätsbemühungen des Anbieters zu erfassen. Daher setzen diese unterschiedliche Methoden ein, um die Qualitätsorientierung zu dokumentieren:

- Zertifizierung oder Anerkennung durch einen externen Auditor,
- Selbst-Audit nach allgemein akzeptierten Regeln und Verfahrensweisen,
- Teilnahme an Wettbewerben, bei denen die Bildungsqualität dokumentiert wird (Peer Reviews) und
- Verbandszugehörigkeit.

In den letzten Jahren haben immer mehr Bildungsanbieter eine Zertifizierung nach DIN ISO 9000 ff. durchgeführt. Die Zertifizierung hat ihren Ausgangspunkt in der verarbeitenden Industrie, für die diese Normen und Regelwerke aufgebaut wurden. Nachdem sich die verarbeitende Industrie in Deutschland auf breiter Front von externen Auditoren hat zertifizieren lassen, entstand diese Zertifizierungsforderung auch im Weiterbildungsbereich. Zunächst wurden Personalentwicklungsabteilungen innerhalb dieser Unternehmen zertifiziert. Diese wiederum äußerten bei ihren Zulieferern auch den Wunsch nach dem Nachweis eines Zertifikates. Auch Bildungsträger, die eine staatliche Anerkennung anstreben oder bereits haben, werden von den anerkennenden Behörden aufgefordert, sich zertifizieren zu lassen. Durch diese Trends gestützt und gefördert durch Fördergelder der EU und des BMBF haben sich zahlreiche Bildungsträger die Existenz eines Qualitätsmanagementsystems nach DIN ISO 9000 dokumentieren lassen. Mit Hilfe dieses Zertifikates können die Bildungsträger ihre Qualitätsbemühungen dokumentieren, so dass der Nachfrager seine Entscheidungsunsicherheit kompensieren kann. Trotz zahlreicher Fachveröffentlichungen und einer sehr starken Unterstützung der Zertifizierung seitens unterschiedlichster öffentlicher und industrieller Stellen (Verbände, Großindustrie) wird in der Branche die Zertifizierung nach DIN ISO 9000 ff. überwiegend kritisch gesehen (Pohl/Schönfeld/Stöbe 1995, Krug 1995, Kegelmann 1995, Arnold/Krämer-Stürzel 1995, Bernatzeder/Bergmann 1997, Hofmann 1995, Uehlinger/von Allmen 1999).

Zahlreiche Bildungsunternehmen setzen ihre Qualitätsstrategien mit der Etablierung eines Total Quality Management (TQM) um. Dabei werden unterschiedliche Systeme mit unterschiedlicher Reichweite und Umfang installiert (Meffert 1995, Bielert 1997, Felder 1997).

Immer mehr setzt sich allerdings der Europäische Qualitätsindikator durch, da dieser nicht nur das Vorhandensein eines Qualitätsmanagementsystems mit den dazugehörigen Formularen, Handlungsanweisungen und Handbüchern dokumentiert, sondern tatsächlich die Qualität des Leistungsprozesses erfasst (Bernatzender/Bergmann 1997, Uehlinger/von Allmen 1999; European Foundation for Quality Management (Hrsg.) 1998, Töpfer 1998, Kotler/Bliemel 1999). Dieser isoliert einzelne Qualitätsdimensionen, die dann zu einem Gesamtindex gewichtet werden (vgl. Abb. 63). Im Gegensatz zur Zertifizierung im Sinne von DIN ISO 9000 ff. können dieser Qualitätsindikator selbstständig gemessen und die Veränderungen dokumentiert werden (vgl. Zur Anwendung im Bildungsbereich: Schindele 1998).

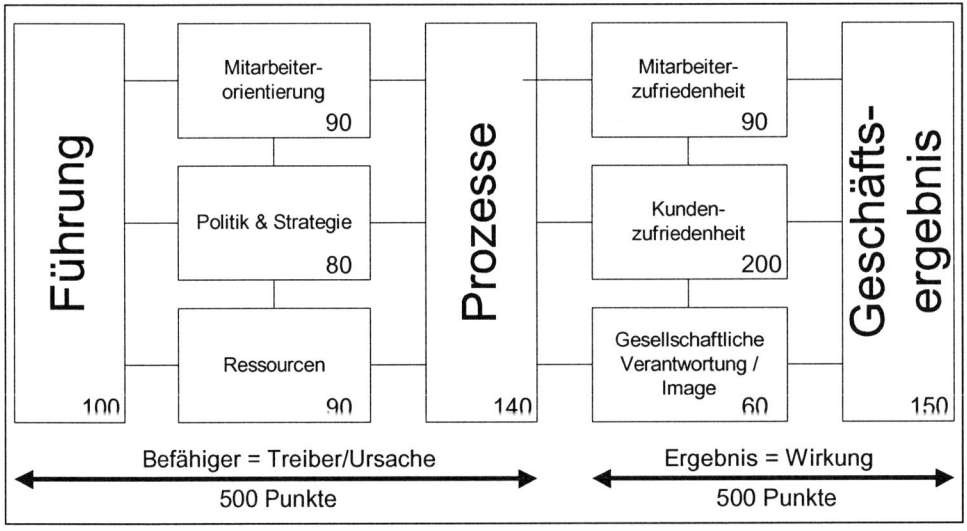

Abb. 63: EFQM-Modell

Eine weitere Möglichkeit ist die Teilnahme an Wettbewerben oder Preisverleihungen. Dabei werden einzelne Konzepte in Form von Ausschreibungen dem Fachgremium vorgestellt. Diese bewerten die einzelnen Arbeiten nach mehr oder minder objektiven Verfahren und verleihen, in der Regel im Jahresrhythmus, einen Preis.

Die bekanntesten internationalen Qualitätswettbewerbe sind der Amerikanische Malcom-Baldrige-Award, der japanische Denim-Preis und der Schweizer ESPRIX-Preis (Kotler/Bliemel 1999, Uehlinger/von Allmen 1999).

2.3.5.1.3 Markierungsorientierung

Es besteht die Möglichkeit einer Differenzierung gegenüber Wettbewerbern in Form einer Markierungsorientierung. Das Grundprinzip dieser Strategieoption bildet der konsequente Einsatz aller nicht preislichen Instrumente zur Beeinflussung der Zielgruppen. Dies erfolgt mit einer Markierungsstrategie, die auf einem Marken- bzw. Firmenimage basiert. Dieses Image kann auf unterschiedliche Weise wahrgenommen werden. Für den Bildungsnachfrager ist es ein Mittel zur Umweltbewältigung und Orientierung bzw. ein Mittel zur emotionalen Bedürfnisbefriedigung (Becker 1992, Johannsen 1971, Bergler 1963). Aus der Sicht des Bildungsanbieters bleibt Marketing ein Mittel zur Beseitigung der Anonymität und zur Gewinnung von Vertrauen und ein Mittel zur Differenzierung und Individualisierung der Leistungen (Becker 1992).

Die Strategie der Markierungsorientierung kann auf Geschäftsfeldebene und auf Gesamtunternehmensebene erfolgen. Bei Dienstleistungen überwiegt die Markierungsorientierung auf der Ebene der Gesamtunternehmung. Dies kann man auch im Bildungsbereich feststellen. Obwohl größere Bildungsträger häufig mit einer Holdingstruktur im Markt auftreten und einzelne Geschäftseinheiten als GmbH agieren lassen, wird ein Image aufgebaut, gepflegt und kommuniziert, das sich auf das gesamte Unternehmen bezieht.

Diese Differenzierung hat Erfolg, wenn die Marke stark ist, wahrgenommen wird und eine unverwechselbare Position innehat. Die Markierung kann damit eine Position im Wahrnehmungsraum der Bildungsnachfrager einnehmen, die sich im Zeitablauf relativ konstant verhält und sich noch weiter verstärkt. Diese Positionierung kann nur schwer von Wettbewerbern kopiert werden.

2.3.5.1.4 Programmbreitenvorteil

Das Differenzierungsmerkmal der Programmbreite wird im Wesentlichen durch die Heterogenität der angeboten Leistungen bestimmt. Ein Anbieter, der diese Differenzierungsstrategie realisiert, kommuniziert diesen Wettbewerbsvorteil im Wettbewerb, um einerseits Cross-Selling-Potenziale zu nutzen und andererseits dem Bildungsnachfrager umfassende Bildungsleistungen aus einer Hand zu bieten. Die Programmbreitenorientierung wird durch ein breites und tiefes Leistungsprogramm sowie umfassenden Service realisiert (Value-Added-Services) (Meyer 1985, Meffert 1997, Fett 1999, Gross 1999).

Bildungsanbieter können die Differenzierungsstrategie mit Hilfe einer *Leistungsausweitung* realisieren. Viele Bildungsanbieter differenzieren ihr Bildungsangebot sehr stark in alle verfügbaren Themengebiete, um die Erfahrungen die sie mit der individuellen Zielgruppe gemacht haben, zu nutzen. Damit kann sich der Bildungsanbieter im Wettbewerb differenzieren, da er alles unter einem Dach anbietet. Diese Strategievariante wird unter anderem von den Volkshochschulen durchgeführt, die ein sehr breites, heterogenes Programm aufweisen.

Eine *Methodendifferenzierung* kann genutzt werden, um im Wettbewerb aufeinander aufbauende Konzepte zu entwickeln und eine Differenzierung zu realisieren. Ein breites Methodenspektrum führt zu verstärkten Cross-Selling-Aktivitäten, und der Bildungsanbieter kann alternative Bildungstechnologien anbieten, die den individuellen Neigungen der Bildungsnachfrager entgegenkommen.

2.3.5.1.5 Vergleichende Zusammenfassung

Die Eignung der einzelnen Differenzierungsstrategien ist abhängig vom vorherrschenden Differenzierungsschwerpunkt (vgl. Abb. 64). Einen Qualitätsvorteil kann der Bildungsanbieter über den Inhalt besser umsetzen als mit einer besonderen Methode. Eine konsequente Innovationsorientierung bezogen auf die eingesetzte technologische Dimension ist wesentlich schwieriger zu realisieren als mit Hilfe der inhaltlichen Dimension. Mit Hilfe der inhaltlichen Dimension lässt sich der Programmbreitenvorteil besser kommunizieren und realisieren. Der Markenvorteil kann allerdings mit Hilfe eines Methodenschwerpunktes besser umgesetzt werden.

Differenzierungsstrategie	Methode	Inhalt
Qualitätsvorteil	-	+
Innovationsvorteil	+	++
Programmbreitenvorteil	+	++
Markenvorteil	+	-

Abb. 64: *Eignung der Marktdimensionen für die Differenzierungsmöglichkeiten*

2.3.5.2 Kostenvorteilsstrategie

Die Strategie der absoluten Kostenführerschaft geht auf Porter zurück. Die Grundidee dieser Strategievariante stellt die zentrale Stellung der Kostenbetrachtungen im Unternehmen dar. Bei der Kosten- oder Preisführerschaft wird mit Hilfe hochqualifizierter Mitarbeiter, produktivitätssteigernder Verfahrensinnovationen und Technologien sowie Standardisierungen versucht, die Kosten pro Bildungseinheit unter das Niveau der anderen Konkurrenten zu senken. Dabei steht insbesondere die Nutzung der Erfahrungskurveneffekte im Vordergrund (Bolz 1991, Benkenstein 1997, Meffert 1994, Corsten/Will 1992, Miller 1992).

Die Erfahrungskurve geht auf eine Forschungsarbeit aus dem Jahr 1936 zurück, nach der die Produktionskosten anscheinend um einen konstanten Prozentsatz abnehmen, sobald in der Produktion insgesamt eine Verdopplung erreicht ist (Mintzberg/Ahlstrand/Lampel 1999). Der Erfahrungskurveneffekt konnte in unterschiedlichsten Branchen bereits nachgewiesen werden. (Die Standardbeispiele sind: Automobile, Flugzeugbau, Fernseher, Halbleiter. Vgl. Meffert 1994, Henderson 1974.) Dabei stützen sich die Erkenntnisse hauptsächlich auf automatisierte Fertigungsprozesse, die überwiegend in der Massenfertigung auftreten (Lambin 1987, Fronhoff 1986, Simon 1992, Henderson 1974, Kreilkamp 1987, Meffert 1994). Erfahrungskurveneffekte lassen sich allerdings auch im Bildungsbereich realisieren, da sie auch bei qualifizierten Arbeitsprozessen nachzuweisen sind. Daher besteht die Möglichkeit, dass Leistungsanbieter auch bei Bildungsangeboten Erfahrungskurven realisieren können.

Im Wesentlichen lassen sich die Erfahrungskurveneffekte in zwei Gruppen einteilen. Es handelt sich um dynamische oder statische Skaleneffekte (Coenenberg 1997). Von dynamischen Skaleneffekten spricht man, wenn diese im Zeitablauf über mehrere Perioden auftreten. Der Übungsgewinn durch wiederholte Arbeitsverrichtungen gehört genauso dazu wie der technische Fortschritt und die Rationalisierungen. Bildungsträger, die bereits länger im Markt existieren, haben Erfahrungen gesammelt, die bei der Planung und Erstellung von einzelnen Leistungen zu wesentlichen Kostenvorteilen führen. Prozessrationalisierungen sind auch im Back-Office-Bereich von Bildungsanbietern möglich. Angefangen bei effizienteren Anmeldeprozessen und über rationellere Logistik bis hin zu schnelleren Entwicklungsprozessen können wesentliche Zeitvorsprünge und Lerneffekte realisiert werden. Statische Skaleneffekte treten innerhalb einer Zeitperiode auf. Sie sind immer dann zu beobachten, wenn sich die Leistungsmenge im Jahr erhöht. Die Fixkosten und die Betriebsgröße zählen zu dieser Gruppe von Erfahrungskurveneffekten.

In der Leistungsentwicklung können Erfahrungseffekte alleine dadurch auftreten, dass die involvierten Personen in der Lage sind, aufgrund ihrer Erfahrung Bildungsprogramme schneller und besser zu definieren und zu planen. Die Entwicklungs- und Abstimmungsprozesse dürften sich signifikant beschleunigen. Auch im Beschaffungsbereich müsste mit einer Erfahrungskurve zu rechnen sein, da Personal- und Materialbeschaffung aufgrund der Wiederholungshäufigkeit bedeutend schneller geschehen. Neben diesen zeitlichen Einsparungen besteht die Möglichkeit, dass Kostenvorteile auch aufgrund der höheren Nachfragemengen auftreten. Für den Bildungsanbieter sind Erfahrungskurveneffekte nur dann realisierbar, wenn er auch alle Kosteneinsparungspotenziale konsequent nutzt. Die Realisierungspotenziale ergeben sich im Bildungsbereich abhängig von der Stufe der Leistungserstellung in unterschiedlichem Ausmaße. Abb. 65 stellt die zu erwartenden Realisierungspotenziale nochmals gegenüber.

Erfahrungskurveneffekt	Betriebs-bereitschaft	Beschaffung	Absatz	Leistungs-erstellung
Lerneffekte	0	+	++	0
Technischer Fortschritt	0	-	0	++
Rationalisierung	+	+	0	0
Fixkostendegression	++	++	++	+
Betriebsgrößeneffekte	++	++	++	+

Abb. 65: Lernkurveneffekte im Bildungsbereich

Die Strategie der Kostenvorteile kann bei Dienstleistungen wesentlich schwieriger realisiert werden als bei globalen Sachleistungen. Besonders problematisch erscheint dabei, dass der Kunde diese Wettbewerbsposition auch wahrnehmen muss. Da der Bildungsmarkt aber eine atomistische Struktur aufweist und weit von einem Idealpunktmarkt entfernt ist, kann nicht immer davon ausgegangen werden, dass die Kostenführerschaft kommunikativ transportiert werden kann. Zusätzlich besteht die Gefahr, dass einzelne Anbieter durch Sonderpreise und Dumpingangebote die Strategie der Kostenführerschaft verwässern. Aufgrund der Masse der Anbieter besteht die Gefahr, in einzelnen Segmenten eine eher atomistische Struktur zu erhalten. Der Preis pendelt sich auf einem niedrigen Niveau ein, die Gewinne beschränken sich auf die Verzinsung des eingesetzten Kapitals, und neue Innovationen lassen sich nicht mehr verwirklichen (Porter 1986, Gilbert 1985, David 1995, Meffert/Bruhn 1995).

Diese Situation kommt im Bereich der öffentlich geförderten Maßnahmen vor. Durch die Vielzahl der Anbieter sind die Preise für Weiterbildungsmaßnahmen permanent gesunken. Es hat eine Bereinigung des Marktes stattgefunden, und nur noch die Bildungsträger, die die Kostenstrukturen angepasst haben, konnten sich im Markt behaupten.

Diese Strategievariante kann in folgenden Fällen erfolgreich ausgestaltet werden:
- Es liegt eine Angebotsbeschränkung in einem großen Segment vor, so dass der Bildungsträger durch Standardisierung die Erfahrungskurveneffekte nutzen kann,
- Kostenreduzierung durch Betriebsgrößenausweitung,
- Auswahl von Segmenten mit geringer Service- und Kostenintensität,
- Substitution des Personals durch technische Anlagen (CBT) und
- konsequente Ausnutzung von Know-how-Synergien bei der Diversifikation.

Diese Strategiealternative setzt voraus, dass der Bildungsanbieter die preissensiblen Nachfrager identifizieren und ansprechen kann. Sein Leistungsversprechen wird dabei auf den Grundnutzen zu begrenzen sein, da er ansonsten in Gefahr gerät, dass andere Anbieter seine Preisstruktur noch weiter unterlaufen können bzw. der Nachfrager eine höhere Leistungserwartung hat, die dann nicht erfüllt werden kann.

2.3.5.3 Hybride Wettbewerbsvorteilsstrategien

Die allgemeine These, dass die Kostenorientierung und die Differenzierungsstrategie unvereinbar sind, wurde von Fleck mit Hilfe von drei Thesen zusammengefasst (Porter 1992, Fleck 1995, Proff 1997):

Konvexitätsthese

Die beiden grundlegenden Strategieoptionen weisen unterschiedliche, unternehmerische Größendimensionen auf. Kostenvorteile lassen sich nur realisieren, wenn sich die Vorteile der Erfahrungskurve ausspielen lassen. Dies gelingt nur, wenn der Marktanteil größer ausfällt als der Marktanteil des größten Wettbewerbers. Die Realisierung von Wettbewerbsvorteilen erfolgt dagegen nur in Verbindung mit der Besetzung von Teilmärkten und der Realisierung kleiner Marktanteile. Aufgrund der konvexen Verbindung von Marktanteil und Rentabilität besteht keine Möglichkeit einer erfolgreichen Verbindung der Strategieoptionen (Fleck 1995).

Konzentrationsthese

Zur Realisierung einer starken Wettbewerbsposition bedarf es einer Bündelung der Ressourcen, um eine Diffusion zu vermeiden. Der einzelne Bildungsträger sollte demnach seine beschränkten Ressourcen nur für eine der Strategieoptionen verwenden, um eine Verzettelung zu verhindern.

Konsistenzthese

Durch die Verfolgung alternativer Optionen werden im Zeitablauf zwangsläufig Zielkonflikte auftreten, da durch die Differenzierungsstrategien die Kosten steigen und somit die einseitige Kostenminimierung und die Differenzierung auf der anderen Seite zu gegenläufigen Zielerreichungsgraden führen.

Hybride Strategien könnten die Gegenthese zu Porters Annahmen bilden. Einige Autoren verbinden die beiden generellen Strategieoptionen zu heterogenen hybriden Strategiemustern (Carl 1989, Knyphausen/Ringsletter 1991, Fleck 1995). Analysen in der Elektronikbranche und im Automobilsektor haben sogar den Nachweis erbracht, dass die Verknüpfung zweier Wettbewerbsvorteile eine höhere Unternehmensrendite erbrachte (Phillips/Chang/Buzzell 1993, Reitsperger 1993).

Generell lassen sich sequentielle und simultane hybride Strategien unterscheiden. Bei sequentiellen hybriden Strategien versucht der Bildungsanbieter, zunächst die Kostenführerschaft oder die Differenzierung zu erzielen, um erst in einem zweiten Schritt die Kombination mit dem zweiten Wettbewerbsvorteil zu realisieren. Diese Strategieoption scheint bisher sehr fraglich zu sein, da kaum Erfahrungsberichte vorliegen, ob es möglich ist, die Differenzierung zu realisieren, ohne die Kostenführerschaft zu verlieren (Proff 1997). Zudem scheint dieser Fall aufgrund der potenziellen Zielkonflikte kaum realistisch. Praktisch einsetzbar scheint lediglich eine dominantere und unterlegenere Strategiekomponente, die allerdings mit der Outpacing Strategie von Gilbert und Strebel vergleichbar ist (Proff 1997, Gilbert/Strebel 1985, Gilbert/Strebel 1997, Bernecker 1998).

Anwender simultaner hybrider Strategien realisieren die Kostenführerschaft und die Differenzierung in einem Schritt. Die simultane hybride Strategien wird damit begründet, dass einige Differenzierungsstrategien zu Kostensenkungen führen können (Fleck 1995). Auf den Weiterbildungsbereich lassen sich diese wie folgt transformieren:

Bei einer Programmbreitenstrategie lassen sich prinzipiell geringere Kosten durch Verbundvorteile (Economies of Scope) realisieren. Dadurch, dass Standardkomponenten entwickelt werden, aus denen sich neue Seminarvarianten kombinieren lassen, fallen die Entwicklungskosten nur einmalig an, was zu geringere Projektgemeinkosten führt.

Die Qualitätsstrategie kann zu geringeren Kosten führen, da Kontrollphasen entfallen und Reklamations- sowie Beschwerdekosten möglicherweise sinken. Die Innovationsstrategie wird, wenn sie sich auch auf Prozessinnovationen erstreckt, zu Kosteneinsparungspotenzialen führen.

2.3.5.4 Dynamische Betrachtung von Wettbewerbsvorteilsstrategien

Wettbewerbsvorteilsstrategien sind in regelmäßigen Abständen zu überdenken. Der Strategieansatz von Gilbert und Strebel berücksichtigt die Tatsache, dass insbesondere im Bildungsbereich keine statischen Wettbewerbssituationen vorliegen. Bildungsanbieter verändern sich, Inhalte verändern sich, und die Zielgruppen setzen sich immer neu zusammen und verändern ihre Anforderungen an die Bildungsleistung. Die Wettbewerbssituation verändert sich kontinuierlich. Marktsegmente, die im

Bildungsbereich bereits im Absterben begriffen waren, erfahren eine Verjüngung, und Wachstumsbereiche sterben von heute auf morgen ab. Daher sollte ein flexibler Bildungsträger auch auf veränderte Bildungs- und Umweltsituationen strategisch reagieren. Die Outpacing-Strategie bildet eine Möglichkeit, abhängig von den spezifischen Wettbewerbsparametern, zwischen Qualitäts- und Kostenführerschaft zu wechseln um dadurch nachhaltig Vorteile zu erlangen (Gilbert/ Strebel 1985. Gilbert/Strebel 1987, Gilbert/Strebel 1989, Kleinaltenkamp 1987, Meffert 1994, Bernecker 1998).

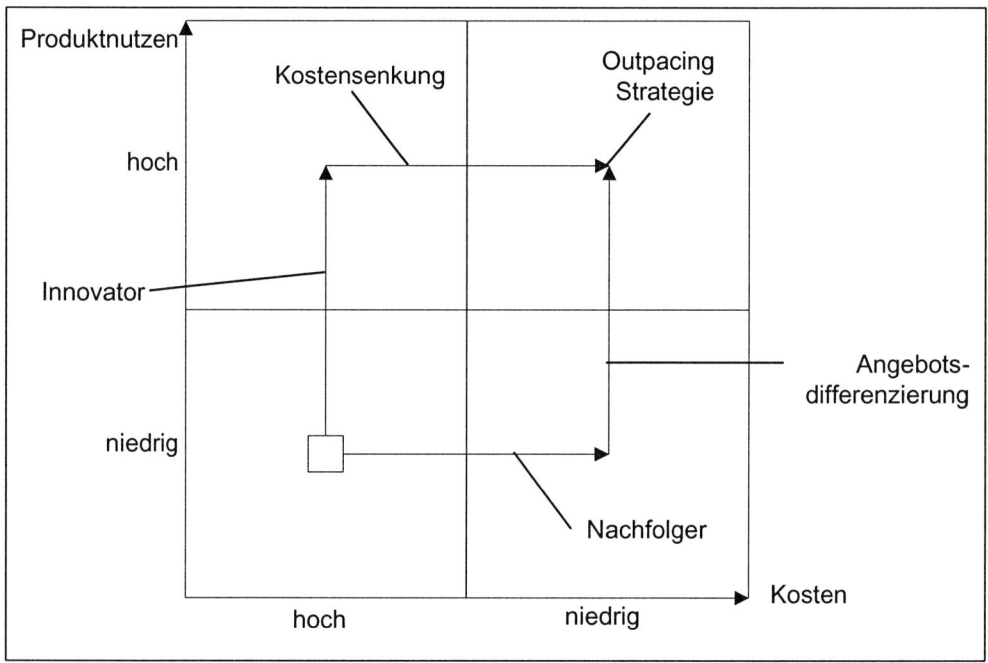

Abb. 66: Outpacing-Strategieansatz nach Gilbert und Strebel

Typischerweise verfolgt ein Bildungsträger, der ein neues Segment betritt, eine qualitätsorientierte Wettbewerbsstrategie, um möglichst kurzfristig einen Standard zu setzen. Dies ist häufig eine Eintrittsbarriere für folgende Unternehmen. Im Folgezeitraum beginnen die Innovatoren, mit Hilfe des Erfahrungskurveneffektes Kosteneinsparungspotenziale zu realisieren. Gelingt ihnen dies nicht, treten kostenorientierte Wettbewerber über preisaggressive Strategien in den Markt ein. Aber auch sie wechseln, wenn sie ihre Marktposition erreicht haben, zur qualitätsorientierten Wettbewerbsstrategie über, um möglichst frühzeitig den Outpacing-Quadranten zu erreichen.

Die Erreichung der Outpacing-Position bedeutet jedoch nicht, dass es sich um eine gesicherte Wettbewerbsposition handelt. Der Bildungsträger muss Veränderungen im Umfeld genau beobachten und versuchen, den Prozess der Marktevolution erfolgreich mitzugestalten.

2.3.6 Timing-Strategien

Die Timing-Strategie kennzeichnet die Planung und Realisation des Markteintrittes und Marktaustrittes eines Bildungsträgers in den Markt bzw. das Marktsegment (Meffert/Bruhn 1995, Meffert 1994). Die Timing-Strategie stellt die Verbindung zwischen der internen und externen Dimension einer Innovation dar. Sie hat den Charakter einer strategischen Entscheidung, da über die Realisierung eines „Strategic Entry Window" seitens des Bildungsanbieters zu entscheiden ist (Dalrymple/Parsons 1980, Mattson 1985, Meffert/Bruhn 1995). Je nachdem, zu welchem Zeitpunkt der Bildungsanbieter das Segment betritt, spricht man von einem Pionier oder einem Folger. Folger werden zudem häufig in frühe und späte Folger unterschieden (Crawford 1983, Schnaars 1986, Meffert/Bruhn 1995).

2.3.6.1 Pionier

Als Pionier wird ein Anbieter in einem Segment immer dann bezeichnet, wenn er als Erster das Marktsegment besetzt hat. Da das Marktsegment durch ihn geschaffen wird, liegt der Strategieschwerpunkt in der Erschließung des Segmentes (von der Oelsnitz 1996). Der Eintrittszeitpunkt in ein Segment lässt sich absolut bestimmen, da dieses Segment erst mit Zutritt des Pioniers entsteht (Meffert 1994). Die Wachstumsraten sind in diesen neuen Märkten sehr groß, zu Beginn aber nicht schätzbar.

Der Pionier verfolgt in dieser Phase häufig die Strategie der Markterschließung und bemüht sich, den Markt vor Nachfolgern zu schützen. Die Marketinginvestitionen fallen bei Pionieren relativ hoch aus, und die Schwerpunkte liegen dabei auf der Information und Überzeugung der Nachfrager (Benkenstein 1997).

Man kann Pionierleistungen auf drei Ebenen realisieren: Methodenpioniere, Leistungspioniere und Zielgruppenpioniere.

Ein Bildungsträger kann die Erarbeitung neuer Bildungstechnologien in den Vordergrund stellen und durch eine konsequente Ausrichtung auf Innovationen versuchen, immer wieder Pionierleistungen zu erbringen.

Wesentlich einfacher und naheliegender erscheint die Realisierung von Pionierpositionen auf der inhaltlichen Dimension. Die Realisierung dieser Strategie ist mit erhöhten Aufwendungen hinsichtlich Forschung und Entwicklung von neuen Inhalten verbunden. Die Bildungstechnologie und die angesprochene Zielgruppe variieren bei dieser Ausprägung nicht.

Die Suche nach neuen Zielgruppen und eine Verstärkung der Kundenbearbeitung und Segmentierung steht im Mittelpunkt der dritten Pionierstrategie. Die Inhalte und die verwendete Bildungstechnologie stellen dabei die fixierten Dimensionen dar, während der Bildungsanbieter versucht, neue Zielgruppen zu definieren, zu bilden oder anzusprechen.

Ein wesentlicher Vorteil der Strategie des Pioniers ist die Möglichkeit, ein frühzeitiges Markt-Know-how zu entwickeln und eine starke Marktpositionen aufzubauen. Der Pionier hat die Möglichkeit, mit dem Markt zu wachsen und so Erfahrungskurveneffekte zu nutzen (Patterson 1993, Remersbach 1988). Da auch die Kunden zunächst Erfahrungen mit dem neuen Leistungsangebot sammeln müssen, kann diese Erfahrungen zur systematischen Verbesserung des Bildungsangebotes genutzt werden (Carpenter/Nakamoto 1989, Meffert 1994).

Der Pionier wird allerdings mit unterschiedlichen Marktwiderständen konfrontiert (Schwalbach 1986). Primäre und sekundäre Marktwiderstände können die Umsetzung der Strategien verhindern bzw. die Neueinführung des Pioniers scheitern lassen. Mit primären Marktwiderständen meint man die Widerstände der Abnehmer bezüglich der Akzeptanz oder Übernahme des Bildungsangebotes. Neben diesen Nachfragewiderständen sind konkurrenzbezogene Marktwiderstände (sekundäre Widerstände) zu beachten, welche im Wesentlichen durch Markteintritts- und Mobilitätsbarrieren charakterisiert sind. Markteintrittsbarrieren bilden Widerstände, die es dem Bildungsanbieter nicht erlauben, sich im Markt zu positionieren. Mobilitätsbarrieren entstehen dadurch, dass Wettbewerber versuchen, die Mobilität der Nachfrager zu verhindern und diese an sich binden, so dass der Pionier sie nicht abwerben kann (Meffert 1994).

2.3.6.2 Folger

Die Folger treten in einem Marktsegment nach dem Pionier auf. Es können dabei zwei Gruppen von Folgern definiert werden.

Die *frühen Folger* treten in den noch entstehenden Markt ein. Die Take-off-Phase des Marktes bestimmt die Grenzen des theoretisch möglichen Eintrittskontinuums. Dem frühen Folger stehen damit alternative Eintrittszeitpunkte zur Verfügung. Der Strategieschwerpunkt des frühen Folgers beeinflusst damit den Neustrukturierungszeitpunkt des Pioniers, da dieser eine wettbewerbsorientierte Strategie durchsetzen muss (zu den Wirkungen auf den Nachfolger Remersbach 1988).

Die Strategie der frühen Folgerschaft hat den Vorteil, dass die erste Marktbearbeitung von einem Wettbewerber realisiert und finanziert wurde. Dadurch kann der frühe Folger unter Umständen an den Erträgen der fremden Investitionen partizipieren.

Die *späten Folger* treten nach den frühen Folgern auf. Der Markteintritt erfolgt nach Erreichung der Take-off-Phase des Marktes, wenn ein Erfolg der ersten Anbieter in Form eines beschleunigten Marktwachstums zu erkennen ist. Oftmals wird der Markteintritt durch Veränderungen in der Marktstruktur oder der modifizierten Marktbegebenheiten ausgelöst (Abell 1978).

Die Entscheidung des Timing eines Markteintrittes kann durch unterschiedliche Faktoren beeinflusst werden. Wichtige Einflussfaktoren der unternehmerischen Timing-Entscheidung eines Bildungsanbieters sind in Abb. 67 aufgeführt.

Situationsvariable	Begünstigt eher den Führer	Begünstigt eher den Folger
Unternehmen		
• Strategische Grundhaltung	offensiv	defensiv
• Risikoneigung	groß	gering
• Ressourcenstärke	groß	gering
Technologie		
• Übereinstimmung mit dem bisherigen Angebot	groß	gering
• Einsatz vorhandener Techniken	möglich	nicht/kaum möglich
• Erfahrung mit der Bildungstechnologie	groß	gering
• Wettbewerbsbedeutung der Bildungstechnologie	groß	gering

Bildungsmarketing

Bildungsleistung ▪ Komplexität ▪ Innovationsgrad ▪ Wechselkosten ▪ Normierungstauglichkeit	nicht eindeutig groß hoch groß	gering gering gering gering
Zielgruppe/Kunden ▪ Anteil neuer Kunden ▪ Risikobereitschaft ▪ Anbieterpräferenz ▪ Erfahrung mit vergleichbaren Angeboten	groß groß stark groß	gering gering schwach keine
Markt/Marktsegment ▪ Marktpotenzial ▪ Marktwachstum ▪ Primäre Eintrittsbarrieren ▪ Sekundäre Eintrittsbarrieren	nicht eindeutig hoch schwer zu überwinden leicht zu überwinden	groß niedrig leicht zu überwinden schwer zu überwinden

Abb. 67: Wichtige Einflussfaktoren der Timing-Entscheidung

2.3.6.3 Dynamische Betrachtung von Timing-Strategien

Aufgrund der Dynamik des Marktes und der vielfältigen Segmente und Angebote sind kaum stabile Timing-Strategien zu beobachten. Es kommt vielmehr zu Strategieveränderungen.

In vielen Bildungssegmenten kann man feststellen, dass eine Art strategische Gruppe entsteht, in der sich Pioniere und frühe Folger oftmals abwechseln, während die Gruppe der späten Folger relativ stabil bleibt und ein Wechsel eines späten Folgers zur Gruppe der Pioniere seltener und nur sehr zufällig auftritt.

Zu beachten ist, dass sich die Problemfelder für Pioniere, frühe Folger und späte Folger verändern. Der Pionier hat überwiegend Kaufwiderstände zu überwinden und die Nachfrager zu informieren und aufzuklären. Sekundäre Marktwiderstände sind für ihn dagegen relativ selten. Der Folger hat geringere primäre Marktwiderstände zu überwinden, dafür dominieren die sekundären Marktwiderstände, wenn er als Nachfolger in den Markt eintritt.

Dadurch bedingt scheint die grundlegende Ausrichtung relativ stabil zu sein. Ein innovativer Bildungsanbietern gehört in der Regel zu den Pionieren oder den frühen

Folgern, während die Gruppe der späten Folger lediglich durch Zufall eine Pionierstellung übernimmt.

2.4 Marktteilnehmerstrategien

Im Rahmen der Marktteilnehmerstrategien hat der Bildungsanbieter darüber zu entscheiden, welche Strategie er gegenüber den Marktteilnehmern anwenden soll. Im Mittelpunkt der marktteilnehmergerichteten Strategien stehen die abnehmergerichteten Strategien, deren Ausgestaltung sich an den zuvor angestrebten Wettbewerbsvorteilen orientieren muss. Neben den nachfragerorientierten Strategien sind die Verhaltensweisen gegenüber den Wettbewerbern, Absatzmittlern und Anspruchsgruppen festzulegen. Auf dieser Basis erfolgt dann die langfristige Realisierung der Strategieoptionen in den alternativen Geschäftsfeldern.

2.4.1 Abnehmergerichtete Verhaltensstrategie

Abnehmergerichtete Verhaltensstrategien sind auf die Frage ausgerichtet, in welcher Art und Weise aktuelle und potenzielle Bildungsnachfrager angesprochen und in ihren Bedürfnissen befriedigt werden sollen. Damit beziehen sie sich auf die Art und Weise der Marktbearbeitung. Die Entscheidung über diese Strategieoptionen ist eng verbunden mit der Dimension der Wettbewerbsvorteilsstrategie, da diese die inhaltliche Ausprägung der abnehmergerichteten Verhaltensstrategie darstellen (Benkenstein 1997, Meffert 1994).

Bei der Planung der Marketing-Politik hat der Anbieter bestehende Unterschiede zwischen den Nachfragern zu berücksichtigen. Dabei kann man von zwei Extrempunkten ausgehen (Freter 1983):

1. Der Markt wird als völlig homogen angesehen.
2. Der Markt wird als völlig heterogen angesehen, alle Kunden unterscheiden sich.

Ausgehend von diesen beiden Ausprägungen können eine undifferenzierte und eine differenzierte Marktbearbeitungsstrategie angewendet werden.

Eine *undifferenzierte* Strategie der Marktbearbeitung ist im Kern auf die Gemeinsamkeiten der Bedürfnisse der Nachfrager ausgerichtet. Die Bildungsanbieter, die diese

Strategie verfolgen, versuchen mit Hilfe von standardisierten Leistungen, eine möglichst große Gruppe von Nachfragern zu treffen. Realisiert wird diese Strategie, wenn ein Bildungsanbieter eine sektorenbezogenen Marktbearbeitung durchführt. In diesem Fall sucht er gezielt Bildungsbedürfnisse, die für eine große Anzahl von Nachfragern Gültigkeit besitzen. Die Bildungsleistungen werden zugleich so universell wie möglich konzipiert und beworben und für alle Unternehmen oder alle Privatnachfrager bzw. Behörden angeboten.

Die *differenzierte* Marktbearbeitungsstrategie ist dadurch gekennzeichnet, dass der Bildungsanbieter den heterogenen Markt in homogenen Teileinheiten zusammenfasst und diese differenziert bearbeitet. Die Bildungsleistungen sind in diesem Fall an die spezifischen Bedürfnisse der einzelnen Segmente angepasst. Die segmentspezifischen Nachfragerpotenziale schöpft der Anbieter in diesem Fall besser aus als ein undifferenzierter Anbieter. Die differenzierte Marktbearbeitung setzt voraus, dass der Bildungsanbieter eine erfolgreiche Marktsegmentierung durchführen konnte und eine Segmentierung erhalten hat, die eine segmentspezifische oder sogar personenbezogenen Marktbearbeitung zulässt.

In Verbindung mit den Grunddimensionen der geschäftsfeldbezogenen Wettbewerbsvorteilsstrategien können die abnehmergerichteten Marketingstrategien in unterschiedlichen Ausprägungen identifiziert werden. Die differenzierte und undifferenzierte Marktbearbeitungsstrategien lassen sich grundsätzlich in Verbindung mit der Differenzierungsstrategie oder der Kostenvorteilsstrategie umsetzen (Benkenstein 1997). Allerdings ergänzen sich die undifferenzierte Marktbearbeitungsstrategie und die Kostenführerschaft in besonderer Weise. Die Kostenführerschaft findet dabei ihren Niederschlag in standardisierten Leistungen, die für ganze Sektoren angeboten werden. Ähnlich Synergien bestehen zwischen den wettbewerbsgerichteten Differenzierungsstrategien und einer differenzierten Marktbearbeitung.

Welche Vorgehensweise geeignet ist, Wettbewerbsvorteile zu generieren und die Bedürfnisse der Bildungsnachfrager am besten anzusprechen, lässt sich erst in Verbindung mit dem gewählten Geschäftsfeld bestimmen. Aus Sicht des Marketing erscheint aber die Forderung gerechtfertigt, dass differenzierte Märkte auch mit differenzierten Leistungen anzusprechen sind, denn nur so kann eine Identität zwischen den angebotenen Leistungen und Nachfragerbedürfnissen erzeugt werden.

2.4.2 Wettbewerbsorientierte Verhaltensstrategie

Die oben vorgestellten Bestimmungsfaktoren des Wettbewerbsverhaltens im Bildungsmarkt bildet die Grundlage für das Verhalten der Bildungsanbieter im Wettbewerb. Grundsätzlich lassen sich ein aktives und ein passives Wettbewerbsverhalten unterscheiden.

2.4.2.1 Passives Wettbewerbsverhalten

Ein passives Wettbewerbsverhalten liegt vor, wenn die Aktionen und Verhaltensweisen der Konkurrenz weder direkt noch indirekt in die Unternehmensentscheidungen mit einbezogen werden. Zahlreiche Bildungsträger nehmen den Wettbewerb nicht wahr und entwickeln somit keine konkurrenzgerichtete Strategie im Sinne eines längerfristigen Verhaltensplanes. Sie entwickeln auch keine operativen Wettbewerbsaktivitäten.

Diese Verhaltensweise kann auf unterschiedliche Umstände zurückgeführt werden.

Da der Bildungsmarkt eine sehr große Atomisierung aufweist, ist für viele kleinere Marktteilnehmer die Marktstruktur und Zusammensetzung nicht identifizierbar. Daher ist die Identifizierung von Wettbewerbern schwierig. Sollten sie doch einmal direkt identifiziert werden, dann entsteht häufig das Problem, dass sie im dynamischen Wettbewerb nicht als konstante Wettbewerber betrachtet werden können.

Es kommt zudem bei großen Wettbewerbern häufig zu einem wettbewerbsautonomen Verhalten. Insbesondere Anbieter mit einer dominierenden Marktstellung in ihrem Bereich treten als Monopolisten auf und berücksichtigen die Verhaltensweisen der Wettbewerber in ihren Überlegungen nicht (Meffert 1994). Dies kann häufig bei Bildungsanbietern beobachtet werden, deren Gesellschafter eng in das lokale Sozialsystem eingebunden sind und deren Machtposition durch ein enges Netzwerk aus Beziehungen gestützt wird. (Dies ist häufig bei Bildungsträgern aus dem gewerkschaftlichen oder kirchlichen Bereich sowie bei Gesellschaftern aus Verbänden und Kammern zu beobachten.)

2.4.2.2 Aktives Wettbewerbsverhalten

Ausgehend von der aktuellen Wettbewerbssituation, trifft man die Entscheidung, welche Ausprägung das aktive Wettbewerbsverhalten bekommen soll. Dabei geht es zunächst darum, wie konkurriert wird (defensiv oder offensiv) und in welcher Weise auf den Wettbewerber eingegangen werden soll (innovativ oder imitatorisch) (siehe Haedrich/Tomczak 1990 sowie ähnliche Bezugsraster bei Henzler 1980 und Assael 1985).

Das Bildungsmanagement kann eine offensive oder defensive Haltung zum Wettbewerb einnehmen. Defensive Verhaltensweisen richten sich auf die Erhaltung der Marktkonstellation. Der Bildungsanbieter versucht, den Status quo und damit die aktuelle Situation zu festigen und Veränderungen zu vermeiden. Offensive Verhaltensweisen dienen dagegen der Realisierung von eigenen Vorteilen zur Verbesserung der individuellen Marktposition (Becker 1998).

Wettbewerbsgerichtetes Verhalten kann sich in den Grundausrichtungen innovativ (unkonventionell) oder imitatorisch (konventionell) ausdrücken. Imitierende Verhaltensweisen orientieren sich an bewährten Standards des Bildungsbereiches, während das unkonventionelle Wettbewerbsverhalten auf den Aufbau einen bewussten kontrastierenden Position basiert (Becker 1998, Meffert 1994, Benkenstein 1997). Die Kombination ergibt vier mögliche Optionen strategischen Wettbewerbsverhaltens (vgl. Abb. 68):

Verhaltensdimension	innovativ	Imitatorisch
Defensiv	ausweichend	Anpassung
Offensiv	Konflikt	Kooperation

Abb. 68: Typologie wettbewerbsorientiertem Verhaltens (Meffert 1994)

Becker bezeichnet die Anpassungs- und die Konfliktstrategie als symmetrische Kombinationen, während die Ausweich- und die Kooperationsstrategien asymmetrische Strategieoptionen darstellen. Symmetrische Optionen sind natürliche Strategiebündel, die entweder konventionelles Handeln oder unkonventionelles Agieren auslösen. Während asymmetrische Kombinationen unnatürliche Verknüpfungen darstellen, die lediglich aus situativen Gegebenheiten eine sinnvolle Option darstellen (Becker 1998).

2.4.2.2.1 Ausweichen

Die innovativ-defensive Strategie wird als Ausweichstrategie bezeichnet. Mit der Ausweichstrategie bemüht sich der einzelne Bildungsanbieter, dem Wettbewerbsdruck zu entgehen und die Geschäftsfelder zu besetzen, die sich inhaltlich, technologisch und zielgruppenspezifisch eindeutig definieren lassen, so dass entweder Quasimonopole entstehen, oder zumindest die Wettbewerbsintensität absinkt. Die Ausweichstrategie ist besonders erfolgreich, wenn zumindest kurz- und mittelfristig Markteintrittsbarrieren aufgebaut werden können, so dass dies Segment vor potenziellen Nachfolgern geschützt werden kann (Mattson 1985, Carpenter/Nakamoto 1989, Benkenstein 1997, Meffert 1998).

Ein Trainer, der nur Führungstrainings anbietet, hat ein Kommunikationsproblem, da er mit mehreren hundert anderen Anbietern konkurriert. Der Kunde wird zwangsläufig über den Preis steuern. Eine Spezifizierung in eine Branche hinein kann das zusätzliche Add-on sein, um sich zu differenzieren.

2.4.2.2.2 Kooperation

Grundsätzlich handelt es sich bei einer Kooperation um eine auf Vertrauen beruhende, freiwillige Zusammenarbeit rechtlich und wirtschaftlich selbstständiger Betriebe, die sich auf die gemeinsame Erfüllung betrieblicher Funktionen oder Teilaufgaben erstreckt, mit dem allgemeinen Ziel einer Leistungsverbesserung der beteiligten Unternehmen (Hopfenbeck 1995).

Kooperationen haben im Bildungsbereich eine lange Tradition. Ende der 60er Jahre wurde auf der Makroebene im Bildungsbereich die Diskussion geführt, ob Kooperationen von Bildungsanbietern einen Vorteil für die Gesellschaft böten. Mehrere Gutachten wurden mit widersprüchlichen Ergebnissen zu dieser Debatte erstellt (Kultusministerium Baden-Württemberg (Hrsg.) 1968, Remmers 1969, Deutscher Bildungsrat 1972). Die gesamte Diskussion führte zu Gesetzesentwürfen, um Kooperationen von staatlichen und freien Trägern über die Finanzierung zu erzwingen. Dieser Ansatz wurde allerdings im 1. Weiterbildungsgesetz für NRW nicht berücksichtigt. Kooperationen werden dort lediglich empfohlen (vgl. §1, Abs. 3 – Erstes Gesetz zur Ordnung und Förderung der Weiterbildung im Lande Nordrhein-Westfalen), insbesondere vor dem Hintergrund der Kostenersparnisse, die durch Kooperationen in der Erwachsenenbildung erreicht werden können (Helmer 1978). In den letzten Jahren sind insbesondere im Rahmen der von der EU geförderten Maßnahmen Kooperationen dadurch erzwungen worden, dass eine Förderung nur genehmigt wurde, wenn mindestens zwei Anbieter aus verschiedenen EU-Staaten kooperieren.

Kooperationen können über mehrere Dimensionen beschrieben und systematisiert werden. Dabei sind die Dauer, Intensität, Organisation, Richtung, der Partner, Geltungsbereich und das Aufgabengebiet zu nennen (Abel 1992). Abb. 69 zeigt diese Dimensionen mit den entsprechenden Ausprägungen.

Dimension	Ausprägung						
Dauer	befristet			Unbefristet			
	kurz-	mittel-	langfristig				
Intensität	lose	vertraglich		Kapitalverflechtung			
Organisation	dezentral	Leitfirma		genossenschaftlich		Fremdbezug	
Partner	Bildungsträger	Kunden	Handel	Verlag	Beratungsunternehmen	Forschungsinstitut	Hochschule
Richtung	horizontal	Vertikal		diagonal		multilateral	
Geltungsbereich	lokal	regional		National		global	
Aufgaben	F&E	Marketing	Finanzierung	Personal		Verwaltung	

Abb. 69: Dimensionen von Kooperationsstrategien

Kooperationen weisen eine unterschiedliche Realisierungsdauer auf. Einzelne Kooperationen werden nur für eine Bildungsmaßnahme eingegangen, wenn ein Bildungsträger zum Beispiel nicht die Fähigkeiten aufweist, bestimmte Inhalte im Rahmen einer längeren Maßnahme abzudecken. Erfolgt die Realisierung der Maßnahme häufiger, dann gehen kurzfristige Kooperationen in mittel- und langfristige Kooperationsformen über. Unbefristet sind Kooperationsformen, die über einzelne Bildungsmaßnahmen und Projekte hinausgehen und der gemeinsamen, langfristigen Sicherung von Erfolgsfaktoren dienen.

Bezüglich der Kooperationsintensität kann man unterschiedliche Varianten identifizieren. Lose Kooperationen entstehen häufig durch Absichtserklärungen oder verbale Äußerungen. Vertraglich fixierte Kooperationen weisen dagegen eine deutlich stärkere Intensität auf. Entstehen Kapitalverflechtungen, handelt es sich in der Regel um langfristige Bildungskooperationen.

Die Organisation der Kooperation kann sehr unterschiedlich verlaufen. Eine dezentrale Kooperation ist sehr häufig anzutreffen, da hier gleichberechtigte Partner kooperieren, die im Rahmen der Tätigkeit jeweils bestimmte Aufgaben übernehmen. Übernimmt ein Kooperationspartner die Führung, spricht man von einer Leitfirma, die der Kooperation vorsteht. Dies geschieht im Bildungsbereich häufig dann, wenn ein Kooperationspartner dominante Bestandteile des Kooperationsobjektes erstellt und die anderen Kooperationspartner nur relativ unbedeutende Bestandteile beisteuern. Diese Kooperationsform ist im – noch näher zu betrachtenden – Geschäftsfeld des Zulieferers häufiger anzutreffen. Bei genossenschaftlich strukturierten Kooperationen ist jeder Kooperationspartner gleichberechtigt und verfügt über Leitungsbefugnis.

Bezüglich der geografischen Ausprägung können Kooperationen realisiert werden, die lokal anzutreffen sind, beispielsweise ein Zusammenschluss von einem Teil von Trägern, um gemeinsame Ziele zu realisieren (als Beispiel kann die Landes Arbeitsgemeinschaft Anderer Weiterbildung in Baden Württemberg gelten, vgl. LAAW (Hrsg.) 1994). Regionale Kooperationen kommen zustande, wenn Bildungsträger aus unterschiedlichen Regionen kooperieren (Gidion 1995). Nationale Kooperationen kommen für Bildungsträger in Frage, die international agieren und in bestimmten nationalen Märkten Kooperationen mit lokalen Anbietern eingehen. Eine globale Kooperation liegt vor, wenn die Kooperationspartner weltweit agieren.

Bezüglich der Richtung werden horizontale, vertikale, diagonale und multilaterale Kooperationen unterschieden. Vertikale Kooperationen können zwischen einzelnen Bildungsträgern realisiert werden. Wesentlich ist dabei, dass sich die Wertschöpfungskette auf beide Bildungsträger ausdehnt und beide Teilbereiche an dem anderen Partner im Sinne einer gemeinsamen Wertschöpfungspartnerschaft partizipieren. Die Wertschöpfung als strategischer Erfolgsfaktor wird auch von Zapf nachgewiesen

(Zapf 1990). Der Verein OTA e.V. (Open Training Association – Verein zur Förderung von Qualität im Training für die Informations- und Automatisierungstechnik) ist ein Beispiel für eine vertikale Kooperation von Unternehmen, die einen einheitlichen Qualitätsstandard in der Ausbildung ihrer Mitarbeiter realisieren möchten (Hofmann 1995). Auch Kailer erwähnt die Kooperationen als Weiterbildungsverbund, wobei er allerdings die Ausgestaltung des Vertragsverhältnisses zwischen einem Bildungsträger und einem Unternehmen als Kooperation betrachtet (Kailer 1994). Unter horizontaler Kooperation versteht man die Zusammenarbeit von einem Bildungsträger mit einem Verlag oder mit einem Sachleistungs- bzw. weiteren Dienstleistungsunternehmen, wobei der Partner nicht auf derselben Distributionsebene agiert (in letzter Zeit sind häufiger Kooperationen von Tagungshotels und Seminaranbietern zu beobachten, vgl. Kuntz 1998).

Die Bedingungen, unter denen Kooperationen besonders erfolgreich sind, werden unterschiedlich systematisiert, und mehrere Untersuchungen, insbesondere amerikanischer Soziologen, kommen zu unterschiedlichen Determinanten (Paulson 1974, Aiken/Hage 1968, Baty/Evan/Rothermel 1971, Helmer 1978). Es scheint allerdings einige Faktoren zu geben, die Kooperationen und aufeinander abgestimmtes Verhalten begünstigen. Ähnlich den Faktoren, die zur Kartellbildung führen, wirken diese auf das Kooperationsverhalten von Bildungsanbietern:

- Marktstrukturfaktoren

- geringe Zahl von Anbietern auf dem relevanten Markt. Insbesondere in Oligopolsituationen versuchen einzelne Anbieter, mit Hilfe von Kooperationen ihre Marktanteile zu erhöhen,

- strukturelle Marktzutrittsschranken privater Art. Insbesondere ökonomische Faktoren wie eine hohe mindestoptimale Betriebsgröße aufgrund weitreichender Economies of Scale, Werbekosten und sonstiger hoher irreversibler Investitionen,

- strukturelle Marktzutrittsschranken staatlicher Art. Patente und Urheberrechte, handels- und gesellschaftsrechtliche Schranken, Zulassungsverfahren zu bestimmten Märkten,

- strategische Marktzutrittsschranken privater Art. Aggressive Preispolitik, Einsatz von Über- oder Reservekapazitäten als Drohung, Produktdifferenzierung,

- strategische Marktzutrittsschranken staatlicher Art. Subventionierung einzelner Unternehmen, Regulierungen des Marktzutritts wie Befähigungsnachweise oder Bedarfsprüfungen. (LAAW (Hrsg.) 1994).

❷ Symmetrische Produktionsbedingungen
Ähnliche Kostenverläufe der Bildungsanbieter begünstigen Kooperationen und Kartelle. Es wird von einem homogenen Markt ausgegangen, auf dem der Preis nicht mehr die gesamten Leistungskosten deckt. Kooperationen orientieren sich hier in der Regel am monopolistischen Angebotspreis. Überkapazitäten verlangen jedoch eine interne Einigung über deren Ausnutzung.

❸ Hohe Angebotselastizität
Zur Vermeidung von Preiskämpfen bei homogenen Bildungsleistungen, bedingt durch Überkapazitäten im relevanten Markt, bilden sich Kooperationen, die zumindest Kostendeckung ermöglichen.

❹ Niedrige Preis- und Einkommenselastizität der Gesamtnachfrage
Bei Bildungsleistungen in der Reife- oder Stagnationsphase bewirken Preissenkungen nur geringe Nachfragesteigerungen (Sättigungsgüter). Umsatzsteigerungen eines Unternehmens gehen im Sinne eines Nullsummenspieles zu Lasten der anderen.

❺ Ähnlichkeit der unternehmerischen Zielsetzung
Wenn kooperierende Bildungsanbieter ähnliche unternehmerische Zielsetzungen haben, scheint die Stabilität und der Erfolg der Kooperation wesentlich eher gegeben, als wenn die Kooperationspartner grundlegend unterschiedliche Zielvorstellungen haben. Daher hinterlassen Kooperationen von gemeinnützigen und kommerziellen Träger den Eindruck von geringerer Dauer und mangelndem Erfolg.

❻ Möglichkeiten des inneren und äußeren Kooperationszwangs
Kooperationen weisen eine höhere Stabilität auf, wenn der innere und äußere Kooperationszwang steigerbar ist. Der interne Kooperationszwang kann durch vertragliche Konstruktionen mit Hilfe von Konventionalstrafen oder der Androhung von Konsequenzen erhöht werden. (Zu dieser Problematik ergeben sich zahlreiche theoretische Ansätze aus der Spieltheorie. Insbesondere zum Kooperations- und Kartellverhalten hat die Spieltheorie einige Ansätze und Strategien entwickelt, siehe

Dixit/Nalebuff 1997.) Der äußere Kooperationszwang ergibt sich durch die Nachfrager und sonstigen Anspruchsgruppen und ist von einzelnen Kooperationsteilnehmern nur schwer zu beeinflussen.

Die Vor- und Nachteile von Kooperationen werden unterschiedlich bewertet und sind abhängig von den individuellen Gegebenheiten. Insbesondere für Bildungsanbieter mit geringer Wettbewerbsvorteilen weist diese Strategie den Vorteil einer erhöhten Flexibilität und Sicherheit auf. Kritisch erscheinen Kooperationen immer dann, wenn spezifische Fachkompetenzen bei einem Kooperationspartner vorhanden sind, die der andere Kooperationspartner langfristig kopieren kann, was dazu führt, dass er den Partner substituieren kann.

2.4.2.2.3 Konfliktstrategien

Ein innovativ offensives Wettbewerbsverhalten geht in der Regel mit der Zielsetzung einher, durch ein, im Vergleich mit dem Wettbewerber, individuelles Verhalten Marktanteile zu gewinnen und möglicherweise die Marktführerschaft zu realisieren. Diese Verhaltensweise findet man häufig in Bildungsmärkten, die sich in der Schrumpfungs- oder Stagnationsphase befinden und über eine beschränkte Anzahl von Anbietern verfügen, so dass eine gezielte Konfliktstrategie realisierbar ist. Dieses Strategiealternative setzt allerdings voraus, dass der Bildungsträger überdurchschnittliche Reaktionsgeschwindigkeiten aufweist, um auf Wettbewerbsaktionen zu reagieren, seine Anpassungsfähigkeit es erlaubt auch, neue Konkurrenten und Angebote wahrzunehmen, und er in längeren Konfliktphasen die Ausdauer hat, um auch Phasen mit ökonomischen Verlusten hinzunehmen.

In der Wettbewerbsliteratur existieren eine Vielzahl von Strategiealternativen für die Konfliktsituation. In der Regel hat ihre Entstehungsgeschichte einen militärischen Hintergrund und oftmals sind sie mit Hilfe der Spiel- oder Oligopoltheorie theoretisch fundiert (Porter 1986, Heskett 1988, Kotler 1986, Durö/Sandström 1986; James 1986, Dixit/Nalebuff 1995).

Folgende Strategien sind offensive Konfliktstrategien (Porter/Singh 1981, Kotler/Bliemel 1999):

Frontalangriff:

Bei einem Frontalangriff greift der Bildungsanbieter die Stärken des Konkurrenten an. Insbesondere das Kernprodukt des Wettbewerbers steht im Mittelpunkt der Strategie des Angreifers. Die Leistungen werden überboten und die Preise unterboten. Das Ergebnis dieser Strategie hängt von den Stärken und weniger von den Schwächen der Bildungsanbieter ab (Sudharshan 1995, Meffert 1994). Ein Bildungsanbieter, der einen Marktführer angreifen möchte, ist gezwungen, bei dieser Strategievariante mit allen zur Verfügung stehenden Ressourcen das Hauptprodukt des Wettbewerbers anzugreifen. Diese Strategie erscheint erfolgversprechend zu sein, wenn der Angreifer schnell und flexibel handelt und der Angegriffene nicht auf diese Angriffe reagiert. Es ist häufig zu beobachten, dass Marktführer Angriffe auf ihre Kernleistungen oft nicht ernst nehmen, sich als Monopolisten verhalten und ihre Stärken überschätzen.

Flankenangriff:

Beim Flankenangriff umgeht der Angreifer die Stärken und stützt seinen Angriff auf die Schwächen des Wettbewerbers. Üblicherweise erfolgt der Angriff mit regionalen oder segmentspezifischen Schwerpunkten, in denen der Wettbewerb nicht übermäßig stark ist. Ein Bildungsanbieter könnte seinen Einstieg in ein fremdes Segment mit Kursangeboten eröffnen, bei denen der Marktführer Schwächen aufweist, oder einen Einstieg in Regionen, in denen der Wettbewerber schwach vertreten ist. Diese Strategie weist ein hohes Erfolgspotenzial auf, da hier die Stärken des Angreifers auf die Schwächen des Angegriffenen treffen.

Umzingelung:

Die Strategie der Umzingelung basiert auf dem Grundgedanken, dass der Angreifer mit mehreren Leistungen die Kernleistungen des bestehenden Wettbewerbers angreift, umzingelt und so Nachfrager abzieht. Diese Strategie ist besonders erfolgreich, wenn der Angegriffene mit seiner Leistung sehr heterogene Nachfrager mit einer Standardleistung abdeckt und der Angreifer die Nachfrager mit individuellen segmentspezifischen Leistungen besser bedienen kann. Diese Strategie bedarf allerdings großer Ressourcenmengen.

Vorbeiangriff:

Diese indirekteste Angriffsstrategie läuft am Gegner vorbei, um Märkte und Segmente zu besetzen, die leicht zu erobern sind, um so die Ausgangsbasis für weitere Aktionen zu stärken. Im Wesentlichen handelt es sich hierbei um eine Ausweichstrategie, die bereits oben systematisiert wurde.

Guerrilla-Angriff:

Diese Strategiealternative wird häufig von kleineren Wettbewerber mit geringeren Ressourcen angewendet. Dabei werden spezielle Segmente angegriffen oder sehr stark abgegrenzte Bereiche tangiert, um langfristig vom Wettbewerber Zugeständnisse oder Freiräume zu erhalten.

2.4.2.2.4 Anpassung

Die Strategie der Anpassung zielt auf die Erhaltung und Absicherung der von dem Bildungsträger bereits erreichten Marktposition (Meffert 1994, Benkenstein 1997).

Die Verhaltensweise des Anbieters wird auf die Aktionen des Wettbewerbes abgestimmt. Mit dieser Strategie versucht der Bildungsanbieter, die Wettbewerbsintensität zu senken, indem er den Angriffen und Aktionen des Wettbewerbes ständig ausweicht und keinerlei Angriffsfläche bietet. Diese Strategieoption scheint langfristig aber nicht praktikabel zu sein und wird in der Literatur auch nicht näher diskutiert (Meffert 1994, Benkenstein 1997, Becker 1998).

2.4.3 Absatzmittlergerichtete Verhaltensstrategie

Die Absatzmittlerorientierung ist in der bisherigen Diskussion in Theorie und Praxis bisher noch nicht wahrgenommen worden. Diese Wahrnehmungslücke ist auf die Tatsache zurückzuführen, dass im Bildungsbereich kein institutioneller Handel existiert. Gestützt wird diese Problematik weiterhin dadurch, dass Absatzmittler bei vielen Autoren explizit als Wiederverkäufer von Waren und Produkten bezeichnet werden (Nieschlag/Dichtl/Hörschgen 1991). Damit könnten, ausgehend von diesem Verständnis, Absatzmittler nur dann eingeschaltet werden, wenn die Bildungsleistung als physisches Produkt auftritt (Lehrbücher, Lehrfolien, Audio- und Videokassetten und CBT). Der hier vertretene institutionelle Handel kann diese Leistungen kaufen und verkaufen. Beinhaltet die Bildungsleistung keine physischen Endprodukte, dann wählt die überwiegende Mehrheit den direkten Vertrieb ohne Einschaltung eines Absatzmittlers oder Absatzhelfers. Dies ist allein durch das uno-acto-Prinzip zu erklären. Die Leistungserstellung und Konsumption erfolgt simultan in einem Prozess (Meffert/Bruhn 1995, Johnson/Scheuing/Gaida 1986).

Absatzmittler sollten aber wesentlich weiter definiert werden, da sie nicht nur Waren, sondern auch Dienstleistungen kaufen und weiterverkaufen (Meffert/Bruhn 1995). Der Händler im klassischen Sinn vertreibt bei Dienstleistungen so genannte Leistungsversprechungen. Ein Bildungshändler könnte dann das Leistungsangebot, das zu einem späteren Zeitpunkt an den Bildungsnachfrager verkauft wird, in Form einer Gutscheines oder Zertifikates verkaufen (analog der Leistungen von Reisebüros, Makler, Versicherungsvertreter, vgl. Meffert/Bruhn 1995).

Marktstrukturen können entweder zentral oder dezentral strukturiert sein. Ein dezentralisierter Markt weist keine koordinierenden Stellen auf. Anbieter und Nachfrager verhandeln bei jeder Transaktion neu miteinander. In einem zentralisierten Markt koordiniert ein Absatzmittler die unterschiedlichen Angebote und Nachfragen der Marktteilnehmer. Falls dieser Händler nicht existiert, kann ein zentralisierter Markt ohne Zwischenhändler vorliegen. Diese Marktstruktur ist immer dann der Fall, wenn Transaktionen auf Messen oder Märkten abgeschlossen werden (vgl. Abb. 70) (Bowersox/Cooper 1992).

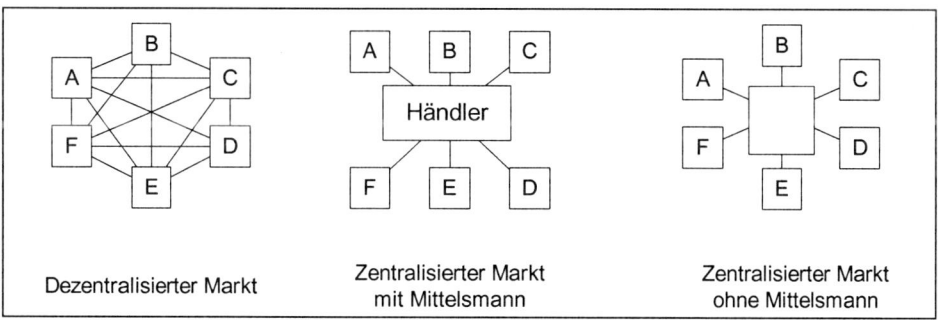

Abb. 70: Marktstrukturen (Bowersox/Cooper 1992)

Es ergeben sich damit für den Bildungsanbieter mehrere Aktionsmöglichkeiten. Er kann sich dem Absatzmittler anpassen, mit ihm kooperieren, ihn umgehen oder einen Konfliktkurs realisieren (vgl. Abb. 71) (Meffert 1994, Meffert 1998, Benkenstein 1997).

Marketing des Bildungsanbieters	passiv in der Gestaltung der Absatzwege	aktiv in der Gestaltung der Absatzwege
passiv in der Reaktion auf Marketingaktivitäten der Absatzmittler	Anpassung	Konflikt
aktiv in der Reaktion auf Marketingaktivitäten der Absatzmittler	Kooperation	Umgehung/Ausweichung

Abb. 71: Absatzmittlerorientierte Strategien (Benkenstein 1997)

2.4.3.1 Umgehen

Wenn der Bildungsanbieter den Absatzweg aktiv gestaltet und auch aktiv auf die Marketingaktionen der Absatzmittler reagiert, dann verfolgt er die Umgehungsstrategie.

Diese Strategie wird im Bildungsbereich von zahlreichen Unternehmen verfolgt. Es handelt sich bei personendominanten Bildungsleistung um die vorherrschende Form. Die wenigsten Trainer schalten Vermittlungsagenturen oder andere Zwischenhändler ein.

Die Umgehungsstrategie hat den Vorteil, dass der Bildungsanbieter die uneingeschränkte Kontrolle über den Vertriebsweg hat. Realisierungsformen für diese Strategien sind der stationäre Leistungserstellung mit eigenen Niederlassungen, der mobile Betrieb oder ein Direktvertrieb (Meffert 1994, Benkenstein 1997). Im Rahmen dieser Strategie ist notwendigerweise der Aufbau eines eigenen Vertriebssystems notwendig, für den zum Teil nicht unerhebliche Finanzmittel aufgewendet werden müssen.

2.4.3.2 Kooperation

Eine weitere Möglichkeit ist die kooperative Ausgestaltung der absatzmittlerorientierten Strategiekomponente. Die Kooperationsstrategie basiert auf der Grundidee, dass Bildungsanbieter und Absatzmittler durch eine Kooperation effizienter handeln und so Wettbewerbsvorteile aufbauen und absichern können (Buzzell/Ortmeyer 1995,

Benkenstein 1997). Kooperationsstrategien treten in unterschiedlichen Formen auf. Sie reichen von losen Verhaltensabsprachen bis zu einer vertraglich begründeten „Quasi-Filialisierung" (Ahlert 1996, Benkenstein 1997). Zu den wichtigsten Formen im Bildungsbereich gehören lose Kooperationsformen, Vertriebsbindungssysteme, Vertragshändlersysteme und Franchising (vgl. Abb. 72).

Im Rahmen des Kommissionsvertriebes vertreibt der Absatzmittler die Leistungen des Bildungsanbieters in dessen Namen und auf dessen Rechnung. Damit realisiert der Bildungsanbieter grundlegende Durchgriffsrechte auf das Marketing des Mittlers und verhindert eine eigenständige Preispolitik (Meffert 1994). Diese Strategie findet sich häufig bei Lizenznehmern von Seminar- oder Trainingskonzepten. Ein typischer Lizenzanbieter ist zum Beispiel HDI mit der Lizenzierung des Hermann Dominanz Instrumentes, www.hid.de.

Vertriebsbindungssysteme gewährleisten einen umfangreichen Einfluss des Anbieters auf die Gestaltung des Absatzkanals, indem durch vertragliche Vereinbarungen zwischen Herstellern und Absatzmittlern eine enge kooperative Einheit von Anbieter und Absatzmittlern geschaffen wird. Falls der Bildungsanbieter dem Absatzmittler bestimmte Gebiete oder Kundengruppen ausdrücklich vorbehält, dann spricht man vom Alleinvertriebssystem. Die Vertriebswegebindung kann durch eine räumliche und eine personelle Bindung erfolgen. Im Rahmen einer räumlichen Bindung erhält der Absatzmittler das Exklusivrecht für die Vermarktung der Bildungsleistung in einer bestimmten Region. Die personelle Bindung garantiert dem Absatzmittler einen Kundenschutz in Form einer Kundenbeschränkungsklausel.

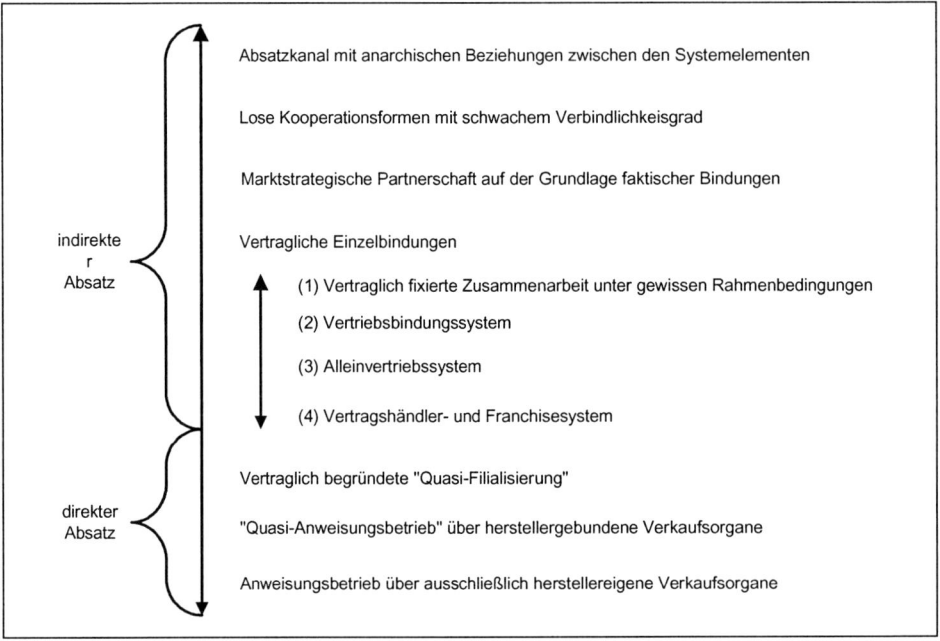

Abb. 72: Kooperationsstrategien im Absatzkanal (Ahlert 1991)

Bei dem Vertragshändlersystem handelt es sich um eine auf Dauer ausgerichtete Kooperation zwischen Bildungsanbieter und Absatzmittler. Der Vertragshändler führt dabei den Verkauf der Bildungsleistung in eigenem Namen und auf eigene Rechnung durch. Häufig bedingt die Vertragshändlerschaft eine weitergehende Beeinflussung des Händlers durch den Hersteller (zum Beispiel Sortimentsgestaltung, Personalschulungen, Webreaktionen, Verwendung von Markenzeichen, Spannen und Rabatte) (Meffert 1994).

Eine noch engere Form der vertraglichen Bindung im Vertrieb bilden Franchisesysteme. Franchising stellt eine Form der Kooperation dar, bei der der Kontraktgeber aufgrund einer langfristigen, vertraglichen Bindung rechtlich selbstständig bleibenden Kontraktnehmern gegen Entgelt das Recht einräumt, bestimmte Waren oder Dienstleistungen unter Verwendung von Namen , Warenzeichen, Ausstattungen und sonstigen Schutzrechten sowie der technischen und gewerblichen Erfahrungen des Franchisegebers und unter Beachtung des von letzterem entwickelten Absatz- und Organisationssystem anzubieten (Meffert/Bruhn 1995).

2.4.3.3 Konflikt

Im Rahmen der Konfliktstrategie bearbeitet der Bildungsanbieter den Absatzkanal aktiv mit eigenen Mitteln und versucht, sein Zielsystem zu realisieren, auch wenn er dadurch in eine Konfliktsituation mit dem Absatzmittler kommt. Konflikte lassen sich im Absatzkanal auf Rollenkonflikte oder Zielkonflikte zurückführen. Rollenkonflikte tauchen auf, wenn die vereinbarten Aufgaben von einem der Partner nicht wie vereinbart übernommen werden. Zielkonflikte haben dagegen eine strukturelle Natur und treten immer dann auf, wenn die Zielvorstellungen von Bildungsanbieter und Absatzmittler nicht kongruent sind (Takeuchi 1991). In diesem Fall versucht der Bildungsanbieter, Marketingführer zu werden und die Macht im Absatzweg zu übernehmen. Das Ergebnis dieser Konfliktstrategie hängt immer vom Machtgefälle innerhalb des Kanals ab. Diese Konfliktstrategie ist daher keine stabile Strategie, sondern führt zur Anpassungs- bzw. Umgehungsstrategie (Benkenstein 1997).

2.4.3.4 Anpassung

Die Anpassungsstrategie verfolgt ein Anbieter von Bildungsleistungen, wenn er eine passive Haltung in Bezug auf seine Aktivitäten zur Gestaltung eines Absatzweges hat. Eigene Initiative und kreative Lösungen findet man kaum, da seitens des Anbieters branchenübliche und bewährte Wege zum Vertrieb der Bildungsleistungen gewählt werden (Meffert 1997). Dies kommt im Bildungsbereich sehr häufig vor (exemplarische Biografien von Bildungsanbietern zeigen diese Tendenz deutlich, zugleich scheint auch eine große Beratungsresistenz bezüglich dieser Themen vorhanden zu sein; vgl. Delmhorst/Häuser 1994, Heibutzki 1998).

Üblich ist diese Vorgehensweise zum Beispiel bei Freiberuflern, die für Akademien arbeiten. Diese Akademien konzipieren Bildungsmaßnahmen und buchen dann einzelne Referenten. Die Zielgruppe und die Positionierung der Maßnahme ist in diesem Fall vom Referent nicht zu beeinflussen.

2.4.4 Anspruchsgruppengerichtete Strategieoptionen

Mit dem kontinuierlichen Wandel der gesellschaftlichen Ansprüche an Bildung und Erziehung geht zugleich auch ein neues Anspruchsdenken gegenüber Bildungsinstitutionen und Bildungsanbietern einher. Diese Ansprüche werden auch nicht mehr nur durch die Kunden und Lieferanten des Bildungsanbieters artikuliert, sondern durch alle strategischen Anspruchsgruppen, die sich im Umfeld des Bildungsanbieters befinden. Dadurch bedingt kommt es zu Veränderungen in der Makroumwelt des Bildungsanbieters, auf die er wie folgt reagieren kann (Bruhn 1994, Meffert 1994):

Ignoranz/Widerstand: Eine Strategie der Ignoranz führt zu einer Nicht-Wahrnehmung der sozialen Gruppen und ihrer Ziele. Die Strategie ist kennzeichnend für Organisationen, die aufgrund ihres passiven Marktverhaltens selbst sich abzeichnende Ansprüche der Anspruchsgruppen ignorieren. Dies lässt sich häufig bei staatlich finanzierten Bildungsanbieter zu beobachten, die trotz erkennbarer Kürzungen staatlicher Zuweisungen ihr Leistungsprogramm ausweiten oder kostenintensive Serviceleistungen anbieten und so auf Ressourcenprobleme stoßen. (Trotz der Aufforderung seitens der Städte und Kommunen an die Volkshochschulen, die Zuschussquote zu vermindern, führen einige Volkshochschulen Serviceinstrumente wie die Durchführungsgarantie ein, die zu weiter steigenden Verlusten führen.) Werden Interessengruppen oder Bezugsgruppen ignoriert, kann man die direkten Konsequenzen häufig nicht beobachten. Langfristig führt dies zu Störungen mit der Umwelt. Ignoranz von Stakeholdern wird direkte Konsequenzen haben, wenn diese ihre Interessen mit der ihnen zur Verfügung stehenden Macht durchzusetzen versuchen.

Imitationsstrategie/Anpassungsstrategie: Im Zusammenhang mit der Imitationsstrategie nimmt der Bildungsanbieter eine abwartende Position ein. Der Bildungsanbieter reagiert erst dann, wenn sich die Ansprüche der unterschiedlichen Gruppierungen konkretisiert haben. Bei der Umsetzung dieser Strategie reagiert der Bildungsanbieter auf die Anspruchshaltungen, soweit sie ihm mit einer wahrnehmbaren Machtposition ausgestattet zu sein scheinen. Ansprüche von Bezugsgruppen nimmt er daher nicht wahr. Die Umsetzung sollte in der Regel schnell und bedingt durch den Zeitdruck auch unkoordiniert erfolgen. Bildungsanbieter, die diese Strategie verfolgen, sind daher durch einen schwach ausgeprägten Dialog zwischen Öffentlichkeit und Unternehmen gekennzeichnet, da sie den Kontakt zu kritischen Gruppen vermeiden.

Innovation: Die Strategie der Innovation zeichnet sich durch eine frühe Interpretation der Ansprüche der gesellschaftlichen Gruppen aus. Diese Strategie eignet sich besonders dazu, Wettbewerbsvorteile zu schaffen, da sie zu einer innovativen Position führt, die reale Erfahrungs- und Zeitvorteile gegenüber der Konkurrenz zur Folge hat.

Voraussetzung ist eine aktive Gestaltung der Beziehungen zwischen Bildungsanbietern und den Anspruchs- und Bezugsgruppen. Bildungsträger, die diese Strategie verfolgen, gehen allerdings ein erhöhtes Risiko ein, da sie unter Umständen auf Ansprüche oder Wünsche eingehen, die nicht marktfähig sind.

Ausweichen: Mit Hilfe der Ausweichstrategie verfolgt der Bildungsanbieter das Ziel, sich den Ansprüchen der Anspruchsgruppen zu entziehen. Die Ausweichstrategie wird durch zwei unterschiedliche Ausprägungen gekennzeichnet: Rückzug und Problemverlagerung (Meffert 1994). Bei der Problemverlagerung kommt der Bildungsanbieter den Anspruchsgruppen insoweit nach, als dass er das Problem in einen Bereich außerhalb der Wahrnehmung der Anspruchsgruppen verlagert. Der Rückzug aus Bereichen, die in der Kritik von Anspruchsgruppen stehen, stellt die weitreichendste Konsequenz dar.

2.4.5 Zusammenfassendes Strategieprofil

Die bisherige Darstellung basiert auf einer systematischen Darstellung der einzelnen Strategiedimensionen mit den zugehörigen Optionen. Durch die Verknüpfung der einzelnen Bausteine des Strategierasters entsteht ein unternehmensspezifischer Strategiechip (Becker 1985, Becker 1986, Becker 1998). Der Aufbau des Strategiechips ist durch zwei Dimensionen bestimmt:

1. Bestimmung der strategischen Höhe (= vertikale Strategiekombination) und die

2. Bestimmung der strategischen Breite (= horizontale Strategiekombination).

Die Bestimmung der strategischen Höhe zielt auf den Umfang der strategischen Grundausstattung des Bildungsträgers, die im Idealfall alle Stufen umfasst. Die Bestimmung der strategischen Breite ist dagegen auf eine bestimmte Option der Strategieentwicklung gerichtet. Bildungsanbieter mit einem homogenen Programm entwickeln ein Strategieprofil, um sich damit marktteilnehmerorientiert zu positionieren. Verfügt der Bildungsanbieter dagegen über ein heterogenes Leistungsprogramm, dann sind verschiedene Strategiechips zu entwickeln, da jeder homogene Teilbereich eine andere Route zu verfolgen hat. Die nachfolgende Abb. zeigt als synoptische Darstellung die geschilderten Alternativen.

Geschäftsfeldstrategien

(1) Marktabgrenzung		Inhalte	Technologie	Nachfragergruppe		Marktareale
(2) Marktabdeckungsstrategie	Gesamtmarkt	Nischenstrategie		Partielle Marktabdeckung		
(3) Marktfeldstrategie	Marktdurchdringung	Methodenerweiterung	Zielgruppenentwicklung	Technologiespezialisierung	Themenspezialisierung	Zielgruppenspezialisierung
				Markterweiterung	Leistungserweiterung	Leistungsneuentwicklung	Laterale Diversifikation	Horizontale Diversifikation
(4) Wettbewerbsvorteilsstrategie	Kostenvorteile		Qualitätsvorteil	Innovationsvorteil	Markierungsvorteil	Programmbreitenvorteil	Hybride Strategien
(5) Timingstrategie			Pionier			Folger

Marktteilnehmerstrategien

(6) Nachfragerorientierung		Differenziert			Undifferenziert
(7) Konkurrenzorientierung	Passive Strategie			Aktive Strategie	
	Ausweichen	Umgehen	Kooperation	Konflikt	Anpassung
(8) Absatzmittlerstrategie	Ausweichen	Umgehen	Kooperation	Konflikt	Anpassung
(9) Anspruchsgruppenstrategie			Innovation	Widerstand	Anpassung

Abb. 73: Umfassendes Strategieprofil

2.5 Strategiebewertung

Die ermittelten Strategieprofile erfordern in einem weiteren Schritt eine individuelle und situationsspezifische Bewertung. Dafür hat sich ein Selektionsprozess durchgesetzt, der im Folgenden kurz charakterisiert wird (vgl. Abb. 74) (Benkenstein 1997 und ähnlich Aurich/Schröder 1977).

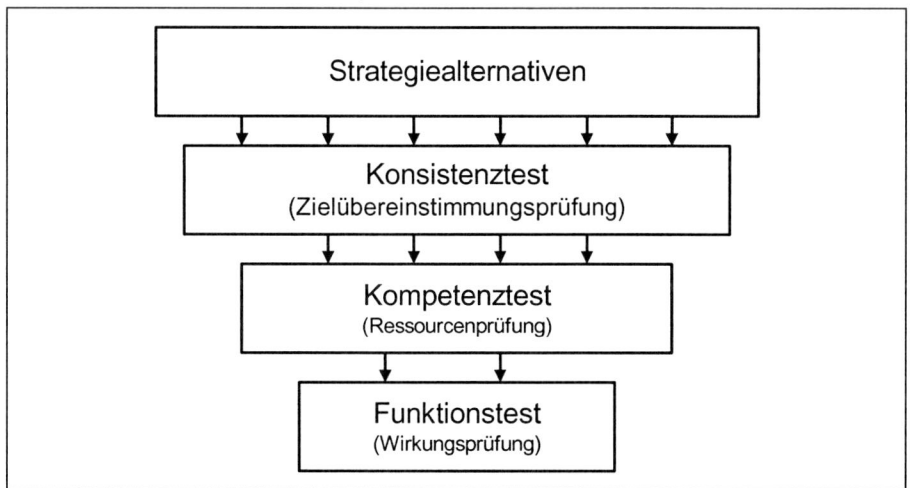

Abb. 74: Strategiebewertung und Selektion (Wiedmann/Kreuzer 1989)

Nach der ausführlichen Bearbeitung und Zusammenstellung der potenziellen Marketingstrategien besteht in einem ersten Schritt für den Bildungsträger zunächst die Aufgabe, die für ihn relevanten Strategiechips zu selektieren.

An diese erste Stufe schließt sich der Konsistenztest an. Mit dem Konsistenztest erfolgt eine Untersuchung der Strategien bezüglich ihrer Zielkomplementarität zu den allgemeinen Unternehmenszielen und der Unternehmenspolitik. Bei erheblichen Divergenzen zu den relevanten dominierenden Oberzielen des Bildungsträgers kann man davon ausgehen, dass der untersuchte Strategiechip nicht geeignet ist.

Im Rahmen des Kompetenztests selektiert man jene Strategien, für die die finanziellen, technologischen und persönlichen Ressourcen nicht reichen. Es sollte in dieser Stufe somit eine Ressourcenanalyse durchgeführt werden, um die benötigten Mittel zu identifizieren und eventuelle Ressourcen- und Kapazitätslücken zu schließen (vgl. zur Ressourcenanalyse Hopfenbeck 1994, Meffert 1997, Bernecker 1998).

Der Funktionstest ist im Wesentlichen eine Wirkungsprüfung der selektierten Strategien (Florin 1988, Wiedmann/Kreuzer 1989, Benkenstein 1997). Innerhalb der Wirkungsprüfung wird analysiert, welche Auswirkungen die Strategie auf das Wettbewerbsverhalten und die Ziele und deren Zielerreichungsgrad haben (Benkenstein 1997).

Die Durchführung der einzelnen Tests erfolgt mit Hilfe alternativer Analyseinstrumente. Die Instrumente Checkliste, Scoring-Modell und Netzwerkanalyse werden im Folgenden skizziert und bewertet (eine Übersicht zu alternativen Management-Instrumenten bietet Schierenbeck 1993).

2.5.1 Strategiebewertung mit Checklisten

In der Literatur existieren einige Checklisten zur Bestimmung der Effizienz und Folgerichtigkeit von Unternehmensstrategien (Hinterhuber 1984, Mintzberg / Ahlstrand/Lampel 1999). Diese Checklisten dienen dazu, auf der Basis zahlreicher Einzelkriterien die alternativen Strategieprofile zu bewerten (Becker 1996). Bei der Checklistenmethode wird in der Regel eine Nominalskalierung erstellt, um so die einzelnen Strategiedimensionen zu überprüfen und eine Bewertung durchzuführen, ob diese Strategiekomponente einen der Punkte erfüllt oder nicht (vgl. zur Bewertung und Auswahl von Lösungsmöglichkeiten Franke 1998). Entsprechend der Anzahl der mit Ja bzw. Nein beantworteten und gecheckten Punkte obliegt dem Entscheider die Annahme oder Ablehnung dieser Strategievariante (vgl. Abb. 75) (Adam 1996, Wilde 1979).

Bewertungskriterien	JA	NEIN
Ist die Strategie vereinbar mit den festgelegten Zielen?		
Werden die relevanten Erfolgsfaktoren berücksichtigt?		
Kann die Strategie flexibel angepasst werden?		
Können Synergien zu anderen Geschäftsfeldern genutzt werden?		
Sind Wachstumschancen erkennbar?		
Sind die bestehenden Risiken tragbar?		
Werden alle relevanten Anspruchsgruppen berücksichtigt?		

Abb. 75: Checklistenmethode

2.5.2 Strategiebewertung mit einem Scoring-Modell

Für die Realisierung eines Scoring-Modells zur Strategiebewertung sind mehrere Schritte notwendig:

- Auswahl der relevanten Entscheidungskriterien,
- Gewichtung der berücksichtigten Entscheidungskriterien,
- Bewertung alternativer Strategiekonzepte mit Punkten,
- Ermittlung der gewichteten Punktsummen und
- Feststellung der Rangfolge der Strategiekonzepte (Ranking).

Abb. 76 zeigt exemplarisch eine Bewertung mit einem Scoring-Modell. Die Darstellung des Scoring-Modells erfolgt häufig in grafischer Form, indem die ordinalskalierten Daten mit Hilfe von Profilen visualisiert und einem erwünschten Profil (Mindestprofil) gegenübergestellt werden (Koch 1982).

Kriterien	Gewichtung [%]	Strategiechip I		Strategiechip II	
		Punkte	Gew. Punkte	Punkte	Gew. Punkte
Vorteilhaftigkeit	15	5	1,25	7	1,75
Validität	10	3	0,3	6	0,6
Kompatibilität	25	2	0,5	7	1,75
Durchführbarkeit	5	4	0,2	1	0,05
Gefahrenpotenzial	15	8	1,2	3	0,45
Flexibilität	10	10	1,0	5	0,5
Zeitlicher Horizont	20	3	0,6	7	1,4
Gesamtpunkte	100	45	5,05	36	6,5

Abb. 76: Scoringmodell zur Selektion eines Strategiechips

Die wesentlichen Parameter mit den wichtigsten Fragestellungen sind im Folgenden aufgeführt (Hinterhuber 1984, Aaker 1988, Aaker 1992, Lambin 1987, Benkenstein 1997):

Vorteilhaftigkeit: Eine Strategie ist für den Bildungsanbieter von Vorteil, wenn ein langfristiger Wettbewerbsvorteil entsteht. Dies bedingt, dass die eigenen Stärken eingesetzt und die unternehmensspezifischen Schwächen kompensiert werden, um die Stärken der Wettbewerber zu relativieren.

Validität: Untersuchung der Annahmen über zukünftige Entwicklungen auf Transparenz und Plausibilität sowie die Integration problematischer Prognosen in die strukturelle Analyse.

Kompatibilität: Strategien sollten auf das Zielsystem des Bildungsanbieters ausgerichtet sein. Inkompatible Strategien weisen eine große Misserfolgswahrscheinlichkeit auf.

Durchführbarkeit: Eine Strategie muss mit den vorhandenen Ressourcen realisierbar sein. Dabei setzt der Bildungsanbieter seine Ressourcen so effizient ein, dass die Umsetzung der Schwächen verhindert wird.

Gefahrenpotenzial: Strategien beinhalten immer auch Gefahrenpotenziale, die der Bildungsanbieter in seiner Analyse berücksichtigt. Dabei stellen sich im Wesentlichen die Fragen, welche Ressourcen durch die Strategie gebunden werden und ob die Existenzbedingungen der Unternehmung gefährdet sind.

Flexibilität: Kann der Bildungsanbieter nach Implementierung der Strategien auf Umweltveränderungen flexibel reagieren?

Zeit: Der Zeithorizont der entwickelten Strategie darf sich nicht signifikant von der zeitlichen Ausrichtung der angestrebten Unternehmensziele unterscheiden.

2.5.3 Strategiebewertung mit einer Netzwerkanalyse

Für die Bewertung der Auswirkungen von Strategieveränderungen lässt sich die in der Systemtheorie entwickelte Netzwerkanalyse heranziehen (Benkenstein 1997, Probst/Gomez 1997).

Netzwerkdiagramme haben den Vorteil, dass sie die komplexen Umweltbedingungen, in denen sich der einzelnen Bildungsanbieter bewegt, abbilden können. Grundlage ist hier die Graphentheorie, mit deren Hilfe die komplexen Interdependenzen abgebildet werden (Gomez/Probst 1995, Franke 1998, Zwingmann 1998). Eine Modelldarstellung (vgl. Abb. 77) zeigt eine komplexe Netzstruktur unterschiedlicher Umweltfaktoren und deren Verknüpfungen. Das Netzwerk zeigt zugleich die Grenzen der Planbarkeit der strategischen Ausrichtung eines Bildungsträgers.

In dem hier betrachteten Zusammenhang ist es wichtig, dass das analysierte Umfeld möglichst komplex abgebildet ist und nicht der Versuch gemacht wird, die Realität zu sehr zu vereinfachen. Das Netzwerkdiagramm sollte ein problembezogener Realitätsausschnitt sein, ein so genanntes Realsystemmodell (vgl. zum Verständnis des Realsystemmodells Bitz 1977, Müller-Merbach 1973, Schneeweiß 1981).

Bildungsmarketing

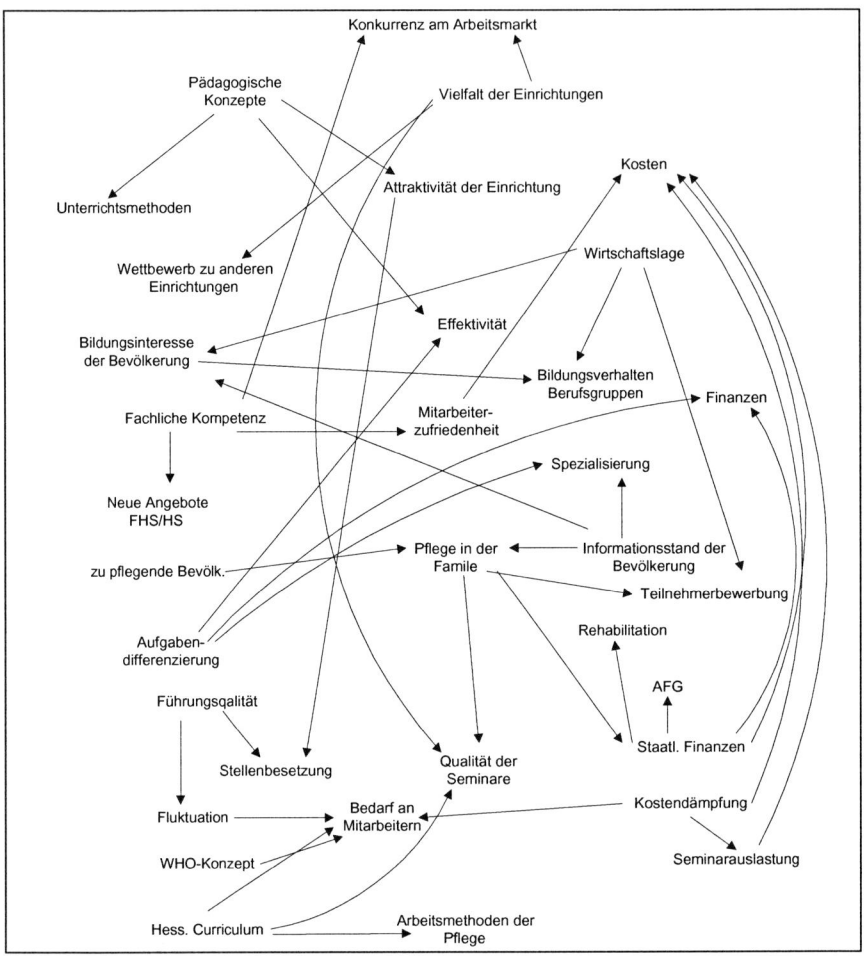

Abb. 77: Netzwerkgrafik einer Bildungseinrichtung(Zwingmann u.a. 1998)

Aus dem Gesamtnetzwerk kann in einem nächsten Schritt der Fokus auf ein Teilnetzwerk des Bildungsträgers gerichtet werden, um konkretere Auswirkungen von strategischen Handlungsweisen zu analysieren (vgl. Abb. 78).

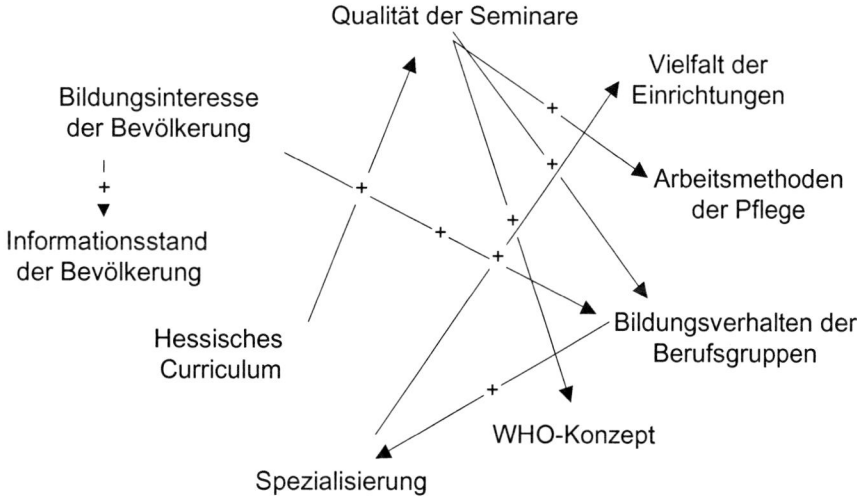

Abb. 78: Netzwerkteil einer Bildungseinrichtung (Zwingmann u. a. 1998)

Zu beachten ist dabei, dass es sich um eine individuelle, subjektive Wahrnehmung der beteiligten Personen handelt und nicht um ein allgemeingültiges Modell. Jeder Bildungsanbieter muss ein eigenes Netzwerk erstellen, um die Auswirkungen und Konsequenzen seiner Strategien zu beobachten. Dabei sollte beachtet werden, dass die Systemtheorie von einer Unkontrollierbarkeit und Nichtbeherrschbarkeit von Systemen ausgeht und die Lenkungsmöglichkeiten eine begrenzte Einflussnahme darstellen (Zwingmann u. a. 1998, Probst/Gomez 1991, Luhmann 1987).

2.5.4 Vergleichende Darstellung

Die Selektion der erfolgreichsten Strategieoption kann nicht mit Hilfe eines Verfahrens realisiert werden. Je nach Einsatz der Instrumente in den einzelnen Stufen der Strategieselektion weisen die Instrumente spezifische Vor- und Nachteile auf, so dass ein kombinierter Einsatz empfehlenswert erscheint. Für den Konsistenztest erscheint der Einsatz eines Scoring-Modells hilfreich, da die alternativen Unternehmensziele mit ihren Bedeutungen berücksichtigt werden. Der Kompetenztest kann mit Hilfe einer Checkliste erfolgen, da das Vorhandensein einer Ressource nicht gewichtet wird. Der Funktionstest lässt sich aufgrund der komplexen Auswirkungen einer Strategie mit Hilfe einer Netzwerkanalyse deutlich besser durchführen (vgl. Abb. 79).

	Checklisten	Scoring-Modell	Netzwerkanalyse
Konsistenztest	-	+	-
Kompetenztest	+	-	-
Funktionstest	-	-	+
gut geeignet + schlecht geeignet -			

Abb. 79: Synopse alternativer Bewertungstechniken

V.
Operatives Bildungsmarketing

V. OPERATIVES BILDUNGSMARKETING 203

1. Geschäftstypen im Weiterbildungsmarkt 203
1.1 Grundprinzipien von Geschäftstypenansätzen 203
1.2 Entwicklung eines Integrations-Kaufhäufigkeits-Ansatzes 205
2. Bildungsmarketing als Leistungsgeschäft 208
2.1 Besonderheiten und Charakteristika von Bildung als Einzelleistung 208
2.2 Leistungspolitik: Gestaltung der Bildungsleistung (Product) 212
2.2.1 Aufgaben und Entscheidungsfelder der Leistungspolitik 213
2.2.2 Instrumente der Leistungspolitik eines Bildungsanbieters 218
2.2.2.1 Leistungsqualität 218
2.2.2.2 Beschwerdepolitik 221
2.2.2.3 Bildungsmarkenpolitik 225
2.2.2.4 Servicepolitik 230
2.2.2.5 Schutz vor Leistungspiraterie 234
2.3 Kommunikationspolitik (Promotion) 236
2.3.1 Entscheidungstatbestände der Kommunikationspolitik 238
2.3.2 Instrumente der Kommunikationspolitik eines Bildungsanbieters 240
2.3.2.1 Klassische Werbung 240
2.3.2.2 Persönliche Kommunikation 243
2.3.2.3 Messen und Ausstellungen 244
2.3.2.4 Einsatz des Direct-Marketing 246
2.3.2.5 Öffentlichkeitsarbeit 250
2.3.2.6 Neue Medien 251
2.3.2.7 Mund-zu-Mund-Kommunikation 254
2.3.3 Integrierte Unternehmenskommunikation 255
2.4 Distribution der Bildungsleistung (Place) 256
2.4.1 Absatzwege 257
2.4.2 Terminplanung 260
2.5 Gestaltung der Gegenleistung: Kontrahierungspolitik (Price) 263
2.5.1 Besonderheiten der Preisbildung von Bildungsleistungen 264
2.5.1.1 Nachfragerorientierte Preisbildung 264
2.5.1.2 Wettbewerbsorientierte Preisfindung 267
2.5.1.3 Kostenorientierte Preisfindung 268

2.5.2	Rabattpolitik	268
2.6	Integration der Mitarbeiter (People)	269
2.6.1	Verschiedene Rollen im Marketingprozess	270
2.6.2	Internes Marketing	272
2.7	Marktorientierte Unternehmensprozesse (Process)	273
2.8	Ausstattungspolitik des Bildungsanbieters (Physical Facilities)	275
3.	**Bildungsmarketing als Customizing**	**279**
3.1	Charakterisierung des Customizing	279
3.2	Entscheidungsfelder in der Voranfragephase	281
3.2.1	Leistungsermittlung	284
3.2.2	Preisermittlung	287
3.2.3	Dauer und Zeitphasen	288
3.3	Entscheidungsfelder in der Verhandlungsphase	288
3.3.1	Leistungsmodifikationen	288
3.3.2	Ergebnisfestlegung	289
3.3.3	Preisfixierung	289
3.4	Entscheidungsfelder in der Abwicklungsphase (Mikrodidaktik)	289
3.5	Entscheidungen in der Abschluss- und Nachbereitungsphase	291
4.	**Bildungsmarketing als Systemgeschäft**	**293**
4.1	Charakteristika von Bildungssystemen	293
4.2	Gründe für das Entstehen von Bildungssystemen	298
4.3	Management der Unsicherheiten	300
4.3.1	Reduktion der Unsicherheiten durch Verringerung der Systembindung	301
4.3.2	Absicherung gegen systembedingte Gefährdungspotenziale	302
5.	**Bildungsmarketing als Zulieferergeschäft**	**308**
5.1	Charakterisierung des Bildungszulieferers	308
5.2	Ablauf des Zuliefergeschäftes	310
5.2.1	Einstieg in die Geschäftsbeziehung	311
5.2.2	Absicherung der Geschäftsbeziehung	312
5.2.3	Ausbau der Geschäftsbeziehung	313
5.2.4	Beendigung der Geschäftsbeziehung	316
6.	**Zusammenfassung des geschäftstypenspezifischen Marketing**	**317**

V. OPERATIVES BILDUNGSMARKETING

Die Umsetzung der Strategiechips kann im Bildungsmarketing nur erfolgreich sein, wenn es gelingt, die Heterogenität der unterschiedlichen Nachfrageprozesse zu identifizieren und eine Typologie zu entwickeln, die dadurch gekennzeichnet ist, dass die angestrebten Prozesse innerhalb des Typs relativ homogen und zwischen den Typen möglichst heterogen verlaufen.

Auf der Basis dieser Erkenntnisse erfolgt nun die Darstellung unterschiedlicher Geschäftstypen im Bildungsmarketing, mit deren Hilfe man die obigen Strategieprofile implementiert. Der hier gewählte Ansatz repräsentiert vier unterschiedliche Geschäftstypen, die nun geschildert werden.

1. Geschäftstypen im Weiterbildungsmarkt

Die bisherigen Ausführungen haben gezeigt, dass ein einheitlicher Marketingansatz für Weiterbildung nicht realisierbar ist bzw. aus der theoretischen Abb. nicht herauskommt und in der empirischen Anwendung scheitert.

Bildung ist zu heterogen, als dass sich einheitliche Regeln, Handlungsempfehlungen oder gar Gesetze ableiten ließen. Es bestünde zwar die Möglichkeit, einen Marketingansatz normativer Art zu entwickeln, der mit Hilfe von theoretischen Konstrukten und Annahmen arbeitet. Dies ist jedoch nicht das Ziel dieses Buches.

1.1 Grundprinzipien von Geschäftstypenansätzen

Geschäftstypenansätze sind in der Industriegüterforschung bereits mehrfach entwickelt und angewendet worden. Sie stellen zunächst einmal Typologien dar, um Kauf- und Verkaufsprozesse zu homogenen Gruppen zusammenzufassen. Bei der Entwicklung dieser Typologien werden die folgenden Vorgehensweisen systematisiert (Backhaus 1997).

1. Morphologische Ansätze

Bei der Anwendung von morphologischen Ansätzen werden aus allgemeinen

Gutskategorien deduktiv Güterklassen abgeleitet. Diese gutsbezogenen Ableitungen erweisen sich im Rahmen des Bildungsmarketing aber als nicht sehr hilfreich. Bedingt durch die hohe Interaktion zwischen Anbieter und Nachfrager können die Besonderheiten der Bildungsprozesse in diesen Ansätzen nicht berücksichtigt werden. Die entstehenden Gütertypologien liefern nicht immer einen Erklärungsbeitrag zur Generierung von Transaktionstypen, die sich in Bezug auf ihre Marketingaktivitäten unterscheiden.

2. Empirisch-induktive Ansätze

Dies sind Ansätze, die Geschäftstypen aufgrund eines Kataloges von Beschreibungsmerkmalen systematisieren. Einzelne Bildungsleistungen werden dann anhand ihrer jeweiligen Ausprägung auf diese Merkmale beschrieben. Ähnliche Ausprägungen einzelner Leistungen werden dann jeweils zu Gütergruppen zusammengefasst. Die Gütergruppen unterscheiden sich signifikant in bezug auf Marketingaktivitäten. Die Kategorisierungen aus dem Grundlagenteil können dafür herangezogen werden.

3. Theoretisch-deduktive Ansätze

Bei theoretisch-deduktiven Ansätzen wird aus einem geschlossenen, theoretischen Konzept aufgrund theoretischer Vorüberlegungen ein Transaktionstyp abgeleitet. Ansätze, die aus einem theoretischen Kontext heraus entwickelt wurden, sind in der Literatur nicht sehr häufig anzutreffen. Allerdings entspricht diese Vorgehensweise den wissenschaftstheoretischen Ansprüchen, da nur so eine formale Logik bei der Formulierung gewährleistet werden kann.

Unabhängig von der Vorgehensweise können – je nach berücksichtigten Marktparteien – angebotsorientierte, nachfrageorientierte und integrierende Typologien identifiziert werden.

Angebotsorientierte Typologien gehen von einer Inside-Out-Sicht aus und strukturieren das Angebot eines Unternehmens, um somit Marktbearbeitungsstrategien abzuleiten. Dabei ist auffällig, dass im Business-to-Business-Bereich aufgrund der vorliegenden Heterogenität sehr viele alternative Typologien vorliegen (Kleinaltenkamp 1994).

Angebotsorientierte Typologien sind bereits vorgestellt worden, indem Bildungstypologien dargestellt wurden. Nachfragerorientierte Typologien stellen das individuelle Nachfrageverhalten und organisatorische Beschaffungsverhalten in den Mittelpunkt der Analyse.

Um die Besonderheiten der Dienstleistung Bildung in einem Geschäftstypenansatz zu berücksichtigen, ist ein integrierender Ansatz zu wählen. Während des Leistungserstellungsprozesses werden interne und externe Leistungsfaktoren kombiniert. In einigen Geschäftsfällen dehnt sich diese Integration auf die Leistungsvorbereitungsphase aus. Daher erfordert ein funktionaler Geschäftstypenansatz die Berücksichtigung und Vereinigung dieser beiden Sichtweisen.

1.2 Entwicklung eines Integrations-Kaufhäufigkeits-Ansatzes

Mögliche Konzeptionen für den hier vorliegenden Fall schildern Meffert und Corsten (Corsten 1990, Wohlgemuth 1998, Meffert 1994, Meffert/Bruhn 1995). Dabei werden die Interaktion und die Individualisierung einer Dienstleistung als systematisierende Eigenschaften berücksichtigt. Dieser häufig verwendete Ansatz zur Systematisierung von Dienstleistungen weist allerdings den Mangel auf, im Rahmen der Operationalisierung eine Implementierungslücke zu hinterlassen, da für den einzelnen Diensteanbieter keinerlei Entscheidungshilfen für sein Marketing und die Umsetzung von strategischen Optionen gegeben sind. Aufgrund der Heterogenität vieler Dienstleistungen ist eine Festlegung der Leistung auf einen Quadranten nur sehr schwer möglich (ähnliche Grundkonzepte bieten Meyer für den Dienstleistungsbereich und Backhaus für den Investitionsgüterbereich, vgl. Meyer 1998, Backhaus 1997).

Die hier vorzunehmende Transformation soll dabei die grundlegenden Gemeinsamkeiten der investiven Dienstleistung wahren und zugleich dort, wo es notwendig ist, einige Spezifikationen der Bildung berücksichtigen. Im Vordergrund des Ansatzes steht die praktische Anwendung im Sinne einer normativen Entscheidungstheorie.

Die betrachteten Dimensionen sind zum einen die *Integration des Nachfragers* und die *Kaufhäufigkeit*.

Die Integration des Nachfragers kann über zwei Dimensionen betrachtet werden. Grundsätzlich soll im Rahmen einer Dienstleistung eine Interaktion stattfinden. Nur wenn der Bildungsnachfrager und der Bildungsanbieter in Kontakt treten, kann die Bildungsleistung erstellt werden. Grundsätzlich kann dies persönlich oder medial erfolgen. Doch die interne Integration ist stets erforderlich. Eine externe Integration, die über die eigentliche Leistungserstellung hinausgeht, ist nicht notwendig, sondern hat fakultativen Charakter, der zu unterschiedlichen Geschäftstypen führt. Die Integration des Nachfragers in die Phase der Leistungsbereitschaft bzw. die Zielbildung einer Bildungsmaßnahme führt zu einer Maßnahme, die kundenspezifisch als Auftragsarbeit erfolgt. Wird der Kunde nicht in die Zielbildung integriert, erwirbt er eine Standardleistung.

Die Kaufhäufigkeit führt im Wesentlichen zu zwei Ausprägungen, die der Bildungsanbieter zu berücksichtigen hat. Bei der Bildungsnachfrage handelt es sich um einen einmaligen Kaufakt, der nur mittelbar mit anderen Kaufakten in Verbindung steht. Als Beispiel kann der Bereich der offenen Seminare dienen. Der Bildungsnachfrager bucht ein Seminar, das isoliert von anderen Leistungen nachgefragt werden kann.

Die Nachfrage kann aber auch in Form eines Wiederholungskaufes erfolgen. Dabei ist das Leistungsangebot durch Verknüpfungen verbunden, so dass der Nachfrager einzelne Leistungen sequenziell nachfragt. Im Bereich der Fremdsprachen wird dies zum Beispiel dadurch realisiert, dass es Einsteigerkurse und Kurse für Fortgeschrittene mit unterschiedlichen Niveaus gibt. Der Nachfrager muss dabei mehrere Kurse nacheinander belegen, um ein Abschlussdiplom zu erhalten.

Diese beiden Dimensionen führen zu einem zweidimensionalen Ansatz, der für die weitere Arbeit strukturierenden Charakter hat (vgl. Abb. 80).

Das *Leistungsgeschäft* ist mit einem reinen Produktgeschäft vergleichbar. Die Bildungsleistung wird isoliert in einem Kaufakt angeboten und vom Nachfrager isoliert nachgefragt, ohne eine längerfristige Beziehung auszulösen. Es handelt sich in der Regel um Bildungsleistungen, die einen hohen Standardisierungsgrad aufweisen und für einen anonymen Markt konzipiert wurden. Die Integration des externen Faktors erfolgt lediglich bei der Realisierung der Leistung. Das Leistungsgeschäft wird analog zum Dienstleistungsmarketing für Individualleistungen betrieben.

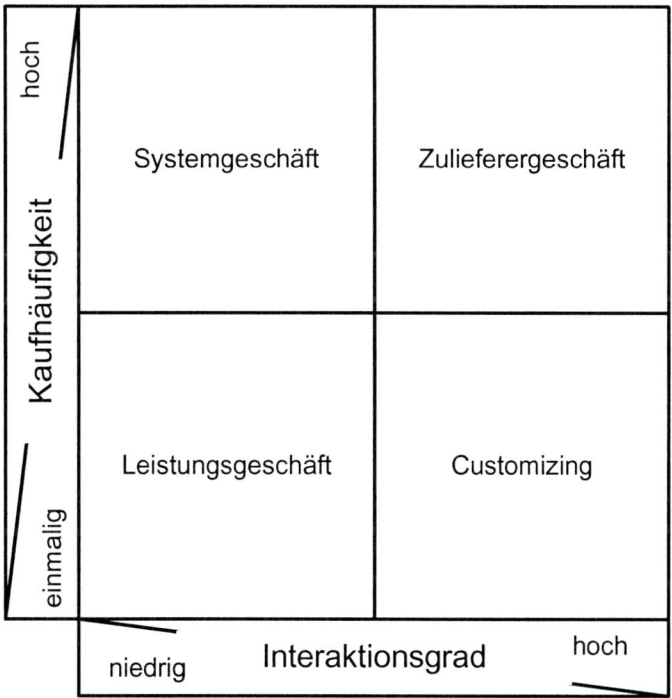

Abb. 80: Geschäftstypenansatz im Bildungsmarkt

Die Bildungsleistung wird beim *Customizing* zwischen Anbieter und Nachfrager konzipiert. Die Integration des externen Faktors geschieht dadurch in zweifacher Weise; zum einen wie im Leistungsgeschäft während der Leistungserstellung und zum anderen im Rahmen der Konzipierung der Bildungsleistung durch Berücksichtigung der kundenspezifischen Zielvorstellung. Dadurch entstehen kundenspezifische Bildungsleistungen. Dieser Geschäftstyp liegt bei Leistungsangeboten wie dem Coaching oder firmenspezifischen Seminaren vor.

Das *Systemgeschäft* wird durch eine Bildungsleistung charakterisiert, die als Standardleistung für ein bestimmtes Marktsegment oder einen Gesamtmarkt strukturiert ist. Die Interaktion und Integration des externen Faktors beschränken sich alleine auf den Leistungserstellungsprozess. Die Systemkomponenten können vom Nachfrager sequenziell nachgefragt werden und führen abschließend zu einem Zertifikat oder Diplom. Dieser Geschäftstyp liegt bei einem privaten Hochschul-/Fachhochschulstudium oder MBA-Studiengang vor.

Im Zulieferergeschäft konzipiert der *Zulieferer* gemeinsam mit einem Bildungsanbieter Bildungskomponenten und bietet sie als Komponente oder Modul im Rahmen der Gesamtleistung an. Die Integration erfolgt sowohl im Mikroprozess als auch im Makroprozess der Bildungserstellung. Der Nachfrager definiert die Leistung und fragt sie im Rahmen einer länger anhaltenden Geschäftsbeziehung nach. Es bestehen zwischen den Einzeltransaktionen Beziehungen.

2. Bildungsmarketing als Leistungsgeschäft

Bildungsleistungen, die der Bildungsanbieter ohne Integration des Leistungsnachfragers in der Konzeptionsphase anbietet, sind standardisierte Einzelleistungen, die ähnlich wie Sachleistungen angeboten werden. Die bekannteste Ausprägung sind offene Seminare.

2.1 Besonderheiten und Charakteristika von Bildung als Einzelleistung

Bildungsleistungen kann man als Leistungen oder Produkte betrachten. Bildungsleistungen mit einer hohen Tangibilität haben den Charakter von Sachgütern, wie zum Beispiel Trainingsunterlagen, Multimedia-CD, Lernvideos oder Audiokassetten. Auch für Seminare oder Einzelkurse bestehen im Leistungsgeschäft Vermarktungsmöglichkeiten. Dieses Geschäft hat folgende Eigenschaften:

Leistungen, deren Vermarktung in dem hier gekennzeichneten Leistungsgeschäft erfolgt, werden für einen größeren Markt konzipiert. Käufer sehen den Kaufakt als Einzelkauf an und es besteht kein Zwang zu Folgekäufen. Einzelne Käufe werden ohne Verbundwirkungen getätigt. Es erfolgt seitens des Anbieters keine Anpassung an spezifische Kundenwünsche.

Anonymer Markt: Da das Leistungsangebot auf eine breitere Zielgruppe und nicht auf Einzelpersonen zielt handelt es sich um Standardleistungen, auf deren Ausrichtung und Zielsetzung der Kunde nur durch Kauf- bzw. Nichtkauf Einfluss hat. Die Spezialisierung ist eher gering und die Marktbearbeitung erfolgt in aller Regel auf Sektorenebene.

Beispiele für diesen Bereich sind zum Beispiel IT-Trainings (Word, Excel), klassische Vertriebstrainings und Trainings zu den Themen Führung oder Verhandlungstechnik.

Kein Kaufverbund: Die Kaufakte kann man im Sinne von Special Goods betrachten, sie sind durch bewusste einzelne Wahlakte gekennzeichnet. Es entstehen kaum Verbundeffekte. Einzelne Bildungsleistungen wie Bücher, Videos, Kassetten oder Multimedia-Produkte erwirbt man unabhängig von bereits vorhandenen Bildungsprodukten. Es existieren zwar Präferenzen und im Sinne einer Risikoreduktion wird auch das Evoked Set des Nachfragers von Bedeutung sein, aber es entsteht in aller Regel keine Limitierung der Auswahlentscheidung auf bereits vorhandene Bildungsprodukte.

Als Konsequenz ergibt sich für diesen Geschäftsfall damit ein Marketing, das dem Marketing für Dienstleistungen oder Special Goods entspricht (Meyer 1998):

- Dienstleistungscharakteristika. Bildungsleistungen sind eher mit Dienstleistungen vergleichbar als mit einfachen Konsumgütern des täglichen Bedarfs.

- Speciality Goods. Bei Bildungsleistungen handelt es sich um komplexe Dienstleistungen, die nicht habitualisiert nachgefragt werden.

- Einzelne Wahlakte. Die Entscheidung der Nachfrager stellt eine Einzelentscheidung dar, die nicht im Zusammenhang mit anderen Bildungsentscheidungen steht.

- Häufig komplexe Kaufentscheidungsprozesse. Der Entscheidungsprozess verläuft komplexer und langwieriger als bei Dienstleistungen des täglichen Bedarfs.

Damit kommt für die Implementierung der strategischen Optionen ein Marketing im Sinne eines klassischen Dienstleistungsmarketing in Frage. Nachfolgend werden daher die Implementierungsmöglichkeiten anhand des klassischen Marketing-Mix vorgestellt.

Die Umsetzung der Strategie eines Bildungsanbieters erfolgt mit Hilfe von spezifischen Marketingaktionen. Ausgangspunkt ist hierfür der Marketing-Mix. Dieser systematisiert vier mögliche Instrumentenbereiche. Die so genannten 4 P sind die Instrumente „Product", „Price", „Place" und „Promotion". Der Einsatz dieser Marketing-

Instrumente lässt sich durch folgende Fragestellungen charakterisieren:

1. Welche Leistung soll wie angeboten werden? (Product)
2. An wen und auf welchem Weg soll die Leistung verkauft werden? (Place)
3. Zu welchen Bedingungen sollen die Leistungen angeboten werden? (Price)
4. Welche Kommunikationsmaßnahmen sollen ergriffen werden? (Promotion)

Wie in Kapitel II bereits dargestellt, kann ein Marketing für einen Bildungsanbieter jedoch nicht nach den gleichen Spielregeln erfolgen wie bei einem Konsumgüterhersteller. Im Rahmen des Dienstleistungsmarketing hat sich daher eine Erweiterung des klassischen Marketing-Mix zu einem Mix für Dienstleister durchgesetzt: von den 4 P zu einem Mix mit sieben Instrumenten (7 P):

5. Mit welchen Mitarbeitern sollen die Leistungen erbracht werden? (People)
6. Wie soll der Standardprozess der Leistung aufgebaut sein? (Process)
7. Mit welcher Ausstattung soll die Dienstleistung vollzogen werden? (Physical Facilities?)

Die nachfolgende Abb. zeigt diese Erweiterung des klassischen Marketing-Mix zu einem Service-Mix.

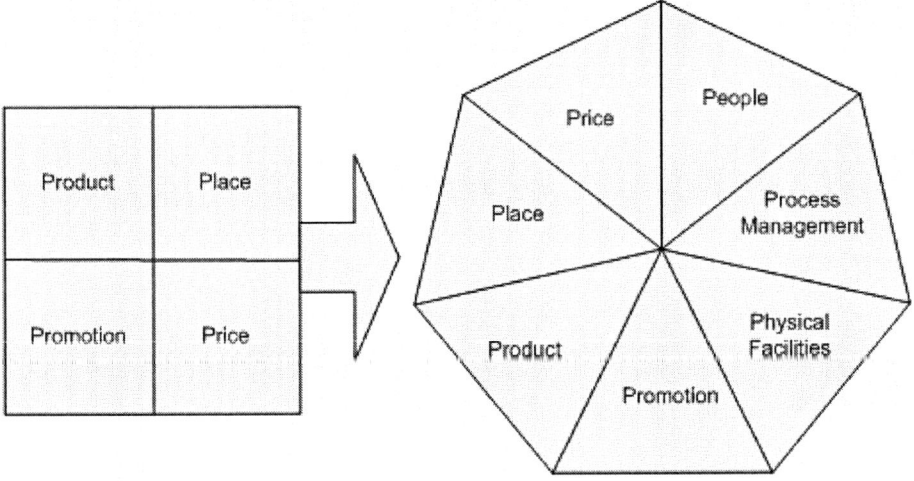

Abb. 81: *Erweiterter Marketing-Mix im Bildungsbereich (Meffert/Bruhn 1995)*

„Der Marketing-Mix umfasst jene Kombinationen außengerichteter absatzpolitischer Instrumente, mit deren Hilfe eine Unternehmung versucht, in unmittelbarer Weise ihre Beziehungen zu den für sie absatzbedeutsamen Marktteilnehmern zu gestalten und deren marktrelevantes Verhalten im Sinne der Marketingziele zu beeinflussen." (Meffert 2000, S. 297)

Im Folgenden werden die einzelnen Bereiche des Marketing-Mix beschrieben.

Die *Produktpolitik* wird als Kernstück des Marketing-Mix betrachtet und umfasst die Verpackungs-, Kundendienst-, Marken- und Sortimentspolitik sowie die Entscheidungen über die eigentliche Produktqualität.

Die *Distributionspolitik* befasst sich mit:

- der Wahl der Absatzform zwischen eigenen und fremden Verkaufsorganen,
- der Wahl des Vertriebssystems und mit der Unterteilung in zentralen und dezentralen Absatz und
- der Wahl des Absatzweges, worunter der direkte und indirekte Absatz (über den Handel) verstanden wird.

Die Logistik mit der Betriebs- und Lieferbereitschaft, die Standortbestimmung sowie die Betriebsgröße müssen als akquisitorische Entscheidungsinstrumente in die Distributionspolitik mit einfließen.

Die *Kontrahierungspolitik* (Preis- und Konditionenpolitik) galt über 150 Jahre lang als die einzige Variable, durch die sich die abzusetzende Menge steuern lässt. Sie beinhaltet die Preisbildung, die Rabattgewährung sowie die Liefer- und Zahlungsbedingungen.

Die *Kommunikationspolitik* lässt sich in vier Unterpunkte aufteilen:

- Klassische Werbung ist die absichtliche und zwangsfreie Form der Beeinflussung, durch die Menschen veranlasst werden sollen, im Sinne der Werbeziele zu handeln.
- Public Relations dienen dazu, das Firmen-Image und die Beziehung zur Öffentlichkeit systematisch zu pflegen.
- Verkaufsförderung (Sales-Promotion): Der Verbraucher wird direkt angesprochen. Ziel ist, durch die Verbesserung des wahrgenommenen Preis-/Leistungsverhältnisses einen Kaufanreiz zu erzeugen.

- Persönliche Kommunikation: Es wird ein schlagkräftiger Außendienst aufgebaut, der den direkten Kontakt zum Kunden knüpfen und durch ein direktes Feedback erreichen soll.

Der erweiterte Marketing-Mix im Dienstleistungsbereich und bei Bildungsanbietern umfasst zusätzlich die folgenden Instrumente:

People. Dienstleistungen sind oftmals sehr personalintensiv. Daher ist es von besonderer Bedeutung, die Mitarbeiterzufriedenheit nicht aus den Augen zu verlieren. Menschen sind der wesentliche Faktor bei der Erstellung von Dienstleistungen.

Process: Da der Nachfrager der Dienstleistung, bedingt durch das uno-acto-Prinzip, in die Leistungserstellung eingebunden ist, hat der Erstellungsprozess ein größere Bedeutung für das Marketing als bei einem Anbieter von Gütern und Waren. Prozessmanagement ist sogar ein Schlüsselelement im Qualitätsmanagement.

Physical Facilities: Aufgrund der Bewertungsproblematik von immateriellen Dienstleistungen greifen viele Kunden auf Hilfsindikatoren wie die Ausstattung des Bildungsanbieters zurück, um die Qualität zu beurteilen. Gleichzeitig beeinflusst die räumliche Ausstattung des Bildungsanbieters aber auch die tatsächliche Qualität. Im Rahmen einer marktorientierten Unternehmensführung ist dieser Aspekt zusätzlich zu beachten.

2.2 Leistungspolitik: Gestaltung der Bildungsleistung (Product)

Die Gestaltung der Bildungsleistung kann als Herz des Bildungsmarketing aufgefasst werden, da ohne diese Basisleistung keine anderen Teilleistungen des Bildungsmarketing wirksam werden können. Die Gestaltung der Bildungsleistung steht damit immer am Anfang des Entwicklungsprozesses und bildet damit den Anknüpfungspunkt für eine konsequente Markt- und Kundenorientierung (Becker 1998).

Im Bildungsmarketing sollte eine gesamtkonzeptionelle Gestaltung der Leistungen, strategisch orientiert, zielbezogen unter Beachtung der Besonderheiten der Bildungsleistung erfolgen.

Aus den oben erarbeiteten spezifischen Besonderheiten der Bildung als Dienstleistung ergibt sich folgende Problematik (vgl. Abb. 82):

Merkmale von Bildungsleistung	Implikationen für die Leistungspolitik
Immaterialität	<ul><li>schwierige Darstellung der Bildungsleistung</li><li>einige Leistungsinstrumente sind nicht anwendbar</li><li>die Qualitätswahrnehmung ist wesentlich subjektiver als bei Sachleistungen</li><li>Nachahmungen von Bildungsleistungen sind relativ einfach</li><li>Innovationen lassen sich kaum schützen</li><li>Bildungsleistungen sind Leistungsversprechen</li></ul>
Leistungsfähigkeit des Bildungsanbieters	<ul><li>Begrenzung der Variantenanzahl</li><li>Definition der Leistungsqualität</li><li>Definition der Leistungsbereitschaft</li><li>Mitarbeiter werden zu wichtigen Ressourcen</li></ul>
Integration des externen Faktors	<ul><li>schwankende Leistungsqualität; ein bestimmtes Leistungsniveau kann nicht garantiert werden</li><li>besondere Problematik beim Leistungsergebnis, abhängig vom Aktivitätsniveau des Teilnehmers</li><li>Einfluss der Teilnehmer auf den Leistungsprozess ist sehr groß</li><li>Prozessorientierung geht vor Ergebnisorientierung</li></ul>

Abb. 82: Besonderheiten der Leistungspolitik

2.2.1 Aufgaben und Entscheidungsfelder der Leistungspolitik

Die Leistungspolitik eines Bildungsträgers umfasst alle Entscheidungen, die sich auf die Gestaltung des Angebotes beziehen (Meffert 1997). Im Wesentlichen sind drei zentrale Aufgabenbereiche in der Leistungspolitik eines Bildungsanbieters zu unterscheiden:

(1) Einführung neuer Bildungsleistungen

Um neue Nachfragergruppen zu erschließen bzw. vorhandene Nachfrager nochmals zu bedienen, stellt die Einführung neuer Bildungsleistungen einen zentralen Erfolgsfaktor dar. Vor dem Hintergrund der Dynamisierung der Umwelt verkürzen sich die

Lebenszyklen der Bildungsangebote, steigt die Gefahr von Flops und steigen die Entwicklungskosten neuer Bildungsleistungen. Eine effiziente Leistungspolitik muss zu innovativen, tragfähigen Bildungskonzepten führen, die ihre Einführungsphase erfolgreich überstehen (Haedrich/Tomczak 1996). Dabei sind die veränderten Bedürfnisse und Ansprüche der Nachfrager bereits in den frühesten Phasen der Leistungsentwicklung zu berücksichtigen (auch bei Standardseminaren verändern sich die Ansprüche der Teilnehmer kontinuierlich; vgl. Weiß 1995, Demmer/Gotta 1995, Nahrstedt/Brinkmann 1997).

In der Literatur wie in der Praxis wird heute die Leistungsentwicklung des Unternehmens vielfach mit dem Begriff der Leistungsinnovation belegt. Der Innovationsbegriff wird dabei insofern missbraucht, als damit nicht nur die Schaffung originärer Bildungsleistungen, sondern auch Leistungsverbesserungen und implizit sogar reine Nachahmungsleistungen gemeint sind. Im Interesse einer angemessenen Abgrenzung unterscheidet man – bezogen auf den Neuigkeitsgrad gegenüber dem Markt – deshalb folgende Arten neuer Bildungsleistungen (Becker 1998):

- Echte Innovationen (Marktinnovationen)

Echte Bildungsinnovationen liegen vor, wenn dieses Leistungsangebot bisher noch nicht angeboten wurde. Diese Innovationen sollten das Ziel aller Bildungsanbieter sein, die eine Differenzierungsstrategie mit Hilfe von Innovationen realisieren möchten.

- Quasi-neue Leistungen

Quasi-neue Leistungen stellen Bildungsleistungen dar, die keine wesentlich neuen Leistungen beinhalten, sondern eine neue Kombination von Wissensbausteinen darstellen. Dies ist die häufigste Form von Innovationen. Diese Leistungsinnovationen können im Rahmen der Standardisierungsstrategie relativ einfach unterstützt werden.

- Me-too-Leistungen

Me-too-Leistungen sind lediglich für das anbietende Unternehmen neu und stellen in der Regel eine bloße Nachahmung vorhandener Leistungen auf dem Markt dar.

Der Bildungsanbieter hat die Möglichkeit, fremde Innovationen durch Kauf, Imitationen und Lizenzen zu übernehmen. Strebt er eigene Innovationen an, dann können diese in Kooperation mit anderen innovativen Unternehmen entwickelt oder selbst erstellt werden. Dabei bietet sich das Einzelprojektmanagement oder, wenn die Innovationsorientierung als Wettbewerbsstrategie verfolgt wird, das Multi-Projekt-Management oder das Konzept des ganzheitlich innovativen Bildungsanbieters an (Hauschildt 1997, Schmitt-Grohe 1972, Urban/Hauser 1993).

(2) Pflege eingeführter Bildungsleistungen

Eingeführte Seminare und sonstige Bildungsleistungen sollte der Bildungsanbieter an die Veränderungen der Umwelt anpassen. Sowohl inhaltliche als auch technologische Weiterentwicklungen sind dabei zu berücksichtigen. Je nach Anspruchsveränderung der Nachfrager ergibt sich die Notwendigkeit, Leistungsdifferenzierungen oder -variationen zu realisieren, oder Um- und Neupositionierungen durchzuführen (Haedrich/Tomczak 1996).

Dieser einfachste Entscheidungstatbestand innerhalb der Leistungspolitik besteht darin, gewisse Eigenschaften bereits produzierter und am Markt befindlicher Bildungsleistungen zu ändern. Man spricht in diesem Zusammenhang von Produktvariation. Sie beinhaltet die Änderung funktionaler, ästhetischer und/oder symbolischer Eigenschaften oder die Änderung von Zusatzleistungen der Bildungsleistung.

So können zum Beispiel die Trainingsunterlagen um eine CD ergänzt werden, auf der alle Inhalte nochmals als PDF-Dateien vorhanden sind. Der Teilnehmer kann dann in Zukunft die Unterlagen nochmals am PC durcharbeiten.

Ziel ist es, die Leistung in den Augen aller Nachfrager attraktiver erscheinen zu lassen (Leistungsverbesserung) oder die Leistung dem Bedarf bestimmter Marktsegmente anzupassen (Leistungsdifferenzierung). Die Kernaufgabe, die sich in diesem Kontext ergibt, besteht in der Transformation der subjektiven Nutzenerwartungen der Nachfrager in die objektiven Leistungsmerkmale. In Gesprächen mit Teilnehmern kann man so sehr schnell Optimierungspotenziale für sein Angebot erhalten (Treis/Oppermann 1998).

Die Leistungsvariation kann mit unterschiedlichen Mitteln erfolgen. Gemäß

Abb. 83 können diese Gestaltungselemente einer Dienstleistung in elementare und komplexe Gestaltungsmittel unterteilt werden (Koppelmann 1997, Treis/Oppermann 1998).

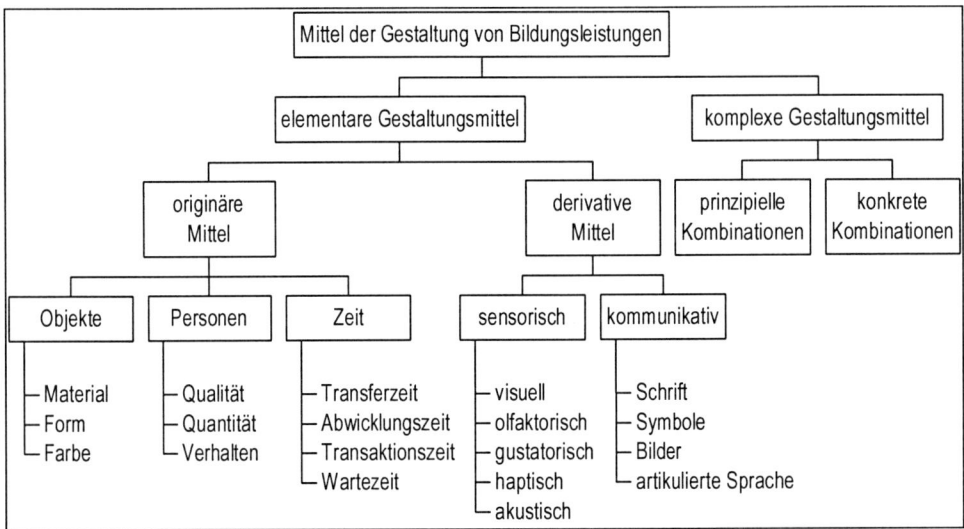

Abb. 83: Mittel zur Gestaltung von Bildungsleistungen (Treis/Oppermann 1998)

Elementare Gestaltungsmittel einer Bildungsleistung sind entweder originärer oder derivativer Natur. Originäre Mittel weisen keine weitere Untergliederung auf und stellen Synonyme für die internen Leistungsfaktoren der Bildungsleistung dar. Grundsätzlich treten sie, wie bereits geschildert, als Objekte, Personen oder Zeit auf. Derivative Gestaltungsmittel lassen sich grundsätzlich auf die originären Gestaltungsmittel zurückführen und umfassen sensorische und kommunikative Mittel.

Die komplexen Gestaltungsmittel lassen sich nach prinzipiellen und konkreten Mittelkombinationen differenzieren (Koppelmann 1997). Prinzipielle Mittelkombinationen umfassen die Gestaltung des Ablaufes der Bildungsleistung und die angewendeten Lösungsprinzipien und Methoden. Die konkreten Kombinationen sind existente Kombinationen der originären und derivativen Bestandteile. Sie haben einen materiellen (zum Beispiel Lehrtext) oder immateriellen (zum Beispiel Seminar) Charakter.

(3) Leistungseliminierung

Im Zeitablauf ist zu beobachten, dass Bildungsleistungen überaltern. Technologische Weiterentwicklungen und veränderte bzw. nachlassende Kundenakzeptanz führen dazu, dass das Leistungsprogramm einer Bereinigung bedarf. Die Aufgabe der Leistungspolitik ist es, diese Veralterung der Bildungsangebote zu verhindern bzw. die Austritts- und Rückzugskosten zu minimieren (Meffert/Bruhn 1995).

Für diesen Entscheidungsbereich kann man zahlreiche Gründe heranziehen. Abb. 84 gibt einige, nach qualitativen und quantitativen Kriterien unterteilte Einflussfaktoren an (Preißner/Engel 1997). Die Eliminierungsentscheidung kann mit Hilfe eines Scoring-Modells getroffen werden (Meffert 1997).

Qualitative Kriterien	Quantitative Kriterien
<ul><li>substitutive Leistungen durch Konkurrenten</li><li>Negativer Einfluss auf das Image des Bildungsträgers</li><li>nachlassende Wirkung des Marketing</li><li>Änderung von Bedarfsstruktur und gesetzlichen Vorschriften</li><li>veränderte Vorstellungen über die zu realisierenden Ziele</li><li>fortschreitende technische Entwicklungen</li><li>sinkende Kundenzufriedenheit</li></ul>	<ul><li>sinkender Umsatz</li><li>geringer Umsatzanteil</li><li>sinkender Deckungsbeitrag</li><li>sinkende Rentabilität</li><li>unzureichende Kursbuchungen</li></ul>

Abb. 84: Eliminierungskriterien für Bildungsleistungen

Aus der Leistungseliminierung ergeben sich einige Konsequenzen, die der Bildungsanbieter zu beachten hat (Preißner/Engel 1997):

- Fixkostenbelastung

Solange die eliminationsverdächtige Bildungsleistung noch einen positiven Deckungsbeitrag erwirtschaftet, reduziert sie auch die Fixkostenbelastung aller anderen angebotenen Leistungen. Sind die Fixkosten nicht durch andere Bildungsleistungen abzudecken, dann entsteht ein negatives Betriebsergebnis.

- Imageverbund

Die zu eliminierende Bildungsleistung kann ein Imageträger für den Bildungsanbieter sein. Handelt es sich um einen Imageträger, auf den der Bildungsträger seinen Ruf aufbaut, kann dies langfristig das Image des Bildungsträgers negativ beeinträchtigen.

- Sunk Costs

Der Begriff der Sunk Costs stammt aus dem Investitionsbereich und umfasst sämtliche Kostenbestandteile, die mit der Beendigung der Bildungsleistung abgeschrieben werden müssen. Dies sind insbesondere die Aufwendungen für die Entwicklung der Leistungen sowie die Investitionen in Anlagen und Gebäude, die nicht mehr genutzt werden können (Preß 1997).

2.2.2 Instrumente der Leistungspolitik eines Bildungsanbieters

Der Bildungsnachfrager nimmt das Leistungsangebot als Bündel von Teilleistungen wahr. Ein Verzicht auf einzelne Instrumente lässt sich langfristig nicht durch den besonders verstärkten Einsatz einzelner Instrumente kompensieren. Daher ist ein konzertierter Einsatz des gesamten Spektrums der vorhandenen Leistungsinstrumente notwendig.

Das Instrument der *Leistungsqualität* umfasst die Entscheidungen über die Konzeption und die Bestimmung funktionaler Leistungseigenschaften.

Im Rahmen der *Beschwerdepolitik* sind die Rahmenbedingungen zu schaffen, um auftretende Qualitätsschwankungen abzufangen.

Im Bereich der *Markierung* werden Entscheidungen über die Namensgebung und Kennzeichnung der Leistungen getroffen.

Service und Dienstleistungen umfassen die Leistungen, die ein Bildungsanbieter zusätzlich seinen Nachfragern und Interessenten anbietet.

2.2.2.1 Leistungsqualität

Der Leistungsqualität eines Bildungsanbieters kommt eine größere Bedeutung zu als bei einem Sachleistungsanbieter. Der Bildungsnachfrager erhält nicht ein fertiges

Endprodukt, sondern ist in den Prozess der Leistungserstellung eingebunden und kann somit Leistungsschwankungen während der Leistungserstellung sofort wahrnehmen.

Auf der Basis der strategischen Ausrichtung des Bildungsanbieters sollte für die individuelle Qualitätsdefinition einer einzelnen Bildungsleistung die Erarbeitung eines Qualitätsprofils erfolgen – insbesondere, wenn die Qualität als Wettbewerbsvorteilsstrategie umgesetzt werden soll.

Das Qualitätsprofil einer Bildungsleistung umfasst drei Entscheidungsdimensionen (Hansen/Leitherer 1984):

- Art und Anzahl der Leistungseigenschaften,
- Flexibilität des Eigenschaftsprofils und
- Ausprägung der Qualität der Leistungseigenschaften.

1. Art und Anzahl der Leistungseigenschaften

Die Qualitätsplanung ist Voraussetzung für die gezielte Lenkung und Sicherung der Qualität von Bildungsleistungen.

„Auswählen, Klassifizieren und Gewichten der Qualitätsmerkmale sowie schrittweise Konkretisierung aller Einzelanforderungen an die Beschaffenheit zu Realisierungsspezifikationen, und zwar im Hinblick auf die durch den Zweck der Einheit gegebenen Erfordernisse, auf die Anspruchsklasse und unter Berücksichtigung der Realisationsmöglichkeiten" (Meffert/Bruhn 1995).

Die Eigenschaften, die die Qualität einer Bildungsleistung bestimmen, sind sehr unterschiedlicher Natur, und man kann keine einheitlichen Bewertungsdimensionen in der Weiterbildungsbranche identifizieren (vgl. Abb. 85). (Einige Aufzählungen zur Messung der Bildungs- oder Lehrqualität sind in folgenden Quellen zu finden: Abels 1995, o.V. 1998, Merx/Bötel 1997; Stark 1997, Kronenthaler/Kallenbach/Reller 1998.)

Kriterium	Gewichtung	Bewertung
Gesamteindruck		
Maßnahmenkonzeption		
Lehr- und Betreuungspersonal		
Räumliche/Sachliche Ausstattung		
Information und Beratung		

Abb. 85: Qualitätsdimensionen in der Weiterbildung (Merx/Bötel 1997)

Verfolgt der Bildungsanbieter eine nachfragerorientierte Präferenzstrategie, dann wird er die Komponenten seiner Bildungsleistungen nach Anzahl und Art der Eigenschaften entsprechend der artikulierten Anforderungen seiner Zielgruppe gestalten. (Dieser Ansatz, wird von einigen Pädagogen abgelehnt, da er zu einem Ausverkauf des Bildungsbegriffes führe; vgl. Frost 1996.)

Bei der Verfolgung einer Differenzierungs- oder Programmbreitenvorteilsstrategie versucht der Bildungsanbieter, die Struktur der Nachfragerbedürfnisse durch Neukomposition der Teileigenschaften seiner Bildungsleistungen zu verändern, sie zu erweitern oder zu spezifizieren (Haedrich/Tomczak 1996).

Rückt die wettbewerbsorientierte Marktteilnehmerstrategie in den Vordergrund, sollte der Bildungsanbieter seine Bildungsleistungen an den Qualitätsstandards der Wettbewerber orientieren.

Ausschlaggebend ist allerdings in allen Fällen die subjektive Qualitätsvorstellung des Bildungsnachfragers, da sich aus ökonomischen Gründen nicht alle potenziellen Qualitätsdimensionen berücksichtigen lassen (Hansen/Leitherer 1984).

2. Flexibilität des Anspruchsprofils

Durch die angesprochene unterschiedliche Beurteilung der Qualität durch die Nachfrager besteht die Notwendigkeit, das Qualitätsprofil der Bildungsleistung flexibel an die unterschiedlichen Segmente anzupassen. Die Eigenschaften einer Bildungsleistung sind nicht starr miteinander zu verbinden sondern variabel zu gestalten, um mit Hilfe der Leistungsvariation unterschiedliche Zeitfenster, Zielgruppen oder Segmente zu bedienen.

3. Ausprägung der Qualität der Leistungseigenschaften

Die ökonomisch optimale Ausprägung der Leistungsqualität kann nicht mit einer maximal möglichen Qualitätsausprägung gleichgesetzt werden. Die Qualität hängt von den Erwartungen und der subjektiven Wahrnehmung der Kunden ab. Zum Beispiel ist immer wieder zu beobachten, dass einige Kunden die Qualität der Veranstaltungen von Volkshochschulen für gut befinden und immer wieder dorthin gehen. Andere Nachfrager beurteilen die Qualität als schlecht und gehen deswegen nicht zur Volkshochschule.

Zur Definition einer optimalen Qualität geht man von einer Verteilung der Anforderungswerte der Kunden bezüglich verschiedener Qualitätsabstufungen bei einzelnen Leistungseigenschaften aus (Haedrich/Tomczak 1996).

Die Leistungsqualität ist demnach auf die angestrebte Zielgruppe und das Preisniveau mit Hilfe einer optimalen Kombination der Qualitätskomponenten abzustimmen.

2.2.2.2 Beschwerdepolitik

Bildungsleistungen, die nicht den Qualitätserwartungen des Kunden entsprechen, führen zu Unzufriedenheit (Bernecker 1998). Diese ist tendenziell bei Dienstleistungen und insbesondere bei persönlichen Dienstleistungen häufiger anzutreffen als bei Sachleistungen, da sowohl die Integration des externen Faktors als auch die Immaterialität der Leistung zu einer unsicheren Leistungswahrnehmung und Leistungserwartung führen. (Insbesondere in den letzten Jahren häufen sich die Unzufriedenheitsreaktionen über Bildungsanbieter und Trainer (Schäffel/Heibutzky 1993, Schnitzler 1994).

Falls die Leistungserwartung nicht der Leistungswahrnehmung entspricht, führt dies zu Unzufriedenheit beim Nachfrager. Falls der Nachfrager unzufrieden ist, bestehen für ihn mehrere Handlungsalternativen, die in Abb. 86 dargestellt sind.

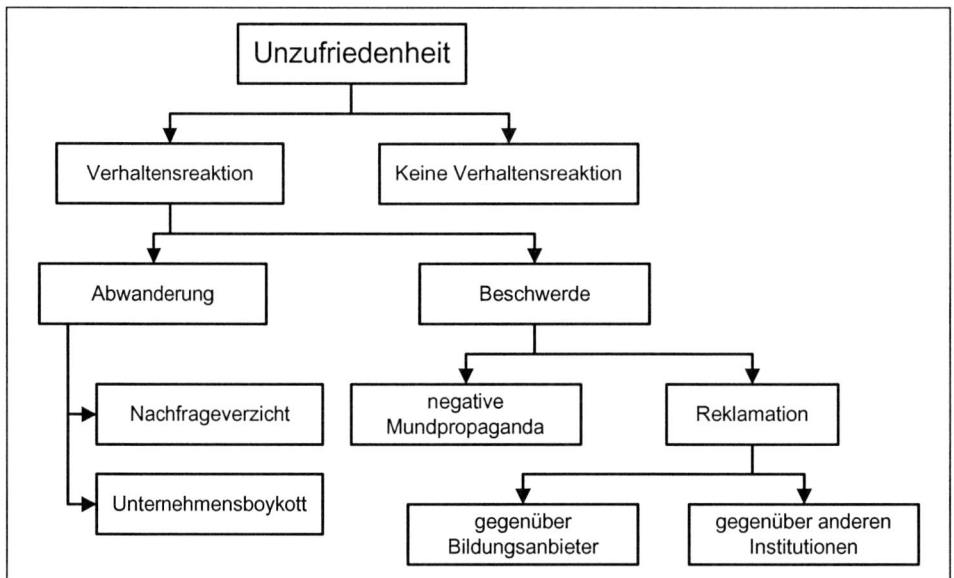

Abb. 86: Verhalten der Bildungsnachfrager bei Unzufriedenheit

Besonders problematisch ist die Erkenntnis, dass die Mehrzahl der Bildungsnachfrager abwandert und der Bildungsanbieter keine Möglichkeit hat, die Beschwerde zu bearbeiten und vielleicht zur Zufriedenheit des Kunden zu lösen. Ein Großteil der unzufriedenen Kunden wandert ohne Rückmeldung zur Konkurrenz ab und kann nur dann zurückgewonnen werden, wenn er auch dort unzufrieden ist oder Leistungsversprechungen über die zukünftigen Leistungsqualitäten gemacht werden. Neben der Abwanderung kommuniziert der Kunde auch mit anderen potenziellen und aktuellen Kunden. Ein unzufriedener Kunde teilt diese Unzufriedenheit wesentlich mehr Personen mit als ein zufriedener Kunde seine Zufriedenheit. Nur ein sehr geringer Prozentsatz äußert seine Unzufriedenheit in Form einer Beschwerde oder Reklamation direkt beim Unternehmen.

Die Konsequenzen daraus:

- Es sollte verhindert werden, dass unzufriedene Kunden sich nicht äußern. (In zahlreichen Untersuchungen wurde festgestellt, dass der Anteil an unzufriedenen Kunden, die keine Beschwerdemaßnahmen ergreifen, etwa 30 bis 50 % beträgt; vgl. Bruhn 1986.)

- Wenn ein Kunde sich beschwert, muss die Reklamation auch unverzüglich bearbeitet werden. (Insbesondere dieser Punkt widerspricht häufig dem Selbstverständnis von Trainer, Dozenten und Pädagogen, da der „Schüler" vermeintlich die Kompetenz in Frage stellt und mit einem „unendlichen Anspruchsdenken" seine Unzufriedenheit äußert.)

Eine Möglichkeit, diese Konsequenzen zu berücksichtigen und konstruktiv zu nutzen, bietet die Einführung eines Beschwerdemanagements (Stauss/Seidel 1998).

Beschwerdemanagement beinhaltet einen komplexen, unternehmerischen Handlungsbereich. Es umfasst Planung, Durchführung und Kontrolle aller Maßnahmen, die ein Unternehmen im Zusammenhang mit Beschwerden ergreift (Wimmer 1985).

Es besteht die Möglichkeit, Beschwerdemanagement auf unterschiedlichste Art und Weise zu realisieren (vgl. Abb. 87).

Ansprache	Reaktion	
	Passiv	**Aktiv**
passiv	Das Reklamationsmanagement tritt nur in Kraft, wenn sich ein Kunde beschwert. Die Reaktion erfolgt nur im Rahmen der gesetzlich vorgeschriebenen Bahn	Wenn Beschwerden auftauchen, werden diese unbürokratisch zugunsten des Kunden kulant bearbeitet
aktiv	Der Bildungsanbieter fordert den Kunden bei so genannten „Moments of Truth" auf, Reklamationen zu äußern. Wenn die Anspruchsgrundlagen vorhanden sind, behebt er den Fehler	Der Bildungsanbieter sucht Reklamationen und fordert den Kunden aktiv zu Reklamationen auf. Er behebt diese sofort in bester Qualität, unbürokratisch und besser, als der Kunde es erwartet

Abb. 87: Reklamationsmanagement

Der Ablauf des Beschwerdemanagementsystems ist vierstufig. Zunächst werden Beschwerden aktiv stimuliert, um so die stille Abwanderungsrate unzufriedener Kunden zu senken. Diese Beschwerden werden angenommen und möglichst schnell bearbeitet.

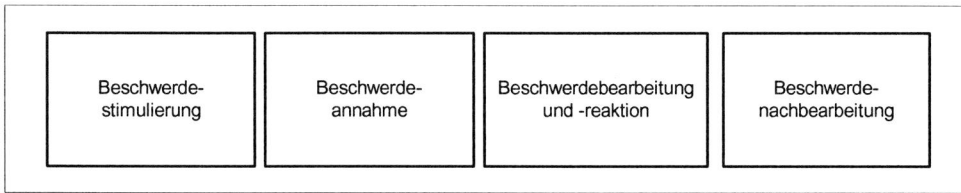

Abb. 88: Stufen des Beschwerdemanagements

Die Beschwerdestimulierung kann persönlich erfolgen, indem die am Bildungsprozess beteiligten Personen die Teilnehmer auffordern, ihre Beschwerden zu äußern. Zusätzlich kann die Beschwerdestimulierung unpersönlich durch Fragebögen, Feedbackterminals oder Response-Karten erfolgen. Einige Bildungsanbieter richten ein Gästebuch auf ihrem Internetangebot ein, um so eine Beschwerdestimulierung zu erreichen. (Stauss/Seidel 1998)

Die Beschwerdebearbeitung sollte schnell und unkompliziert erfolgen, und der Kunde ist über jeden Schritt zu informieren. Die Beschwerdereaktion, also die Problemlösung, kann unterschiedlich erfolgen. Finanzielle, materielle und immaterielle Lösungen sind möglich (vgl. Abb. 89).

Finanziell	Materiell	Immateriell
▪ Geldrückgabe ▪ Preisnachlass ▪ Schadenersatz	▪ neue Bildungsleistung ▪ Gutschein	▪ Entschuldigung ▪ Erklärung ▪ Information

Abb. 89: Instrumente zum Mangelausgleich

Materiell erwartet der Kunde in aller Regel die Behebung der Mängel. Neben dieser materiellen Lösung möchte er häufig auch eine Erklärung oder Entschuldigung und eine Entschädigung für seine Mühen und seinen Ärger. Genau in diesem Aspekt besteht ein großes Potenzial zur Steigerung der Kundenzufriedenheit. Eine passive Reklamationslösung führt lediglich zur Behebung des Problems und damit zur Abwendung eventueller rechtlicher Konsequenzen. Negative Assoziationen des Kunden mit der Leistung werden dadurch unter Umständen nicht behoben. Eine aktive, kreative Reaktion auf eine Reklamation kann zu einer Steigerung der Kundenzufriedenheit führen und die Kundenbindung verstärken. Eine derartig bearbeitete Reklamation kann bei der Nachbearbeitung Auslöser für neue Geschäftsbeziehungen sein.

Viele Bildungsanbieter setzen rituelle Teilnehmerbefragungen ein. Dieses Instrument ist wichtig, um konkrete Hinweise über die Prozessqualität zu erhalten. Man sollte jedoch darauf achten, dass diese Befragungen nicht zu einem bloßen Ritual verkommen.

2.2.2.3 Bildungsmarkenpolitik

Markenpolitik umfasst alle Entscheidungen, die mit der Markierung von Leistungen zusammenhängen. Insbesondere dann, wenn ein Bildungsanbieter eine Differenzierungsstrategie mit Hilfe der Markierung realisiert, gewinnt die Markenpolitik an besonderer Bedeutung. Eine Dienstleistungsmarke lässt sich wie folgt definieren (Stauss 1994):

Unter einer Dienstleistungsmarke versteht man ein Zeichen, das der Kennzeichnung von Sachgütern oder Dienstleistungen dient. Die Marke soll die Herkunft der Dienstleistung dokumentieren und sie somit von anderen Produkten und Dienstleistungen abheben (Herkunfts- oder Identifizierungsfunktion und Abhebungsfunktion) (Gaumann 1983, Gaumann 1984).

Seit dem 01.04.1979 können Dienstleistungsmarken beim Deutschen Patentamt eingetragen werden und genießen damit den gleichen Schutz wie Warenzeichen (Meyer 1998, Stauss 1994). Sie können entweder als Wortzeichen oder als Bildzeichen eingetragen werden. Aus dem Bildungsbereich sind zum Beispiel folgenden Marken vertreten: Schülerhilfe, Struktogramm und Triogramm.

Mit Hilfe der Markenpolitik können unterschiedliche Ziele verfolgt werden:

- Schaffung eines Identifikations- und Kommunikationsmittels. Insbesondere bei einer Dienstleistung gewinnt dieses Ziel immer mehr an Bedeutung. Bei Vertrauensgütern scheint eine starke Markenpolitik das wahrgenommene Auswahlrisiko für den Nachfrager zu senken.

- Aufbau von Markentreue. Eine Markentreue kann zu einer Erhöhung der Kundenbindung führen und einmal gebildete, positive Einstellungen können auf neue Leistungen transformiert werden.

- Gestaltung eines positiven Marken-Images. Mit Hilfe der Markenpolitik kann ein positives Image unterstützt und gebildet werden.

- Erhaltung eines preispolitischen Spielraumes.

Die Marke hat damit zwei Perspektiven. Einmal ist die Marke von innen heraus natürlich ein Rechtsgut, also ein geschützter Begriff, und hat damit einen Eigentumswert. Auf der anderen Seite gibt es die Outside-In-Betrachtung: Wer kennt die Marke? Was wissen außenstehende Zielgruppen über die Marke? Welches Vorstellungsbild erzeugt sie? Wie groß ist die Bekanntheit der Marke und welches Image hat sie?

Diese eher außengerichtete Betrachtung führt regelmäßig zum so genannten identitätsorientierten Ansatz der Markenführung. Bei diesem Ansatz werden Parallelen zwischen einem Individuum und der Marke gezogen. Die Marke soll eine eigenständige Persönlichkeit erhalten. Die nachfolgende Abb. zeigt die Parallelen der Ansätze auf.

Konstitutive Merkmale	Individuum	Marke
Wechselseitigkeit	Identität als Erkenntnis vom Anderssein. Identität durch Beziehungen zu anderen Menschen	Identität durch: - die Abgrenzung gegenüber Wettbewerbern - dauerhafte, enge Beziehungen zwischen Selbst- und Fremdbild determinieren Identitätsstärke
Kontinuität	Kontinuität der Merkmale zur Identifizierung einer Person, zum Beispiel: Geschlecht, Geburtsdatum, Körpermerkmale	Kontinuität der Markenphilosophie bzw. des Markenleitbildes. Personelle und materielle Kontinuität der Markenführung
Konsistenz	zeitpunktbezogene, widerspruchsfreie Kombination von Persönlichkeitsmerkmalen	innen- und außengerichtete Abstimmung aller Aktivität im Rahmen der Markenführung
Individualität	biologisch und soziologisch bedingte Einzigartigkeit des Individuums	vom Kunden wahrgenommene Einzigartigkeit bestimmter Merkmale der Marke im Vergleich zu konkurrierenden Marken

Abb. 90: Konstitutive Merkmale der Identität von Personen und Marken (Meffert/Burmann/Koers 2002)

Dieser Ansatz bietet gerade im Bildungsmarkt eine sinnvolle Anwendung, da viele Bildungsanbieter als Einzelunternehmer auftreten und damit die Prägung der Marke durch den Trainer sehr stark ist.

Die zugrunde liegende Modellhypothese basiert auf der Vorstellung, dass Kunden intuitiv die Marken auswählen, die am besten passen zu ihnen passen – ähnlich wie Menschen Beziehungen zu anderen Menschen ausbauen, die sie interessieren und bei denen sie Gemeinsamkeiten feststellen. Akzeptiert man diese Vorstellung, lässt sich für die Implementierung die nachfolgende Abb. heranziehen:

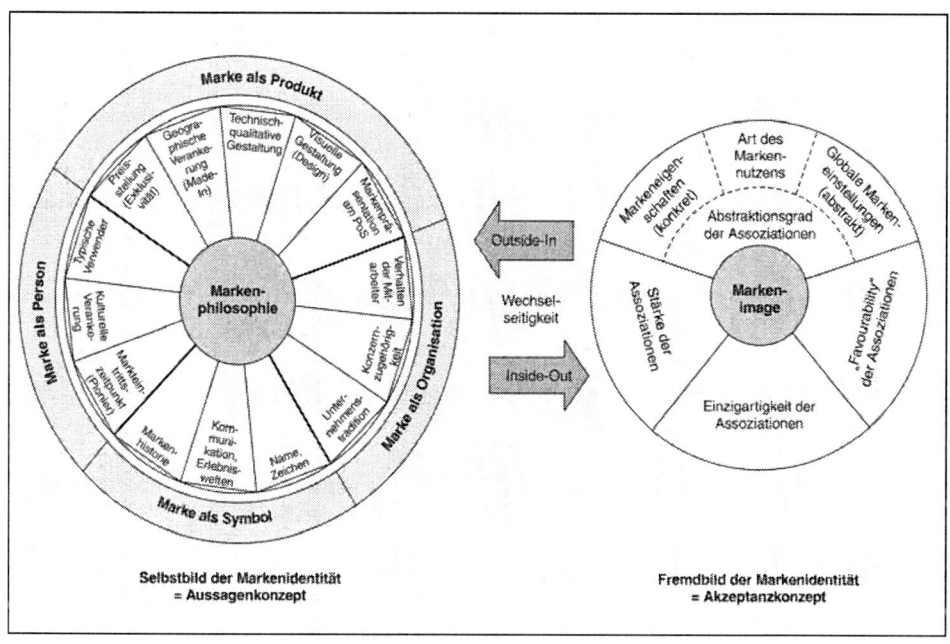

Abb. 91: Markenidentitä (Meffert/Burmann/Koers 2002)

Die Markenidentität ist demnach aus „innerer Sicht" des Unternehmens ein „Aussagenkonzept". Es besteht aus der Kombination verschiedener Merkmale, die, wenn sie aufeinander abgestimmt sind, eine vertrauenswürdige Marke widerspiegeln. Gibt es Inkonsistenzen innerhalb dieser Merkmale, so wird die Marke – bzw. die Person – nicht eindeutig identifiziert und verliert an Vertrauen. Die Komponenten der Markenidentität sind zudem bedeutsam für die Markenphilosophie. Der Kern der Markenidentität verankert in sich die Idee, den Inhalt und die zentralen Eigenschaften der Marke. Auf ihr bauen alle weiteren Komponenten auf. Der Kern sollte dabei solche

Werte umfassen, die für den Nachfrager einen „relevanten Wert" darstellen. Dieser Wert wird auch als die DNA der Marke verstanden. Die Natur dieses Kerns beschränkt sich keinesfalls auf rationale Werte. In dem Kern können auch emotionale Werte verankert sein.

Prinzipiell stehen mehrere Möglichkeiten zur Realisierung der Markenpolitik zur Verfügung:

1. Herstellername

Eine Herstellermarke ist eine Bezeichnung, die für alle Angebote des Unternehmens verwendet wird. Der Herstellername wird zur Dachmarke, wenn keinerlei Trennung zwischen dem Image des einzelnen Angebotes und dem Hersteller besteht. Diese Markierungspolitik trifft man bei sehr vielen Bildungsanbietern an. Der Name des Institutes oder des Einzeltrainers wird als Marke geführt, und es erfolgt keine weitere Differenzierung bezüglich der einzelnen Angebote. Diese Markenpolitik hat den Vorteil, dass lediglich eine Marke eingeführt werden muss und damit geringere Markenkosten anfallen. Die Anfälligkeit ist allerdings auch wesentlich größer, da ein negatives Image oder Qualitätsschwankungen auf die einzige Marke zurückfallen. Die Wachstumsmöglichkeiten erweisen sich als sehr beschränkt. Eine klassische Herstellermarke ist die Volkshochschule (VHS). Sie deckt die kompletten Veranstaltungen ab, ohne spezifisch zu unterscheiden, welche Kurse angeboten werden. Die Kernkompetenz der Marke steht für preiswerte Weiterbildung für Jedermann & Jedefrau.

2. Familienmarke

Unter einem gemeinsamen Namen werden jeweils die Marken einzelner Dienstleistungsgruppen angeboten. Ein Dienstleistungsanbieter kann somit mehrere Marken führen, die Gruppen von Dienstleistungsangeboten charakterisieren. Zum Beispiel eine Marke für Management-Seminare und eine Marke für Umschulungsmaßnahmen.

	Chancen	Risiken
Einzelmarke	<ul><li>spezifische Profilierungs- und Differenzierungsmöglichkeiten</li><li>Unterstützung von Leistungsspezialitäten</li><li>gezielte Ansprache einzelner Segmente</li><li>Vermeidung des Badwill-Transfers von einzelnen Bildungsleistungen</li><li>gute Kommunikationsmöglichkeiten bei innovativen Bildungsleistungen</li><li>leichtere Qualitätssicherung</li></ul>	<ul><li>Zersplitterung des Budgets</li><li>Keine Erreichung des Break-Even-Punktes durch kurze Leistungszyklen</li><li>fehlende Durchsetzungskraft im Markt</li><li>hohe Marketingkosten</li></ul>
Leistungsgruppenmarken	<ul><li>spezifische Profilierung möglich</li><li>mehrere Leistungsbereiche tragen den erforderlichen Markenaufwand</li><li>Unterstützung von Innovationen durch Goodwill der Gruppenmarke</li><li>Möglichkeiten für Line Extensions</li><li>Leistungsgruppenmarken ermöglichen die Bildung eigenständiger SGE</li><li>Verjüngung der Muttermarke durch Leistungsinnovationen</li></ul>	<ul><li>Badwill-Effekte</li><li>Markenverwässerung</li><li>Kannibalisierungseffekt</li></ul>
Dachmarken	<ul><li>alle Marken tragen den Markenaufwand</li><li>Dachmarken fördern die Einführung neuer Leistungen (Goodwill-Effekt)</li><li>keine Gefährdung der Marke durch kurze Lebenszyklen</li><li>Kostensenkung</li><li>Basis einer Corporate-Identity-Konzeption</li></ul>	<ul><li>klare und eindeutige Profilierung problematisch</li><li>Ausrichtung auf einzelne Zielgruppen nahezu unmöglich</li><li>Kannibalisierungseffekt</li><li>Badwill-Effekt</li><li>übergreifende Qualitätssicherung schwierig</li></ul>

Abb. 92: Chancen und Risiken verschiedener Markenkonzepte (Baumgarth/Freter/Schmidt 1996)

Die Familienmarke wird häufig als Rangmarke oder Leistungsgruppenmarke bezeichnet und nimmt eine mittlere Position zwischen Einzelmarke und Dachmarke ein. Das Grundprinzip dieses Markentyps besteht darin, dass für eine bestimmte Leistungslinie eine einheitliche Marke gewählt und eingesetzt wird. Alle unter dieser Familienmarke angebotenen Bildungsleistungen partizipieren so am aufgebauten bzw.

entwickelten leistungsgruppenspezifischen Markenimage (Becker 1998).

3. Einzelmarkenstrategie

Die Einzelmarkenstrategie kommt immer dann zum Tragen, wenn sehr unterschiedliche Leistungsbereiche mit unterschiedlichsten Technologien und Zielgruppen abgedeckt werden sollen. Besonders größere Bildungsanbieter positionieren einzelne Marken im Wettbewerb, um mit der Markenspezialisierung eine differenzierte Marktbearbeitungsstrategie zu realisieren. Die Marken haben ein isoliertes Auftreten, nutzen im Optimalfall ein positives Imagetransfer der Stammmarke, können aber ansonsten isoliert agieren.

Für den Aufbau einer Marke im Bildungsmarkt sprechen viele Gründe. Ein wesentlicher Aspekt dabei ist die Tendenz von Bildungsprodukten zu kurzen Lebenszyklen. Einzelne Seminare haben in der Regel keine langen Lebensrhythmen. Sie müssen regelmäßig angepasst werden, verändern sich kontinuierlich und müssen unter Umständen nach einigen Jahren vom Markt genommen werden. Eine strategisch konzipierte Marke kann diesen Wandel abfangen und kurzfristige Modezyklen ohne Probleme überstehen. Investitionen in Marketing und Kommunikation sind unter dieser Voraussetzung auch nicht als Kosten, sondern als Investitionen zu sehen.

2.2.2.4 Servicepolitik

Serviceleistungen unterstützen die Kernleistung vor, während und nach der Inanspruchnahme. Serviceleistungen sind demnach nicht als Hauptleistung bzw. als selbstständiges Absatzobjekt zu betrachten, sondern sollen den Absatz der Bildungsleistung fördern (Bieberstein 1997). Viele Bildungsanbieter nutzen den Service, um sich als Dienstleistungsanbieter im Markt mit Hilfe einer Präferenzstrategie zu positionieren und nachhaltige Wettbewerbsvorteile zu realisieren (Schönfeld/ Stöbe 1996). Im Bildungsbereich liegt eine immaterielle Kernleistung vor, die durch materielle und immaterielle Serviceleistungen ergänzt wird. Insbesondere die materiellen Servicebestandteile bieten eine Möglichkeit, die Immaterialität der Kernleistung zu überdecken. Die Serviceleistungen können anhand der verschiedenen Leistungsphasen in Serviceleistungen

- der Vorleistungsphase,
- während der Leistungserstellungsphase und
- nach der Leistungserstellungsphase,

differenziert und systematisiert werden.

Servicebeispiele in der Vorleistungsphase:

- Eine Telefonhotline für Beratungsfragen als 0800er Telefonnummer kann eine gute Serviceleistung sein. Es existieren einige Dienstleister, die einen solchen Service anbieten.

- Buchungsmöglichkeiten über verschiedene Kanäle. Der Kunde sollte sich per Telefon, Fax, Brief oder E-Mail anmelden können.

- Unternehmen nennen Referenzkunden mit Telefonnummer, damit Kunden mit Kunden Rücksprache halten können. Dieser Einsatz von Testimonials kann sehr erfolgreich sein, da Vertrauen aufgebaut wird. Typische Informationen, die angegeben werden, sind: Name der Referenz, Unternehmen, Position, Telefonnummer oder E-Mail-Adresse.

- Unternehmen bieten eine Bildungsbedarfsanalyse oder eine Einordnung der Kenntnisse an. Viele Teilnehmer möchten wissen, ob sie in das Leistungsspektrum des Angebotes passen.

- Tag der Offenen Tür: Unternehmen kommunizieren mit potenziellen Kunden.

- Kunden werden zu einem Informationsabend in ein Hotel eingeladen.

- Umfangreiches Informationsmaterial in Papierform und Online kann den Kunden helfen, die Leistungen des Unternehmens besser einzuschätzen.

- Buchungsservice: Wenn die Seminare mehrtägige Veranstaltungen sind und die Teilnehmer unter Umständen übernachten müssen, dann können Hotelvorschläge, Restauranttipps und Hinweise für die Abendgestaltung sehr hilfreich sein.

- Anmelde- und Reservierungsbestätigungen sollten für serviceorientierte Anbieter ein Muss sein.

- Vorbereitungsmaterial, lange vor dem Seminar zugeschickt, kann einen echten Benefiz darstellen.

- Probetrainings oder Hospitationen können die Eingangsschwelle bei vielen Kunden reduzieren.

Servicebeispiele in der Leistungsphase:

- Anpassung der Inhalte auf die Fragen der Teilnehmer.

- Begrüßung, Empfang, Verabschiedung sollten selbstverständlich sein, ist es bei einigen Anbietern aber scheinbar nicht.

- Transport vom Flughafen, Bahnhof zum Seminarort und zum Hotel ist ein Service den einigen Veranstalter anbieten.

- Spezialwünsche (Kinderbetreuung, spezielle Bedürfnisse für Behinderte, Diabetiker, Religiöse etc.).

- Verpflegung. Ein Seminaranbieter, der für ein Seminar 1300 Euro berechnet und dann den Teilnehmer mitteilt, dass sie Mittagessen selber bezahlen sollen, wird mit Sicherheit keine Zufriedenheit auslösen.

- Skript. Die Zeiten, in denen Teilnehmer alles mitschrieben mussten, sollten vorbei sein. Gute Unterlagen sind ein wesentliches Qualitätskriterium.

- Ein Kugelschreiber und ein Block, damit die Teilnehmer etwas mitschreiben können, sollten bei jedem Bildungsanbieter selbstverständlich sein. Die Kosten belaufen sich dabei im Schnitt auf lediglich 2 Euro pro Person.

- Die Räumlichkeiten eines Bildungsanbieters stellen ebenfalls Serviceelemente dar. Eine Tafel macht aus einem Besprechungsraum noch lange keinen Seminar- oder Unterrichtsraum. Auch die sonstigen Aufenthaltsflächen sollten kundenorientiert gestaltet sein.

Auch **nach der reinen Erstellungsphase** können zusätzliche Serviceelemente die Qualität positiv beeinflussen:

- Oftmals werden Teilnehmer krank oder können aus anderen Gründen nicht an Veranstaltungen teilnehmen. Für diese Fälle sollten Stornierungsregeln vorliegen.

- Die Rechnungen sollten nachvollziehbar sein und einen kundenorientierten Aufbau haben. Beschreibungen mit Kürzeln und internen Seminarnummern sind immer noch die Regel. Auch ein großzügiges Zahlungsziel kann ein Serviceelement darstellen.

- Viele Anbieter haben eine Hotline, um nach Seminarveranstaltungen noch einmal Rücksprache mit den Referenten halten zu können.

- Materialien, die die Umsetzung der Inhalte in die Praxis unterstützen, werden von vielen Teilnehmern als Serviceelement wahrgenommen.

- Fotoprotokolle von Seminaren gehören bei TOP-Trainern mittlerweile zum Grundangebot.

Es können grundsätzlich zwei verschiedene Servicestrategien differenziert werden (Belz/Schuh/Groß/Reinecke 1997): Beim integrierten Leistungsmanagement richtet sich der Bildungsanbieter nach Kundennutzenpaketen aus. Das gesamte Leistungsspektrum wird an die Bedürfnisse und Anforderungen der Nachfrager angepasst. Diese Dienstleistungsstrategie verfolgen, nach der hier angewendeten Terminologie, die Systemanbieter.

Beim selektiven Dienstleistungsmanagement stehen einzelne Serviceleistungen im Vordergrund. Diese sind so zu gestalten, dass sie vom Kunden als nutzenbringende Wertschöpfung anerkannt und entsprechend honoriert werden.

Eine wesentliche Frage bei der Konzipierung der Servicepolitik des Bildungsanbieters ist der Umfang der zu realisierenden Serviceleistungen. Die Spannweite reicht von der „totalen Dienstleistung" bis zur „Lean Leistung" ohne Service. Der Einsatz des Instrumentes Service unterstützt signifikant die Profilierungsstrategie, wohingegen bei einer Preis-Mengen-Strategie auf Service verzichtet werden muss.

Damit die Serviceleistungen professionell angeboten werden ist sicherzustellen, dass:

- der Bildungsanbieter die richtigen Serviceelemente optimiert,

- die Serviceleistungen vom Nachfrager gewünscht, wahrgenommen und finanziell honoriert werden,

- die entstehenden Kosten angemessen sind und

- der Bildungsanbieter über die notwendigen Ressourcen und Fähigkeiten verfügt, die Serviceleistung in der gewünschten Qualität anzubieten (Belz/Schuh/Groß/Reinecke 1997):

2.2.2.5 Schutz vor Leistungspiraterie

Bildungsleistungen sind nicht patentierbar und rechtlich nur sehr schwer zu schützen (Suter-Seuling 1996). Sie können durch die Wettbewerber leicht nachgeahmt werden. Daher bereitet es wesentlich mehr Schwierigkeiten, über innovative Bildungsleistungen langfristige Wettbewerbsvorteile zu realisieren.

Der rechtliche Schutz bei immateriellen Bildungsleistungen existiert de facto nicht (Schneider/Pflaum 1997). Urheberrechte sind zwar rein formal existent, können in der Regel aber nicht juristisch gesichert werden. (Einige Autoren empfehlen den ausdrücklichen Ausweis des Copyrights in Verträgen; vgl. Abel 1998.) Einige Autoren sprechen gar davon, dass die Weiterbildungsbranche durch systematische Verstöße gegen das Urheberrecht charakterisiert ist (Neumeier 1998).

Die Leistungspiraterie in der Bildungsbranche bezieht sich allerdings in der Regel auf die vom Markt direkt wahrgenommenen und wahrnehmbaren Leistungsbestandteile. Diese Bestandteile können von Konkurrenten direkt wahrgenommen, jederzeit beobachtet und in Form von Testbuchungen oder -käufen kopiert werden.

Potenzielle Gefährdungen ergeben sich für Bildungsanbieter durch folgende Gruppen:

Aktuelle Wettbewerber: Aktuelle Wettbewerber sind in einigen rezessiven Segmenten bestrebt, die Leistungen des Wettbewerbers zu kopieren, um ihre relative Wettbewerbsposition zu verbessern.

Potenzielle Wettbewerber: Potenzielle Wettbewerber nutzen das Know-how und die Erfahrungen der bisherigen Marktteilnehmer häufig aus, indem sie bestehende erfolgreiche Konzepte kopieren. Es geschieht immer wieder, dass Kunden aus dem Bildungsprozess Know-how nutzen, um zukünftig selber als Konkurrent aufzutreten. Häufiger tritt sogar das Problem auf, dass insbesondere größere Firmenkunden Konzepte und Begleitunterlagen aus Bildungsmaßnahmen nutzen, um diese für interne Bildungsabteilungen zukünftig zu verwenden und den externen Bildungsanbieter auszuschalten. (Abel 1998).

Einige Bildungsanbieter reagieren mittlerweile darauf, indem spezielle Train-the-Trainer-Seminare für Unternehmen angeboten werden und diese dann auch Lizenzrechte an den Unterlagen und Konzepten erwerben können. Microsoft bietet zum Beispiel unter den Bezeichnungen „Fit für Office" und „MCT" unterschiedliche Trainerzertifizierungen an, die zugleich das Recht auf Nutzung von Schulungskonzepten beinhalten.

Potenzielle Kunden: Potenzielle Kunden versuchen häufig, durch Probetrainings, ehemalige Kunden oder allgemeines Informationsmaterial den Bildungsanbieter durch autodidaktische Vorgehen zu substituieren. Gelegentlich werden die Materialien des Anbieters auch anderen preiswerteren Wettbewerbern zur Verfügung gestellt, mit denen der Bildungsprozess realisiert wird.

Mitarbeiter: Ein zu beachtendes Gefährdungspotenzial stellen eigene und freie Mitarbeiter dar, die Leistungsbestandteile kopieren und transformieren können, um zu einem späteren Zeitpunkt in Konkurrenz zu treten oder Wettbewerber mit Insiderinformationen zu beliefern.

Die Leistungsbestandteile, die sich hinter der Visible Line befinden, sind nicht so einfach zu kopieren und für Leistungspiraten nicht direkt zugänglich. Bildungsanbieter, die keinen Wert auf diese begleitenden Back-Office-Prozesse legen, und Service in Form von „Light"- Versionen anbieten, erweisen sich daher für Leistungspiraten als wesentlich anfälliger (zum Konzept des „Service Light" vgl. Meyer/Blümelhuber 1998).

Ein weiterer wesentlicher Schutz vor Imitationen entsteht, wenn echte Innovationen im Bildungsbereich vorliegen, die durch adjunktive Personalfaktoren gekennzeichnet werden. Dies können Leistungen während der Leistungserstellung sein, wenn Trainer oder Dozenten eingesetzt werden, die exklusiv bestimmte Inhalte präsentieren. (Dabei ist zu beachten, dass diese Exklusivität nur dann gewährleistet ist, wenn diese Mitarbeiter in Festanstellung mit Konkurrenzverbot beschäftigt werden. Das vorherrschende Konstrukt in der Branche sind allerdings freie Mitarbeiterverträge, mit denen der Mitarbeiter nicht zu dieser Exklusivität gezwungen werden kann; vgl. Olbert 1999.) Ein wesentlich stärkerer Schutz entsteht bei personeller Fachkompetenz im Back-Office-Bereich. Wenn Mitarbeiter ein persönliches Know-how bei der Akquisition und Abwicklung von Bildungsprojekten aufweist, dann sind dies Wettbewerbsvorteile, die nicht ohne weiteres zu beobachten und zu kopieren sind. (Den Stellenwert dieses Know-how berücksichtigen neuere Ansätze des Dienstleistungsmarketing, indem sie auch die internen Bereiche und das Personal explizit als Aktionsparameter berücksichtigen; vgl. Bowen/Lawler 1998.)

2.3 Kommunikationspolitik (Promotion)

Neben der inhaltlichen Festlegung der Leistungspotenziale im Rahmen der Leistungspolitik sollten diese Leistungspotenziale den Nachfragern kommuniziert werden. In der Kommunikationspolitik werden alle Instrumente und Entscheidungstatbestände zusammengefasst, die mit der Kommunikation des Unternehmens mit seiner Umwelt zu tun haben (Kotler/Bliemel 1999).

Die Grundstrukturen einer modernen Unternehmenskommunikation lassen sich mit Hilfe eines informationstheoretischen Modells recht gut erläutern. Merkmale der Kommunikation sind die Übermittlung von Nachrichten und die durch diese Nachrichten mögliche Steuerung von Erwartungen, Einstellungen und Verhaltensentscheidungen. Die Elemente „Sender" und „Empfänger" werden durch die „Botschaft" miteinander verknüpft, die einen Werbeträger als Transportmittel benötigt. Da Kommunikation in einem sozialen Umfeld abläuft, ist mit einer Reaktion des Empfängers zu rechnen. Gleichzeitig sind aber auch Störsignale bei der Kommunikation zu berücksichtigen.

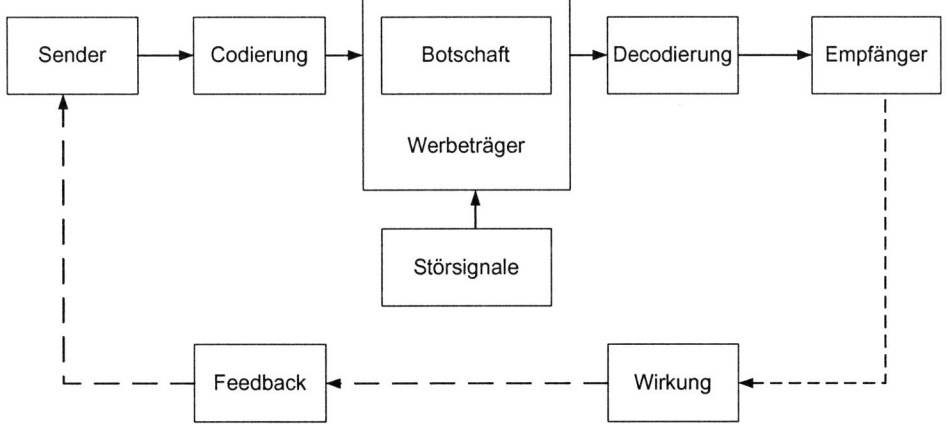

Abb. 93: Kommunikationsmodell (Vergossen 2004)

Der Kommunikation werden mehrere Aufgaben zugerechnet:

- Informationsfunktion: Kommunikation soll markt- und entscheidungsrelevante Informationen über den Bildungsanbieter bzw. seine Leistungen übermitteln.
- Beeinflussungsfunktion: Die Kommunikation soll die Einstellungen, Erwartungen sowie Wünsche des Kunden im Sinne des Bildungsanbieters beeinflussen.
- Bestätigungsfunktion: Kommunikative Aktivitäten können darüber hinaus auch bezwecken, dass der Kunde nach seiner Kaufentscheidung nochmals die Bestätigung für die Richtigkeit seiner Wahl erhält, um gegebenenfalls auftretenden Zweifeln (kognitive Dissonanzen) entgegen zu wirken.
- Wettbewerbsgerichtete Funktion: Mit Hilfe der Kommunikation versucht der Bildungsanbieter zudem, sich vom Wettbewerb zu differenzieren und somit seinen Wettbewerbsvorteil (USP) zu kommunizieren.

Die Kommunikation von Bildungsleistungen ist in einigen Punkten von der Kommunikation für Konsumgüter zu differenzieren. Im Wesentlichen sind dabei die folgenden Herausforderungen zu bewältigen:

Merkmale von Dienstleistungen	Implikationen für die Kommunikationspolitik
Immaterialität	- schwierige Darstellung der Bildungsleistung - problematische Dokumentation des USP - Art der Markierung problematisch - Dokumentation der Leistung
Leistungsfähigkeit des Bildungsanbieters	- Professionalität des Auftrittes - Umfang des Kommunikationsbudgets
Integration des externen Faktors	- Leistungsanforderungen müssen im Vorfeld deutlich kommuniziert werden - sehr großer Informationsbedarf - Kommunikation des individuellen Aufwandes

Abb. 94: Besonderheiten der Kommunikationspolitik

2.3.1 Entscheidungstatbestände der Kommunikationspolitik

Im Rahmen der Kommunikationspolitik hat der Bildungsanbieter eine Reihe von Entscheidungen zu treffen, um die Bildungsstrategie zu operationalisieren (vgl. Abb. 95) (Schweiger/Schrattenecker 1992).

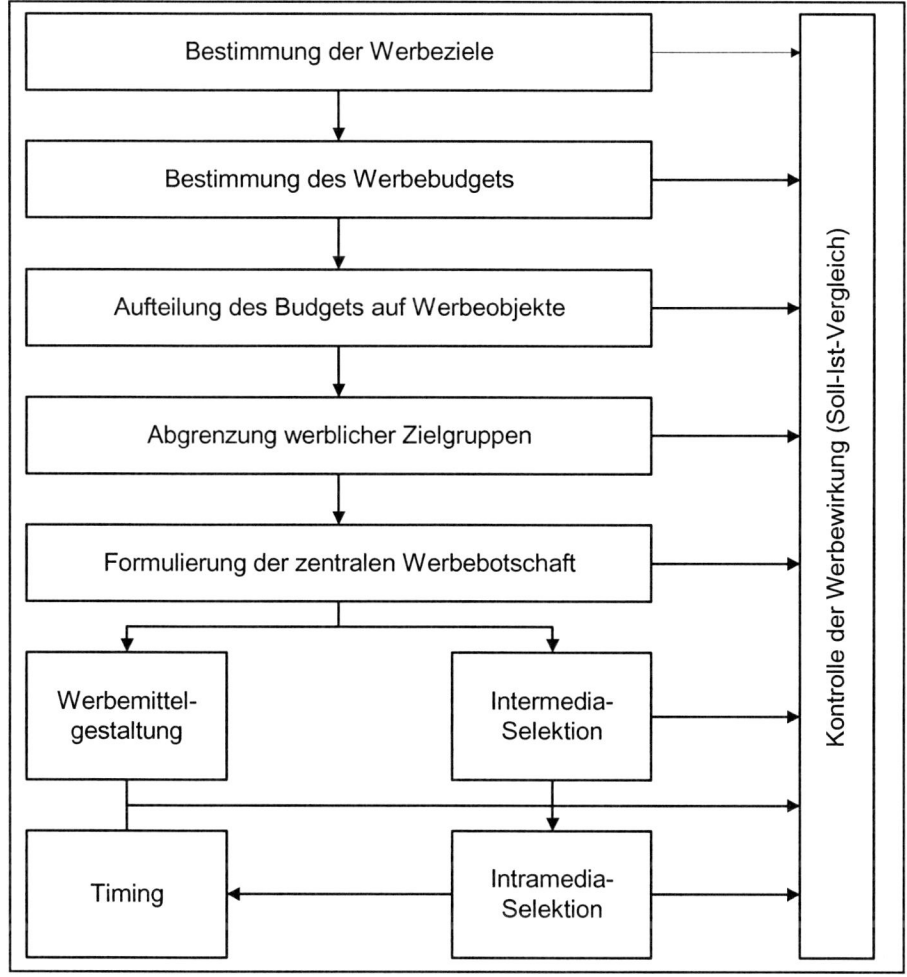

Abb. 95: Entscheidungstatbestände der Kommunikationspolitik (Schweiger/Schrattenecker 1992)

Da die Bildungsstrategien einen Zielkorridor für die operative Politik des Bildungsanbieters vorgegeben, sind zunächst die bereits definierten strategischen Ziele mit einem kommunikativen Schwerpunkt zu versehen. Aus diesen Kommunikationszielen ergibt sich das zu bestimmende Budget des Anbieters, das dieser auf die unterschiedlichen Kommunikationsobjekte aufzuteilen hat. Die abzugrenzende kommunikative Zielgruppe ergibt sich aus der Zielgruppe des Leistungsangebotes des Bildungsanbieters und ist bereits bei der Strategiewahl vorselektiert worden. Die zentrale Werbebotschaft des Bildungsanbieters sollte die festgelegte Strategie transportieren und hat eine sinnvolle Umsetzung der angestrebten Ziele darzustellen. Die Selektion von Werbeträgern, die so genannte *Mediaselektion*, erfolgt sukzessive mit den Teilproblemen der *Inter-Mediaselektion* und *Intra-Mediaselektion*. Zudem stellt der zeitliche Einsatz der Kommunikationsinstrumente einen wesentlichen Entscheidungsbereich dar.

2.3.2 Instrumente der Kommunikationspolitik eines Bildungsanbieters

Mit steigender Wettbewerbsintensität und steigender Professionalisierung in der Branche ist es für den einzelnen Bildungsanbieter erforderlich, auch außergewöhnliche Instrumente einzusetzen, um seine Bildungsstrategie zu realisieren. Das klassische Spektrum der Kommunikationsinstrumente umfasst die Mediawerbung, die Öffentlichkeitsarbeit, die Verkaufsförderung und den persönlichen Verkauf (Meffert 1998, Schneider/Pflaum 1997, Sandhusen 1993). Neben diesen Instrumenten sollte ein moderner Bildungsanbieter auch auf weitere Instrumente zurückgreifen. Die am häufigsten genutzten Instrumente in der Branche sind Direct-Marketing, Mund-zu-Mund-Werbung und die neuen Medien. Diese Selektion soll allerdings keine Begrenzung darstellen. Auch über außergewöhnliche Instrumente sollte nachgedacht werden (o.V. 1999).

2.3.2.1 Klassische Werbung

Zur Mediawerbung gehören alle nicht persönlichen Vorstellungen und Förderung von Ideen, Waren oder Dienstleistungen eines eindeutig identifizierbaren Auftraggebers durch den Einsatz bezahlter Medien (Meffert 1998).

Aufgrund der Immaterialität der Dienstleistung bereitet die Umsetzung der Werbeziele in konkrete Werbemaßnahmen Visualisierungs- und Argumentationsprobleme. Eine bildliche Darstellung oder gar eine materielle Präsentation sind in der Regel nicht möglich.

Zur Lösung dieser Problematik bietet sich ein Ansatz an, um für die unterschiedlichen Bildungsleistungen adäquate Werbung betreiben zu können (Braunschweig 1981, Kleinert 1983). Ausgehend von Erkenntnissen der Lerntheorie, der Rezeptionsforschung und der Involvementtheorie kann ein Entscheidungsraum für unterschiedliche Werbestrategien aufgebaut werden. Über die Dimensionen psychologische Rezeption und Involvement des Konsumenten kann man eine Vier-Felder-

Matrix zur Rolle und Wirkung der Werbung erstellen (vgl. Abb. 96) (Meffert/Bruhn 1995).

Involvement	Psychologische Rezeption	
	Verstand	Gefühl
hoch	Werbung, die mit Argumenten logisch überzeugt	Werbung, die gefühlsmäßige Einstellungen aufbaut
niedrig	Werbung, die Gewohnheiten argumentativ verändern will	Werbung, die einen allgemeinen Trend auf eine bestimmte Marke lenkt

Abb. 96: Vier-Felder-Matrix zur Rolle und Wirkung der Werbung

Die Anwendung dieses Modells im Bildungssektor kann wie folgt dargestellt werden.

Die Anwendung dieses Modells im Bildungssektor kann wie folgt dargestellt werden: In dem ersten Quadranten mit hohem Involvement und kognitiven Argumenten fallen erklärungsbedürftige, innovative Bildungsleistungen, wie zum Beispiel teure Managementtrainings oder neue bzw. neuartige Themengebiete oder Vermittlungstechniken. Aufgrund des hohen Informationsanteils werden in der Regel Printmedien empfohlen (Meffert/Bruhn 1995). Üblich sind im Bildungsbereich Veranstaltungsankündigungen, die sämtliche Informationen beinhalten und in Form von Faltblättern oder Bildungskatalogen dem Nachfrager übermittelt werden.

Der zweite Quadrant mit hohem Involvement und affektiven bzw. gefühlsmäßigen Argumenten enthält Angebote, die zum Beispiel durch ihren hohen Preis oder die besondere Bedeutung im Lebensabschnitt ein hohes Involvement beim Nachfrager auszeichnen, aber gleichzeitig durch ein hohes Maß an Emotionalität gekennzeichnet sind (zum Beispiel Outdoor Training, zu Outdoor-Maßnahmen vgl. o.V. 1995, Kirmair 1995).

Im dritten Quadranten, der durch ein geringes Involvement und wenig emotional ausgerichtete Werbeinhalte gekennzeichnet ist, finden sich Seminarangebote, die eine relativ hohe Kauffrequenz aufweisen und durch standardisierte Wiederholungskäufe gekennzeichnet sind. In diesem Segment ist Werbung als Instrument der Kundenbindung oder der Abwerbung von Fremdkunden einzusetzen (zum Beispiel EDV-Seminare).

Im vierten Quadranten findet man Seminar- oder Trainingsleistungen mit niedrigem Involvement, aber gleichzeitig einer hohen Bedeutung emotionaler Argumente. Dies ist im Bildungsbereich äußerst selten anzutreffen. Es handelt sich dabei um Bildungsleistungen des täglichen Bedarfs, die eine relative hohe Kaufrequenz haben und durch habitualisierte Nachfrageprozesse gekennzeichnet sind.

Die Umsetzung der Mediawerbung erfolgt mit Hilfe einer Copy-Strategie. Die Copy-Strategie bildet die inhaltliche Grundkonzeption der geplanten Kommunikationsmaßnahmen. Sie stellt den mittel- bis langfristig definierten Rahmen für den Werbeauftritt des Bildungsanbieters dar (Huth/Pflaum 1996, Scharf/Schubert 1998). Sie dient als Vorgabe und Briefing für die eigentliche kreative Gestaltung der Werbebotschaft. Zentrale Elemente der Copy-Strategie sind die Angaben zum Leistungsnutzen (Consumer Benefit), zur Begründung des Produktversprechens (Reason Why) und zum so genannten Grundton der Werbung (Tonality) (Schneider/Pflaum 1997).

Bei der Umsetzung der Mediawerbung für Dienstleistungen wird immer wieder hervorgehoben, dass, bedingt durch die Immaterialität, kein eigenständiger werblicher Aufforderungscharakter vorhanden ist. Daher sollten dem Betrachter so genannte Surrogate angeboten werden, für die sich im Bildungsbereich folgende Ansatzpunkte finden lassen (Johnson/Scheuing/Gaida 1986, Schulze 1993, Meffert/Bruhn 1995):

- Die Werbung kann auf der Darstellung interner Leistungsfaktoren basieren. In der Regel bilden Bildungsanbieter in ihren Printmedien Ausführungen zu einzelnen Dozenten, den Unterrichtsräumen oder dem Gebäude ab.

- Es besteht die Möglichkeit einer Werbung durch die Wiedergabe zufriedener Kundenstimmen (Referenzen). Diese aktiven Referenzen sollten mit Namen, Position und Unternehmen angegeben werden. Unter Umständen macht es Sinn, diese Personen auch abzubilden und ihre Kontaktdaten anzugeben.

- Abbildung von Preisen, Zertifikaten oder Vereinslogos, bei denen man Mitglied ist. In der EDV-Branche vergeben zahlreiche Hardware- und Softwarehersteller an Bildungsanbieter Logos für die Dokumentation der Kooperation (die bekanntesten sind Microsoft Technical Education Center, Novell Training Center und SAP Partner).

- Es besteht die Möglichkeit, Meinungsbildner oder Prominente einzusetzen, die die Nachfrager von der Qualität der Bildungsleistung überzeugen.

- Konkretisierung der Bildungsleistung dadurch, dass dem Nachfrager gezeigt wird, was er nach der Bildungsleistung erreichen kann; die konkreten Folgen der Bedürfnisbefriedigung werden in den Mittelpunkt gestellt.

- Bei veredelten Bildungsleistungen kann das Trägermedium herausgestellt werden (Schulungsunterlagen, Buch, CD, Diskette).

Durch die spezifischen Eigenschaften der Bildungsleistung (immateriell, starke Einbindung des externen Faktors und heterogenes Dienstleistungsergebnis) sind die Gestaltungsoptionen sehr stark eingeschränkt. Daher sollten tangible Hinweise in der Werbung nicht fehlen. Der Bildungsprozess sollte thematisiert und visualisiert und der Qualitätsaspekt herausgestellt werden (Hill/Ghandi 1992, Meffert/Bruhn 1995).

2.3.2.2 Persönliche Kommunikation

Kennzeichnend für den persönlichen Verkauf ist der direkte Kontakt zwischen Bildungsanbieter und Bildungsnachfrager unter Verzicht eines Mediums. Im Bildungsbereich wird dieses Instrument aufgrund der benötigten Interaktion und der Erklärungsbedürftigkeit der Bildungsleistungen sehr häufig eingesetzt. Die Ziele der persönlichen Kommunikation sind:

- potenzielle Nachfrager über das Bildungsangebot informieren,

- Kontakte zu aktuellen und potenziellen Kunden halten oder schaffen,

- eine positive Beurteilung des Angebotes erhalten,

- Interessenten zu Nachfragern machen,

- latenten Bildungsbedarf wecken,

- die Probleme der Kunden lösen und

- Verkaufsabschlüsse erreichen.

Bildungsmarketing

Um diese Ziele zu erreichen, müssen Kontakte hergestellt werden. Mit den entsprechenden Kunden ist zu kommunizieren. Dabei hat der Bildungsanbieter unterschiedliche Aufgaben wahrzunehmen:

- Vorbereitung auf den Verkaufsvorgang,

- Kontaktaufnahme,

- Verkaufsgespräch führen,

- Verkaufsabschlüsse erzielen und

- Nachkaufkontakte halten.

2.3.2.3 Messen und Ausstellungen

Nach der Gewerbeverordnung wird eine Messe wie folgt definiert: „Eine Messe ist eine zeitlich begrenzte, i. a. regelmäßig wiederkehrende Veranstaltung, auf der eine Vielzahl von Ausstellern das wesentliche Angebot eines oder mehrerer Wirtschaftszweige ausstellt und überwiegend nach Muster an gewerbliche Wiederverkäufer, gewerbliche Verbraucher oder Großabnehmer vertreibt."

Jede Messe oder Veranstaltung weist spezifische Besonderheiten auf, die ihr einen besonderen Charakter geben (Bruhn 1997, S. 247).

Art der angebotenen Leistung	Konsumgüter	Investitionsgüter	Dienstleistungen
Zusammensetzung des Angebotes	heterogen		homogen
Publikum	Privatpublikum		Fachpublikum
Globalisierung	regional	national	international
Begleitveranstaltungen	Vorträge	Präsentationen	Meetings

Abb. 97: Morphologie der Messe

Je nach Art der angebotenen Leistungen kann man Konsumgüter-, Investitionsgüter- und Dienstleistungsmessen unterscheiden. Werden nur Leistungen aus einer Branche angeboten, dann ist die Zusammensetzung in der Regel homogen. Allgemeine Leistungsschauen beinhalten dagegen häufig ein heterogenes Angebot. Bezüglich des Einzugsgebietes der Aussteller und der Besucher können regionale Messen, nationale Messen und internationale Messen unterschieden werden. Auf Messen können unterschiedliche Begleitveranstaltungen stattfinden. Üblich sind zusätzliche Vorträge zu aktuellen Themen. Häufig finden auch Präsentationen und Meetings abseits des Messeplatzes statt.

Messen und Ausstellungen haben den Vorteil, dass sie regelmäßig von Nachfragern genutzt werden, um sich einen Informationsüberblick zu verschaffen. Der Bildungsmarkt weist die charakteristischen Eigenschaften auf, die bei einem Messebesuch des Nachfragers einen deutlichen Mehrwert erzeugen. Der Nutzen eines Messebesuches ist bei heterogenen Märkten sehr groß, da diese Märkte in der Regel durch eine Vielzahl an Anbietern gekennzeichnet ist, die sehr heterogen, schlecht erreichbar und schlecht identifizierbar sind.

Die Teilnahme des Bildungsanbieters an einer Messe ist mit einigen Vor- und Nachteilen verbunden (vgl. Abb. 98: Vor- und Nachteile einer Messebeteiligung):

Vorteile	Nachteile
- Der Bildungsanbieter kann seine Leistungsfähigkeit unter Beweis stellen. - Die erklärungsbedürftige Leistung kann dem Fachpublikum erläutert werden. - Messen haben eine Informationsfunktion für den Nachfrager. - Anbieter und Nachfrager erhalten einen Marktüberblick. - Die Transaktionskosten können gesenkt werden.	- Aufgrund der Komplexität der Leistung ist es kaum zu erwarten, dass Abschlüsse auf der Messe getätigt werden. - Der Auftritt ist mit einigen Kosten verbunden. - Wettbewerber können Konkurrenzforschung betreiben - Es können sehr große Streuverluste auftreten

Abb. 98: Vor- und Nachteile einer Messebeteiligung

Im Bildungsbereich existieren unterschiedliche Messen, die sowohl regionalen als nationalen Charakter haben. Für den Bildungsanbieter ist eine Frage dabei sehr wesentlich: „Erreiche ich auf dieser Messe wirklich meine potenziellen Kunden?" Die branchenbezogenen Messen weisen dabei häufig das Manko auf, dass sie zwar ein Branchenereignis darstellen, wirkliche potenzielle Kunden sucht man dort jedoch häufig vergeblich.

2.3.2.4 Einsatz des Direct-Marketing

Direkt-Marketing umfasst alle Marktaktivitäten, die sich direkter Kommunikation bedienen, um Zielgruppen in individueller Einzelansprache gezielt zu erreichen oder um einen direkten, individuellen Kontakt herzustellen (Hirsch 1995).

Der einzelne Bildungsanbieter kann seine Marketingstrategien durch drei unterschiedliche Ausprägungen des Direct-Marketing realisieren:

- passives Direct-Marketing,
- reaktionsorientiertes Direct-Marketing,
- interaktionsorientiertes Direct-Marketing.

Passives Direct-Marketing ist die einfachste Form des Direct-Marketing. Diese Form liegt vor, wenn ein Bildungsanbieter Massenmailings an Kunden und potenzielle Kunden versendet. Mit dieser Dialogform sollen die Bildungsnachfrager allgemein auf das Angebot des Anbieters aufmerksam gemacht werden, ohne dass ein interaktiver Dialog entsteht. Reaktionsorientiertes Direct-Marketing ist dadurch gekennzeichnet, dass der Sender dem Rezipienten eine Responsemöglichkeit einräumt und damit einen Dialog zwischen Bildungsanbieter und -nachfrager auslöst. Im Rahmen des interaktionsorientierten Direct-Marketing gehen Bildungsanbieter und Bildungsnachfrager in einen unmittelbaren Dialog, der eine direkte Kommunikation ermöglicht.

Die verschiedenen Kommunikationsmaßnahmen des Direct-Marketing lassen sich zunächst in Direct-Werbemedien und klassische Medien mit Rückkoppelungsmöglichkeiten unterscheiden. Direct-Werbemedien sind alle Medien, die durch eine gezielte Einzelansprache einen direkten Kommunikationsprozess mit einzelnen Rezipienten auslösen sollen. Klassische Medien mit Rückkoppelungsmöglichkeiten

(Direct-Response-Werbung) sind Kommunikationsinstrumente, die durch eine direkte Ansprache die Grundlage für einen Dialog in einer zweiten Stufe bilden sollen (Bruhn 1997).

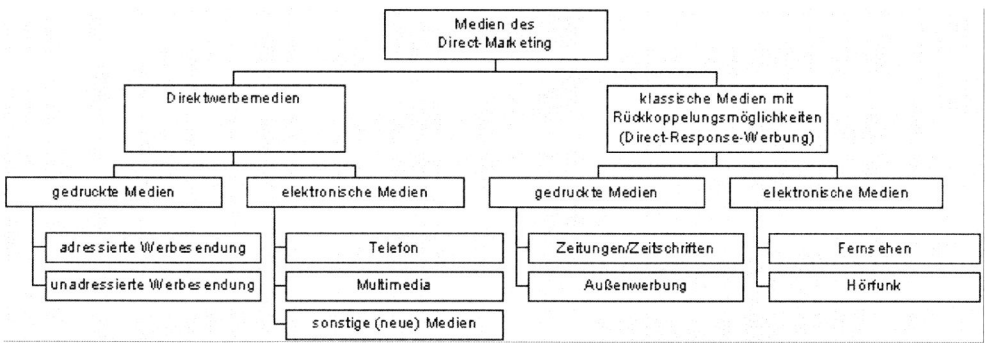

Abb. 99: Medien des Direct-Marketing (Bruhn 1997)

Bei der Entwicklung von Direct-Marketingstrategien lassen sich folgende Problemfelder identifizieren:

- Akzeptanz bei der Zielgruppe,
- methodisches Know-how und
- rechtliche Beschränkungen.

Bei der Kommunikation mit den Zielgruppen des Bildungsanbieters ist zu beachten, dass aufgrund des starken Kommunikationsdruckes, der zum Beispiel auf Personalabteilungen ausgeübt wird, die Wirksamkeit von Direct-Marketingmaßnahmen stark eingeschränkt ist.

Damit der Kommunikationsprozess effektiv und effizient gestaltet wird, muss der Bildungsanbieter über methodisches Know-how verfügen. Insbesondere die Pflege des Datenbestandes, die Selektion der richtigen Zielgruppe und die Wahl des richtigen Instrumentes sollten entweder mit geschultem internen Personal oder durch einen externen Dienstleister realisiert werden.

Der Einsatz von Direct-Marketinginstrumenten weist zahlreiche rechtliche Eingrenzungen auf. Insbesondere der Einsatz des Telefons und der Instrumente Fax und Mail ist durch eine umfangreiche Rechtsprechung eingegrenzt. So besteht zum Beispiel keine Erlaubnis, Privatpersonen ohne deren Einwilligung zu Werbezwecken anzurufen. Dies gilt ebenso für die unaufgeforderte Zusendungen eines Fax oder Mails (Siegert 1993).

Mit der Änderung des UWG (Gesetz gegen Unlauteren Wettbewerb) im Sommer 2004 sind die Weichen für ein anderes Rechtsverständnis in Deutschland im Umgang mit der Kontaktaufnahme von Privatpersonen und Unternehmen zu Werbezwecken gestellt worden. § 3 des UWG definiert, was unter „unlauter" zu verstehen ist: Unlauter im Sinne von § 3 handelt, wer einen Marktteilnehmer in unzumutbarer Weise belästigt. Eine unzumutbare Belästigung ist insbesondere anzunehmen bei einer Werbung unter Verwendung von automatischen Anrufmaschinen, Faxgeräten oder elektronischer Post, ohne dass eine Einwilligung der Adressaten vorliegt.

Dr. Schwarz von der Firma Absolit hat die wichtigsten Punkte in diesem Zusammenhang aufgeführt (www.absolit.de):

- Einwilligung: E-Mail-Werbung ohne Einwilligung des Adressaten ist eine unzumutbare Belästigung. Gilt für Privatbereich wie auch bei Geschäftskunden. Ausnahme: bestehende Geschäftsbeziehungen (§ 7 UWG).

- Online-Anmeldung: Das Gesetz sieht die Möglichkeit einer elektronischen Einwilligung vor. Wichtig bei der Einwilligung: 1. eindeutige und bewusste Handlung, 2. muss protokolliert werden und 3. muss der Inhalt der Einwilligung jederzeit abgerufen werden können (§ 4 TDDSG).

- Abbestellmöglichkeit: schon bei der Adresserhebung darauf hinweisen, dass der Newsletter jederzeit bequem wieder abbestellt werden kann. Und natürlich muss jede E-Mail am Ende auch immer eine Abbestellmöglichkeit enthalten (Hinweis auf Widerspruchsrecht nach § 28 BDSG).

- Keine Pflichtfelder: Es dürfen nur Daten gesammelt werden, die wirklich benötigt werden (Datensparsamkeit). Außer der E-Mail-Adresse darf es keine Pflichtfelder geben (§ 3 BDSG, § 4 TDDSG).

- Datenschutzhinweis: Wenn Daten wie zum Beispiel eine Adresse gespeichert werden, muss auf die Zweckbestimmung der Erhebung, Verarbeitung und Nutzung hingewiesen werden. Man sollte den Nutzer informieren, wie man mit seinen Daten umgeht (§ 4 TDDSG).

- Anbieterkennzeichnung: Ein Newsletter braucht wie eine Website ein Impressum mit Namen, Anschrift, Vertretungsberechtigten, Telefonnummer, E-Mail-Adresse, Handelsregister- und Steuernummer (§ 6 TDG).

- Nutzungsprofile: Wenn man misst, welche Angebote von welchem Nutzer angeklickt werden, erstellt man Nutzungsprofile. Das E-Mail-System muss gewährleisten, dass die Nutzungsprofile pseudoanonymisiert sind und nicht mit den E-Mail-Adressen zusammengeführt werden können (§ 6 TDDSG).

- Koppelungsverbot: Man darf die Erbringung von Telediensten nicht von der Einwilligung des Nutzers in die Verarbeitung seiner Daten für andere Zwecke abhängig machen (§ 3 TDDSG).

Einige Tipps und Tricks rund um das Direkt-Marketing bei Bildungsanbietern sind:

- Kleine Geschenke erhalten die Freundschaft: Die Rücklaufquote von per Post versendeten Fragebogenaktionen ist höher, wenn die Adressaten zusammen mit dem Fragebogen ein kleines Geldgeschenk bekommen – und nicht erst nach dem Zurücksenden. Einem Versicherungsfragebogen wurde ein 5-Dollar-Scheck beigelegt. Der Rücklauf war gegenüber der Variante „50 Dollar nach Einsenden des Fragebogens" doppelt so hoch. Das Bedienungspersonal erhält mehr Trinkgeld von den Gästen, wenn sie der Rechnung eine kleine Süßigkeit beilegen (James/Bolstein 1992, Lynn/McCall 1998).

- Die Zeitschrift OnetoOne ist eine Zeitschrift, die sich ausschließlich mit dem Dialogmarketing auseinandersetzt. Ein kostenloses Abonnement kann unter www.onetoone.de bestellt werden. Die One-to-one-Community erfasst die Anwender und die Anbieter von Produkten und Dienstleistungen für den Dialog über alle Medien. OnetoOne versteht sich als Marktplatz für diese Community. Als Treffpunkt zum Informationsaustausch gibt es die monatlich erscheinende Zeitung, den Online-Auftritt OnetoOne.de und News per E-Mail. Dem heutigen Informationsbedürfnis folgend, bietet OnetoOne Orientierungshilfen durch eine auf das Wesentliche beschränkte Berichterstattung.

- Der ddv (Deutscher Direktmarketing Verband) ist der Fachverband dieser Kommunikationsdisziplin (www.ddv.de). Auf der Internetdomain werden Interessierte über die Aktivitäten, Publikationen und Branche informiert.

2.3.2.5 Öffentlichkeitsarbeit

Der Einsatz der bisher genannten kommunikationspolitischen Instrumente dient in erster Linie direkt der Absatzförderung der Bildungsleistungen. Die Öffentlichkeitsarbeit als Kommunikationsinstrument des Bildungsanbieters beinhaltet die Planung, Organisation, Durchführung sowie Kontrolle aller Aktivitäten, um bei ausgewählten Zielgruppen (extern und intern) um Verständnis und Vertrauen zu werben und damit gleichzeitig Ziele der Kommunikation zu erreichen. Dadurch wird versucht, Vertrauen aufzubauen, das Firmenimage zu verbessern oder den Bekanntheitsgrad einer Institution zu erhöhen. Als positive Wirkung dieser genannten Effekte verspricht sich ein kommerzieller Anwender zudem eine Steigerung seines Absatzes. Die Öffentlichkeitsarbeit des Bildungsanbieters soll folgende Funktionen erfüllen (Bruhn 1997):

- *Informationsfunktion:* Vermittlung von Informationen über die Leistung und das Unternehmen nach innen und außen.

- *Kontaktfunktion:* Aufbau und Aufrechterhaltung von Verbindungen zu allen für das Unternehmen relevanten Lebensbereichen.

- *Führungsfunktion:* Repräsentation geistiger und realer Machtfaktoren sowie Schaffung des Verständnisses für bestimmte Entscheidungen.

- *Imagefunktion:* Aufbau, Änderung und Pflege des Vorstellungsbildes von einem Meinungsgegenstand (zum Beispiel Personen, Organisationen, Sachen).

- *Harmonisierungsfunktion:* Öffentlichkeitsarbeit soll zur Harmonisierung der wirtschaftlichen, gesellschaftlichen und innerbetrieblichen Verhältnisse beitragen.

- *Absatzförderungsfunktion:* Die Anerkennung in der Öffentlichkeit fördert den Verkauf der Waren und Dienstleistungen.

- *Stabilisierungsfunktion:* Die Standfestigkeit des Unternehmens in kritischen Situationen wird aufgrund der stabilen Beziehungen zu den Teilöffentlichkeiten erhöht.

- *Kontinuitätsfunktion:* Ein einheitlicher Stil des Unternehmens nach innen und nach außen sowie in die Zukunft wird gewährleistet.

Als Zielgruppen der Öffentlichkeitsarbeit kommen sowohl interne als auch externe Gruppen in Frage. Zu den internen Zielgruppen gehören leitende Angestellte, Arbeiter, Betriebsrat und Gewerkschaften. Zu den externen Zielgruppen zählen Meinungsbildner, Lieferanten, Kreditinstitute, Absatzmittler etc.

Es lässt sich feststellen, dass im Bildungsbereich die vielfältigen Instrumente bzw. Marketingaktivitäten der Öffentlichkeitsarbeit zugerechnet werden (Freise 1992, Kvech 1991, Haas 1999). Die Öffentlichkeitsarbeit hat im Bildungsbereich eine bedeutend positivere Stellung als die klassische Werbung und kann mit unterschiedlichen Schwerpunkten ausgebildet werden.

Veröffentlichungen stellen das am häufigsten eingesetzte Instrument in der Öffentlichkeitsarbeit dar. Die genutzten Medien reichen dabei von der Tagespresse, in der über ein spezielles Seminar berichtet wird (Freise 1992), über die Fachpresse, in der Fachbeiträge veröffentlicht werden (Hartge 1992, Ortner 1994) bis zu Videos, wie sie zum Beispiel in Amerika von privaten Hochschulen gedreht und interessierten potenziellen Studenten zugesandt werden (Kotler/Bliemel 1999).

Instrumente der Öffentlichkeitsarbeit	
▪ Kundenzeitschriften ▪ Newsletter ▪ Buchveröffentlichungen ▪ PR-Anzeigen ▪ Spendenaktionen (Sponsoring) ▪ Messestände ▪ Tag der offenen Tür	▪ Informationsbriefe ▪ Pressekontakte ▪ Pressedienste und Presseverlautbarungen ▪ Pressekonferenzen ▪ Exklusiv-Interviews ▪ Mitarbeiterzeitschriften

Abb. 100: Instrumente der Öffentlichkeitsarbeit

2.3.2.6 Neue Medien

Die neuen Medien sind im allgemeinen Verständnis alle elektronischen Medien, die nicht zu den klassischen Medien gehören. Vor allem Online-Dienste und das Internet kann man hier nennen.

Online-Dienste

Zu den Online-Diensten gehören im deutschsprachigen Raum die Dienste AOL und T-Online. Diese Dienste bieten in der Regel Privathaushalten den Zugang zum Internet. Diese reine Portalfunktion wird ergänzt durch ein umfangreiches internes Kommunikationssystem. Der Zugang erfolgt über eine individuelle Software, die den Anwender animiert, im anbieterspezifischen Bereich zu verbleiben. In diesem internen Bereich besteht die Möglichkeit für einzelne Bildungsanbieter, ihre Dienste anzubieten. Das Angebot kann sich von einem Kommunikationsauftritt über Download-Angebote bis hin zur Leitung eines Chatbereiches erstrecken.

Internet

Das Internet hat als modernes Kommunikationsinstrument eine gestiegene Akzeptanz bei Bildungsanbietern und Bildungsnachfragern erlangt. Einerseits wird diese neue Technologie im Bildungsprozess eingesetzt, andererseits bietet das Internet vielfältige Möglichkeiten, die Kommunikationsprozesse zu gestalten. Die wesentlichen Dienste sind E-Mail, www, Newsgroups und Chaträume.

Eigene E-Mail-Adresse

Die einfachste Möglichkeit für einen Bildungsanbieter, das Kommunikationsinstrument „Internet" zu nutzen, besteht in einer eigenen E-Mail-Adresse, so dass der Kontakt mit Bildungsnachfragern aufgenommen werden kann. Diese E-Mail-Adressen erhält der Anbieter von einem so genannten Internetprovider, einem Online-Dienst, einem Portal oder von einem Anbieter im Internet – in der Regel kostenlos. Immer mehr Unternehmen richten so genannte E-Mail-Newsletter ein, um so mit ihren aktuellen und potenziellen Nachfragern in Kontakt zu bleiben.

Eintrag in eine Datenbank

Im Internet existieren zahlreiche Datenbanken und Informationsdienste, in die sich Bildungsanbieter, Freiberufler und Bildungsinstitutionen eintragen können. Der Eintrag reicht dabei von einer einfachen textlichen Darstellung bis zu einer kompletten Seite inkl. einer grafischen Darstellung des Firmenlogos. Der Eintrag kostet in einigen Angeboten nichts, in der Regel wird aber eine Monatsgebühr von dem eintragenden Anbieter gefordert. Die Recherche im Datenbestand ist für den Nachfrager dagegen kostenlos. Es existieren zurzeit (2005) ca. 100 verschiedene Online-Datenbanken im deutschsprachigen Raum.

Eigener Internetauftritt

Schließlich bietet sich der eigene Internetauftritt an. Dieser kann entweder durch die Unterstützung durch einen der oben erwähnten Internetprovider oder Online-Dienste erfolgen oder mit Hilfe einer eigenen Top-Level-Domain.

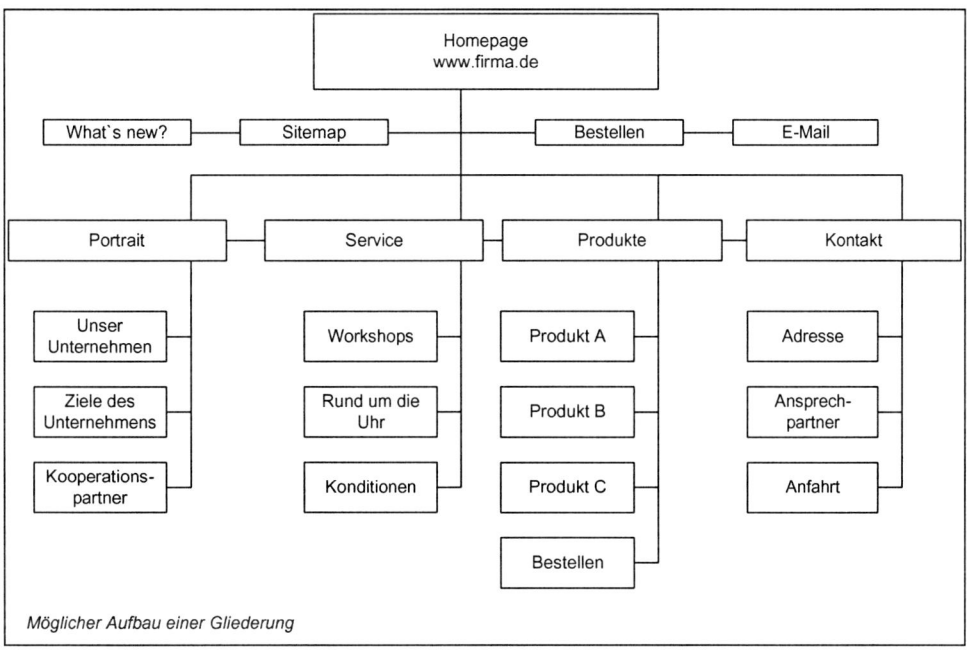

Abb. 101: Struktur eines Internetauftritts

Das Internet hat sich für die meisten Unternehmen zum wesentlichen Kommunikationsinstrument entwickelt. Um jedoch wahrgenommen zu werden, muss ein Internetauftritt eines Bildungsanbieters einige Kriterien erfüllen. Eine Erhebung aus dem Frühjahr 2005 empfiehlt die folgenden Aspekte zu berücksichtigen:

Zehn Tipps für Homepagebetreiber
1. Seien Sie sorgfältig und vorsichtig. Verzichten Sie lieber auf ein Feature, als mit halbfertigen Funktionen Nutzer zu enttäuschen.
2. Orientieren Sie sich an Standards, versuchen Sie nicht, das Rad neu zu erfinden, sondern studieren Sie überzeugende Sites von Wettbewerbern.
3. Achten Sie auf Nutzerfreundlichkeit: Wählen Sie serifenlose Schriften, gute Kontraste und eindeutige Navigationsmöglichkeiten.
4. Präsentieren Sie Kontaktdaten – sie sind die wichtigsten Informationen für den Besucher.
5. Texten und gestalten Sie persönlich. Es sind Ihre Person und Ihre individuellen

> Eigenschaften, die Sie klar von anderen Anbietern zum gleichen Thema unterscheiden.
> 6. Formulieren Sie Ihre Leistungen präzise. Allgemeine Bemerkungen etwa zum Coaching sind vielleicht interessant, wichtiger ist aber Ihr individuelles Vorgehen.
> 7. Versuchen Sie, die Seite aktuell zu halten. Pflegen Sie die Homepage regelmäßig.
> 8. Überzeugen Sie mit bisherigen Leistungen, Referenzen oder Zertifikaten.
> 9. Bieten Sie Ihren Besuchern etwas zum Mitnehmen. Mit Texten und Übersichten zum Download bleiben Sie auf dem Desktop des Besuchers.
> 10. Kontrollieren Sie die Performance Ihrer Onlinepräsenz. Nutzen Sie die Logfile-Analysen, um zu sehen, woher Ihre Besucher kommen und was sie besonders interessiert.

Abb. 102: Zehn Tipps für Homepagebetreiber (Reese 2005)

2.3.2.7 Mund-zu-Mund-Kommunikation

Die Mund-zu-Mund-Kommunikation stellt kein klassisches Instrument im Rahmen der Kommunikationspolitik dar. Dies ist zum einen auf die geringe Steuerbarkeit der Mund-zu-Mund-Kommunikation und zum anderen in der Praxis auf die Unterschätzung der Wichtigkeit zurückzuführen. Erste Erkenntnisse über die Mund-zu-Mund-Kommunikation wurden in den 50er Jahren von Soziologen veröffentlicht. Die Rezeption im Bereich der Diffusionsforschung erfolgte in den 70er Jahren und im Marketing Ende der 80er Jahre.

Bildung als komplexe Dienstleistung hat als Vertrauensgut das Problem, dass der Nachfrager oft ein Bewertungsproblem beim Entscheidungsprozess hat. Dadurch bedingt strebt er eine Informationserhöhung an. Dies geschieht unter anderem durch die Informationen, die ihm durch Referenzgruppen übermittelt werden. Informationen, die ihm mündlich von Referenzgruppen kommuniziert werden, haben zudem einen größeren subjektiven Wahrheitsgehalt.

Eine positive Mund-zu-Mund-Kommunikation sollte insbesondere durch Referenzquellen angestrebt werden. Diese aktiven Referenzen informieren Nachfrager und potenzielle Interessenten über ihre Erfahrungen mit der angebotenen Bildungsleistung. Negative Mund-zu-Mund-Kommunikation entsteht, wenn Nachfrager unzufrieden mit der angebotenen Leistung sind. Negativer Mund-zu-Mund-Kommunikation wird in der Literatur üblicherweise eine stärkere Wirkung zugerechnet.

Eine Untersuchung der Studie über die Sicherheit von Kalzium-Kanal-Blocker –

einem Herzmedikament – brachte ans Tageslicht, dass 100 % der Wissenschaftler die das Medikament für unbedenklich hielten zuvor bestimmte Geschenke von der Pharmaindustrie erhalten hatten, zum Beispiel Spenden für Projekte, Reisen oder einen Arbeitsplatz. Von den Forschern, die sich negativ über das Medikament geäußert hatten, erhielten dagegen nur 37 % Zuwendungen.

2.3.3 Integrierte Unternehmenskommunikation

Die Vielfalt der zur Verfügung stehenden Kommunikationsinstrumente führt in vielen Fällen zu einer heterogenen Vorgehensweise mit unterschiedlichen, kommunikativen Ausrichtungen und einem nicht gebündelten Instrumenteneinsatz. Aufgrund der Heterogenität und der Unübersichtlichkeit des Bildungsmarktes sowie dem verändertem Rezeptionsverhalten der Nachfrager führt dies zu einer wenig effizienten Kommunikation.

Um die Kommunikationswirkung zu optimieren, besteht die Möglichkeit, eine integrierte Kommunikation einzusetzen (Meffert/Bruhn 1995). Das Ziel der integrierten Kommunikation ist es, aus den differenzierten Kommunikationsquellen eine Einheit herzustellen, um ein für den Kunden konsistentes Erscheinungsbild des Bildungsanbieters zu schaffen (Bruhn 1997).

Insbesondere die zahlreichen mittelständischen Bildungsanbieter sind aufgrund limitierter Kommunikationsbudgets dazu gezwungen, sehr effizient mit den relevanten Umgruppen zu kommunizieren. Ausgehend von der strategischen Ausrichtung des Bildungsanbieters und der formulierten Copy-Strategie sind alle Kommunikationskanäle integriert zu entwickeln und aufeinander abzustimmen. Mit Hilfe der Copy-Strategie bündelt der Bildungsanbieter seine Kommunikationsmedien, um so die angestrebte Kommunikationsstrategie umzusetzen. Nur eine integrierte Bearbeitung der relevanten Zielgruppen kann eine markierungsorientierte Differenzierungsstrategie effizient stützen.

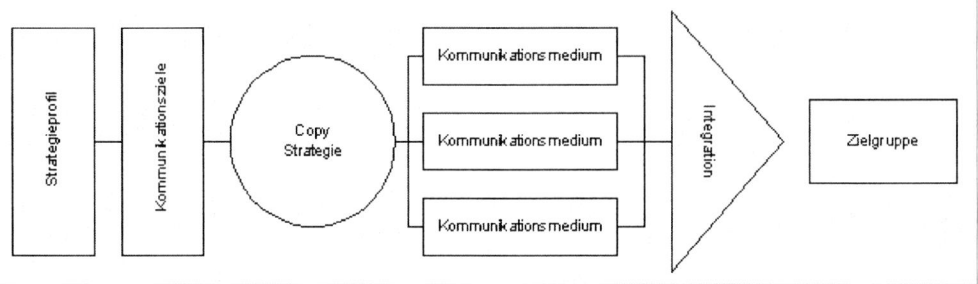

Abb. 103: Integrierte Kommunikation

2.4 Distribution der Bildungsleistung (Place)

Die Distributionspolitik eines Bildungsanbieters umfasst alle Entscheidungen, die mit dem Weg einer Bildungsleistung zum Endabnehmer im Zusammenhang stehen (Meffert 1986). Damit ergeben sich folgende Entscheidungstatbestände für den einzelnen Bildungsträger (vgl. unter anderem: Raffée/Gottmann 1982):

- Festlegung der Absatzwege und Auswahl der Absatzorgane,
- Festlegung der physischen Verteilung der Dienstleistung,
- Festlegung und Ausstattung des betrieblichen Standortes und
- Termin- und Zeitplanung der einzelnen Veranstaltungen.

Im Rahmen der Absatzwegepolitik geht es um die Festlegung der Wege, wie die Bildungsleistung vom Bildungsträger zum Nachfrager gelangen soll. Hierbei stellen die Anzahl und die Art der betriebsexternen und betriebsinternen Institutionen, welche Stationen die Dienstleistung auf dem Weg zum Endnachfrager durchläuft.

Die Vielzahl von potenziellen Absatzwegen wird von Begrenzungsfaktoren eingeengt und determiniert, die in Abb. 104: Begrenzungsfaktoren der Absatzwegewahl überblickartig zusammengestellt sind.

Leistungsbezogen	Wettbewerbsbezogen
• Erklärungsbedürftigkeit der Bildungsleistung • nicht vorhandene Lager- und Transportfähigkeit • Notwendigkeit des uno-acto-Prinzips	• Zahl der Mitwerber im relevanten Segment • Art der spezifischen Bildungsleistung • Angebotsmodalitäten im Segment • Wettbewerbsintensität in der strategischen Gruppe
Abnehmerbezogen	Anspruchsgruppen
• Entscheidungsverhalten des Nachfrager • geografische Nachfragerverteilung • Aufgeschlossenheit gegenüber der angebotenen Leistung • Größe der Bedarfsgruppe • Lernverhalten/Lerntypen	• Größe der Anspruchsgruppe • Machtpotenzial • Finanzkraft der Anspruchsgruppe • Erfahrung der Anspruchsgruppe mit den relevanten Leistungen • Bedürfnisstruktur der Anspruchsgruppe

Abb. 104: Begrenzungsfaktoren der Absatzwegewahl

2.4.1 Absatzwege

Die zentrale Verteilungsaufgabe knüpft an der Gestaltung des Absatzwege an, die eine notwendige Präsensvoraussetzung für die Vermarktung der Bildungsleistungen bildet (Becker 1998). Grundsätzlich kann sich der Bildungsanbieter, wie oben bereits geschildert, zwischen zwei Hauptarten von Absatzwegen entscheiden:

Direkter Absatz liegt vor, wenn zwischen Bildungsanbieter und Bildungsnachfrager keine unternehmensfremde Institution zwischengeschaltet ist (Meffert 1997). Der Begriff des *indirekten Absatzes* wird verwendet, wenn zwischen Produzent und Konsument unternehmensfremde (aus Sicht des Produzenten) Institutionen zwischengeschaltet sind (Händler etc.).

Dem Bildungsanbieter stehen unterschiedliche Optionen zur Verfügung:

Eigene Niederlassungen

Die Filialisierung als Multiplikationsstrategie stellt eine mögliche Option dar, um die Distributionsfunktion zu realisieren. Ein Filialunternehmen besteht aus mehreren, räumlich voneinander getrennten Verkaufsstellen (Filialen), die unter gemeinsamen Eigentum und einheitlicher Leitung stehen, ein annähernd gleiches Leistungsangebot anbieten und die Beschaffung sowie die Logistik zentral betreiben (Kotler/Bliemel 1999). Service-Elemente wie zum Beispiel Schulungsunterlagen, ein Internetauftritt oder eine Hotline lassen sich so wesentlich effizienter betreiben. Wesentliches Merkmal von Filialsystemen ist ihre zentrale und hierarchische Leitung. Der Strategiechip wird von der Unternehmensleistung zentral bestimmt und von den einzelnen Filialleitern umgesetzt (Mattmüller 1990, Mattmüller/Killinger 1998).

Filialsysteme haben den Vorteil, dass zentrale Funktionen wesentlich effizienter genutzt werden können. Damit entstehen Erfahrungskurveneffekte, die im Markt umgesetzt werden. Andererseits können regionale Besonderheiten und Kundennähe in den Filialen berücksichtigt werden (Kuschnereit 1994). Der Bildungsanbieter FHDW hat zum Beispiel Niederlassungen in Bergisch Gladbach, Bielefeld, Celle, Gütersloh, Hannover, Paderborn, um die regionale Nachfrage zu bedienen (www.FHDW.de).

Lizenzen

Lizenzen erlauben es dem Bildungsanbieter, die Schutzrechte des Lizenzgebers zu nutzen. Die Besonderheit dabei ist, dass der Lizenzgeber Eigentümer der Schutzrechte bleibt und der Lizenznehmer für einen bestimmen Zeitraum das Nutzungsrecht erhält (Specht 1992, Weihermüller 1982, Pepels 1998). Der Lizenznehmer ist rechtlich selbstständig und vertreibt die Lizenzen auf eigenen Rechnung und auf eigenen Namen. Lizenzen werden häufig im internationalen Bereich eingesetzt, da mit Hilfe der Lizenzvergabe in nationale Märkte eingedrungen werden kann, ohne dass der Lizenzgeber Investitionen zu tätigen hat. Die Lizenzvereinbarungen können unterschiedliche Umfänge aufweisen. In der Regel erwirbt der Lizenznehmer das Recht, eine Marke bzw. einen geschützten Namen zu verwenden. Oftmals umfasst der Lizenzvertrag noch zusätzlich Schulungskonzepte, Standardunterlagen oder andere Einsatzfaktoren (Brassington/Pettitt 1997).

Franchising

Ein Franchisesystem ist eine kooperative, vertraglich umfassend geregelte Beziehung zwischen einem Franchisegeber und einer Vielzahl von rechtlich selbstständig bleibenden Franchisenehmern. (Meffert 1998, Pepels 1998, Knigge 1995) Erschwert wird die exakte Abgrenzung des Begriffes durch seine Komplexität. Daher erfolgt häufig eine Beschreibung über die konstituierenden Merkmale (Meurer 1997, Meffert 1998):

Konstitutive Systemmerkmale des Franchising
▪ systembezogene Merkmale
▪ vertragsbezogene Merkmale
▪ funktionale Merkmale
▪ marketingbezogene Merkmale
▪ statusbezogene Merkmale

Abb. 105: Konstitutive Systemmerkmale des Franchising (Meurer 1997)

Im Rahmen des Franchising erfolgt der Austausch von materiellen und immateriellen Leistungsströmen, die sowohl für den Kontraktnehmer als auch für den Kontraktgeber einige Vor- und Nachteile aufweisen (Meffert/Bruhn 1995, Benkenstein 1997, Meffert 1994). Aber bedingt durch die spezifischen Besonderheiten der Dienstleistung scheinen die Vorteile soweit zu überwiegen, dass einige Autoren den Einsatz von Franchisekonzepten im Dienstleistungssektor als „A Practical Business Marriage" bezeichnen (Cross/Walker 1987).

Der Deutsche Franchiseverband e.V. bietet eine Internetplattform, auf der man sich über zahlreiche Franchisegeber informieren kann. Zugleich werden gute Hinweise und Checklisten angeboten: www.franchiseverband.de.

Franchiseverträge umfassen eine Vielzahl von gegenseitigen Rechten und Pflichten, die beispielhaft in der nachfolgenden Abb. systematisiert sind:

Leistungen/Pflichten des Franchisegebers	Leistungen/Pflichten des Franchisenehmer
• Bereitstellung von Produkt-, Firmen- oder Markenzeichen • Überlassung des System-Know-hows • Gewährung von Nutzungsrechten am Systemimage • Hilfe beim Betriebsaufbau • Werbung, Verkaufsförderung, Aktionen, Sortimentsplanung • laufende Beratung auf allen Unternehmensebenen • betriebswirtschaftliche Dienstleistungen • laufende Aus- und Weiterbildung Gewährung von Gebietsschutzrechten	• Führung des Betriebes nach vorgegebenen Richtlinien • Verwendung von Marken und Zeichen des Franchisegebers • vorbehaltloser Einsatz für das System • Wahrung der Betriebs- und Geschäftsgeheimnisse • periodische Daten- und Ergebnismeldung • Duldung von Kontrollen und Inspektionen • Anerkennung des Weisungsrechts des Franchisegebers • Sortimentsbildung und Einhaltung des Systemstandards • Abführung einer Franchisegebühr

Abb. 106: Pflichten und Leistungen des Franchisesystems (Meffert 1998)

Ein Franchising ist die engste vertriebliche Vertragsform, sie kann auf starke Zuwachsraten in den 80er Jahren zurückblicken. Wachstumsstrategien lassen sich mit diesem System sehr gut unterstützen, da mit Hilfe der Multiplikatoren eine schnelle Gebietsausdehnung realisiert wird. Durch die Investitionstätigkeit des Franchisenehmers ist das Expansionstempo wesentlich höher als bei Filialsystemen. Dem Franchisenehmer bleibt trotz der Weisungsrechte der Zentrale die unternehmerische Selbstständigkeit, was sich positiv auf die Leistungsmotivation und damit auf die Bildungsqualität auswirkt.

2.4.2 Terminplanung

Die Terminplanung der Bildungsleistung umfasst zwei Dimensionen. Zum einen die Dauer und zum anderen die zeitliche Strukturierung, d. h. die Entscheidung über die verwendeten Zeitfenster.

Die Dauer der Bildungsleistung wird in der Regel in Unterrichtsstunden, Unterrichtstagen oder bei längerfristigen Maßnahmen in Monaten und Jahren angegeben.

Klassische Seminare haben eine Dauer von ein bis fünf Tagen. Bei diesen Kurzzeitmaßnahmen zeigen Umfragen sehr deutlich, dass insbesondere Unternehmen kaum noch bereit sind, Maßnahmen zu finanzieren, die über zwei Tage hinausgehen. Gemäß Landesbildungsgesetz haben Mitarbeiter allerdings ein Anrecht auf eine Woche Bildungsurlaub im Jahr. Dadurch bedingt existieren insbesondere von gewerkschaftlichen Trägern zahlreiche Angebote, die einen Umfang von fünf Tagen haben.

Bezüglich der Kontinuität der Bildungsleistung können Blockveranstaltungen und diskontinuierliche Veranstaltungen unterschieden werden. Blockveranstaltungen laufen entweder innerhalb einer Woche oder am Wochenende. Diskontinuierliche Veranstaltungen können nach verschiedenen Regel strukturiert sein. Üblicherweise wird versucht, regelmäßige Zeitabstände zu realisieren. Berufsbegleitende Maßnahmen werden zum Beispiel in den Abendstunden eines bestimmten Tages realisiert, so dass für den Bildungsnachfrager ein regelmäßiger Rhythmus entsteht.

Die Terminplanung von Maßnahmen bietet dem Bildungsanbieter deutliche Differenzierungsmöglichkeiten. Einige Nachfrager haben einen Bedarf an kurzen Bildungsmaßnahmen, während andere lieber eine umfangreichere Maßnahme besuchen.

> **Tipps & Tricks zur Terminplanung**
>
> - In einigen Branchen sind ausgeprägte Konjunkturzyklen zu beachten. In der Baubranche bieten sich zum Beispiel die Wintermonate für Seminare an, während im Einzelhandel im Dezember keine Angebote gemacht werden sollten.
>
> - Veranstaltungen für Privatpersonen sollten am Wochenende oder in den Abendstunden durchgeführt werden.
>
> - Die Sommermonate (Ferienzeit) sind oftmals schlecht besucht, da sich viele Nachfrager im Urlaub befinden und die restlichen Mitarbeiter durch das fehlende Personal überlastet sind.
>
> - Veranstaltungen rund um Messertermine werden häufig schlechter besucht.
>
> - Tagesveranstaltungen, die freitags stattfinden, werden oft schlechter frequentiert als an anderen Wochentagen.
>
> - Termine direkt vor Feiertagen sollten vermieden werden.
>
> - Langfristige Maßnahmen beginnen oftmals im Herbst oder im Januar/Februar.
>
> - Ereignisse oder Veranstaltungen, die sich im Konflikt zu eigenen Veranstaltungen befinden, erfordern eine besondere Beachtung.
>
> - Veranstaltungen, die über eine Woche laufen, enden in der Regel bereits am Freitagmittag.
>
> - Wenn Teilnehmer längere Anfahrtswege haben, dann sollte der Anfangstermin in der Regel an einen späteren Zeitpunkt des Tages erfolgen.

Abb. 107: Terminplanung bei Weiterbildungsveranstaltungen

2.5 Gestaltung der Gegenleistung: Kontrahierungspolitik (Price)

Unter Kontrahierungspolitik werden alle Entscheidungstatbestände zusammengefasst, die mit dem Preis und den Zahlungskonditionen zusammenhängen. Im Hinblick auf Zielsetzung der Bildungsträger im Rahmen der Preispolitik unterscheidet man innengerichtete und außengerichtete Ziele (Meffert 1997).

Marktgerichtete (außengerichtete) Ziele sind beispielsweise die Gewinnung neuer oder die Bindung aktueller Kunden, die Gewinnung von Marktanteilen und der Aufbau eines bestimmten Images.

Innengerichtete Ziele betreffen die kontinuierliche Auslastung der Mitarbeiter, die Verfolgung der Fixkostendegression oder die Verteilung der Kapazitäten.

Mit Hilfe der Kontrahierungspolitik beeinflusst der Bildungsanbieter mehrere Dimensionen seiner angestrebten Strategie. Preisliche Einflüsse sind im Rahmen der Marktabgrenzung, der Marktabdeckung und der Wettbewerbsvorteilsstrategie zu beobachten. Auch die nachfrageorientierte und die konkurrenzorientierte Marktteilnehmerstrategie weist eine preisliche Dimension auf.

Die Methoden zur Preisbildung lassen sich in drei Gruppen unterteilen:

- Kostenorientierte Verfahren,
- marktorientierte Verfahren und
- wettbewerbsorientierte Verfahren.

2.5.1 Besonderheiten der Preisbildung von Bildungsleistungen

Die Kontrahierungspolitik eines Seminaranbieters wird durch die Besonderheiten der Dienstleistung beeinflusst. Die nachfolgende Abb. zeigt die wesentlichen Implikationen für die Kontrahierungspolitik des Bildungsanbieters.

Merkmale von Dienstleistungen	Implikationen für die Kontrahierungspolitik
Immaterialität	▪ Preis als Qualitätsfaktor für die Bildungsleistung ▪ problematische Dokumentation des Preis-Leistungs-Verhältnisses ▪ schwierige Ermittlung der Preisbereitschaft der Kunden
Leistungsfähigkeit des Bildungsbetriebes	▪ problematische Umlage der Vorlaufkosten/Entwicklungskosten auf die einzelnen Bildungseinheiten ▪ Preis-Konditionen-Politik als Instrument zur Steuerung der Kapazitätsauslastung ▪ Preisbündelung, Cross-Selling
Integration des externen Faktors	▪ Heterogenität innerhalb der Preisfestsetzung ▪ Preisgestaltung in Abhängigkeit der Selbstbeteiligung der Dienstleister ▪ individuelle Preisgestaltung bei Bildungsleistungen mit hohem Individualisierungsgrad ▪ Qualität des externen Faktors als Determinante in der Preiskalkulation

Abb. 108: Besonderheiten der Preispolitik von Bildungsleistungen (Meffert/Bruhn 1995)

2.5.1.1 Nachfragerorientierte Preisbildung

Die Gestaltung der Preispolitik kann im Hinblick auf die am relevanten Markt befindlichen Nachfrager erfolgen. Hierbei liegen die Wertschätzungen der Konsumenten bezüglich des angebotenen Gutes im Mittelpunkt der Überlegungen, so dass die Preisgestaltung nicht im Hinblick auf die abzugeltenden Kostenbeträge, sondern im Hinblick auf die Abschöpfung der Konsumentenrente erfolgt.

Die Konsumentenrente ist die (positive) Differenz, die zwischen dem Preis, der die Wertschätzung der Nachfrager für das betreffende Gut ausdrückt (Kosten-/Nutzenkalkül) und dem tatsächlichen Marktpreis liegt.

Für die anbietende Unternehmung gilt es herauszufinden, welches die Preisobergrenze, die Preisuntergrenze und welches die Preiselastizität der Nachfrager ist, um die Möglichkeiten der Preisdifferenzierung auszuschöpfen.

Als Preisdifferenzierung bezeichnet man die Tatsache, dass von einem Anbieter das gleiche Bildungsgut oder leicht veränderte Güter in der gleichen Periode auf verschiedenen Teilmärkten zu unterschiedlichen Preisen angeboten werden (preisorientierte Marktsegmentierung) (Faßnacht 1996).

Zur Umsetzung der Preisdifferenzierungsstrategie im Bildungsbereich müssen folgende Grundvoraussetzungen gegeben sein (Faßnacht spricht von vier Anwendungsprämissen, die allerdings bei genauerer Betrachtung redundant sind. Es reichen die beiden Kriterien Trennbarkeit der Märkte und unterschiedliche Nachfrageelastizitäten; vgl. Faßnacht 1996):

Isolierbarkeit der Märkte

Die Isolierbarkeit der Märkte, eine Voraussetzung für die Anwendung der vertikalen Preisdifferenzierung, impliziert, dass es nicht allen Bildungsnachfragern möglich ist, das Bildungsgut zu einem niedrigeren Preis auf einem Teilmarkt zu erwerben. Der Bildungsanbieter sollte verhindern, dass ein Nachfrager, der normalerweise einen höheren Preis bezahlen soll, einen niedrigeren bezahlt. Dieses Problem taucht häufig auf, wenn Bildungsträger versuchen, Firmenkunden und Privatkunden gleichermaßen zu bedienen. Eine Preisdifferenzierung zwischen diesen beiden Gruppen kann nur effektiv sein, wenn verhindert wird, dass der Firmenkunde seine Mitarbeiter als Privatkunden auftreten lässt und dann dessen Bildungsleistung bezahlt.

Unterschiedliche Preiselastizitäten der Nachfrager

Die zweite Voraussetzung besteht darin, dass auf verschiedenen Teilmärkten unterschiedliche Preiselastizitäten der Nachfrage vorherrschen. Diese Annahmen bedingt, dass die Nachfrager die Bereitschaft aufweisen, unterschiedliche Preise für die gleiche Leistung zu bezahlen.

Die Preisdifferenzierung kann vom Bildungsträger unterschiedlich realisiert werden. Es können im Folgende Formen der (vertikalen) Preisdifferenzierung unterschieden werden (auf die Unterteilung von Pigou in Preisdifferenzierung ersten, zweiten und dritten Grades wird hier nur verweisen, vgl. Pigou 1960):

Personenbezogene Preisdifferenzierung

Personenbezogene Preisdifferenzierung liegt vor, wenn ein Bildungsanbieter dieselbe Bildungsleistung unterschiedlichen Nachfragern und Nachfragergruppen aufgrund personenbezogener Merkmale zu unterschiedlichen Preisen anbietet (Faßnacht 1996).

Die personenbezogene Preisdifferenzierung bildet im Bildungsbereich die häufigste Form von Preisdifferenzierung. Arbeitslose, Studenten und Jugendliche erhalten bei vielen Kursanbietern verbilligte Preise; die Rabatte können bis zu 50 % betragen.

Verwendungsbezogene oder prozessbedingte Preisdifferenzierung

Erfolgt die Verwendung des Wissens zu Konsumzwecken, dann sind Bildungsleistungen häufig preiswerter, als wenn es sich um eine investive Bildungsleistung seitens eines Unternehmens handelt.

Zeitliche Preisdifferenzierung

Abendkurse weisen häufig geringere Preise auf als Tageskurse. Einige Seminaranbieter bieten Sommerprogramme mit preislich attraktiven Angeboten an, da in der Ferienzeit die Nachfrage nach Seminaren häufig nicht so groß ist und die Kapazitäten ausgelastet werden müssen.

Qualitativ bedingte Preisdifferenzierung

Einige Bildungsanbieter bieten Spezialschulungen für Einzelpersonen an, die dadurch einen anderen qualitativ hochwertigeren Charakter erhalten. Durch die Variation der Teilnehmeranzahl kann aus einer Gruppenschulung ein Einzelseminar werden, für das der einzelne Teilnehmer einen höheren Stundensatz zu entrichten hat.

Räumliche Preisdifferenzierung

Die räumliche Preisdifferenzierung erfolgt, wenn in regionalen Teilmärkten die Preisstruktur stark differenziert und dadurch bedingt unterschiedliche Preiselastizitäten vorliegen. In Großstädten ist häufig eine andere Elastizität vorhanden als in ländlich strukturierten Regionen.

2.5.1.2 Wettbewerbsorientierte Preisfindung

Die wettbewerbsorientierte Preisbildung unterstellt, dass der Bildungsanbieter über den Markt her die Preisbildung steuert. Marktpreise werden mit Hilfe unterschiedlicher Verrechnungsverfahren auf ihre Realisierbarkeit hin untersucht und an die spezifischen Situationen angepasst. Diese retrograde Vorgehensweise vom Markt her unterstützt die Integration sowohl strategischer als auch taktischer Marktinformationen in der Preisentscheidung.

Als Informationsquellen für Marktpreise sind folgende Vorgehensweisen möglich:

- Ermittlung der Preisangaben der Wettbewerber der strategischen Gruppe,
- Ableitung von Preisen aus den im Teilmarkt durchschnittlich realisierbaren Stunden- oder Tagessätzen,
- Ableitung von Preisen aufgrund subjektiver Markteinschätzungen durch das Bildungsmanagement,
- Ableitung von Preisen aufgrund von Qualitäts- und/oder Leistungsunterschieden im Vergleich zur Konkurrenz und
- Ermittlung der subjektiven Preislücken von Bildungsleistungen und den Substituten.

Die Nachfragereaktionen auf Preise eines Anbieters werden ebenfalls stark von den Preisen der Konkurrenten beeinflusst, so dass es notwendig erscheint, bei der eigenen Preisforderung die der Konkurrenten für substitutive Bildungsleistungen mit zu berücksichtigen.

Setzt ein Anbieter zum Zeitpunkt des erstmaligen Anbietens einer neuen Bildungsleistung einen relativ hohen Anfangspreis, so spricht man von einer Skimming-Preisstrategie. Diese Hochpreisstrategie empfiehlt sich in erster Linie für Produkte mit einem hohen Innovationsgehalt und der Situation des anfänglichen Fehlens von Wettbewerbern sowie für Produkte mit einem hohen Prestige- oder Imagewert. Nach dem Verglimmen des Neuheitswertes, dem Absinken des Images und/oder dem Auftreten neuer Mitanbieter können durch eine Preissenkung weitere Konsumentenschichten angesprochen werden.

Eine Penetrationspreisstrategie bietet sich für Bildungsanbieter an, die keine echten Innovationen vorweisen können und in einen Markt eindringen möchten, um somit schnell die Kapazitätskosten zu decken. Ist eine angestrebte Marktdurchdringung erreicht, dann können die Preise kontinuierlich angehoben werden, um so bei gegebener Kapazität die Erträge zu erhöhen.

2.5.1.3 Kostenorientierte Preisfindung

Grundgedanke der kostenorientierten Preisbildung ist die Abdeckung verfahrensabhängiger Kostenbestandteile.

Die kostenorientierte Preisbildung kann mit Hilfe alternativer Verfahren erfolgen. Kalkuliert man die Preisforderung auf Basis der betrieblich angefallenen Kosten, so spricht man von einer progressiven Kalkulation. Im Rahmen der retrograden Kalkulation überprüft man, ob ein bestimmter Verkaufspreis, der durch Markt- und Machtsituation geprägt ist, unter Kostendeckungsgesichtspunkten vertretbar ist. Grundsätzlich werden im Bildungsbereich zwei unterschiedliche Verfahren angewendet. Die Ermittlung kostendeckender Preise erfolgt mit Hilfe der Vollkostenrechnung oder der Teilkostenrechnung (Bernecker 1999).

Verfolgt der Bildungsanbieter eine Strategie, die Kostenvorteile in den Vordergrund stellt, dann ist eine kostenorientierte Preisbildung unabdingbar.

2.5.2 Rabattpolitik

Rabatte sind Preisnachlässe, die für bestimmte Leistungen des Abnehmers gewährt werden, die mit dem Bildungsprodukt zusammenhängen (Meffert 1998). Da die Rabatte den Preis des Produktes verändern, stellen sie ein Mittel zur Preisvariation dar.

Mit der Rabattpolitik werden seitens der Bildungsanbieter unterschiedliche Zielvorstellungen verfolgt. Dies sind insbesondere (Meffert 1998):

- Umsatz- bzw. Absatzausweitung,

- Erhöhung der Kundentreue,

- Rationalisierung der Auftragsabwicklung,

- Steuerung der zeitlichen Verteilung des Auftragseinganges und

- Image hochpreisiger Bildungsleistungen sichern und trotzdem preiswert anbieten.

Bei der Umsetzung der Rabattpolitik sind die Einflüsse und der strategische Rahmen zu beachten. Prinzipiell bieten sich aber folgende Rabattarten an:

Rabattarten	Beispiel
Funktionsrabatte werden in der Regel dem Handel gewährt, für die Übernahme der Handelsfunktionen oder zusätzlicher Funktionen (zum Beispiel Aktionsrabatt)	Wenn ein Bildungsanbieter Leistungen in einem mehrstufigen Prozess verkauft, dann wird die Leistung an den Absatzmittler unter Abzug eines Rabattes verkauft
Mengenrabatte werden, mit steigender Auftragsgröße gewährt	Diese Rabattart wird häufig gewährt, wenn mehrere Kurse gleichzeitig gebucht werden, oder eine Firma mehrere Mitarbeiter zu einem Seminar schickt
Zeitrabatte haben die Funktion, die Nachfrage zeitlich zu verlagern oder zu steuern (Saisonrabatt, Auslaufrabatt)	Zeitrabatte werden bei frühzeitiger Buchung oder in Form von Last-Minute-Buchungen gewährt
Treuerabatte werden zur Kundenbindung eingesetzt	Zahlreiche Bildungsanbieter bieten so genannten Mitgliedsfirmen eine verbilligte Teilnahme an den Bildungsmaßnahmen an

Abb. 109: Rabattarten

2.6 Integration der Mitarbeiter (People)

Der besondere Stellenwert der Mitarbeiter im Dienstleistungsprozess Bildung ist in Kapitel II bereits einmal angesprochen worden. Durch die Interaktion des Unternehmens mit dem externen Faktor (Kunde) besteht ein besonderes Interaktionsverhältnis zwischen den Teilnehmern und den Mitarbeitern. Der Erfolg des Marketing für einen Bildungsanbieter ist sehr eng mit der Selektion, Weiterentwicklung, Motivation und dem Management der internen und externen Mitarbeiter verbunden.

Es gibt genügend Beispiele dafür, wie Bildungsanbieter durch ineffizienten Umgang mit Mitarbeitern gescheitert sind. Dies bezieht sich nicht nur auf die Festangestellten, sondern insbesondere auch auf die freien Mitarbeiter, die oftmals als Lehrpersonal eingesetzt werden.

2.6.1 Verschiedene Rollen im Marketingprozess

Ein wesentlicher Aspekt bei der Betrachtung von Mitarbeitern im Marketing ist der Einfluss, den die Mitarbeiter auf das Marketing haben. Hierbei unterscheidet man diejenigen, die in den Marketingprozess involviert sind, von denjenigen Mitarbeitern, bei denen dies nicht der Fall ist. Ergänzt wird dies durch den Aspekt, ob Mitarbeiter Kontakt mit Kunden haben. Diese beiden Aspekte führen zu einer Kategorisierung von Mitarbeitern in die Gruppen Contactors, Modifiers, Influencer and Isolateds.

	Involved with conventional marketing mix	Not directly Involved with marketing mix
Frequency or periodic customer contact	**Contactors**	**Modifiers**
Infrequent or no customer contact	**Influencers**	**Isolateds**

Abb. 110: Rollen von Mitarbeitern im Marketing (Judd 1987)

Contactors haben kontinuierlichen Kontakt zu den Kunden und sind üblicherweise in die klassischen Marketingaktivitäten involviert. Diese Mitarbeiter haben sehr unterschiedliche Funktionen im Unternehmen. Sie können zum klassischen Lehrpersonal gehören oder auch Mitarbeiter aus dem Bereich Öffentlichkeitsarbeit sein. Unabhängig davon, ob sie auf strategischer oder operativer Ebene im Marketing arbeiten, sollten sie doch in die Strategien des Unternehmens eingebunden sein, diese kennen und sie auch vor den Kunden vertreten können. Sie sollten gut trainiert, vorbereitet und motiviert sein, um mit den Kunden jeden Tag professionell arbeiten und ihnen in einer serviceorientierten Weise entgegenkommen zu können. Um dies auch effizient umzusetzen, sollte der Bildungsanbieter die Mitarbeiter nach dem Servicegedanken auswählen, einstellen und auch entlohnen.

Modifiers sind zum Beispiel Mitarbeiter im direkten und kontinuierlichen Kundenkontakt, die nicht in die Marketingaktivitäten involviert sind. Sie benötigen einen konkreten Einblick in die Marketingstrategien des Unternehmens, damit sie diese auch bei der Kontaktaufnahme mit Kunden konkret berücksichtigen können. Modifiers beeinflussen die wahrgenommene Qualität der Dienstleistung in besonderem Maße. Eine serviceorientierte Ausbildung dieser Kontaktpersonen ist daher von besonderer Bedeutung. Bei der Auswahl konkreter Mitarbeiter für diesen Bereich sind besonders die Kommunikationsfähigkeiten zu berücksichtigen.

Influencers sind Personen die in die Marketingaktivitäten des Bildungsanbieters involviert sind, aber keinen kontinuierlichen Kundenkontakt haben. Dies sind insbesondere Mitarbeiter aus den Bereichen Strategische Planung (Unternehmensentwicklung), Produktentwicklung oder PR. Die Aktivitäten dieser Mitarbeiter sollten auf konkrete Kundenfunktionen ausgerichtet werden.

Isolateds sind Mitarbeiter mit Backoffice-Funktionen, die weder Kundenkontakt noch Einfluss auf die Marketingaktivitäten des Unternehmens haben. Trotzdem beeinflussen sie die Wirkung des Unternehmens nach außen. Ein Hausmeister, der – um ein drastisches Beispiel zu nennen – Teilnehmer und Dozenten einschließt, hat mit Sicherheit einen negativen Einfluss auf die Wahrnehmung des Bildungsanbieters durch seine Kunden. Diese Mitarbeiter benötigen ein Training, um ihre Wirkung auf den internen und externen Kunden zu verstehen und Möglichkeiten zu entwickeln, diese Kunden zufrieden zu stellen.

Der Ansatz unterstellt, dass Mitarbeiter ein wichtiger Baustein im Leistungsportfolio eines Bildungsunternehmen sind und einen zusätzlichen Wert beim Kunden erzeugen können – und daher nicht nur als Kostenfaktor definiert werden dürfen. Bei der Betrachtung der Bedeutung der Mitarbeiter für das Marketing fällt regelmäßig auf, dass durch Qualifizierung und Motivation auch der Mitarbeiter, die nicht zu den Kernmitarbeitern (so das Lehrpersonal) zählen, die Kundenzufriedenheit deutlich ansteigt.

2.6.2 Internes Marketing

Dem Internen Marketing kommt bei Dienstleistungsunternehmen ein deutlich größerer Stellenwert zu als bei Sachleistungsanbietern. Die Begriffe „Internes Marketing", „Mitarbeiterkommunikation" oder „Interne PR" stehen stellvertretend für Instrumente, mit denen die internen Kommunikations- und Informationsprozesse beschrieben werden. Die Kommunikations- und Informationspolitik prägt als Teil der Unternehmenskommunikation das Betriebsklima ebenso stark wie zum Beispiel materielle Gratifikationen für die Mitarbeiter. Denn ebenso wie eine Informationspolitik, die dem Interesse der Mitarbeiter an ihrem Betrieb entgegenkommt und gleichzeitig zum Dialog einlädt, für Identifikation und Leistungsmotivation sorgt, wirken entsprechende Defizite demotivierend und belasten das Betriebsklima und Unternehmensergebnis (Tonnebacher 1998).

Die Ziele, Aufgaben und Funktionen der Mitarbeiterkommunikation sind sehr unterschiedlich – entscheidend ist, wie sehr sie von Seiten des Managements initiiert sind oder sich aus Interessen und Bedürfnissen der Mitarbeiter ableiten. Im Idealfall liegt eine wechselseitige interne Kommunikation vor: Zu Wort kommen Mitarbeiter aller Hierarchieebenen, und der Austausch findet sowohl horizontal als auch vertikal statt. Die möglichen Instrumente der Mitarbeiterkommunikation lassen sich für einen Bildungsanbieter nach der jeweiligen Beteiligung oder Reichweite und nach ihrem Grad an Dialog- oder Interaktionsmöglichkeiten unterscheiden. Die nachfolgende Abb. zeigt diese anhand möglicher Kommunikationsinstrumente:

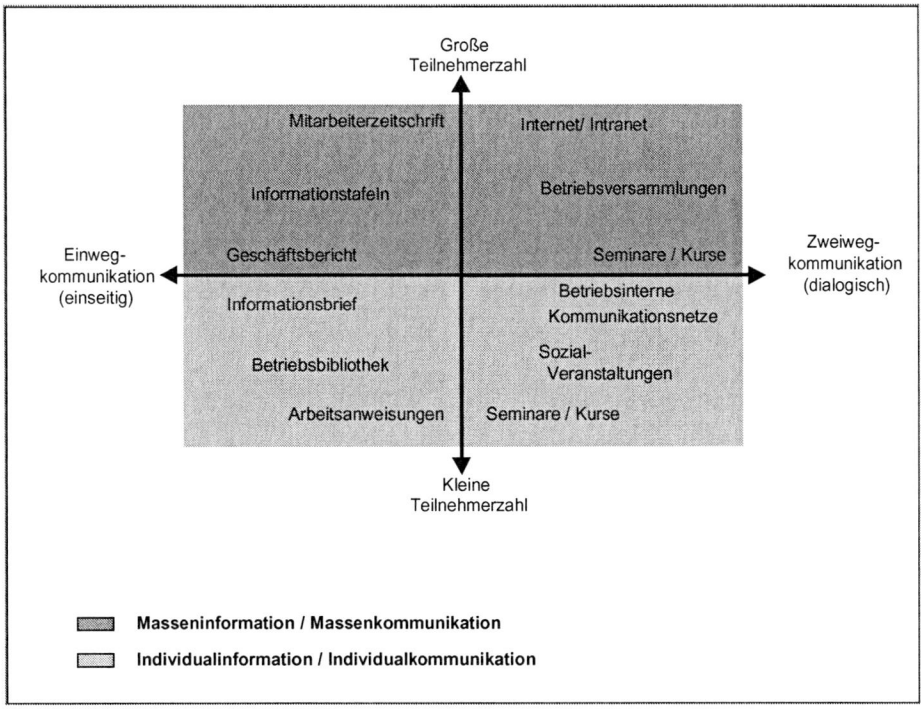

Abb. 111: Beispiele für Interne Kommunikationsinstrumente (Bruhn 1995)

2.7 Marktorientierte Unternehmensprozesse (Process)

Durch die Integration des externen Faktors (Teilnehmer) in den Leistungsprozess ergeben sich für den Bildungsanbieter weitere Herausforderungen. Im Gegensatz zu einem Hersteller von Sachleistungen muss er auch den Produktionsprozess kundenorientiert gestalten.

Diese Prozessgestaltung ist in den letzten Jahren im Rahmen der Zertifizierungen nach ISO 9000 ff. regelmäßig als qualitätsgetriebene Prozessbeschreibung realisiert worden. Die Nutzung einer marktorientierten Betrachtung dieser Prozesse ist bei vielen Anbietern jedoch unterblieben.

Ein aufwändiger und trotzdem lohnenswerter Ansatz ist die Analyse der Dienstleistungsprozesse des Bildungsanbieters mit Hilfe der sequenziellen Ereignismethode. Diese Methode wird auch als Blueprinting bezeichnet.

Die nachfolgende Abb. zeigt zunächst eine übliche Leistungskette im Bildungsbereich. Die einzelnen Phasen lassen sich dabei in die allgemeinen Abschnitte „Leistungsbereitschaft", „Kernleistung" und „Nachbereitung" untergliedern.

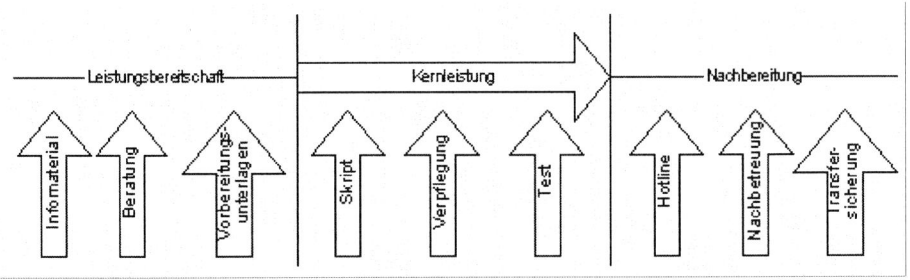

Abb. 112: Leistungskette im Bildungsbereich

Im Rahmen der Blueprint-Analyse erfolgt eine weitere Zerlegung der einzelnen Prozessschritte. Ergebnis dieser Analyse ist ein grafisches Ablaufdiagramm, das den Leistungsprozess des Bildungsanbieters im Detail abbildet.

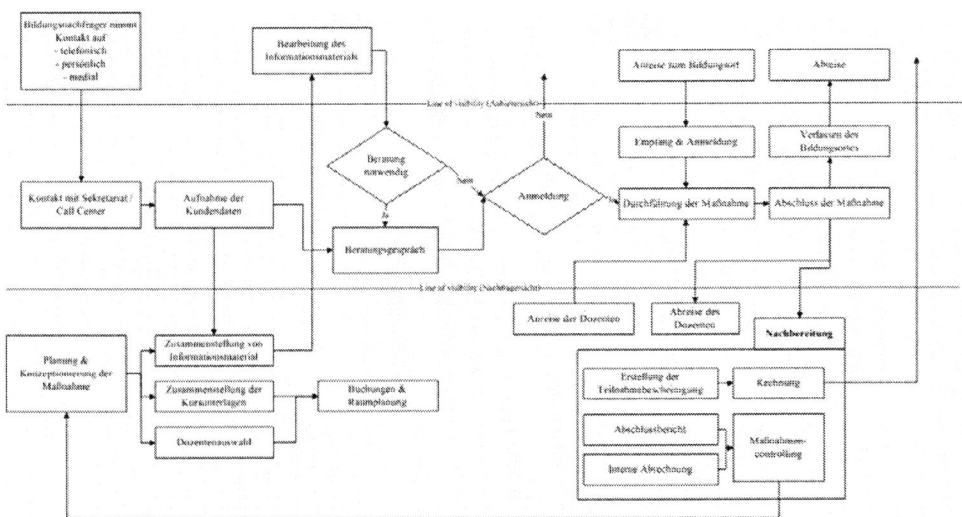

Abb. 113: Blueprint eines Bildungsprozesses

In diesem Blueprint finden sich drei wichtige Bereiche. Zum einen der Bereich, der durch die Line of Visibility des Nachfragers und durch die Line of Visibility des Anbieters eingegrenzt ist. In diesem Bereich kommen der Bildungsanbieter und der Bildungsnachfrager in direkten Kontakt. Dieser sichtbare Kontaktbereich ist von herausragender Bedeutung, da die wahrgenommene Qualität einer Bildungsleistung hiervon wesentlich beeinflusst wird. Prozessschritte, die im für den Kunden unsichtbaren Bereich zu finden sind, werden als Back-Office-Tätigkeiten eingeordnet. Sie sind aber für die Kundenorientierung des Leistungsprozesses genauso wichtig wie die eigentliche Bildungsleistung. Die Prozessschritte, die für den Bildungsanbieter nicht sichtbar sind, betreffen die Leistungsvorbereitung des Kunden. Diese Prozessschritte sind ebenfalls zu beachten, da auch bei diesen Schritten ein kundenorientierter Mehrwert geniert werden kann.

Moderne Bildungsanbieter strukturieren ihre Leistungsprozesse nach kundenorientierten Gesichtspunkten, da in einer modernen Dienstleistungsgesellschaft der Kunde eine Leistungserwartung hat, die über die eigentliche Bildungsleistung deutlich hinausgeht. Die Begrenzung auf die eigentlich Lehr- und Lernsituation greift mithin zu kurz.

2.8 Ausstattungspolitik des Bildungsanbieters (Physical Facilities)

Im Rahmen der Ausstattungspolitik des Bildungsanbieters geht es um alle Entscheidungen, die die Gestaltung der sichtbaren Faktoren der Dienstleistungsinfrastruktur betreffen (Gebäude, Standort, Fahrzeuge, Räumlichkeiten etc.).

Der Standort ist der geografische Ort, an dem der Bildungsanbieter seine Leistungsfaktoren für die Leistungserstellung bereithält. Die Entscheidung über den Standort des Bildungsanbieters ist als strategische Entscheidung bei der Unternehmensgründung zu treffen, lediglich bei Franchise- oder Filialsystemen handelt es sich um eine wiederholbare Entscheidung. Die Bedeutung dieses Entscheidungsfeldes ist von der strategischen Ausprägung des Bildungsanbieters abhängig. Verfolgt er eine regionale Abdeckungsstrategie, dann sind die Standorte von wesentlicher Bedeutung. Führt der Bildungsanbieter Maßnahmen durch, die ohne Präsenzphasen (Fernlehrgänge, Multimedia) auskommen, dann ist die Standortentscheidung wesentlich unbedeutender.

Die standortpolitische Entscheidung lässt sich in folgende Teilentscheidungen aufgliedern:

Standortanforderungen: Die spezifischen Anforderungskriterien des Bildungsanbieters sind zu bestimmen. Diese Standortanforderungen ergeben sich aus der Ausprägung des Strategie-Mix.

Standortwahl: Die Standortwahl setzt eine Standortbewertung voraus, mit dem Ziel einer Überprüfung, ob der Standort den Ansprüchen des Bildungsanbieters gerecht wird. Das eingesetzte Instrumentarium kann man in quantitative und qualitative Instrumente einteilen.

Standortveränderung: Standortveränderungen sind durchzuführen, wenn sich die wesentlichen strategischen Einflussfaktoren verändern und die wirtschaftliche Situation des Bildungsanbieters sich deswegen verschlechtert.

Standortgestaltung: Die Standortgestaltung umfasst die Dimensionen der externen und der internen Standortgestaltung. Im Rahmen der externen Standortgestaltung sollen die äußeren Rahmenbedingungen an das erwartete Zielpublikum angepasst werden. Die interne Standortgestaltung umfasst die Ausstattung der Büro- und Unterrichtsräume. Dieser Dimension wird im allgemeinen Dienstleistungsmanagement eine stark gestiegene Bedeutung zugeordnet. Die Wahrnehmungen des Bildungsnachfragers erstrecken sich auf die Geschäfts- und Unterrichtsräume. Die Gesamtzufriedenheit mit einer Bildungsleistung hängt wesentlich von dieser Dimension ab. Alle Modelle zur Messung der Kundenzufriedenheit erfassen auch diese Dimension. Die interne Standortgestaltung scheint allerdings den Charakter eines Hygienefaktors bzw. einer Basisanforderung zu haben. Liegt eine akzeptable Raumausstattung vor, dann hat dieser Faktor keinen positiven Einfluss auf die Kundenzufriedenheit. Liegen allerdings Mängel vor, dann beeinflusst die Raumausstattung die Kundenzufriedenheit negativ. Es sollte zusätzlich beachtet werden, dass – bedingt durch die Immaterialität der Kernleistung Bildung –, der Nachfrager zur Qualitätsbeurteilung Hilfsindikatoren heranzieht. Einer dieser Hilfsindikatoren ist die Raumausstattung des Bildungsanbieters.

Bei der Raumausstattung ergeben sich einige Anforderungen, die bei der Gestaltung zu beachten sind:

Kundenorientierte Anforderungen an die Raumgestaltung von Lehrräumen
• ausreichender Platz • passende Möblierung • Klimatisierung • ausreichendes Beleuchtung • angenehme farbliche Gestaltung • Aufbewahrungsmöglichkeiten • Garderobe • Flexibilität in der Raumaufteilung

Abb. 114: Anforderungen an einen Unterrichtsraum

Bezüglich des Ortes der Dienstleistungserstellung ergeben sich drei unterschiedliche Konstellationen:

1. Die Leistungserstellung erfolgt beim Anbieter der Bildungsleistung.

Erfolgt die Leistungserstellung beim Anbieter der Bildungsleistung, so hat die Standortproblematik ein sehr großes Gewicht. Abhängig von den oben erwähnten Entscheidungen im Absatzkanal stehen hier Fragen wie Lage, Ausstattung, Ambiente, kulturelles und soziales Umfeld im Vordergrund. Der Anbieter der Dienstleistung ist darauf angewiesen, dass der Leistungsort gut erreichbar ist. Der Standort hat sich in zumutbarer Entfernung des Bildungsnachfragers zu befinden.

2. Die Leistungserstellung erfolgt beim Nachfrager der Bildungsleistung.

Bei so genannten In-House-Seminaren oder -Bildungsangeboten findet die Leistungserstellung in den Räumen des Kunden statt. Der eigentliche Standort des Bildungsanbieters ist in dieser Fallkonstellation relativ unbedeutend. Dem Leistungsanbieter obliegt es, die ordnungsgemäße Bereitstellung der Räumlichkeiten durch den Nachfrager sicherzustellen und je nach Bildungstechnologie die benötigte technische Ausstattung mitzubringen.

3. Die Leistungserstellung erfolgt an einem anderen Ort.

Sehr häufig werden Bildungsmaßnahmen in Seminarhotels oder extra angemieteten

Räumlichkeiten durchgeführt. Dies geschieht immer dann, wenn keine geeigneten Räume bei Anbieter und Nachfrager vorhanden sind bzw. die Gruppengröße ein Auslagerung vonnöten macht.

Die Frage, wo die Bildungsleistung erstellt werden soll, wird sehr unterschiedlich bewertet. Die überwiegende Zahl der Anbieter wählt eigene Räume, wenn Standardleistungen oder Leistungen mit einer längeren Dauer angeboten werden. Auch die Erstellung der noch zu problematisierenden Systemleistungen erfolgt in eigenen Räumlichkeiten. Das Zuliefergeschäft dagegen findet in den Räumlichkeiten des Kunden statt. Die Leistungserstellung an einem dritten Ort streben die meisten Anbieter an, wenn ein Verhaltenstraining angeboten wird.

3. Bildungsmarketing als Customizing

Das oben strukturierte Marketing basiert auf dem Grundgedanken, Dienstleistungen wie Sachleistungen anzubieten. Bildungsleistungen können aber aufgrund ihrer Charakteristika andere Anforderungen stellen, so dass ein erfolgreiches strategisches Marketing mit den obigen Instrumenten nicht zu realisieren ist.

Der Geschäftstyp des Customizing kann, bei Vorliegen der konstituierenden Merkmale, für den Bildungsanbieter eine sinnvolle Variante darstellen. Daher folgt eine Charakterisierung des Geschäftstyps und darauf aufbauend eine prozessorientierte Darstellung.

3.1 Charakterisierung des Customizing

Der Geschäftstyp des Customizing wird dadurch charakterisiert, dass eine erweiterte Interaktion zwischen Anbieter und Nachfrager vorliegt. Die Interaktion ist bei diesem Geschäftstyp nicht mehr nur auf die Leistungserstellungs-, sondern auch auf die Zielbildungsphase ausgedehnt.

Die Anforderungen des Nachfragers unterscheiden sich von denen beim reinen Leistungsgeschäft. Die Bildungsleistung wird nicht mehr für einen anonymen Markt entwickelt, sondern an die Bedürfnisse des Nachfragers angepasst. Damit ist der externe Faktor auf zweifache Weise in den Leistungserstellungsprozess integriert.

Die erstellten Bildungsleistungen führen allerdings nicht zu einem Verkaufsverbund. Jeder der spezifizierten Bildungsnachfrager wird unabhängig von anderen Leistungen gebucht.

Der Geschäftstyp des Customizing lässt sich wie folgt darstellen:

- Integration mehrerer Partner in das Geschäft. Bei diesem Geschäftstyp gehören Käufer und Bildungsteilnehmer in der Regel nicht zum gleichem Personenkreis. Der Nachfrageprozess ist in der Regel durch ein Buying Center strukturiert und wesentlich komplexer als bei Einzelnachfragen,

- der Bildungsnachfrager hat in der Regel formalisierte Checklisten (Döttlinger 1989),

- weitergehender Einfluss durch den Kunden auch auf die Zielebene,

- größere Kooperationsdichte zwischen Anbieter und Nachfrager,

- langwieriger intensiverer Kauf- und Verhandlungsprozess,

- die Bildungsleistung stellt eine kundenspezifische Anpassung dar, die sich dadurch nicht mehr mit anderen Standardleistungen vergleichen lässt,

- in diesem Marktsegment liegt eine hohe Marktintransparenz mit atomistischer Struktur vor,

- die Leistungswahrnehmung hat einen wesentlich höheren Stellenwert und

- Bildung stellt ein Vertrauensgut dar. Durch die Komplexität und Spezifikation der zu erstellenden Leistung besteht kaum eine Möglichkeit, die Qualität, Effizienz und Wirkung der speziellen Bildungsleistung zu messen. Daher greift der Bildungsnachfrager auf Hilfsindikatoren zurück, die eine Vertrauensbasis bilden (vgl. zum Konstrukt Vertrauen Plötner 1995).

Die Besonderheiten dieses Geschäftstyps machen deutlich, dass sich der Leistungserstellungsprozess wesentlich langwieriger gestaltet und um wesentliche Komponenten zu ergänzen ist. Es lässt sich zeigen, dass unterschiedliche Teilphasen mit besonderen Problemfeldern vorhanden sind. Der Leistungsprozess weist im Wesentlichen folgende Phasen auf (vgl. Abb. 115):

- Voranfragephase,

- Angebotserstellungsphase,

- Verhandlungsphase,

- Leistungserstellungsphase und

- Abschlussphase.

Operatives Bildungsmarketing

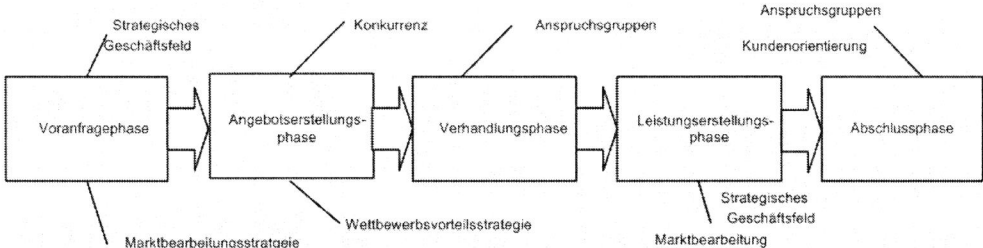

Abb. 115: Leistungsprozess des Partnergeschäftes

Dabei sind hier die Einflussfaktoren des gewählten Strategie-Mix von besonderer Bedeutung. Im Rahmen der Voranfragephase ist die Wahl des Geschäftsfeldes und die Marktbearbeitungsstrategie wichtig. In der Angebotserstellungsphase dominieren die Wettbewerbsvorteilsstrategie und die gewählte Konkurrenzstrategie. Die gewählte Anspruchsgruppenstrategie wird in der Verhandlungsphase relevant, und in der Realisierungsphase dominieren wiederum das strategische Geschäftsfeld und die Marktbearbeitungsstrategie den Geschäftsprozess. In der Abschlussphase kommt es darauf an, die Projekterfolgsbewertung der Zielgruppe und der Anspruchsgruppen zu steuern.

3.2 Entscheidungsfelder in der Voranfragephase

In der ersten Phase wird seitens der Kunden in aller Regel eine Voranfrage gestartet, ob der Bildungsanbieter in der Lage ist, das Angebot abzudecken (einige Autoren ordnen diese Phase dem Pre-Marketing zu, vgl. Belz 1998).

Die Voranfragephase wird strategisch im Wesentlichen durch die gewählte Marktabdeckungsstrategie und das Strategische Geschäftsfeld beeinflusst.

Falls der Bildungsanbieter den Gesamtmarkt abdeckt, dann wird die Selektionsfunktion der Voranfragephase nicht sehr deutlich ausgeprägt sein. Für den Fall, dass der Anbieter die Nischenstrategie verfolgt, hat er dafür zu sorgen, dass nur Nachfrager selektiert werden, die der angestrebten Nische angehören. Wenn Absatzmittler in den Akquisitionsprozess eingeschaltet sind, ist eine Überwachung des Akquisitionsprozesses notwendig, damit die Regeln eingehalten werden. Das strategische Geschäftsfeld determiniert im Akquisitionsprozess die Zielgruppe und gibt den Selektionsrahmen vor.

Diese Phase kann aktiv oder passiv ausgelöst werden. Im Rahmen eines aktiven Akquiseverhaltens versucht der Bildungsanbieter diese Anfrage auszulösen. Bei der Form der passiven Variante wartet der Bildungsanbieter auf eine Anfrage potenzieller Kunden.

Das *aktive Akquiseverhalten* wird dadurch gekennzeichnet, dass der Anbieter mit dem Nachfrager kommuniziert, um beim Kunden eine Problemerkenntnis hervorzurufen. Diese Phase zeichnet sich in aller Regel durch ein allgemeines Akquisebemühen aus, ohne direkte Leistungsspezifikationen in den Vordergrund zu stellen.

Um aktiv Bildungsnachfrager zu aktivieren, stehen dem Bildungsanbieter sämtliche Instrumente der Kommunikationspolitik zur Verfügung. Im Rahmen der medialen Kommunikation bemüht sich der Bildungsanbieter, dem Bildungsnachfrager seine Leistungsfähigkeiten zu kommunizieren, um primär einen erhöhten Bekanntheitsgrad zu erzeugen.

Falls der Bildungsanbieter Absatzmittler umgeht, ist die aktive Akquisition von ihm selber durchzuführen. Bei einer kooperativen Strategie kann er durch Absatzmittler aktiv ein vertikales Marketing betreiben, um so mit Hilfe einer integrierten Kommunikation den Nachfrager zu erreichen.

Ein *passives Akquiseverhalten* ist in der Bildungsbranche häufig anzutreffen. Der Träger wartet darauf, von einem Kunden angesprochen zu werden. Neue Kundenkontakte ergeben sich damit für viele Bildungsträger nach dem Zufallsprinzip. Dieses Verhalten liegt in Marktsegmenten vor, die durch eine hohe Markttransparenz und eine geringe Anzahl an Anbietern gekennzeichnet sind. Das passive Akquiseverhalten wird häufig mit einem Seriositätsanspruch begründet. Bildung als Kulturgut darf dementsprechend nicht vermarktet werden. (Diese Vorstellung scheint die Begründung dafür zu sein, dass Marketing weder als Technik noch als Philosophie im Bildungsbereich häufig anzutreffen ist. Einige Anbieter vermeiden den Begriff des Marketing und betreiben nur Veranstaltungsankündigungen.)

Nach der ersten Kontaktaufnahme steht der Bildungsanbieter vor der Fragestellung, inwieweit er in die Angebotserstellung einsteigen soll. Bedingt durch die hohe Kooperationsdichte des Geschäftstyp sollte bereits in der Angebotsphase eine intensive Auseinandersetzung mit dem Nachfrager erfolgen, um zielorientierte Angebote zu erstellen. Da Angebote in diesem Fall kundenspezifisch erstellt werden, ist dieser Aufwand auch mit relativ hohen Kosten verbunden. Daher sollte der Bildungsanbieter eine Selektion durchführen. Diese wird üblicherweise in einem zweistufigem Prozess realisiert. Zunächst erfolgt eine qualitative Beurteilung des Kunden, um dann in einer zweiten Stufe eine quantitative Bewertung durchzuführen (Backhaus 1997).

Zunächst ist zu prüfen, ob der Kunden dem vordefinierten Geschäfts- bzw. Kundenportfolio zugeordnet werden kann und damit zu den vorher definierten Zielgruppen des Bildungsanbieters gehört. Ist dies nicht der Fall, sollte der Bildungsanbieter die Anfrage aus strategischen Gesichtspunkten ablehnen. Insbesondere, wenn die Kontaktaufnahme über Massenmedien oder über das Internet erfolgt, ist diese Selektion durchzuführen. Im Internet besteht die Möglichkeit, innerhalb von Sekunden relativ anonym einen Bildungsanbieter zur Abgabe eines Angebotes aufzufordern. Aus Kostengesichtspunkten und unter der Berücksichtigung der Gefahr der Leistungspiraterie sollte daher eine Selektion erfolgen.

In der zweiten Stufe führt man eine Anfragerselektion aus operativer Sicht durch. Dabei sind Selektionskriterien wie Auftragswahrscheinlichkeit oder zu erzielender Deckungsbeitrag vorzunehmen. Die Abb. 116 zeigt bei determinierten Grenzschwellen bezüglich der Auftragswahrscheinlichkeit und dem zu erzielenden Deckungsbeitrag den Raum, der die potenziellen Angebote eingrenzt.

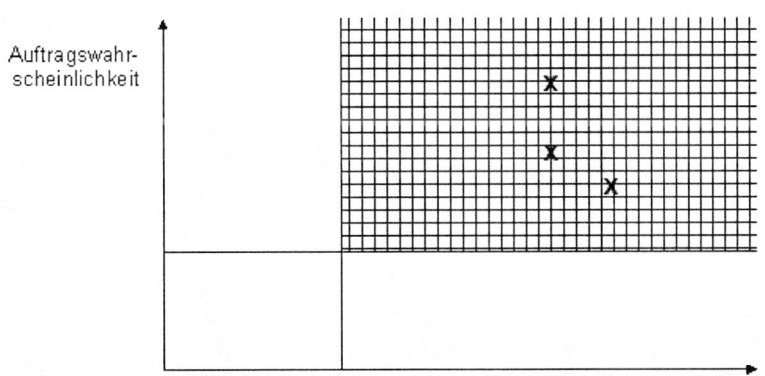

Abb. 116: Selektion von Anfragen

Für die selektierten Nachfrager wird im Anschluss ein spezifisches Angebot erstellt. Das Angebot umfasst dabei die Leistungsdefinition und die Preisbildung.

3.2.1 Leistungsermittlung

Die Leistungsermittlung kann in zwei Stufen erfolgen. Der Regelfall ist, dass der Anbieter zunächst vom Bildungsnachfrager in einem Kontaktgespräch gebrieft wird. Dieses erste Briefing dient dem Kennenlernen der beiden Vertragsparteien und ist Ausgangspunkt für die weiteren Kontakte. Der Leistungsnachfrager artikuliert seine Vorstellung und erläutert dem Bildungsanbieter die Rahmenbedingungen. Der Leistungsanbieter dokumentiert in diesem Gespräch seine Kompetenzen und Fähigkeiten. Bei einigen Nachfragern erfolgt zudem ein Probetraining. Im Rahmen der exakten Leistungsdefinition hat dann die Bestimmung des Bildungsbedarfes des Nachfragers zu erfolgen. Diese Bildungsbedarfsanalyse ist Ausgangsbasis für die Erstellung des Angebotes. In einigen Fällen gelingt es dem Anbieter, die Bildungsbedarfsanalyse als Serviceleistung getrennt zu fakturieren. In der Regel handelt es sich aber um eine Analyse, die in der Angebotserstellungsphase zu erbringen ist.

Operatives Bildungsmarketing

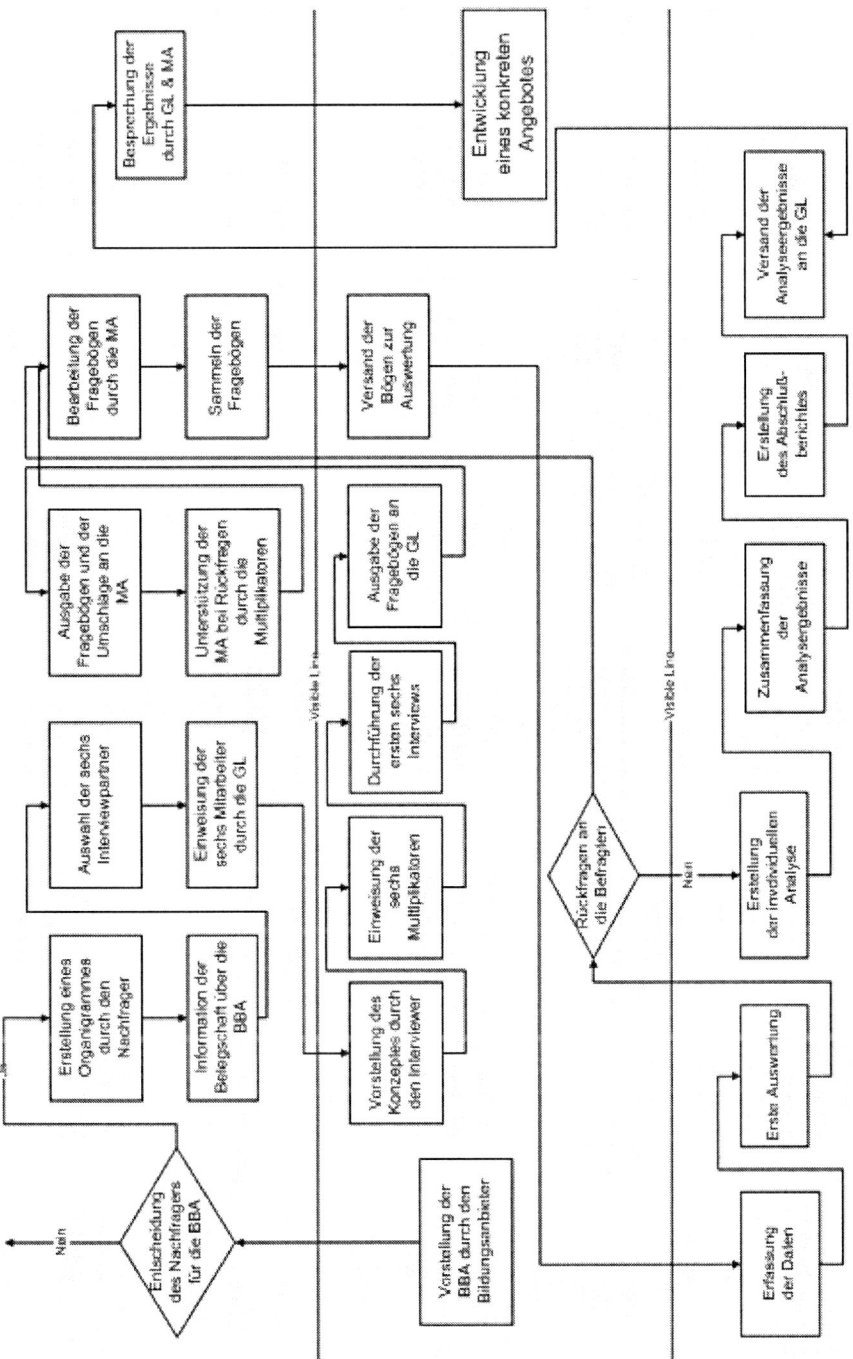

Abb. 117: Blueprint einer Bildungsbedarfsanalyse

Die Abb. zeigt einen kundenorientierten Ablauf einer Bildungsbedarfsanalyse mit Hilfe eines Blueprints. Dieser komplexe Ablauf gewährleistet, dass der spezifische Bildungsbedarf eines jeden Mitarbeiters erhoben wird.

Der Bildungsanbieter stellt dem Nachfrager zunächst das Konzept der Analyse vor. Falls sich dieser für die Bildungsbedarfsanalyse entscheidet, wird zunächst die Belegschaft über die Durchführung informiert. Mit Hilfe von einigen Mitarbeitern wird an einem Trainingstag die Bildungsbedarfsanalyse durchgeführt. In diesen Interviews erfahren die Multiplikatoren den Ablauf und die Vorgehensweise der Analyse. Die anderen Mitarbeiter erhalten anschließend Fragebögen, die den Bildungsbedarf ermitteln. Der Bildungsanbieter erstellt eine Auswertung und Dokumentation. Mit Hilfe der Analyse können ein spezifisches Angebot und ein Bildungsplan erstellt werden.

Ein spezifisches Bildungsangebot umfasst in der Regel die folgenden Komponenten:

Bezeichnung der Maßnahme	Es sollte eine Bezeichnung gewählt werden, die den Charakter der Bildungsleistung am besten wiedergibt
Dauer	Die Dauer von Bildungsveranstaltungen wird in der Regel in Tagen oder Unterrichtsstunden angegeben
Teilnehmeranzahl	Die Teilnehmeranzahl wird in der Regel vordefiniert. Meistens wird eine Unter- und eine Obergrenze für die Durchführung angegeben
Teilnehmervoraussetzung	Um den Bildungsprozess zu kontrollieren bzw. zu steuern, sollte der Bildungsanbieter im Vorfeld die Voraussetzungen angeben. Falls er die Bildungsbedarfsanalyse spezifisch durchgeführt hat, können die Vorkenntnisse direkt abgeleitet werden
Lernziele	Zu jeder Bildungsmaßnahme sind Lernziele anzugeben. Denn nur so ist eine Steuerung der Bildungsprozesse, die Erfüllung der Kundenzufriedenheit und die Messung eines Ergebnisses möglich
Maßnahmeninhalte	Im Angebot sind die Inhalte der Maßnahme detailliert zu schildern, um so die Erwartungshaltung des Nachfrager zu beeinflussen
Eingesetzte Methodik	Angewendete Bildungstechnologien, um so den Nachfrager auf die Bildungsmaßnahme einzustimmen
Kosten	Kosten der Maßnahme, aufgeteilt in fixe und variable Bestandteile oder als Pauschalbetrag

Abb. 118: Angebotskomponenten

3.2.2 Preisermittlung

Die Preisermittlung in diesem Geschäftstyp ist ungleich schwieriger, da hier keine Standardkalkulationen herangezogen werden können. Grundsätzlich bewegt sich die Preisbestimmung im Umfeld von den Faktoren Kundenanforderungen, Konkurrenz und der eigenen Kostenstruktur. Diese drei Einflussfaktoren werden als die drei K der Preispolitik bezeichnet (Tucker 1966, Backhaus 1997). Im Rahmen der Preisdiskussion sind sowohl die strategische Ausrichtung bezüglich der betrachteten Wettbewerbsvorteile als auch die Wahrnehmung der Nachfrager im Rahmen der nachfragerorientierten Marktteilnehmerstrategien von Bedeutung.

Eine Entscheidung für die Verfolgung des Kostenvorteils führt zwangsläufig auch zu einem exakteren Kalkulationsverfahren und zu einer wesentlich aggressiveren Preisbildung und Vorkalkulation als bei der Entscheidung für eine Präferenzstrategie. Verfolger einer Präferenzstrategie werden auch gelegentlich mit einem starken Druck auf ihre Konditionen konfrontiert, so dass eine exaktere Kalkulation die Möglichkeit beinhaltet, Preisgesprächen eine Basis zu liefern.

Zunächst bestimmen bei diesem Geschäftstyp die Kundenanforderung den zu ermittelnden Preis überproportional. Zur konsequenten Preisermittlung bedarf es daher spezifischer Informationen über die Realisierung des Bildungsangebotes. Zusätzlich sollte der Anbieter die Zahlungsbereitschaft des Nachfragers einschätzen, um im Sinne einer Nachfragerorientierung ein erfolgreiches Preisangebot erstellen zu können.

Weiterhin beeinflusst die Wettbewerbssituation das preisliche Angebot sehr stark. Falls in der Angebotsphase noch weitere Preise vorliegen, beeinflussen diese den Preis und den Leistungsumfang des einzelnen Anbieters. Diese Faktor ist im Bildungsbereich von wesentlich größerem Einfluss als in anderen Branchen. Durch die sehr heterogene Anbieterschaft konkurrieren Anbieter mit vollkommen unterschiedlichen Kostenstrukturen im gleichen Segment. Dadurch bedingt ist der Preiswettbewerb ein wesentliches Problem.

Die Kosten im Bildungsbereich lassen sich auf zwei Dimensionen zurückführen. Der Anbieter hat die auftragsspezifischen Einzelkosten sowie die zu deckenden unspezifizierten Gemeinkosten, die aufgrund der notwendigen Leistungsbereitschaft anfallen, abzuschätzen.

3.2.3 Dauer und Zeitphasen

Die Dauer und die Frequenzen der Leistungserstellung bestimmt man in der Akquisitionsphase. Die Dauer wird in der Regel durch einen Anfangs- und Endtermin bestimmt. Bei kürzeren Projekten verläuft dieser Zeitraum in der Regel ohne Unterbrechungen und umfasst die tatsächliche Dauer des Bildungsprojektes. Bei längeren Projekten kommt es häufig vor, dass in Intervallen Leistungen angeboten werden, so dass neben dem Anfangs- und Endtermin Zeitphasen für die einzelnen Intervalle festzulegen sind. Zusätzlich werden Regeln und Vereinbarungen für den Fall getroffen, dass es zu Terminverschiebungen oder Ausfällen kommt.

3.3 Entscheidungsfelder in der Verhandlungsphase

Nach der allgemeinen Angebotsphase erfolgt die Verhandlungsphase mit den selektierten Kunden. In dieser Phase hat der Bildungsnachfrager häufig die Anbieteranzahl selektiert und geht nun mit einem einzelnen oder mit einigen wenigen in eine weitere Verhandlungsrunde. Ziel dieser Phase ist es, unbestimmte Bestandteile der Angebote zu spezifizieren. Dazu gehören in der Regel Leistungsmodifikationen und Verhandlungen über die Preise und Konditionen.

3.3.1 Leistungsmodifikationen

Verhandlungen über Leistungsmodifikationen erfolgen immer dann, wenn der Bildungsnachfrager spezifische Veränderungen durchführen möchte. Besonders häufig treten Prozessmodifikationen auf, wenn in der Anfragephase die Bedürfnisse des Nachfragers wenig detailliert wurden oder die spezifische Bildungsbedarfsanalyse nicht erfolgte. Gelegentlich kommt es auch vor, dass der Bildungsanbieter aufgefordert wird, alternative Konzepte zu präsentieren, unter denen eine Auswahl getroffen wird.

Zusätzlich kann es vorkommen, dass es zwischen Auftragsanfrage und Umsetzungszeitpunkt zu Veränderungen im Umfeld des Bildungsnachfragers gekommen ist, die für eine Modifikation sorgen.

Oftmals kommt der Impuls für Leistungsmodifikationen von der preislichen Seite, so dass Leistungseinschränkungen vorzunehmen sind, da der Bildungsnachfrager nur ein begrenztes Budget zur Verfügung hat.

3.3.2 Ergebnisfestlegung

Bildungsmaßnahmen sollen in der Regel eine Wirkung oder einen Erfolg auslösen. Dieses Ergebnis bzw. Wirkung wird in den meisten Fällen in Verträgen fixiert. Einige Nachfrager gehen dazu über, diese Ergebnisse auch im Nachhinein zu überprüfen und einzelne Honorarbestandteile erfolgsabhängig zu vergüten. Dabei sind in dieser Phase entweder qualitative Größen oder quantitative Messzahlen festzulegen.

3.3.3 Preisfixierung

Im Rahmen der Preisfixierung erfolgt die exakte Festlegung der Gesamtleistung und der Teilleistung, die zwischen Anbieter und Nachfrager spezifiziert wurden. Preisverhandlungen sind insbesondere im Bildungsbereich problematisch. Der Nachfrager erhält keine Sachleistung, sondern eine immaterielle Leistung. Insbesondere wenn professionelle Personalabteilungen die Verhandlungen führen, besteht die Gefahr, dass Preisverhandlungen nur geführt werden, um den Preis zu drücken. Inwieweit die Anbieter diesem Preisdruck nachgeben, ist vor allem von der relativen Machtposition des Nachfragers abhängig.

Preiszugeständnisse sollte der Anbieter nur machen, wenn der Nachfrager zu Leistungsabstrichen bereit ist oder eine akzeptable Gegenleistung bietet. Gegenleistungen können zum Beispiel Mehrfachbuchungen sein oder die Zusicherung, diese Bildungsleistungen mehrfach nachzufragen.

Eine andere Methode besteht darin, den Preisdruck des Absatzmarktes an den Beschaffungsmarkt weiterzugeben, indem zum Beispiel Trainerhonorare gesenkt werden oder erfahrene Mitarbeiter durch preiswertere Neueinsteiger substituiert werden.

3.4 Entscheidungsfelder in der Abwicklungsphase (Mikrodidaktik)

In der Abwicklungsphase werden die Bildungsleistungen konzeptioniert. Mit Hilfe der Informationen aus der Bildungsbedarfsanalyse kann eine entsprechende und zielgruppenspezifische Gestaltung des Bildungsangebotes erfolgen.

Dabei sind die folgenden Bedingungen zu beachten (Becker 1999, Reibstein/Rieken 1994):

- die individuelle Begabung der Bildungsteilnehmer,
- der bereits vorhandenen Bildungstand,
- das vorherrschende Leistungsverhalten,
- die Motive der Teilnehmer und
- die Motivation zum Lernen.

Die Lerninhalte sollten erfolgswirksam geplant und strukturiert werden. Deshalb führt man zunächst eine Stoffanalyse durch, um die umzusetzenden Lernziele zu erfüllen. Ist der allgemeine Stoffrahmen bekannt, wird unter Berücksichtigung der Ergebnisse aus der Bildungsbedarfsanalyse eine Stoffauswahl getroffen. Diese Stoffauswahl kann man in Form einer Ablaufplanung in verschiedene Phasen einteilen, um so eine sinnvolle Strukturierung der Bildungseinheiten zu erhalten. Die anschließende zeitliche Strukturierung ermöglicht es, einen differenzierten Lehrplan zu erhalten, der zusätzlich die einzusetzenden Vermittlungsmethoden umfasst (Becker 1999).

Die Realisierung der Bildungsleistung erfolgt in einem Leistungsprozess, in dem interne und externe Leistungsfaktoren kombiniert werden. Dabei entsteht ein pädagogischer Bezugsrahmen, der als didaktisches Dreieck zwischen Bildungsnachfrager, Bildungsanbieter und Bildungsinhalten wirkt.

Während des Prozesses ist zu Beginn ein Abgleich zwischen den internen und externen Leistungsfaktoren durchzuführen. In einem ersten Schritt sollte nochmals eine Erhebung der Bildungserwartungen des Nachfragers erfolgen, da diese zum Teil unklar sind oder sich seit der Bildungsbedarfsanalyse verändert haben können (Reibstein/Rieken 1994, Becker 1999). Diese Abfrage der Erwartungshaltung ist für die Qualitätssicherung der Bildungsprozesse unabdingbar. Nur wenn der Lehrende die spezifischen Bedürfnisse und Wünsche der Lernenden kennt, kann er den Lern- und Lehrvorgang nachfrageorientiert steuern.

Der Lehr-/Lernvorgang ist vom Lehrenden so zu steuern, dass die vorher abgestimmten Ziele erreichbar sind. Prozesskontrollen und Teilnehmerrückmeldungen gehören zu den wichtigsten Aufgaben der Durchführungsphase der Weiterbildung.

Die Abwicklungsphase kann in weitere einzelne Phasen differenziert werden. Dies wird besonders deutlich, wenn die Bildungsleistung über einen längeren Zeitraum verläuft und einzelne in sich geschlossene Einheiten abgewickelt werden. Diese Teileinheiten sind oft durch unterschiedliche Stoffverteilungspläne oder Teilprüfungen gekennzeichnet. Die Phasen sind allerdings sequentiell angeordnet, so dass es keine Überlappungen zwischen den Teilphasen gibt (Hoehne 1999).

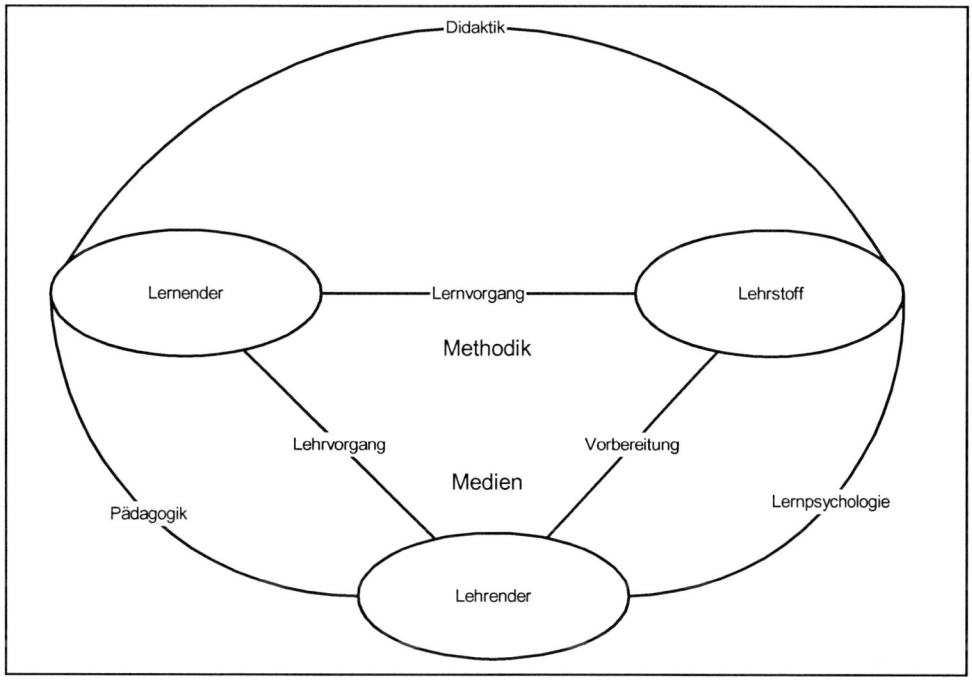

Abb. 119: Dreieck der Didaktik (Becker 1999)

3.5 Entscheidungen in der Abschluss- und Nachbereitungsphase

In der Abschlussphase des Bildungsprojektes erfolgt die Dokumentation des Erfolges der Maßnahme. Der Erfolg einer Bildungsmaßnahmen ist meist mit dem Erreichen von inhaltlichen und didaktischen Zielen aus der Sicht des Auftragnehmers verbunden (Gemünden 1990). In der Literatur finden sich zahlreiche Einzelfaktoren, die den Projekterfolg beeinflussen. Diese Kriterien lassen sich allgemein in folgendes Raster einordnen:

		Projektbezogen	Sonstige Stakeholder
hard factors	Kernleistungen	Dokumentation, Instrumente, Einsatzmittel, Kosten	Leistungsspezifikationen, Umwelteinflüsse
soft factors	Menschlichen Erlebnisse	Personalqualifikation, Ziele, Qualität	Risiken, Kompetenzen, Personalführung
soft factors	Serviceleistungen	Analysen, Planung, Steuerung, Prozeßqualität, Verwaltung	Betriebswirtschaft, Organisation, Unternehmen

Abb. 120: Kategorien von Projekterfolgskriterien (Bundschuh 1999)

Zunächst sollten projekt- bzw. auftragsbezogene Faktoren identifiziert werden. Diese Faktoren kann der Bildungsanbieter direkt beeinflussen, während die Erfolgskriterien der sonstigen Anspruchsgruppen nur indirekt durch eine gezielte Anspruchsgruppenstrategie beeinflussbar sind. Je nach Ausprägung sind diese Bewertungen zu ignorieren, der Anbieter kann sich den Stakeholdern anpassen, ihnen ausweichen oder innovativ damit umgehen. Die so genannten „Hard Factors" betreffen zum Beispiel die eingesetzten Unterlagen, die Bildungstechnologie und die materiellen Einsatzstoffe. Die „Soft Factors" beziehen sich zum einen auf die zwischenmenschlichen Dimensionen und zum anderen auf das Leistungsumfeld.

Da seitens der Bildungsnachfrager ein Vergleich der erwarteten und wahrgenommenen Kriterien erfolgt, weist der Bewertungsprozess subjektive Eigenschaften auf. Die Aufgabe des Bildungsanbieters zielt in diesem Fall auf zwei Dimensionen:

- Zunächst hat der Anbieter, vertreten durch seine Repräsentanten, die mit dem externen Faktor in Kontakt stehen, die Aufgabe, die Auswahl der Bewertungskriterien zu lenken.

- Zum anderen sollte Verständnis für den Bildungsanbieter geweckt werden, um somit unrealistische Zielerwartungen oder systembedingte Ziellimitierungen und -konflikte zu relativieren.

Der Bewertungsprozess erfordert eine transparente Gestaltung, um so auftretende Konflikte direkt zu lösen. Man spricht in diesem Zusammenhang von einem „Moment der Wahrheit" (Stauss 1991). In diesem „Moment der Wahrheit" kann der Bildungsanbieter vom Bildungsnachfrager die wahre Einschätzung der Leistung erfahren, um so bei Leistungsschwächen oder Qualitätsmängeln sofort einen Ausgleich zu schaffen. Bei einem erfolgreichen Abschluss eines Bildungsprojektes kann die Kundenzufriedenheit durch diesen „Moment of Truth" positiv beeinflusst werden.

Damit ergeben sich für den Bildungsanbieter aus der Abschlussphase folgende Konsequenzen:

1. Aus erfolgreich abgewickelten Projekten kann häufig ein Folgeauftrag abgeleitet werden. Ein positiver Abschluss führt zu einer steigenden Reputation des Anbieters, die wiederum dazu führt, dass bei Folgeaufträgen der Lieferant als Insuplier behandelt wird und die Akquisitionsphase verkürzt ist.

2. Positive Reputation beim Kunden führt zu geringeren Akquisitionsaufwendungen.

3. Häufig stellen ehemalige Kunden aktive Referenzen dar. Insbesondere bei zielgruppenorientierten Strategien können so Marktdurchdringungsstrategien gestützt werden.

4. Bildungsmarketing als Systemgeschäft

Der dritte hier betrachtete Geschäftstyp ist durch eine komplexe Angebotsstruktur gekennzeichnet. Es handelt sich um ein typisches Geschäftsfeld von Fachhochschulen, Universitäten und Akademien.

4.1 Charakteristika von Bildungssystemen

Bildungssysteme weisen eine höhere Komplexität auf als einzelnen Bildungsleistungen. Die konstituierenden Merkmale dieses Geschäftstyps sind die anonyme Leistungskonzeption und der vorliegende Leistungsverbund.

Im Systemgeschäft wird eine Leistung für einen anonymen Markt entwickelt. Analog zum reinen Produktgeschäft ist der Nachfrager in den Entwicklungsprozess der Bildungsleistung nicht integriert. Die Interaktion zwischen Nachfrager und Anbieter erstreckt sich nur auf die reine Leistungserstellungsphase und nicht auf die Zielbildungs- und Konzeptphase. Damit kann zwar der eigentliche Leistungsprozess nachfragerindividuell gestaltet sein, der Anbieter fokussiert seine Leistung aber auf einen anonymen Markt. Die Marktsegmentierung erfolgt in diesem Geschäftsfall auf Mesoebene.

Das weitere konstituierende Merkmal ist der zeitliche Kaufverbund, der vom Bildungsnachfrager bei der Beschaffung der Leistungen wahrgenommen wird und bereits bei der ersten Leistungsinanspruchnahme ausgelöst wird. Typische Beispiele für Bildungssysteme sind Angebote von privaten Hochschulen, Fachhochschulen oder Akademien, die semesterweise besucht werden und aus denen der Nachfrager zwar aussteigen kann, die er aber sukzessive als Gesamtsystem buchen muss, um einen Abschluss zu erhalten. Ein nachträglicher oder späterer Einstieg ist in der Regel nicht möglich.

Die wichtigsten Merkmale von Bildungssystemen sind:

- Die einzelnen Phasen im Bildungssystem haben eine zeitliche Begrenzung, die in der Regel in Kurseinheiten oder Semestern angegeben wird.

- Die einzelnen Phasen sind in ihren Teilzielen exakt definiert und weisen eigene Lernziele und Bewertungen auf.

- Die einzelnen Phasen sind mit Leistungsbildern beschrieben.

- Am Ende einer Phase erfolgt in der Regel die Überprüfung der Phasenergebnisse.

- Der Ablauf von Leistungssystemen im Bildungsbereich kann sequenziell oder revolvierend erfolgen.

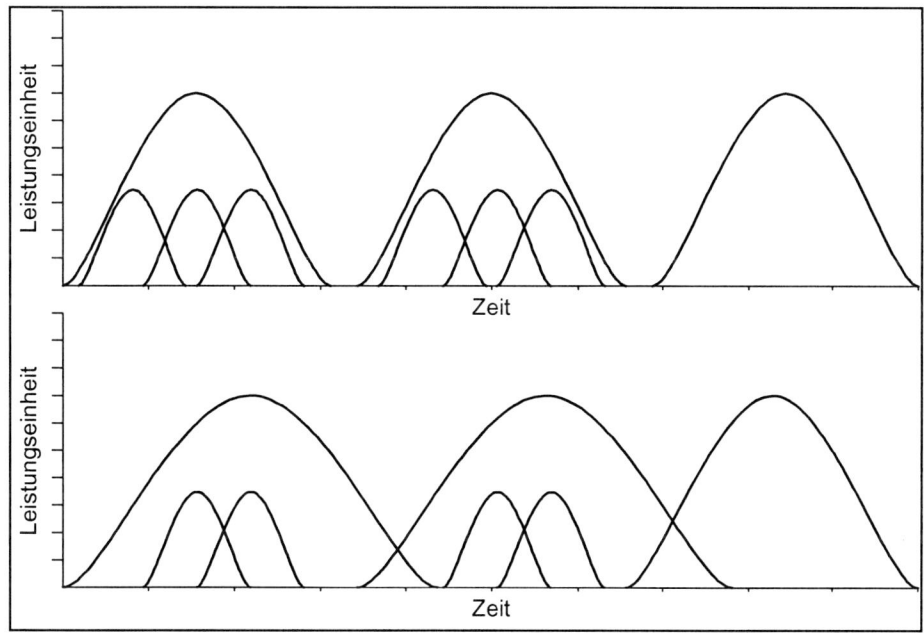

Abb. 121: Sequentielle und revolvierende Bildungssysteme

Liegt ein sequentieller zeitlicher Verlauf im Bildungssystem vor, dann besucht der einzelne Teilnehmer Bildungseinheiten, die in sich geschlossen sind und keine Überlappungen mit anderen Bildungseinheiten aufweisen. Der Besuch der ersten Einheit ist zwar Voraussetzung für den Besuch der zweiten Einheit, der zeitliche Abstand kann allerdings auch größer sein.

Einen zeitlich überlappenden Verlauf findet man beispielsweise an privaten Fachhochschulen und Universitäten, wo durchaus ein Phase abgeschlossen sein kann (zum Beispiel Grundstudium) und in der nächsten Phase (zum Beispiel Hauptstudium) noch Teilleistungen aus den vorangegangenen Phasen zu erbringen sind.

Diesen sukzessiven Nachfrageverbund kann man auf unterschiedliche Gründe zurückführen (Backhaus 1997, Weiber 1997):

1. Der erzwungene Systemkauf

Beim erzwungenen Systemkauf hat der Nachfrager keine Möglichkeit, das Bildungssystem auf einmal nachzufragen. Dies lässt sich auf zwei Gründe zurückführen:

- Das Gesamtsystem ist noch nicht verfügbar oder

- die finanziellen Mittel des Bildungsnachfragers reichen nicht für den ganzheitlichen Kauf.

Die mangelhafte Verfügbarkeit eines Gesamtsystems kann darauf zurückzuführen sein, dass Teilsysteme aufgrund des schnellen technologischen Wandels noch nicht existieren. Dies könnte zum Beispiel bei multimedialen Lernapplikationen der Fall sein.

Daneben wird der Nachfrager zum sukzessiven Kauf gezwungen, wenn seine finanziellen Mitteln nicht ausreichen. Dadurch ist er in der Lage, Teileinheiten bereits zu nutzen und sein Wissen mit der Zeit zu komplettieren.

2. Der ökonomisch begründete Systemkauf

Der Systemkauf aus ökonomischen Gründen lässt sich auf zwei Gründe zurückführen. Zum einen kann es aufgrund von Zinseffekten sinnvoll sein, den Kauf in Teilschritte zu zerlegen. Zum anderen kann es sein, dass die Beschaffung des Gesamtsystems nicht komplett genutzt werden kann, so dass Kapazitäten beschafft werden, die erst zu einem späteren Zeitpunkt benötigt werden. Dies ist zum Beispiel der Fall bei einem Fernstudium, bei dem es keinen Sinn macht, sämtliche Trainingsunterlagen zu Beginn des Studiums zu erwerben, da die Lernkapazität begrenzt ist.

3. Der entscheidungskomplexitätsbegründete Systemkauf

Bildungssystemleistungen sind Vertrauensleistungen. Dieser Charakter ergibt sich zum einen durch die Komplexität und zum anderen durch die Verknüpfung der Erst- und Folgekäufe (Specht 1995). Um die Komplexität der Entscheidung zu reduzieren, bietet es sich an, die Entscheidungssituation in Partialentscheidungen zu zerlegen, die der Bildungsnachfrager sukzessive realisieren kann. Steigt ein Nachfrager zum Beispiel in das Bildungssystem der IHK ein, dann hat er in der Regel zunächst einen Abschluss in einem Ausbildungsberuf nachzuweisen, erst dann kann er die Prüfung zum Fachkaufmann ablegen. In der nächsten Stufe erfolgt dann eine weitere Prüfung, zum Beispiel zum Betriebswirt IHK. Durch die sukzessive Abfrage der Bildungsleistungen kann sich der Bildungsprozess über mehrere Jahre hinziehen. Falls der Teilnehmer merkt, dass er nicht mehr weiter an dem System teilnehmen möchte, kann er nach Abschluss einer Teilleistung aussteigen und muss die weiteren Leistungskomponenten nicht mehr erwerben.

4. Der erwartungsbedingte Systemkauf

Bildungsleistungen, die im Systemgeschäft vermarktet werden können, unterliegen zum Teil starken Veränderungen in ihrer Systemlebensdauer. Dies wird sowohl durch Systemerweiterungen als auch durch Leistungsverbesserungen und -überarbeitungen einzelner Einheiten möglich.

Falls das Leistungssystem noch sehr jung ist, können leistungsverbessernde Komponenten dazu entwickelt werden, die den Nachfrager veranlassen, bewusst sukzessiv zu kaufen, um möglichst neuartige Leistungen zu erwerben.

5. Der organisationsbedingte Systemkauf

Nachfrager sind auch deshalb motiviert, Kaufentscheidungen zeitlich zu zerlegen, weil sie durch einen stufenweisen Einstieg in das Bildungssystem notwendigen Anpassungen der privaten Lebensumstände besser gerecht werden können. Gerade bei komplexen Bildungssystemen erfordert die komplette Erarbeitung für den Nachfrager ein erheblichen Zeitaufwand, so dass ein Sukzessivkauf häufig als sinnvoller erachtet wird.

6. Der netzeffektbeeinflusste Systemkauf

Bildungssysteme sukzessiv nachzufragen, kann in dem bisherigen oder auch zukünftig zu erwartenden Diffusionsverlauf eines Systems begründet sein. Dies ist immer dann gegeben, wenn durch die allgemeine Diffusion oder aber die spezielle Adaption einzelner anderer Systemnachfrager mit dem zum Erwerb anstehenden Teilsystem ein erhöhter Nutzen realisierbar ist. Ein Bildungssystem, das sich im Markt durchsetzt, hat für den einzelnen Teilnehmer eine wesentlich höhere Akzeptanz zur Folge als ein Bildungssystem, das nicht anerkannt ist. Der langfristige Nutzen, der sich häufig in einer Karriere oder einem höheren Einkommen niederschlägt, ist deutlich größer, wenn der Abschluss des Bildungssystems auch allgemein anerkannt ist. Dies gilt besonders, wenn es sich um Zusatzqualifikationen handelt, die den Honoraroder Stundensatz des Teilnehmers anheben soll. Die Firma Microsoft bewirbt zum Beispiel die eigenen Zertifizierungskurse damit, dass Teilnehmer nach dem Durchlauf der mehrstufigen Ausbildung ein höheres Honorar im Markt realisieren können.

Die nachfolgende Abb. zeigt das Konzept eines Bildungssystems, welches eine Fachhochschule seinen Kunden anbietet:

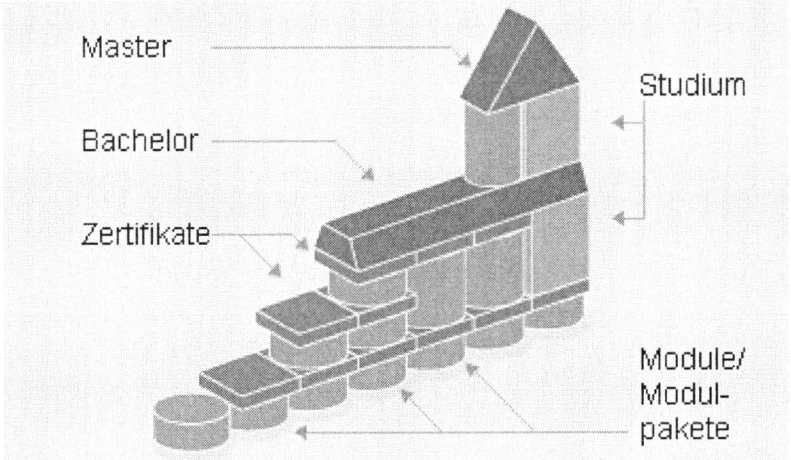

Abb. 122: Bildungssystem (www.oncampus.de)

Für den einzelnen Nachfrager können im Rahmen einer Beschaffungsentscheidung mehrere der hier aufgeführten Motivkategorien gleichzeitig wirken. Gemeinsames Kennzeichen aller Motive für einen Systemkauf ist, dass die sukzessive Nachfrage der Bildungsleistungen erfolgt.

4.2 Gründe für das Entstehen von Bildungssystemen

Die innere Verbindung zwischen den einzelnen Transaktionen im Bildungssystem bildet nicht nur den Nutzenverbund der einzelnen Transaktionen ab, sondern erfasst auch Nachfragerestriktionen, die zukünftig realisierbare Beschaffungsalternativen limitieren. Dieser Einfluss entsteht in der Erstkaufphase und verstärkt sich in den nachfolgenden Phasen. Diese Restriktionen in bezug auf die Auswahlalternativen im Systemgeschäft werden als Systembindung bezeichnet (Backhaus 1997).

Eine systembindende Wirkung von Bildungssystemen kann in unterschiedlichem Ausmaß entstehen, so dass danach unterschieden werden kann, ob die Auswahl einer Systemphilosophie weitere Folgekäufe anstößt, limitiert oder determiniert (Beinlich 1996).

- *Anstoß:* In diesem Fall entstehen keine system- oder anbieterbezogenen Abhängigkeitsverhältnisse. Folgekäufe werden lediglich durch die bereits gebuchten Einheiten angeregt, jedoch bei uneingeschränkten Wahlmöglichkeiten der angebotenen Alternativen.

- *Limitierung:* Nach der Entscheidung für ein Bildungssystem ist nur noch eine begrenzte Auswahl möglicher Alternativen zur Ergänzung des Systems möglich, da nicht mehr alle angebotenen Lösungen von den verschiedenen Anbietern zu dem bereits realisiertem System kompatibel sind.

- *Determinierung:* Bei Erweiterung des Systems beschränkt der bereits mit dem Initialkauf gewählte Systemverbund die Folgebeschaffung derart, dass nur Angebote eines Anbieters zu dem System passen.

Damit entsteht Systembindung im Kontinuum von subjektiv wahrgenommenen über limitierten bis hin zu eindeutig determinierten Folgetransaktionen.

Die Art der Bindung kann in drei Komponenten aufgeteilt werden (Backhaus 1997, Weiber/Beinlich 1994):

- Die technische Bindung umfasst Faktoren materieller Art, die bei Bildungsleistungen in der Regel keine so starke Bindungswirkung haben.

- Organisatorische Bindungen werden durch Einzelfaktoren ausgelöst, wie zum Beispiel Anpassungen im aufbau- und ablauforganisatorischen Bereich.

- Die psychologische Bindung subsumiert Faktoren, die primär eine Bindung an den Anbieter des Bildungssystems darstellen.

Aus der Systembindung ergeben sich besondere Anforderungen an den Vermarktungsprozess. Belz formuliert folgende Anforderungen an einen erfolgreichen Systemverkäufer, die auch im Bildungsmarkt Anwendung finden können (Belz u.a. 1998):

1. *Kundenkompetenz*: Analysefähigkeiten und Know-how über das Problem des Nachfragers. Offertenqualität mit Bildungsleistungen, Serviceprodukten und -leistungen, Prozessqualität,

2. *Projektkompetenz*: Beherrschung unterschiedlicher Einstiegsstrategien je nach Projektphase, Fähigkeit zur langfristigen Kundenbegleitung (auch nach Kauf),

3. *Interne und externe Koordinationskompetenz*: Interne Integrationsfähigkeit, um die Entwicklung, die Leistungserbringer, den Service und die Führungskräfte in das Kundenproblem zu integrieren und Anbieter- und Nachfragerorganisation zu koordinieren,

4. *Beziehungen und Kompetenz für Einkaufsgremien*: Beziehungspflege zu verschiedenen Anspruchsgruppen beim Nachfrager. Fähigkeiten für den Verkauf an Gremien und gezielte Argumentation gegenüber verschiedenen Anspruchsgruppen beim Kunden,

5. *Effizienz der Marktbearbeitung*: Wirksamer Einsatz von persönlichem Verkauf und flankierenden Maßnahmen, und schließlich

6. *Kompetenz für die Verrechnung von Dienstleistungen*: Fähigkeit, Problemlösungen mit Dienstleistungen zu präsentieren und zu verrechnen.

4.3 Management der Unsicherheiten

Die Wahrnehmung des Systembindungseffektes wird seitens der Nachfrager durch die Anbieterkommunikation und den realen vertraglichen Systembindungseffekt beeinflusst. Besonders problematisch erscheint die erste Entscheidung des Bildungsnachfragers für oder gegen das Bildungssystem. Diese Entscheidung ist im Wesentlichen durch den Unsicherheitsfaktor des Nachfragers geprägt. Da die Bildungsleistung als immaterielle Leistung erscheint, handelt es sich um ein Vertrauensgut. Der Bildungsnachfrager sollte dem Bildungsanbieter vertrauen, dass er die kommunizierte Leistung tatsächlich für die vereinbarte Gegenleistung erhält. Diese Unsicherheiten des Leistungsnachfragers kann der Systemanbieter mit zwei Kategorien der Unsicherheitsbehandlung bearbeiten. Der Leistungsanbieter kann versuchen, den Bindungseffekt des Systems abzubauen oder eine Gegenposition zum Bindungseffekt aufzubauen (Abb. 123) (Backhaus 1997).

Operatives Bildungsmarketing

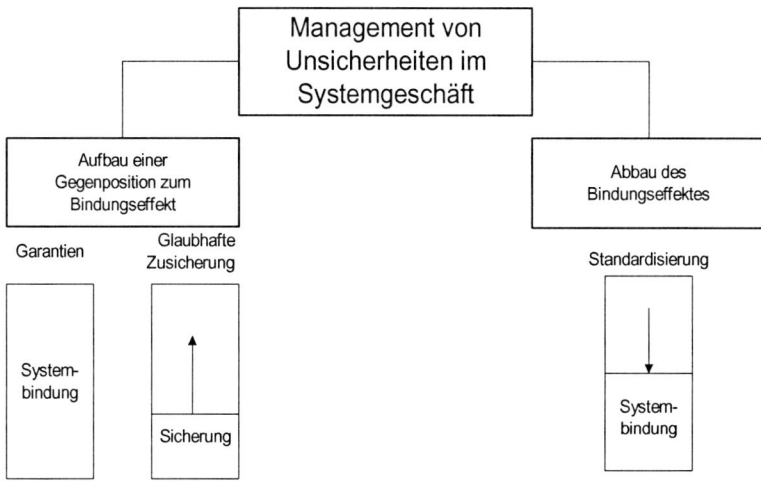

Abb. 123: Marketing-Maßnahmen im Systemgeschäft (Backhaus 1997)

4.3.1 Reduktion der Unsicherheiten durch Verringerung der Systembindung

Ziel dieser Strategie ist es, das Risiko des Systemnachfragers zu reduzieren, indem durch Standardisierungen eine geringere Leistungsspezifikation und damit eine höhere Nachfragerakzeptanz bei risikoaversen Entscheidern entsteht.

Eine Weiterentwicklung unternehmensspezifischer Leistungen zur Verminderung von Bindungseffekten stellen Standards dar, die als technische Festlegung verstanden und von einer Vielzahl von Nachfragern und Anbietern akzeptiert werden (Kleinaltenkamp 1995).

Bildungsleistungen können als Gesamtsystem einen Standard bilden, wenn der Anbieter eine bedeutende Stellung am Markt einnimmt bzw. seine Bildungsangebote einen hohen Verbreitungsgrad erreicht haben. Solche Standards, die nicht aufgrund rechtlicher Vereinbarungen zustande kommen, sondern als Folge einer zunehmenden Marktpenetration, werden auch als De-facto-Standards bezeichnet (Heß 1991).

De-facto-Standards entstehen dadurch, dass Systemkomponenten oder Systeme so stark verbreitet sind, dass es sinnvoll ist, sich an diesen stark verbreiteten Systemen auch bei Folgeentscheidungen zu orientieren. Typische Beispiele für De-facto-Standards sind das Prüfungssystem der IHK, im Sprachenbereich der TOEFL-Test, Zertifikate von Berufs- oder Standesverbänden oder die MOC-Zertifizierungen von Microsoft.

Bildungssysteme können als Ganzes auf Standards ausgerichtet sein. Alternativ bieten einige Bildungsanbieter an, dass im System einzelne Komponenten neu angeordnet werden, damit ein offenes System entsteht und der Systemnachfrager fakultativ an Prüfungen anderer Anbieter teilnehmen kann, um so eine Zusatzqualifikation zu erwerben. Dieser Ansatz wird auch im Deutschen Hochschulsystem mit Hilfe der so genannten Credit Points realisiert.

Mit der Bildung eines offenen Standards sinkt seitens des Nachfragers das Risiko, eine Fehlentscheidung zu treffen. Entscheidungen für einen Anbieter sind revidierbar und die bereits getätigten Investitionen müssen nicht abgeschrieben werden.

Diese Strategie ist besonders für Anbieter mit echten Leistungsvorteilen und einer ausgeprägten Wettbewerbsorientierung hilfreich. Der Systembindungseffekt ist relativ gering, und durch die Akquisitionsbemühungen der anderen Standardisierer steht ein größeres Akquisitionspotenzial zur Verfügung. Wenn der Leistungsanbieter eine bessere Leistung als die anderen Wettbewerber anbieten kann, ist es für ihn wesentlich einfacher, Nachfrager an sich zu binden.

4.3.2 Absicherung gegen systembedingte Gefährdungspotenziale

Neben der Reduzierung der systembedingten Gefährdungspotenziale kann eine Absicherung des Nachfragers vor Übervorteilung durch den Anbieter erfolgen. Die nachfolgenden Instrumente schützen den Nachfrager vor den negativen Folgen der Systembindung.

- Garantien

Garantien sind ein Instrument der freiwilligen Selbstbindung des Bildungsanbieters. Ein Anbieter erklärt sich bereit, bestimmte Leistungen zu erbringen oder bestimmte Verhaltensweisen zu unterlassen (Wirtz 1998).

Klassische Absicherungsstrategien bedienen sich des Instrumentes der Garantien. Diese werden häufig durch so genannte Geld-zurück-Garantien realisiert. Einige Unternehmen beginnen bereits mit Investitionssicherungsgarantien. Falls der teilnehmende Mitarbeiter das Unternehmen verlässt, kann der Stellennachfolger innerhalb eines halben Jahres kostenlos nachgeschult werden. Einige private Fachhochschulen garantieren erfolgreichen Absolventen eine Jobgarantie. Falls die Absolventen keine Anstellung finden, bekommen sie die Studiengebühren zurück.

- Testtraining

Mit der Bereitschaft des Anbieters, ein Testtraining zu Verfügung zu stellen, kann der Anbieter seine Leistungsfähigkeit darstellen, der Nachfrager erhält die Möglichkeit, die Leistung zu testen.

- Offenes Training

Ein zusätzliches Instrument zur Absicherung der systembedingten Gefährdungspotenziale sind offene Trainings, die von vielen Bildungsanbietern offeriert werden, so dass der Nachfrager die Möglichkeit hat, die Leistungserstellung als „Silent Shopper" mitzuerleben und sich selbst ein Bild von der zu erbringenden Leistung zu machen.

- Serviceniederlassungen

Serviceniederlassungen können ein Indiz für die Kompetenz und Größe des Bildungsanbieters sein. Durch die Filialisierung hat der Nachfrager die Möglichkeit, einzelne Standorte zu besuchen und sich einen Eindruck über die Geschäfts- und Unterrichtsräume zu verschaffen. Wie oben dargestellt, stellt die Ausstattungsqualität als Hilfsindikator ein wesentliches Erfolgskriterium dar.

- Aufbau von Vertrauen und Reputation

Im Gegensatz zu sachleistungsdominierten Investitionsgüter ist es für einen Dienstleister wesentlich schwieriger, seine Kompetenz nachzuweisen. Eine glaubhafte Zusicherung kann dabei im Wege der Selbstbindung durch Reputationsnachweise erfolgen (Langner 1995).

Reputation ist eine Summe von Einzelerwartungen und -erfahrungen über Vertrauenswürdigkeit und Fachkompetenz. Bei der Reputation handelt es sich um einen marktorientiert erworbenen Vertrauensvorschuss, der durch die Summe von Einzelleistungen zustande gekommen ist. Der Reputationsaufbau gestaltet sich langwierig und kann nur durch einen längerfristigen Prozess realisiert werden, in dem den Nachfragern in verschiedenen Geschäften mehrmals die Leistungsfähigkeit und die Vertrauenswürdigkeit und damit ein nicht opportunistisches Anbieterverhalten nahegebracht wurde. Damit der Nachfrager dieser Reputation glaubt, ist eine kontinuierliche und konstante Verhaltensweise des Anbieters notwendig.

Da Reputation auch zerstört werden kann, ist es für den Leistungsanbieter wichtig, das Gefährdungspotenzial in Abhängigkeit vom einzelnen Systemgeschäft zu reduzieren, da Enttäuschungen des Systemnachfragers, resultierend aus Unzufriedenheit, regelmäßig eine besonders impulsive und starke Aktivierung von Emotionen und starken Verhaltensreaktionen zur Folge hat (Czepiel/Rosenberg 1977). Ist der Nachfrager zudem in der Lage, sich bei potenziellen und zukünftigen Nachfragern Gehör zu verschaffen, so verursacht dieser Reputationsverlust im Einzelfall einen erheblichen Schaden für die gesamten anbieterseitigen Aktivitäten. Der Reputationsaufbau erfolgt wesentlich langsamer als der Reputationsverlust (Plötner 1995).

Auf dieser Reputation aufbauend, hat der Nachfrager Vertrauen in die Leistungsfähigkeit des Systemanbieters. Damit kann das Vertrauen in die Reputation als Ersatzfaktor der verzichteten Kontrolle oder als Informationssubstitut betrachtet werden (Platzköster 1990).

- Gastvorträge

Ein anbietergesteuertes Instrument zum Aufbau von Reputation stellen Gastvorträge vor unterschiedlichen Zielgruppen dar. Der Reputationserwerb erfolgt dabei einmal durch den Multiplikationseffekt des Fachplenums sowie über die eigene Zitierung des Fachvortrages und durch die Nennung und Zitierung fremder Beobachter und Organe.

- Fachveröffentlichungen

Ein häufig zu beobachtendes Instrument sind Fachveröffentlichungen. Sie treten entweder als eigene oder als neutrale Fachveröffentlichungen auf.

Eigene Veröffentlichungen werden von Mitarbeitern oder im Auftrag des Systemanbieters geschrieben. Diese Veröffentlichungen dienen zum gesteuerten Aufbau der Reputation des Systemanbieters.

Neutrale Fachveröffentlichungen sind Veröffentlichungen über den Leistungsanbieter. Einige Fachzeitschriften nehmen verdeckt oder offen an Angeboten des Leistungsanbieters teil und schreiben anschließend über den Leistungsanbieter. Diese Artikel haben eine erhebliche Wirkung hinsichtlich des Bekanntheitsgrades des Anbieters. Studien zeigen, dass dieses Instrument für viele Anbieter einen hohen Stellenwert hat. In einigen Fällen konnten auch konkrete Aufträge aus diversen Veröffentlichungen abgeleitet werden.

Obwohl Anbieter entweder direkt oder über andere Quellen Fachaufsätze in Printmedien veranlassen können, bleibt dennoch ein erheblicher Unsicherheitsfaktor bestehen (einige Zeitschriften im Bildungsbereich schreiben positive redaktionelle Beiträge über Bildungsanbieter, die Anzeigen schalten.)

- Ehemaligenvereine und Fördervereine

Zahlreiche Systemanbieter halten kontinuierlichen Kontakt mit ehemaligen Systemnachfragern, um sie als Referenzgruppe zu nutzen. Insbesondere wenn sie größer werden und längere Zeit im Markt sind, erfolgt in der Regel die Gründung von Ehemaligen- oder Fördervereinen, um so ein Rekrutierungs- und Referenzpotenzial zu erhalten. Dieser so genannte Alumni-Gedanke ist aus dem englischsprachigen Raum in den letzten Jahren nach Deutschland gelangt, immer mehr Bildungsanbieter (etwa Hochschulen, Schulen) gründen Alumni-Netzwerke. Auf der Internetseite http://www.alumniclubs.net/ kann man sich zum Thema näher informieren.

- Werbung

Da Leistungssysteme auch von kleinen Anbietern kreiert und angeboten werden, kann Werbung ein Leistungs- und Reputationssignal sein, da insbesondere die Mediawerbung in den Ausprägungen Funk- und Fernsehen mit einem hohen Werbebudget verbunden ist, das ein Kleinstanbieter nicht aufwenden kann. Zentrales Ziel ist die Verankerung im „Evoked-Set" des Nachfragers. Dem Nachfrager soll damit signalisiert werden, dass der Anbieter bestimmte Leistungsangebote im Rahmen des Systemgeschäftes anbietet. Der tatsächliche Systemumfang und die einzelnen Systemkomponenten werden dabei allerdings nicht kommuniziert.

- Referenzen

In der Literatur wird der Begriff der Referenz nicht einheitlich verwendet. In der Regel verbindet man mit dem Begriff der Referenz eine Person. Eine Referenz ist eine Person, die Erfahrungen mit dem Trainer oder Bildungsanbieter gemacht hat und entweder bereit ist, sich als Referenz nennen zu lassen, oder aktiv als Referenz wirksam wird (Schade 1997).

Im Bildungsbereich lassen sich zwei unterschiedliche Arten von Referenzen unterscheiden. Zunächst gibt fast jeder Systemanbieter Namen von ehemaligen Kunden bekannt. Da dies zunächst unspezifiziert erfolgt, werden diese Referenzen nur durch bekannte Firmennamen gestützt und können nicht direkt vom Nachfrager geprüft werden. Spezifizierte und qualitative Referenzen erfolgen jedoch unter Nennung von Ansprechpartnern, so dass die Bildungsnachfrager diese Referenzen tatsächlich überprüfen können. Aussagen von Trainer, dass sie aus Diskretionsgründen ihre Referenz nicht verwenden möchten, werden von Verbänden als unseriös bezeichnet. Referenzen unterscheidet man auch in aktive und passive Referenzen. Passive Referenzen sind Kontakte, die vom Anbieter gesteuert werden. Eine aktive Referenz entsteht dadurch, dass ein ehemaliger oder aktueller Kunde aktiv den Bildungsanbieter weiterempfiehlt.

- Verbandsmitgliedschaften

Viele Bildungsanbieter versuchen mit der Hilfe von Verbandsmitgliedschaften Reputation und Vertrauen bei potenziellen Kunden zu erzeugen. Nachfolgende eine Übersicht von Verbänden im Bildungsumfeld:

- AGP Arbeitsgemeinschaft Partnerschaft in der Wirtschaft e.V.,
- BDVT Berufsverband der Verkaufsförderer und Trainer e.V.,
- DGAK Deutsche Gesellschaft für Angewandte Kinesiologie e.V.,
- DGSL Deutsche Gesellschaft für Suggestopädagogisches Lehren und Lernen e.V.,
- DVNLP Deutscher Verband für Neuro-Linguistisches Programmieren e.V.,
- EGPP Europäische Gesellschaft für Praktische Pädagogik e.V.,
- GABAL Gesellschaft zur Förderung Anwendungsorientierter Betriebswirtschaft und Aktiver Lehrmethoden in Hochschule und Praxis e.V.,
- GfA Gesellschaft für Arbeitsmethodik e.V.,
- KAL Kommunikation und aktives Lernen e.V.,
- StrategieForum e.V. und
- TTD Trainertreffen Deutschland.

- Teilnahme an Wettbewerben

Wettbewerbe bieten die Möglichkeit sich einem Fachpublikum zu öffnen und mit Hilfe einer externen Bewertung ein Qualitätssiegel zu erlangen, das in der Wahrnehmung der potenziellen Kunden Seriosität ausstrahlt. Die nachfolgenden Wettbewerbe stellen eine kleine aktuelle Auswahl dar:

Der Weiterbildungs-Innovations-Preises (WIP) wird vom Bundesinstitut für Berufsbildung (BIBB) ausgeschrieben. Er soll innovative Angebote im Bereich der beruflichen und betrieblichen Weiterbildung fördern und damit Signale setzen für neue Entwicklungen (www.bibb.de).

Einen branchenbezogenen Preis stellt zum Beispiel der Deutsche Trainingspreis des BDVT dar. www.bdvt.de. Wichtig bei der Nutzung eines Preises ist die aktive Presse- und Marketingarbeit noch der Erlangung dieses Preises. Die Firma das Training (www.das-training.de) hat im Jahr 2003 zum Beispiel diesen Preis gewonnen und anschließend dies in den Medien intensiv kommuniziert.

Einige regionale Weiterbildungspreise bieten sich gerade für Unternehmen an, die einen Regionalen Auftritt pflegen. Dabei sind zum Beispiel die folgenden zu nennen:

Das Ministerium für Wissenschaft, Weiterbildung, Forschung und Kultur und der Landesbeirat für Weiterbildung in Rheinland-Pfalz loben alle zwei Jahre den Weiterbildungspreis Rheinland-Pfalz aus (http://www.lernfest-rlp.de).

Auf Initiative des Ministers für Bildung, Jugend und Sport, werden regelmäßig Wettbewerbe um den Weiterbildungspreis für Einrichtungen, Träger oder Verbünde im Land Brandenburg ausgelobt, die dem Ziel dienen, innovative Ideen im Bereich der Weiterbildung anzuregen, zu würdigen und zu verbreiten. Eine Preisvergabe findet alle zwei Jahre statt (http://www.mbjs.brandenburg.de).

Der Senator für Bildung und Wissenschaft der Stadt Bremen vergibt einen Weiterbildungspreis. Es sollen beispielhaft besondere Leistungen und Problemlösungen aus der Weiterbildungspraxis gewürdigt und einer breiten Öffentlichkeit vorgestellt werden (http://www.bildung.bremen.de).

Mit den gewonnen Preisen kann dem potenziellen Kunden ein weiterer Nachweis gebracht werden, dass die Leistungen auch von externen Experten beurteilt wurden.

5. Bildungsmarketing als Zulieferergeschäft

Der vierte und abschließende Geschäftstyp ist das Geschäft des Zulieferers. Ein Bildungszulieferer bietet keine alleinstehende Leistung an, die direkt an einen Abnehmer geliefert wird. Ein Zulieferer bietet einem OEM (Original Equipment Manufacturer = Erstausrüster) vielmehr Bildungsmodule an, die von diesem in ein Gesamtsystem integriert werden können.

5.1 Charakterisierung des Bildungszulieferers

Dieser Geschäftstyp ist durch die konstituierenden Merkmale der hohen Nachfragehäufigkeit und des hohen Interaktionsgrades gekennzeichnet.

Der Bildungsnachfrager wird analog zum Customizing in den Entwicklungsprozess eingebunden. Oftmals handelt es sich in diesem Fall um eine Auftragsentwicklung. Der Bildungsanbieter entwickelt im Auftrag des Bildungsnachfragers (OEM) ein Bildungsmodul, was dieser in sein Gesamtsystem einbindet. Das erstellte Bildungsangebot wird mehrmals realisiert, so dass die Geschäftsbeziehung nicht auf eine einmalige Transaktion beschränkt ist.

Die Nachfrager für diese Leistungen sind in der Regel Bildungsträger oder Unternehmen, die als Zusatzleistung Bildung für externe Marktpartner anbieten. Der Zulieferer passt die Bildungsleistungen an die Anforderungen des Systemanbieters an und richtet sie auf dessen Anforderungen aus. Es werden lediglich vertragliche Ansprüche auf zukünftige Leistungen vermarktet. Die Zulieferer bieten auf eigenen Rechnung Leistungen an, treten beim Endkunden aber nicht als eigene Rechtspersönlichkeiten auf.

Dieser Geschäftstyp findet weite Verbreitung. Eine besonders häufig verwendete Konstruktion im Bildungssektor ist der Einsatz von freiberuflichen Trainern. Diese Trainer betreiben ein Zulieferergeschäft, da sie auf eigene Rechnung und eigene Verantwortung mehrere Bildungsträger mit spezifischen Bausteinen beliefern. Diese freiberuflichen Anbieter müssen ein Bildungsmarketing in dem hier vorgestellten Rahmen betreiben.

Die Geschäftsbeziehung zwischen dem OEM-Lieferanten und dem OEM kann mehrere Stufen umfassen. Ein konstituierendes Merkmal dieses Geschäftstyps ist der mehrstufige Leistungsprozess, in den mehrere unabhängige Institutionen eingeschaltet sind.

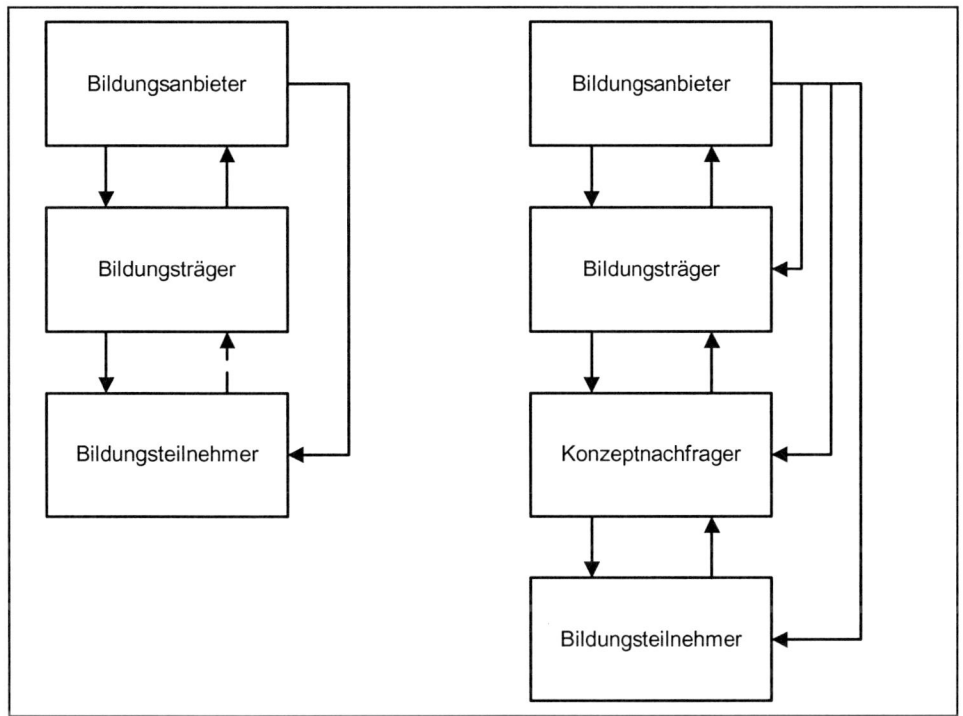

Abb. 124: Leistungsketten

Weitere Fälle mit mehr als vier Stufen sind theoretisch denkbar, in der Praxis aber nicht als stabile Systeme realisierbar. Der Fall, der am häufigsten vorkommt, ist der, dass ein Bildungsträger (OEM) eine Bildungsleistung von einem externen Trainer nachfragt, in sein Bildungskonzept einbindet und seinen Kunden anbietet.

Die Variante, dass ein Bildungsträger Bildungsleistungen als Konzept anbietet und diese einem Konzeptnachfrager offeriert, dessen Nachfrager die Leistung anschließend in Anspruch nehmen, kommt häufiger vor. Dieser Fall ist vor allem denkbar, wenn ein Bildungsanbieter für einen Sachleistungs- oder Dienstleistungsanbieter ein

Seminar anbietet, das die Kunden des Nachfragers besuchen können. Diese Kooperationsstrategie ist auch üblich bei Maßnahmen für die Arbeitsämter und EG-Stellen. Ein Bildungsträger kauft Leistungen von Bildungsanbietern ein, bietet sie der Arbeitsverwaltung an, und diese wiederum bietet die Qualifizierungsmaßnahme ihren Leistungsberechtigten an.

Neben dem Zulieferergeschäft kann der Zulieferer auch noch andere Geschäftsbereiche aufweisen, die den Endkunden direkt bedienen. Dieser Bereich bildet damit auch einen wesentlichen Problempunkt des Zulieferergeschäftes. Im Sachleistungsbereich, zum Beispiel bei Automobilen, ist das ein zum Teil von allen Geschäftspartnern erwünschter Effekt. Im Bildungsbereich ist dies nicht der Fall. Auf der einen Seite möchte der Systemanbieter seine Kosten flexibilisieren und die permanente Weiterbildung der Systemlieferanten auf den freien Mitarbeiter abwälzen, auf der anderen Seite möchte er dem Zulieferer verbieten, zusätzliche Geschäfte mit dem Endkunden zu tätigen, wenn er selber nicht davon profitieren kann. Da bei einer Dienstleistung wie der Weiterbildung der Unterricht in der Wahrnehmung des Einzelkunden eine dominante Stellung einnimmt, werden auch immer wieder Versuche von den Nachfragern unternommen, den Systemlieferanten auszuschalten, um so die Kosten zu senken. Vertragliche Gestaltungen zur Absicherung und Verstärkung der Kooperation zwischen OEM und Zulieferer erweisen sich in aller Regel als nicht funktionsfähig.

5.2 Ablauf des Zulieferergeschäftes

Geschäftsbeziehungen bilden im Rahmen des Zuliefergeschäftes die Ausgangsbasis für die Marketingbetrachtung. Dabei lassen sich vier Entscheidungsfelder unterschieden:

1. Einstieg in die Geschäftsbeziehung,

2. Absicherung der Geschäftsbeziehung,

3. Ausbau der Geschäftsbeziehung und

4. Beendigung der Geschäftsbeziehung.

In diesem Geschäftsfeld realisiert ein Bildungsanbieter in der Regel folgende Ziele:

- Beziehungsprofile entwickeln und das akquisitorische Potenzial gegenüber Konkurrenten aufbauen und absichern,
- Kunden an das Unternehmen binden,
- Wertschöpfung des Unternehmens steigern,
- persönliche individuelle Beziehungen und Beziehungsfähigkeiten der Führungskräfte und Mitarbeiter als Plattform für Geschäfte nutzen,
- Beziehungsnetze und Mund-zu-Mund-Kommunikation nutzen,
- Effizienz der Zusammenarbeit mit dem Geschäftspartner steigern,
- Wertschöpfungsketten über die kooperierenden Partner bilden und
- Kunden auch in schwierigen Phasen halten.

5.2.1 Einstieg in die Geschäftsbeziehung

Der Einstieg in eine Geschäftsbeziehung mit einem Systemlieferanten kann aus zwei Gründen erfolgen. Entweder wird eine Leistungsneuentwicklung angestrebt oder ein Lieferant fällt aus. Dabei werden zunächst zwei Positionen unterschieden: die Position des In-Suppliers und die Position des Out-Suppliers. Der In-Supplier steht bereits aufgrund anderer Geschäftstätigkeiten in Kontakt mit den Systemlieferanten. Der Out-Supplier dagegen bemüht sich, eine Tätigkeit mit dem OEM aufzunehmen.

In dieser Phase ist es von noch größerer Bedeutung als beim Customizing, dass der Zulieferer eine selektive Bearbeitung von potenziellen OEM durchführt. Die Marktsegmentierung hat hier auf Mikroebene zu erfolgen. Die Geschäftsbeziehung, die bei diesem Geschäftstyp aufzubauen ist, hat in der Regel eine wesentlich längere Laufzeit und damit auch eine andere strategische Bedeutung. Die Selektion von Kunden beruht auf vier Ansätzen (Belz 1998):

1. *Nachfragerwahl*: Der Bildungsanbieter wählt und bearbeitet Kunden, die seinen besonderen Leistungsfähigkeiten entsprechen.

2. *Nachfragestruktur*: Die Nachfragestruktur ist seitens des Bildungsanbieters aktiv zu beeinflussen, um die langfristige Überlebensfähigkeit zu sichern.

3. *Bearbeitungsaufwand*: Die Art und Wirtschaftlichkeit der Bearbeitung richtet der Bildungsanbieter nach der Wichtigkeit der Kunden und ihrer besonderen Anforderungen aus.

4. *Anforderung von und an Kunden*: Anforderung der Kunden und an Kunden sind klar zu definieren, um eine Partnerschaft abstützen zu können.

Um das Zuliefergeschäft wirksam vorzubereiten, benötigt der Bildungsanbieter drei Instrumente: Kundenportfolioanalyse, Kundenpotenzialanalyse und ein Kundeninformationssystem (Gordon 1998).

5.2.2 Absicherung der Geschäftsbeziehung

Nach der ersten Testphase erfolgt die Absicherung der Geschäftsbeziehungen. Der Komponentenlieferant hat als In-Supplier wesentliche Vorteile gegenüber anderen Anbietern und ist darauf angewiesen, dass die Geschäftsbeziehung erhalten und gepflegt wird. Als mögliche Strategie bietet sich in diesem Geschäftsfeld das Beziehungsmarketing an. Dabei handelt es sich um die Gesamtheit der Grundsätze und Einzelmaßnahmen zur langfristigen Anbahnung, Steuerung und Kontrolle von Geschäftsbeziehungen (Diller/Müllner 1998). Einige Autoren sprechen von einem neuen Paradigma des Marketing, wenn sie Beziehungsmarketing mit dem klassischen Transaktionsmarketing vergleichen (Grönroos 1996). Beziehungsmarketing wird dabei als mögliche Strategie in der Differenzierung zum Individualgeschäft gesehen.

Die Geschäftsbeziehungen lassen sich auf vier verschiedenen Ebenen entwickeln, steuern und absichern. Folgt man den allgemeinen Darstellungen, dann umfassen Geschäftsbeziehungen die Ebenen Sachproblemebene, Machtebene, organisatorische Ebene und die menschlich-emotionale Ebene.

Auf der sachlichen Ebene kann der Bildungsanbieter die Beziehung zum Nachfrager dadurch stabilisieren, dass die Integration des Nachfragers in die Bildungskonzeption erhöht wird und Serviceleistungen geboten werden, die der Nachfrager für unverzichtbar hält.

Auf der organisatorischen Ebene können Geschäftsbeziehungen stabilisiert werden, indem Key Account-Manager dialogorientierte Kundendatenbanken oder Kundenklubs installieren (Bruhn/Bunge 1994, Hentschel 1991).

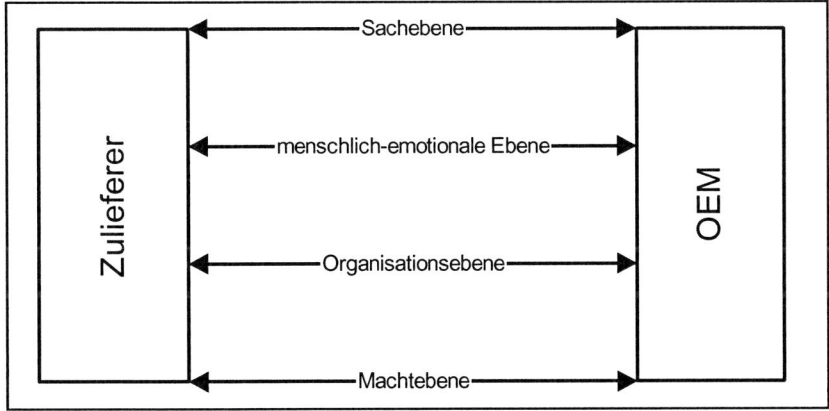

Abb. 125: Beziehungsebenenmodell (Diller/Kusterer 1988)

Auf der menschlich-emotionalen Ebene lässt sich die Qualität der Geschäftsbeziehung mit den Begriffen Sympathie, Anerkennung, Vertrauen, Gegenseitigkeit, Intensität und Kompetenz am besten definieren (Belz 1998).

Die entstehende Geschäftsbeziehung kann als Realisierungsform der Kooperationsstrategie verstanden werden.

5.2.3 Ausbau der Geschäftsbeziehung

Eine bestehende Geschäftsbeziehung, welche die Stufen des Pre-Marketing hinter sich gelassen hat, kann für den Zulieferer weitere Potenziale haben. Dem Erstauftrag folgen weitere Aufträge, die Geschäftsbeziehung wird zur Routine, und weitere Leistungsmengen werden in Routinetransaktionen abgerufen. Eine umfassende Zusammenarbeit hat sich etabliert. Die Möglichkeiten für Geschäfte sind noch weiter auszubauen, um auch weitere Dienstleistungsanteile in die geschäftlichen Transaktionen einzubeziehen (Belz 1998).

Der leistungsbezogene Ausbau der Geschäftsbeziehung kann mit Hilfe unterschiedlicher Strategiekomponenten auf der Sachebene wie folgt unterstützt werden:

- Die Marktdurchdringungsstrategie gibt Ansatzpunkte, um den relativen Lieferanteil des Zulieferers zu erhöhen und weitere Zulieferer zu verdrängen.

- Die Leistungsvariationen können zeitlich ausgedehnt werden, um so eine Ausweitung des Absatzvolumens zu realisieren.

- Zusätzlich auftretender Bedarf kann exklusiv für den Bildungsnachfrager befriedigt werden.

- Langfristig lassen sich durch die Habitualisierung der Geschäftsbeziehung auch höhere Preise durchsetzen.

- Zusätzliche Servicekomponenten können im Sinne eines Cross-Selling abgesetzt werden.

Diese zusätzlichen Umsatzpotenziale stellt die nachfolgende Abb. dar. (Diller 1995)

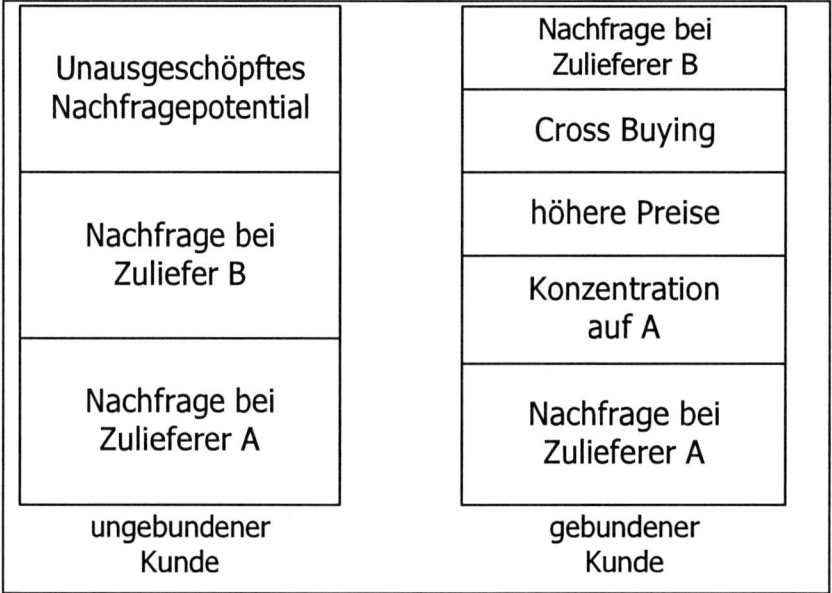

Abb. 126: Umsatzsteigerung durch Kundenbindung

Zusätzlich sind bei gebundenen Kunden Kosteneinsparungspotenziale vorhanden, die der Zulieferer nutzen kann. Auf der organisatorischen Ebene können übergreifende ablauf- und aufbauorganisatorische Regelungen zu einem Ausbau der Geschäftsbeziehung führen (Druhn/Dunge 1994, Diller/Kusterer 1988).

Die Beziehung kann auf der Machtebene durch die Lösung von Interessenkonflikten verstärkt werden (Triebe/Wittstock 1999). Es gibt eine Reihe struktureller Merkmale von Konfliktsituationen, denen von vornherein ein gewisses Konfliktpotenzial zuzurechnen ist und die deshalb besondere Beachtung verdienen (Triebe/Wittstock 1999):

Eine *Überbewertung des „Rationalitätsprinzips"*, das in vielen Organisationen als alleinherrschende Ideologie herausgestellt und zur Abwehr und Abwertung unerwünschter Vorstellungen, Argumente und Handlungsweisen herangezogen wird.

Unklare Machtverhältnisse oder eine *ausgeglichene Machtverteilung* können bewirken, dass für keinen der voneinander abhängigen Partner die Möglichkeit besteht, Zielvorstellungen oder Vorgehensweisen für verbindlich zu erklären bzw. vorzuschreiben.

Etat: Die gemeinsam erwirtschafteten Erträge bilden häufige eine Grundlage von Verteilungskonflikten, wenn sie – im Sinne eines Nullsummenspiels – dazu führen, dass die Verteilung für die eine Partei stets auf Kosten der anderen geht.

Heterogenität der Geschäftspartner: Grundlegende Unterschiede im Informationsstand, in Wertvorstellungen und moralischen Auffassungen, in der Motivation und in Bezug auf Verhaltensnormen können ein ständig latent vorhandenes Konfliktpotenzial bilden, das bei geeigneter Gelegenheit zum Ausbruch kommt. Deshalb hat jeder Zulieferer bei der Auswahl der Geschäftspartner genau zu prüfen, ob die Geschäftsbeziehung eine Zukunft hat.

Koordinations- und Kooperationszwang: Wenn die Geschäftspartner aufgrund bestimmter Gegebenheiten ständig dazu gezwungen sind, sich mit anderen abzustimmen, ihr Vorgehen von dem der anderen abhängig zu machen bzw. schon in der Planung dem Verhalten der anderen Geschäftspartner Rechnung zu tragen, kann sich ein Konfliktpotenzial aufbauen.

Weitere starke *Einschränkungen des Handlungsspielraumes*, etwa durch ständige und überdies als ungerechtfertigt empfundene Vorschriften, können Widerstände auslösen (Reaktanz) und die Konfliktbereitschaft erhöhen.

Schließlich kann auch eine *übertriebene Wettbewerbsorientierung* Konflikte herbeiführen, wenn sie zu einer falschen Einschätzung der Situation führt und – wie zum Beispiel beim so genannten Positivsummenspiel – eine Kooperation von Parteien dort verhindert, wo dies gerade die angemessene Strategie wäre. Charakteristisch für das Positivsummenspiel ist, dass es eine Lösung gibt, bei der beide Parteien kooperativ mehr profitieren als dann, wenn sie miteinander konkurrieren; sie ist aber meist nicht auf den ersten Blick zu erkennen und setzt gegenseitiges Vertrauen voraus (Dixit/Nalebuff 1997).

5.2.4 Beendigung der Geschäftsbeziehung

Die Beendigung der Geschäftsbeziehung wirft ein Desinvestitionsproblem auf, da dieser Vorgang zumindest teilweise mit einer Entwertung der jeweils in die Strukturen der Geschäftsbeziehung getätigten spezifischen Investitionen verbunden ist (Pampel 1993) Man kann auch von den „Sunk Costs" der Geschäftsbeziehung sprechen.

Vor diesem Hintergrund sollte sowohl aus der Sicht des OEM als auch aus der des Zulieferers angestrebt werden, den Zeitpunkt der Beendigung der Geschäftsbeziehung so zu wählen, dass diese Beendigung möglichst wenige wirtschaftliche Nachteile nach sich zieht.

Es sollte die Möglichkeit bestehen, dass der Zulieferer den Wegfall des Kunden kompensieren und der Bildungsanbieter einen anderen Zulieferer einsetzen kann.

Mann kann jedoch annehmen, dass die Entscheidung über die Beendigung einer Geschäftsbeziehung aufgrund der Machtverteilung zu Gunsten der Leistungsintegrierer häufig auch auf deren Initiative zurückgeht.

Dabei geht die Differenz der unterschiedlichen Entwicklungskosten in vielen Fällen zu Lasten des Zulieferers – bis hin zur Gefährdung seiner Existenz. Der Zulieferer muss demzufolge Signale, die auf die Beendigung der Geschäftsbeziehung hinweisen, frühzeitig erkennen, um rechtzeitig Maßnahmen ergreifen zu können, die geeignet sind, das Scheitern der Geschäftsbeziehung abzuwenden.

Grundsätzlich steht eine Geschäftsbeziehung immer dann zur Disposition, wenn das Ende des Lebenszyklus der Bildungsleistung erreicht wird, also für die Zulieferleistung kein Bedarf mehr besteht. Dieser Zeitpunkt kennzeichnet nicht nur das strategische Ausstiegsfenster für einen Zulieferer, sondern zugleich die Einstiegssituation für potenzielle neue Zulieferer. Zudem können Zulieferer-Abnehmer-Beziehungen scheitern, wenn die auftretenden Konflikte oder Krisen sich nicht einvernehmlich lösen lassen.

Generell sind die Mitglieder einer Koalition in Form einer Geschäftsbeziehung nur so lange an der Aufrechterhaltung dieser Beziehung interessiert, wie der Anreiz (Nutzen), den sie aus dieser Verbindung ziehen können, größer bzw. gleich dem Beitrag ist, den sie erbringen müssen (Strothmann 1993).

6. Zusammenfassung des geschäftstypenspezifischen Marketing

Die Umsetzung der Strategien innerhalb der einzelnen Geschäftstypen erfolgt mit Hilfe eines anderen Instrumenteneinsatz. Bedingt durch die spezifischen Besonderheiten der einzelnen Geschäftsfelder weisen die einzelnen Instrumente in ihrer Verwendbarkeit und Wirkung unterschiedliche Schwerpunkte auf. Die umfangreiche Darstellung der potenziellen Instrumente zur Marktbearbeitung in Kapitel V im Zusammenhang mit dem Leistungsgeschäft lässt sich auf die anderen Geschäftstypen ausdehnen. Da die Ausgestaltung im Wesentlichen identisch ist, die Verwendbarkeit allerdings stark variiert, folgt in der nachfolgenden Abb. eine synoptische Gegenüberstellung der Geschäftstypen unter Berücksichtigung der vorgestellten Instrumente. Dabei erfolgt eine allgemeine Einschätzung der Instrumentenwirkung auf der Basis der spezifischen Besonderheiten der Geschäftstypen.

	Leistungs-geschäft	Customizing	Systemgeschäft	Zulieferer
Nachfragehäufigkeit	einmalig	einmalig	wiederholt	Wiederholt
Interaktionsgrad	niedrig	hoch	niedrig	Hoch
Leistungspolitik				
Leistungsqualität	+/-	+	++	+
Markenpolitik	++	-	++	-
Service	++	+/-	++	+/-
Beschwerdepolitik	+	+	++	++
Leistungsschutz	+/-	++	-	++
Kommunikationspolitik				
Mediawerbung	+	+/-	+	+/-
Persönliche Kommunikation	+/-	++	+/-	++
Messen	+	-	+	-
Direct-Marketing	++	-	+	-
Öffentlichkeitsarbeit	+	-	+	-
Neue Medien	++	-	+	-
Mund-zu-Mund-Kommunikation	-	++	+	++
Distributionspolitik				
Absatzwege	++	-	+	-
Standort		-	++	-
Terminplanung	++	-	+	-
Kontrahierungspolitik				
Preispolitik	++	-	+/-	++
Rabattpolitik	+	-	+/-	+
Wirkung: ++ sehr gut + gut +/- nicht eindeutig – niedrig				

Abb. 127: Der Instrumentaleinsatzes in den einzelnen Geschäftstypen

VI.

Implementierung des Bildungsmarketing

VI. IMPLEMENTIERUNG DES BILDUNGSMARKETING 321

1. Marketingorganisation 321

1.1 Anforderungen an kundenorientierte Organisationsstrukturen 322

1.2 Grundtypen kundenorientierter Organisationsformen 323

    1.2.1 Produktorganisation 323

    1.2.2 Key-Account-Organisation 325

    1.2.3 Marktorientierte Matrixorganisation 326

    1.2.4 Organisiertes Teamselling 328

2. Barrieren bei der Implementierung des Bildungsmarketing 330

2.1 Widerstände bei der Implementierung 331

2.2 Motive für Widerstand 332

    2.2.1 Machtopponenten 332

    2.2.2 Fachopponenten 333

2.3 Vermeidung und Abbau von Widerständen 335

    2.3.1 Formulierung der grundsätzlichen Aussagen 335

    2.3.2 Auswahl der Instrumente 336

VI. IMPLEMENTIERUNG DES BILDUNGSMARKETING

Regelmäßig ist in der Literatur nur von statischen Marketingkonzepten zu lesen. In aller Regel werden Strategien vorgestellt und Mixkombinationen dokumentiert, um dann die These aufzustellen, dass Unternehmen bei der Anwendung dieser Konstrukte auch erfolgreich sein werden. Die operative Kernfrage „Wie führe ich in eine Organisation Marketingstrategien ein?" wird dabei oftmals vergessen. Gerade bei Bildungsanbietern besteht aber gerade in diesem Bereich ein wesentliches Problemfeld. Das Denken in Marketingprozessen entspricht nicht immer den Gepflogenheiten der vor allem pädagogisch geschulten Mitarbeiter.

Daher muss neben den dargestellten Teilbereichen des Marketing auch die Implementierung des Konzeptes diskutiert werden. Damit soll berücksichtigt werden, dass viele Marketingkonzepte entweder gar nicht zur Anwendung kommen oder im Unternehmen kontraproduktive Widerstandsreaktionen auslösen. Man sollte sich daher zunächst der potenziellen Widerstände im eigenen Unternehmen bewusst werden, um schließlich in einem zweiten Schritt Marketingstrategien erfolgreich implementieren zu können.

1. Marketingorganisation

Marktorientierte Unternehmen stehen vor der Herausforderung, neben den Aktions- und Informationsbereichen auch eine kundenorientierte Organisationsstruktur aufzubauen. In den 80er und 90er Jahren hat sich die Marketingtheorie und -praxis sehr intensiv mit der Erarbeitung von Marketingstrategien auseinander gesetzt. Dabei ist oftmals die mangelhafte Umsetzung in den Organisationsstrukturen bemängelt worden, was zum Teil zu einer Abkehr vom strategischen Denken geführt hat. Demgegenüber haben viele Autoren auf die Ursachen des Scheiterns von Strategien hingewiesen und als ein potenzielles Problemfeld die schlechte Implementierung in den Organisationsstrukturen identifiziert (Meffert 1994).

Daher setzt sich dieser Beitrag mit der organisatorischen Umsetzung des Paradigmas der Kundenorientierung auseinander, um so Ansatzpunkte aufzuzeigen, wie kundenorientierte Strategien erfolgreich implementiert werden können.

1.1 Anforderungen an kundenorientierte Organisationsstrukturen

Organisationsstrukturen sollen im Bildungsunternehmen einen effizienten Aufgabenvollzug sicherstellen und Konflikte in geordnete Bahnen lenken. Gleichzeitig sollen Pfade für neue Ideen vorhanden sein und das Auftreten nach außen in ein einheitliches Muster gefügt werden (Schreyögg 1998).

Dabei erfolgt in der Regel die Unterteilung in formelle und informelle Organisationsstrukturen. Die offiziellen organisatorischen Regeln des Bildungsanbieters sind danach durch eine nicht unerhebliche Anzahl von weiteren inoffiziellen Regeln zu ergänzen. (Abplanalp/Lombriser 2000). Eine effiziente Marketingorganisation sollte die folgenden Regeln berücksichtigen (Köhler 1993):

Sie muss eine effiziente Arbeit gewährleisten. Dazu gehört zum Beispiel die Vermeidung von Doppelarbeit, Reibungsverlusten, unnötigen Rückfragen und mangelhaften Abstimmungsprozessen.

Sie muss die Mitarbeiter motivieren. So müssen etwa Tätigkeiten mit zu geringem Anspruch oder stets gleichartigen Arbeitsabläufen möglichst vermieden und in angemessenem Umfang Verantwortungsbereiche zugewiesen werden.

Sie muss die situationsadäquate Ausrichtung der Unternehmenstätigkeit auf den Markt gewährleisten. Maßgebend ist die Frage, mit welcher Organisationsform am Markt am besten agiert werden kann.

Sie muss Innovationsfähigkeit gewährleisten. Mehr als in anderen Funktionsbereichen ist es im Marketing notwendig, Ideen zu produzieren und neue Projekte schnell durchzusetzen. Bei der Organisationsgestaltung müssen daher Innovationsprozesse besondere Berücksichtigung finden.

Die geschilderten Anforderungen stellen allgemeine Anforderungen an Organisationsstrukturen dar. Kundenspezifische Anforderungen sind dabei noch nicht berücksichtigt. In der aktuellen Diskussion propagieren viele Unternehmen ihre Kundenorientierung und fixieren dieses Ziel auch in ihren Unternehmensleitlinien. Die organisatorische Ausrichtung auf den Kunden unterbleibt jedoch. Dass alle Unternehmensprozesse einen Kundennutzen haben sollten, wird durch das klassische hierarchische Verständnis einer Organisationsstruktur nicht berücksichtigt. Es reicht nicht aus, eine Marketingabteilung einzurichten. Das gesamte Unternehmen sollte auf den Kunden ausgerichtet werden (Schewe/Hiam 1998).

Bei einer marktorientierten Unternehmensstruktur steht auf der höchsten Ebene nicht das Top-Management, sondern der Kunde.

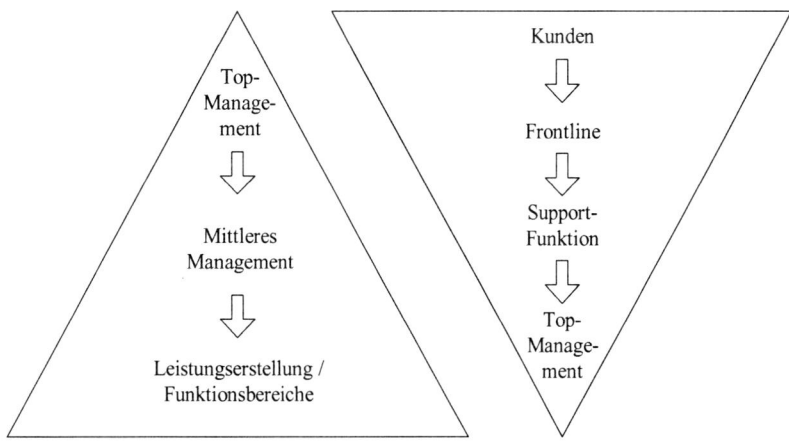

Abb. 128: Grundlage der Organisationsbetrachtung

1.2 Grundtypen kundenorientierter Organisationsformen

Organisationsformen sind grundsätzlich in eindimensionale und mehrdimensionale Strukturen zu differenzieren (Seidel/Redel 1987a). Die verrichtungsorientierte und die objektorientierte Organisationsformen repräsentieren die eindimensionalen Modelle. Zu den mehrdimensionalen Organisationsformen zählt man die Matrixorganisation und das Tensormodell.

1.2.1 Produktorganisation

Anbieter mit einer großen Anzahl an sehr unterschiedlichen Bildungsleistungen setzen häufig ein so genanntes Produktmanagement ein. Diese organisatorische Struktur ist primär auf Produkte und Produktgruppen ausgerichtet und weist in seinen Grundstrukturierungen keine Kundenorientierung auf. Diese klassische Inside-Out-Sicht hat seine Wurzeln im Produktmanagement, das erstmalig in den 30er Jahren von Procter & Gamble in den USA eingeführt wurde.

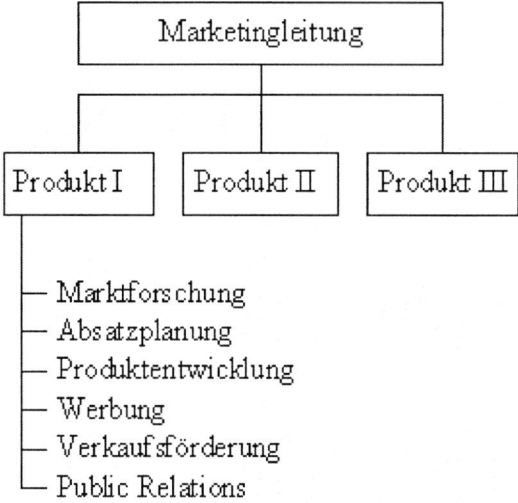

Abb. 129: Produktorientierte Organisation

Bei diesem Organisationskonzept erfolgt die Spezialisierung nicht nach Funktionen, sondern primär nach Objekten (Bildungsleistungen). Der Einsatz dieser Strukturierung ist sinnvoll, wenn die Synergievorteile aus den Produktkenntnissen größer sind als die der Funktionen (Ramme 2000). Dieses Organisationskonzept wird in der Praxis, bei einem sehr heterogenem Leistungsprogramm, mit dem Konzept der Profitcenter kombiniert, um so die Ergebnisverantwortung der Produktmanager zu fördern. Dieses Konzept weist den Nachteil auf, dass eine reine Produktorientierung nur selten die Kundenbedürfnisse erfüllt und damit strategische Ertragspotenziale wie zum Beispiel das Bundeling von unterschiedlichen Seminaren und zudem mögliche Cross-Selling-Potenziale vernachlässigt werden.

Das Category-Management stellt eine moderne Organisationsform dar und wurde erstmals wiederum von Procter & Gamble eingeführt. Die organisatorische Verantwortung wird bei diesem Konzept nicht mehr nach einzelnen Produkten, sondern nach Produktgruppen, die ähnliche Bedürfnisse beim Kunden befriedigen, übertragen. Damit erfolgt eine Outside-In-Sicht, da die Kundenorientierung organisatorisch verankert wird. Nicht mehr das Produkt, sondern die Kundenbedürfnisse stehen im organisatorischen Mittelpunkt (Ramme 2000). Gerade Bildungsanbieter sollten diese Option überdenken. Viele sind nach Fachbereichen strukturiert und nicht nach Nachfragebedürfnissen.

1.2.2 Key-Account-Organisation

Bedingt durch die anhaltenden Konzentrationsprozesse im Handel und im Automobilbereich hat das Key-Account-Management in den letzten Jahren deutlich an Bedeutung gewonnen. Da das klassische Produkt-Management immer häufiger die Bedürfnisse und Anforderungen wichtiger Kunden nicht erfüllen kann, erfolgt die Institutionalisierung einer Kundenorientierung in der Marketingorganisation mit Hilfe eben eines Key-Account-Managements (Becker 1998).

Dabei versteht man unter Key-Account-Management die Betreuung ausgewählter (strategischer) Schlüsselkunden durch hochqualifizierte Verkaufsmitarbeiter. Im Vordergrund steht die Kundenberatung (Projektabwicklung) mit den Zielen, eine langfristige Partnerschaft aufzubauen und gemeinsame Markterfolge zu realisieren (Winkelmann 2000).

Die Grundform der Key-Account-Organisation lässt sich mit einer objektorientierten eindimensionalen Organisationsstruktur erläutern. Unterhalb der obersten Unternehmensleitung erfolgt die Strukturierung nach Kundengruppen. Dabei werden mehrere Abnehmer mit ähnlichen Anspruchsprofilen gebündelt. Es bietet sich zum Beispiel die Trennung von Firmen- (B-to-B) und Privatkunden (B-to-C) an. Falls auf Kundenseite einige wenige wichtige Großkunden vorhanden sind, dann erfolgt die Bearbeitung dieser Kunden individuell im Rahmen des Key-Account-Managements. Diese Strukturierung, ergänzt durch verschiedene Vertriebsstrategien, führt zu einem Multi-Channel-Marketing, das kundenorientiert auf alternative Kundenbedürfnisse eingeht (Friedman/Furey 1999).

Der wesentliche Vorteil bei dieser Organisationsform entsteht durch den Aufbau von kontinuierlichen Beziehungen zwischen einzelnen Abnehmern und spezifizierten spezialisierten Organisationsmitgliedern. Dadurch bedingt steigt die Kundenbindung und sinken langfristig die Transaktionskosten der Kundenbeziehungen.

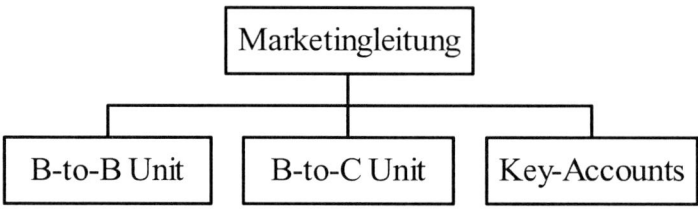

Abb. 130: Key-Account-Organisation

Trotz steigender Digitalisierung der Vertriebskanäle hat die Key-Account-Organisation immer noch eine wesentliche Bedeutung. Ein Außendienst mit Key-Account-Struktur ist immer noch der einzige, der bei wichtigen Schlüsselkunden komplexe Produkte und Lösungen mit Hilfe einer maximalen Steuerung des Verkaufsprozesses realisieren kann (Friedman/Furey 1999).

1.2.3 Marktorientierte Matrixorganisation

Mit zunehmender Unternehmensgröße und Spezialisierung ist eine Tendenz der Verselbstständigung von Abteilungen und Bereichen zu beobachten. Dies führt zu einer verstärkten Koordinationsproblematik – sowohl intern als auch extern. Ein wesentliches Problem sind dabei zahlreiche und wechselnde Ansprechpartner für den einzelnen Kunden (Schreyögg 1998).

Aus diesen Erfahrungen heraus führen viele Unternehmen eine kundenorientierte Matrixorganisation ein. Das Matrixprinzip besteht darin, eine zweidimensionale Struktur zu schaffen, bei der die traditionellen vertikalen Funktionssäulen von einer horizontalen kundenorientierten Struktur überlagert werden.

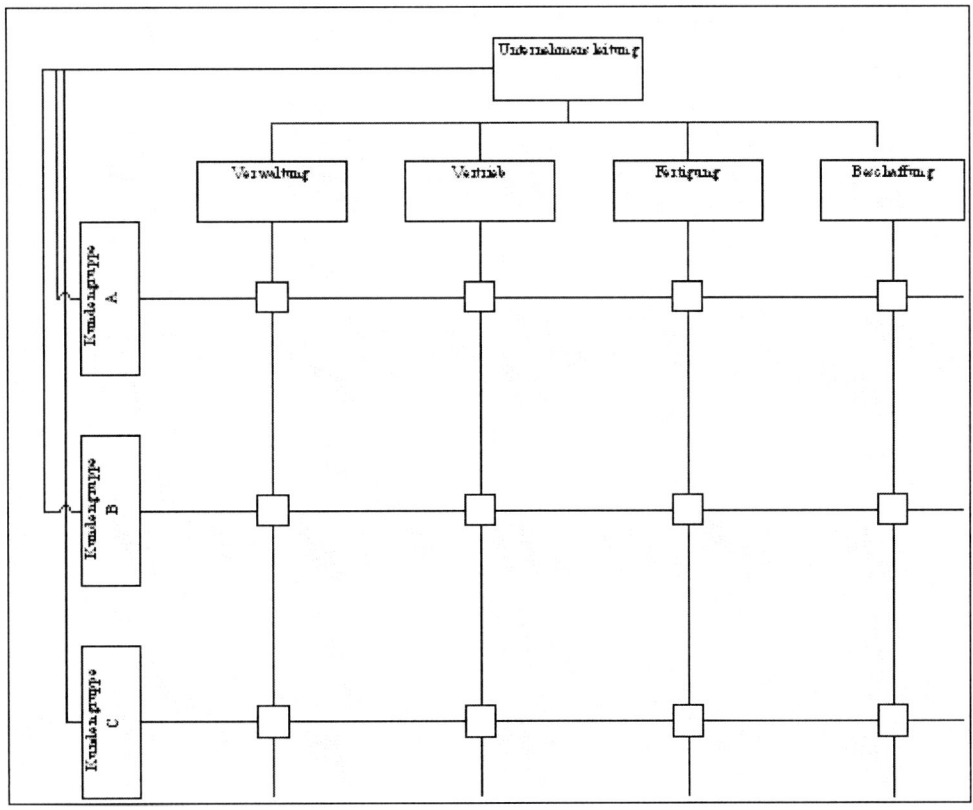

Abb. 131: Kundenorientierte Matrixorganisation

Die Matrixorganisation weist auf der Schnittstellenebene der beiden Dimensionen eine Gleichstellung auf, die das klassische Fayollsche-Prinzip der „Einheitlichkeit der Auftragserteilung" durchbricht. Diese „Institutionalisierung des Konfliktes" wird bewusst in Kauf genommen, da durch das Auftreten und Lösen von Konflikten die klassischen hierarchischen Strukturen zugunsten von kooperativen Organisationsstrukturen aufgelöst werden (Schreyögg 1998).

Dieses Konfliktpotenzial innerhalb dieser Organisationsstruktur wird als wesentlicher Nachteil angesehen und entsteht durch Abstimmungs- und Kompetenzprobleme zwischen den einzelnen Kundenmanagern sowie zwischen Kundenmanagern und Funktionsbereichsleitern. Die Matrixorganisation weist zudem eine größere Intransparenz, verlangsamte Entscheidungen, hohe Koordinationskosten und eine Tendenz zur Bürokratisierung auf. (Bernecker 1999)

Die Vorteile einer Matrixorganisation sind die Schnelligkeit der Organisation bei der

Abwicklung von Kundenkontakten, die Flexibilität hinsichtlich sich verändernder Umweltentwicklungen und eine bessere Ausnutzung der in der Organisation vorhandenen Informationen und Begabungen bezogen auf die Kundenanforderungen.

1.2.4 Organisiertes Teamselling

In jüngster Zeit werden verstärkt weitergehende Integrationskonzepte diskutiert, die in ihrer Grundstruktur den Tensormodellen zuzurechnen sind.

Ausgehend von einer mehrdimensionalen Organisationsstruktur berücksichtigen sie simultan mehrere Aufgabendimensionen und sind durch das Mehrliniensystem gekennzeichnet (Seidel/Redel 1987). Die entstehende Netzwerkorganisation weist in ihrer Grundstruktur miteinander interagierende Gruppen auf (Likert 1967). Die bekanntesten Vertreter aus dieser Gruppe sind Selling- und Buying-Center.

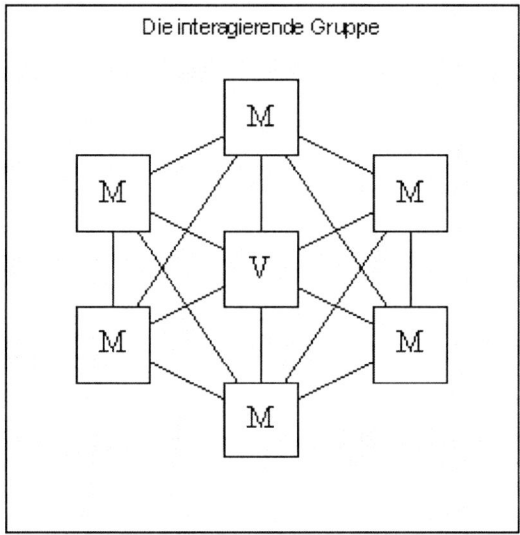

Abb. 132: Die interagierende Gruppe (Likert 1967)

Entscheidungen finden auf Gruppenbasis statt, und jeder Mitarbeiter (M) hat die Möglichkeit, auf die Entscheidung Einfluss zu nehmen. In Konfliktfällen verbleibt beim Vorgesetzen (V) jedoch das Letztentscheidungsrecht. Die Netzwerkorganisation wird durch überlappende Gruppenstrukturen sichergestellt, die vertikal, horizontal und lateral ausgerichtet sind (Schreyögg 1998). Jede Arbeitsgruppe ist zunächst hierarchisch mit der nächst höheren Arbeitsebene verbunden. In einem weiteren Schritt schlägt Likert vor, diese vertikale Verlinkung um eine horizontale zu erweitern.

Implementierung des Bildungsmarketing

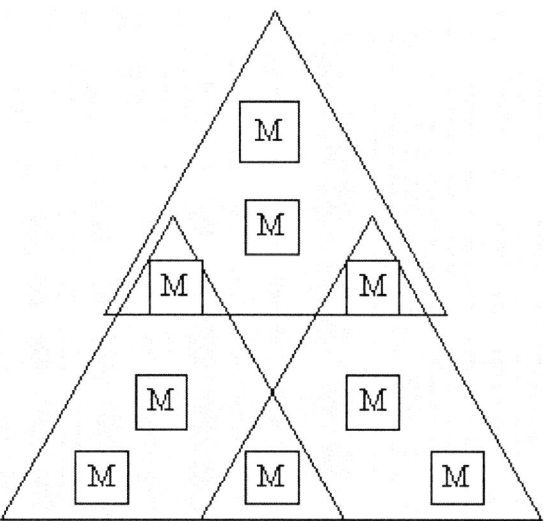

Abb. 133: Linking-Pin-Prinzip (Likert 1967)

Die laterale Vernetzung führt anschließend zu Cross-Linking-Groups. Diese haben die Aufgabe, die Abstimmung der Organisationsfunktionen und -objekte über verschiedene hierarchische Ebenen hinweg sicherzustellen (vgl. Abb. 134).

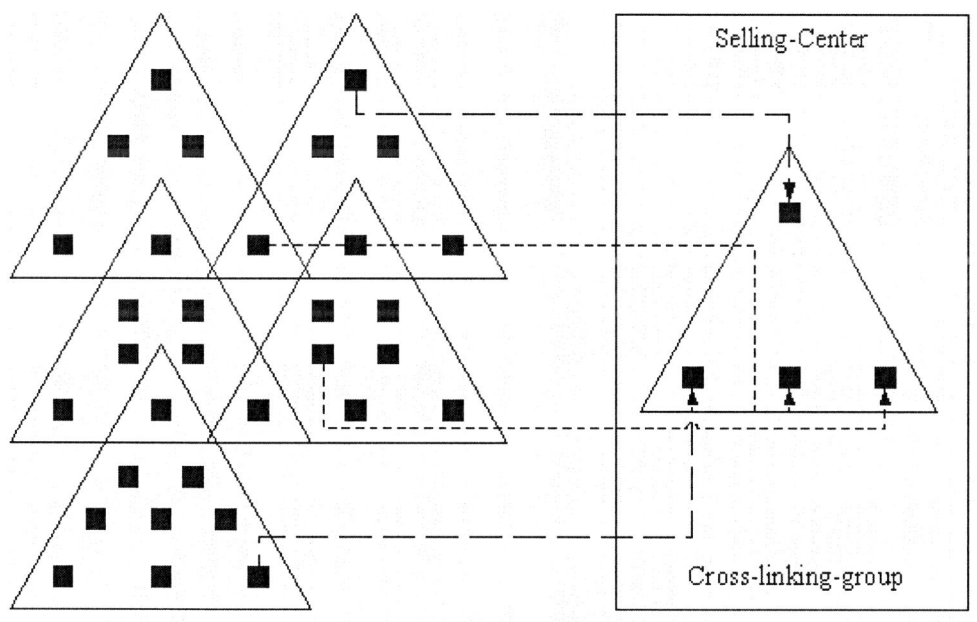

Abb. 134: Laterale Gruppenarbeit (Schreyögg 1998)

Diese Organisationsstruktur ist eine multiple überlappende Netzstruktur, die vertikal, horizontal und laterale Kanäle für Entscheidungs- und Koordinationsprozesse aufweist. Der zentrale Mechanismus der Entscheidungsfindung ist nicht die klassische Autoritätslinie, sondern die Abstimmung zwischen den Gruppen. Diese komplexe Struktur kann nur funktionieren, wenn durchgängig den Prinzipien der Gruppenführung gefolgt wird (Schreyögg 1998).

2. Barrieren bei der Implementierung des Bildungsmarketing

Die zuvor vorgestellten organisatorischen Möglichkeiten stellen strukturelle Voraussetzungen für die Einführung des Bildungsmarketing dar. Die eigentliche Implementierung der Marketingstrategien kann auch als wesentlicher Erfolgsfaktor betrachtet werden.

Grundsätzlich können gute und schlechte Strategien unterschieden werden. So kann neben anderen Ursachen die Qualität der entwickelten Strategien selbst, eine fehlende Verknüpfung von Strategie und den tatsächlich vorhandenen Ressourcen oder aber ein unerwarteter Wechsel der unterstellen Rahmenbedingungen Strategiekonzepte vorzeitig zum Scheitern verurteilen. Die Implementierungsproblematik des Bildungsmarketing bezieht sich somit sowohl auf mögliche inhaltliche als auch auf organisatorische und personelle Widerstände. Die nachfolgende Grafik zeigt mögliche Situationen (Meffert/Bruhn 1995).

Unterstellt man eine Gleichverteilung der Situationen, kommt man zu dem Schluss, dass lediglich 25 % aller Marketingstrategien zum Erfolg führen. Nur wenn eine gute Strategie auch gut implementiert wird, kann sich der erhoffte Erfolg einstellen. Während die Grundlagen für eine gute Strategie in Kapitel 3 gelegt wurden, setzen sich die weiteren Ausführungen mit der guten oder schlechten Implementierung auseinander.

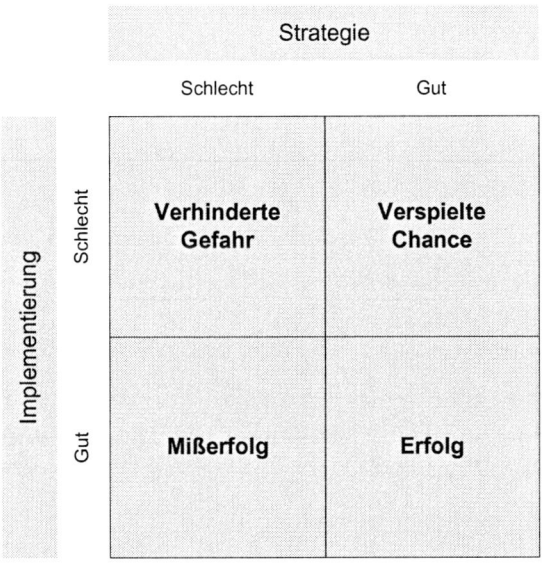

Abb. 135: Ursachen für das Scheitern von Strategien (Meffert/Bruhn 1995)

2.1 Widerstände bei der Implementierung

Neuerungen in betrieblichen Abläufen oder in der technischen Ausstattung des Bildungsanbieters stoßen seitens der betroffenen Mitarbeiter oft auf Ablehnung und Widerstand. Diese Ablehnung wird im günstigsten Fall offen zur Sprache gebracht, zumeist jedoch nur verdeckt innerhalb des Kollegenkreises artikuliert. Solcherlei Widerstände stellen eine große Gefahr für den erhofften Erfolg von Neuerungen bei der Implementierung von Marketingprozessen dar. Ohne die Akzeptanz von Veränderungen lassen sich diese oft nur mühsam implementieren, und der damit verbundene Nutzen lässt sich daher nur schlecht realisieren. So sind durch Widerstände seitens der Mitarbeiter schon ganze Projekte und damit auch hohe Summen „in den Sand gesetzt worden".

Für den Implementierungserfolg von Marketingprogrammen stellt sich die Frage, inwieweit es gelingt, auftretende Widerstände zu überwinden. Hierbei ist es entscheidend, an der Wurzel des Widerstandes anzusetzen, nämlich den Motiven der einzelnen Mitarbeitern. Im Folgenden werden deshalb zunächst die verschiedenen Motive für Widerstand dargestellt und anschließend verschiedene Möglichkeiten aufgezeigt, die präventiv zur Vermeidung von Widerständen und zum Abbau trotzdem auftretender Widerstände geeignet sind.

2.2 Motive für Widerstand

Das häufigste Motiv für Widerstand gegenüber Veränderungen ist die Angst des Mitarbeiters. Angst wiederum resultiert aus Unsicherheit bezüglich potenzieller negativer Folgen von Neuerungen auf die jeweilige persönliche Arbeitsplatzsituation. Diese Unsicherheit ist sozusagen der Motor der Angst. Die Mitarbeiter befürchten, dass künftig Fach- oder auch Machtinteressen nicht mehr verwirklicht werden können.

Diese beiden Interessenlagen führen zur Unterscheidung in zwei Arten von Gegnern der Veränderungen: Fach- und Machtopponenten. Für diese beiden Gruppen haben unterschiedliche Ängste eine besondere Bedeutung, die sie zu Widerstand gegenüber Veränderungen bewegen. Zu beachten ist dabei, dass einige Mitarbeiter zugleich sowohl Macht- als auch Fachopponenten sein können; die Ängste gehen dann ineinander über.

2.2.1 Machtopponenten

Ängste vorwiegend von Machtopponenten sind:

1. Angst vor Verlust der Einflussmöglichkeiten,

2. Angst vor Verlust der Reputation und

3. Angst vor eingegrenzten Budgets, zum Beispiel verringerte Sachmittelausstattung oder weniger Personal.

Diese Ängste lassen sich oft in Form der folgenden Aussagen identifizieren:

- „Das haben andere schon vor Jahren versucht",

- „Unser Expertenwissen ist unentbehrlich" oder

- „Wir haben schon verschiedenste Ideen angedacht, aber die bisherige Struktur ist die beste".

Zu dem Personenkreis, für den diese Ängste eine größere Rolle spielen, gehören tendenziell Führungskräfte des Top-, Middle- und Lower-Managements. Ihre Ängste treten insbesondere dann auf, wenn umfangreiche bereichsübergreifende Reorganisationsmaßnahmen anstehen, etwa Umstellung von einer Sparten- auf eine Prozess- bzw. Kundenorganisation oder Auflösung bzw. Zusammenlegung von Abteilungen.

Hier besteht oft die Angst der Mitarbeiter, auf eine unbedeutende Position „weg belobigt zu werden" und damit an Einfluss zu verlieren oder gar entlassen zu werden. Bei der Übernahme neuer Aufgabenbereiche spielt zudem die Angst mit, dass die bisherige Reputation verloren gehen könnte. Denn in neuen Aufgabengebieten mit zudem noch anderen Personal müssen sich eventuell auch gegenüber Konkurrenten, die über den selben Wissensstand verfügen, die bisherige Machtposition und das Ansehen bei den Kollegen neu erarbeitet werden. Diese Ängste vor Machtverlusten können natürlich auch auf Bequemlichkeitsgründen fußen, da die Einarbeitung in neue Gebiete häufig zusätzliche Anstrengungen erfordert. Zudem spielen fachliche Ängste eine Rolle: Vielleicht – so die Befürchtungen – verfügen die Konkurrenten sogar über einen besseren Wissensstand oder man kann in dem neuen Bereich den Anforderungen nicht gerecht werden. Zur Abwehr derartiger Veränderungsmaßnahmen ziehen sich Mitarbeiter oft auf das unentbehrliche Expertenwissen zurück, um die eigene sichere Machtposition nicht unnötig in Gefahr zu bringen und um Wissensvorsprünge zu bewahren. Um darüber hinaus Budgeteinschränkungen im eigenen Bereich vorzubeugen, darf nach Aussage der Mitarbeiter das Budget nicht verringert werden, da ansonsten die Aufgaben in der bisherigen Qualität nicht mehr zu realisieren sind. Tatsächlich messen Führungskräfte ihren Einfluss oft an dem zur Verfügung stehenden Budget, das natürlich aus ihrer Sicht nicht eingeschränkt werden soll. Das Vorschicken fachlicher Motive soll also häufig nur Machtinteressen verdecken.

2.2.2 Fachopponenten

Ängste vorwiegend von Fachopponenten sind:

- Angst vor Überforderung, nämlich den aus Neuerungen resultierenden Anforderungen nicht gerecht zu werden,

- Angst vor Kritik an der bisherigen Arbeitsweise bzw. dem Aufdecken von Schwachstellen sowie

- Angst vor Verlust des Arbeitsplatzes oder anderen Sanktionen.

Klassische Aussagen dieser Kollegen sind:

- „Das haben wir schon immer so gemacht",
- „Das hat bisher immer gut geklappt" und
- „Es ist schon alles optimiert. Was sollen wir da noch ändern?".

Diese Ängste hegen im wesentlichen Mitarbeiter der operativen Ebene und des Lower-Managements. Sie können auftreten, wenn neue Technologien und Arbeitstechniken eingeführt bzw. umgestellt werden oder zusätzliche Aufgabenbereiche übernommen werden sollen. Besonders bei der Einführung von E-Learning oder Blended Learning entstehen diese Arten von Widerständen.

Hinter den dargestellten Aussagen steckt nicht nur Ignoranz, sondern oft auch die Angst, zum Beispiel neuen veränderten Arbeitsbedingungen fachlich oder leistungsmäßig nicht mehr gerecht werden zu können. So steigen aufgrund der immer weiter fortschreitenden Technisierung der Arbeitsplätze oder auch wegen des sich aus der Globalisierung und der Dynamik der Märkte ergebenden Innovationsdrucks die Anforderungen an die Mitarbeiter ständig. Das Erfordernis ständiger Weiterbildung – sozusagen lebenslanges Lernen, ohne sich auf bisherigen Lorbeeren auszuruhen – ist insbesondere für ältere Mitarbeiter oft eine Herausforderung, die große Angst verursacht.

Zum Teil verstehen die Mitarbeiter den Anstoß von Neuerungen zudem als Kritik an ihrer Arbeit und der Art und Weise, in der sie sie bisher erledigt haben. Insbesondere bei Verbesserungsvorschlägen seitens eines Mitarbeiters darf der Vorwurf „Warum haben Sie das nicht schon immer so gemacht und kommen erst jetzt?" von Vorgesetzten auf keinen Fall erhoben werden, da ansonsten die Innovationskraft des Mitarbeiters im Keim erstickt wird.

Die Angst vor Überforderung oder Kritik mündet in der Angst vor Sanktionen und im Extremfall vor dem Verlust des Arbeitsplatzes.

Ein weiterer Grund für ablehnende Haltungen seitens der Betroffenen ist oft auch schlicht und einfach Bequemlichkeit. Widerstände können also grundsätzlich auf die Können-Komponente und auf die Wollen-Komponente der Mitarbeiter zurückzuführen sein. So bedeutet die Anpassung an einen veränderten Arbeitsplatz zunächst einmal eine gewisse Einarbeitung, die oft mühsam ist. Dabei entsteht zusätzlich oft die Meinung, dass die alte Arbeitsweise schneller war. Zudem kann es sein, dass den Mitarbeitern – eventuell auch hervorgerufen durch eine gewisse Betriebsblindheit – die Vorstellungskraft fehlt, dass durch die Ausrichtung auf den Markt Verbesserungen bewirkt werden können.

2.3 Vermeidung und Abbau von Widerständen

Zur präventiven Vermeidung von Widerständen bzw. zum Abbau dieser Widerstände ist eine „Vermarktungsstrategie" der Marketingaktivitäten zu entwickeln (Internes Marketing). Dazu sind zunächst Fach- und Machtopponenten und die entsprechenden Motive des Widerstands dieser Mitarbeiter zu identifizieren. Genauso sollten Befürworter der Veränderungen, also Fach- und Machtpromotoren, erkannt werden, um sich ein Gesamtbild für den Bedarf an „Widerstandsüberwindung" zu verschaffen. Als Instrument eignen sich hierzu Einzel- und Gruppeninterviews. Idealtypisch werden danach die Widerstandsmotive abgebaut und dadurch aus Opponenten Promotoren gemacht. Dieses Vorhaben wird nicht vollständig, sondern in der Regel nur zum Teil gelingen. Wichtig ist aber stets die Aufklärung und die Einbeziehung der betroffenen Mitarbeiter.

Deshalb sind zunächst grundsätzliche Aussagen zu den angestrebten Veränderungsprozessen zu formulieren, die schließlich über die dann festzulegenden Kommunikationsinstrumente an die Mitarbeiter weitergeleitet werden müssen.

2.3.1 Formulierung der grundsätzlichen Aussagen

Die Ziele und die Notwendigkeit der beabsichtigten Veränderungen sind den Mitarbeitern transparent zu machen, um auch Betriebsblindheit zu überwinden. Durch Transparenz kann ein Großteil der Unsicherheit, der daraus resultierenden Ängste und somit auch der Widerstände seitens der Mitarbeiter ausgeräumt werden. Denn häufig sind viele Befürchtungen der Mitarbeiter völlig unbegründet und entstehen lediglich aus Intransparenz sowie aufgrund mangelhafter Information. Auch wenn Personaleinsparungen geplant sind, sollte man dies nicht verheimlichen, da ansonsten das Vertrauensverhältnis zu den Mitarbeitern nachhaltig gestört werden kann.

Zudem ist eindeutig darzustellen, dass Veränderungen keine Kritik an der bisherigen Arbeitsweise der Mitarbeiter darstellen und deshalb keine Sanktionen zu befürchten sind. Um der Angst vor künftigen fachlichen Überforderungen zu begegnen, sollten entsprechende Schulungsmaßnahmen in Aussicht gestellt werden. Der Angst vor quantitativer Überforderung – etwa aufgrund erhöhter Arbeitsbelastung – kann entgegengetreten werden, indem klar dargestellt wird, dass bewusst Zeiträume zur Einarbeitung gewährt oder vorübergehend Überhangkapazitäten geschaffen werden. Des Weiteren ist es wichtig, die Vorteile der Veränderungsmaßnahmen offensiv herauszustellen, etwa die Verbesserung der künftigen Ertragslage – und damit auch die Sicherung der Arbeitsplätze oder die Erhöhung der Einkünfte der Mitarbeiter. Das ist wichtig, um nicht nur das Widerstandsmotiv der Angst aus Überforderung überwinden zu können, sondern auch um dem Motiv „Bequemlichkeit" entgegenzutreten.

2.3.2 Auswahl der Instrumente

Nach Festlegung der zu treffenden Aussagen sind diese an die betroffenen Mitarbeiter zu kommunizieren. Dazu stehen verschiedene Kommunikationsinstrumente zur Verfügung:

- Benennung eines Multiplikators bzw. mehrerer Multiplikatoren,

- Gespräche mit betroffenen Mitarbeitern sowie Informationsveranstaltungen im „kleineren Kreis", zum Beispiel auf Abteilungsebene,

- abteilungsübergreifende (Groß-)Informationsveranstaltungen,

- Aufarbeitung in Broschüren/Hauszeitschriften und

- „Kummerkasten" für Fragen und Probleme.

Ein „Multiplikator" kann helfen, die Widerstände auszuräumen. Die Hauptaufgabe des Multiplikators besteht darin, Bindeglied zwischen Management und Betroffenen zu sein. So soll durch ihn der hierarchiefreie Kommunikationsfluss gewährleistet und beschleunigt werden. Er soll auf der einen Seite den betroffenen Mitarbeitern die Ziele des Projektes näher bringen, sie von der Sinnhaftigkeit überzeugen und ihre oben beschriebenen Befürchtungen ausräumen, andererseits aber berechtigte Sorgen und Einwände an die Verantwortlichen weiterleiten.

Als Multiplikatoren sind Personen auszuwählen, die sowohl in fachlicher als auch in sozialer Hinsicht von den Mitarbeitern akzeptiert werden. Ihr Erfolg hängt wesentlich von ihrem fachlichen Know-how und ihrer Sozialkompetenz ab. So wird ein zwar fachlich sehr kompetenter Mitarbeiter, der aber eher introvertiert ist, über wenig Einfühlungsvermögen und kommunikative Kompetenz verfügt, kaum Zugang zu den betroffenen Personen finden, um diese von der Sinnhaftigkeit des Unterfangens zu überzeugen. Umgekehrt wird ein mit hinreichender sozialer Kompetenz ausgestatteter Mitarbeiter ohne Know-how ebenso wenig Wirkung erzielen.

Zudem sollten die Multiplikatoren möglichst neutral sein, also von den anstehenden Veränderungen nach Möglichkeit nur am Rande betroffen sein. Allerdings sollte ein Multiplikator von dem Erfolg der Neuerungen persönlich überzeugt sein. Nur so kann er bei der Überwindung der Widerstände überzeugend wirken. Halbherziges Engagement werden von den Mitarbeitern sehr schnell erkannt und führen zur Verschärfung der Widerstände.

Die Multiplikatoren sollten sowohl beim Management als auch bei untergeordneten Mitarbeitern Vertrauen genießen. Besteht dieses Vertrauen nur einseitig, besteht die Gefahr, dass Widerstände auf der einen Seite ab- und auf der anderen Seite aufgebaut werden. Eine solche Entwicklung kann zu einer Verhärtung der „Fronten" führen.

Der Kontakt zu den Betroffenen kann auf unterschiedliche Weise hergestellt werden. Die Multiplikatoren sollten möglichst kurzfristig nach Bekanntgabe des Änderungsvorhabens direkt auf betroffene Mitarbeiter zugehen. Dabei ist der zwanglose Kontakt direkt am Arbeitsplatz des Betroffenen oft der einfachste Weg. Ebenso eignen sich Veranstaltungen in „kleineren Kreisen", um die Widerstände der betroffenen Mitarbeiter zu überwinden. Denn in einem relativ intimen Kreis sind die betroffenen Mitarbeiter tendenziell eher bereit, Fragen zu stellen, die durch den Multiplikator geklärt werden können. Dadurch kann in der Regel ein Großteil der Befürchtungen ausgeräumt werden.

Abteilungsübergreifende Großinformationsveranstaltungen sind zum Ausräumen der Widerstände eher problematisch, da sich die individuellen Ängste der Mitarbeiter kaum thematisieren lassen. Denn bei großen Veranstaltungen ist die Hemmschwelle, was das Stellen von Fragen und die Äußerung von Kritik angeht, zumeist sehr groß.

Oft werden auch nach Aufforderung keine Fragen gestellt. Die Veranstaltung wird beendet, und dann erst wird in kleineren Gruppen heftig diskutiert. Großveranstaltungen eignen sich eher, um grundsätzliche Transparenz in anstehenden Veränderungsprozessen zu erreichen und das Konzept vorzustellen. Sie dienen deshalb insbesondere als Kick-Off-Veranstaltungen, also um den Startschuss für die anstehenden Veränderungen zu geben. Die eher allgemeinen Informationen können dann im weiteren Verlauf über Broschüren oder ggf. Hauszeitschriften weitergegeben werden. Das Aufstellen von so genannten anonymen „Kummerkästen" dient dazu, nur schwer zu artikulierenden Ängsten auf die Spur zu kommen, um diesen dann aktiv begegnen zu können.

Zudem können Diskussionsrunden installiert werden, deren Teilnehmerzahl aus Effizienzgründen 8 bis 10 Teilnehmer nicht übersteigen sollte. Um verschiedenste Aspekte einzufangen, sollte sich der Teilnehmerkreis jeweils abteilungsübergreifend zusammensetzen. Durch diese Einbeziehung der Mitarbeiter steigt in der Regel die Akzeptanz. Daneben können Vorschläge berücksichtigt werden, die sich aus der Diskussion ergeben.

Die bisher beschriebenen Maßnahmen dienen zwar auch der Überzeugung von Machtopponenten, aber insbesondere der Überwindung der Widerstände der Fachopponenten. Zusätzliche Maßnahmen sind zur Überzeugung der Machtopponenten zu treffen. Hier eignen sich Einzelgespräche oder der Aufbau von Anreizsystemen, die bei den Machtopponenten das Interesse an den Veränderungen wecken. Wird etwa von einer Sparten- auf eine Kundenorganisation umgestellt, um den Bedürfnissen der Großkunden besser gerecht zu werden, könnte künftig nicht mehr der Gesamtumsatz, sondern der mit Großkunden getätigte Bonus relevant sein. Um grundsätzlich die Widerstände von Machtopponenten – also Führungskräften – gering zu halten, sollte bereits bei der Personalauswahl auf entsprechende Flexibilität und Veränderungsbereitschaft geachtet werden.

Die getroffenen Aussagen gelten sowohl für top-down als auch für bottom-up initiiertes Change-Management. Bei top-down-Programmen ist das Ziel der Widerstandsüberwindung in erster Linie Akzeptanz. Bei bottom-up-Programmen muss bei den Mitarbeitern zusätzlich sozusagen Antriebsenergie generiert werden. Dazu eignen sich ergänzend in Aussicht gestellte Belohnungen für erfolgreiche Veränderungen.

Zudem muss über Vorschläge ohne Verzögerung entschieden werden, damit einmal erzeugter Antrieb nicht wieder verpufft.

Des Weiteren ist festzuhalten, dass die Antwort auf die Frage, ob eher top-down- oder bottom-up-Veränderungsprogramme, Erfolg versprechen, vom Führungsstil abhängt, der im Unternehmen praktiziert wird. Bei einem eher kooperativen Führungsstil und flachen Hierarchien eignen sich besonders bottom-up-Programme. In autoritär-hierarchisch geführten Unternehmen versprechen top-down-Programme Erfolg, da es schwierig ist, die nötige Antriebsenergie bei den Mitarbeitern zu erzeugen; denn die Mitarbeiter sind es in der Regel nicht gewöhnt, selber Vorschläge vorzubringen.

Anzumerken bleibt, dass sowohl bei top-down- als auch bei bottom-up-Programmen eine für das gesamte Unternehmen förderliche Aufbruchstimmung initiiert wird, da sich Mitarbeiter neu behaupten müssen.

VII. LITERATURVERZEICHNIS

Aaker, D.A.: Kriterien zur Identifikation dauerhafter Wettbewerbsvorteile, in: Simon, H. (Hrsg.): Wettbewerbsvorteile und Wettbewerbsfähigkeit, Stuttgart 1988, S. 37-46.

Aaker, D.A.: Strategic Marketing Management, 3. Aufl. New York 1992.

Abel, E.: Das Berufsbild des Trainers, in: Graf, J. (Hrsg.): Seminare '96, Bonn 1995, S. 27-34.

Abel, E.: Trainer und Recht, Verträge mit Trainern, in: Bolender, S. (Hrsg.): Managementtrainer, Frankfurt 1998, S. 27-37.

Abel, J.: Kooperationen als Wettbewerbsstrategien für Softwareunternehmen, Frankfurt 1992.

Abell, D.F.: Defining the Business. The Starting Point of Strategic Planning, Englewood Cliffs 1980.

Abell, D.F.: Strategic Windows, in: JoM, H. 3 1978, S. 21-26.

Abplanalp, P. A.; Lombriser, R.: Unternehmensstrategie als kreativer Prozess, München 2000.

Abresch, J. P.: Projektumfeld und Stakeholder, in: RKW (Hrsg.): Projektmanagement Fachmann, Düsseldorf 1999, S. 59-85.

Achleitner, P.: Soziopolitische Strategien multinationaler Unternehmen, Bern 1985.

Ackermann, K.; Rothenberger, P.: Zukunftsorientierte Aus- und Weiterbildung von Führungskräften, in: Gaugler, E. (Hrsg.): Betriebliche Weiterbildung als Führungsaufgabe, Wiesbaden 1987, S. 29-xx.

Adam, D.: Planung und Entscheidung, 4. Aufl. Wiesbaden 1996.

Agthe, K.: Strategien und Wachstum der Unternehmung, Baden Baden 1978.

Ahlert, D.: Distributionspolitik, 3. Aufl. Stuttgart 1996.

Aiken, M.; Hage, J.: Organizational interdependence and intra-organizational structur, in: American Sociological Review, H. 23 1968, S. 910-916.

Albach, H.: Das Management der Differenzierung, in: ZfB, H. 5 1990, S. 773-788.

Albers, S.; Eggert, K.: Kundenähe – Strategie oder Schlagwort?, in: Marketing ZFP, H. 1 1988, S. 5-16.

Alewell, K.; Rittmeier, B.: Dienstleistungsbetriebe als Gegenstand von Regionalförderungs-maßnahmen, Saarbrücken 1977.

Allen, C.; Kania, D.; Yaeckel, B.: Guide to One-To-One Web Marketing, New York 1998.

Ansoff, H.I.: Corporate Strategy, New York 1965.

Ansoff, H.I.: Management Strategie, München 1966.

Ansoff, H.I.: Strategies for Diversification, in: Harvard Business Review, H. 37 1957, S. 113-124.

Arnold, R.: Weiterbildung, München 1996.

Arnold, R.; Krämer-Stürzl, A.: Neuere Tendenzen in der Weiterbildung illustriert am Beispiel der betrieblichen Weiterbildung, in: GdWZ, H. 6 1995, S. 134-139.

Aschoff, U.: Weiterbildung von Führungskäften in kleineren und mittleren Unternehmen, in: Hilb, M.(Hrsg.) : Management der Human-Ressourcen, Neuwied 1998, S. 163-177.

Ashauer, G.: Weiterbildung, in: Kreklau, C.; Siegers, J. (Hrsg.): Handbuch der Aus- und Weiterbildung, Köln 1996, S. 1-17.

Assael, H.: Marketing Management, Boston 1985.

Aurich, W.; Schröder, H.U.: Unternehmensplanung im Konjunkturverlauf, München 1977.

Backhaus, K.: Industriegütermarketing, 5. Aufl. München 1997.

Backhaus, K.: Investitionsgütermarketing, 3. Aufl. München 1992.

Dahnmüller, R., u.a.: Qualifizierung und berufliche Weiterbildung als Gegenstand der Tarifpolitik, in: Gewerkschaftliche Bildungspolitik, H. 10 1992, S. 228-232.

Bailom, F.; Hinterhuber, H.H.; Matzler, K.; Sauerwein, E.: Das Kano-Modell der Kundenzufriedenheit, in: Marketing ZFP, H. 2 1996, S. 117-126.

Bain, J.S.: Industrial Organisation, 2. Aufl. New York 1968.

Barney, J.N.: Organizational Culture: Can it Be a Source of Sustaines Competitive Advantage?, in: Academy of Management Review, H. 11 1991, S. 656-665.

Baty, G.B.; Evan, W.M.; Rothermel, T.W.: Personnel Flows as Interorganizational Relations, in: Administrative Science Quarterly, H. 4 1971, S. 430-438.

Bauche, K.: Segmentierung von Kundendienstleistungen auf investiven Märkten, Frankfurt 1994.

Baumgarth, C.; Freter, H.; Schmidt, R.: Ingredient Branding, Arbeitspapier Siegen 1996.

Baumgartner, A.: Dienen und Dienstleistung: Theologische und sozialethische Perspektive, in: Meyer, A. (Hrsg.): Handbuch Dienstleistungs-Marketing, Stuttgart 1998, S. 23-32.

Becker, F. G.: Marketingorientierte Ausrichtung der Personalentwicklung in Dienstleistungsunternehmen am Beispiel von Finanzdienstleistern, in: Bruhn, M.(Hrsg.): Internes Marketing, Wiesbaden 1995, S. 393-413.

Becker, J.: Marketing-Konzeption, 4. Aufl. München 1992.

Becker, J.: Marketing-Konzeption, 6. Aufl. München 1998.

Becker, J.: Marketing-Konzeption, 6. Auflage München 1998.

Becker, J.: Steuerungsleistungen und Einsatzbedingungen von Marketingstrategien, in: Marketing ZFP, H. 3 1986, S. 189-198.

Becker, J.: Strategische Markenführung, in: Markenartikel, H. 8 1985, S. 404-411.

Becker, M.: Aufgaben und Organisation der betrieblichen Weiterbildung, 2. Aufl. München 1999.

Becker, M.: Personalentwicklung, Mainz 1992.

Beinlich G.: Geschäftsbeziehungen in der Vermarktung von Systemtechnologien, Trier 1996.

Belz, C.: Management von Geschäftsbeziehungen, St. Gallen 1998.

Belz, C.; Schuh, G.; Groß, S.A.; Reinecke, S.: Erfolgreiche Leistungssysteme in der Industrie, in: Belz, C. (Hrsg.): Industrie als Dienstleister, St. Gallen 1997, S. 22-46.

Benkenstein, M.: Strategisches Marketing, Stuttgart 1997.

Berekoven, L.: Der Begriff "Dienstleistung" und seine Bedeutung für eine Analyse der Dienstleistungsbetriebe, in: JAV, H. 4 1966, S. 314-326.

Berekoven, L.: Der Dienstleistungsbetrieb - Wesen - Struktur - Bedeutung, Wiesbaden 1974.

Berg, H.: Markteintrittsbarieren, potentelle Konkurrenz und wirksamer Wettbewerb, in: WiSt, H. 3 1978, S. 282-287.

Bergler, R.: Psychologie des Marken- und Firmenbildes, Göttingen 1963.

Bernatzeder, P.; Bergmann, G.: Qualität in der Weiterbildung sichern – aber wie?, in: Harvard Business Manager, H. 2 1997, S. 107-117.

Berndt, R.: Marketing 3, Berlin 1991.

Bernecker, M.: Den Erfolg der Bildungsmaßnahmen sichern, in: Seminarführer, H. 3 1998, S. 14-16.

Bernecker, M.: Grundlagen der Betriebswirtschaftslehre, München 1999.

Bernecker, M.: Grundlagen der Betriebswirtschaftslehre, München 1999.

Bernecker, M.: Instrumente des strategischen Bildungsmarketing, in: Geißler, K. A.; Looss, W. (Hrsg.): Handbuch Personalentwicklung, 45. Erg.-Lfg. Juni 1998, Köln 1998.

Bernecker, M.: Messung der Dienstleistungsqualität, in: Wicher, H. (Hrsg.): Betriebliches Qualitätsmanagment, Band 2, Ammersbek 1997, S. 187-206.

Bernecker, M.: Reklamations-Management im Marketing, in: Madel, M. (Hrsg.): Reklamations-Management für Führungskräfte, Niederkassel 1998, S. 111-122.

Bernecker, M.: Seminarkalkulation, in: Würtele, G.(Hrsg.): Management-Checklisten, Köln 1999, S. 1-28.

Berry, L.; Parasuraman, A.: Marketing Services, New York 1991.

Berthel, J.: Personal-Management, 6. Aufl. Stuttgart 2000.

Beywl, W.; Geiter, C.: Evaluation - Controlling - Qualitätsmanagement in der betrieblichen Weiterbildung. Kommentierte Auswahlbibliographie, 2. Aufl. Bielefeld 1997.

Bhardwaj, S.G.; Varadarajan, P.R.; Fahy, J.: Sustainable Competitive Advantage in Service Industries: A Conceptual Model and Research Propositions, in: JoM, H. 3 1993, S. 83-99.

Bieberstein, I.: Dienstleistungsmarketing, Ludwigshafen 1995.

Bielert, P.: Benchmarking von Qualitätsmanagementsystemen, in: : Wicher, H. (Hrsg.): Betriebliches Qualitätsmanagment, Band 2, Ammersbek 1997, S. 7-41.

Birkelbach, R.: Strategische Geschäftsfeldplanung im Versicherungssektor, in: Marketing ZfP, H. 2 1988, S. 231-239.

Birkenfeld, W.: Krise? Lernbereite Trainer haben jetzt ganz dicke Chancen, in: w&w, H. 2 1994, S. 22-25.

Bischoff, M.: Multivariable Zielsysteme in der Unternehmung, Meisenheim 1973.

Bitz, M.: Die Strukturierung ökonomischer Entscheidungsmodelle, Wiesbaden 1977.

Blaschke, K.; Plath, H.-E.; Nagel, E.: Konzepte und Probleme der Evaluation aktiver Arbeitsmarktpolitik am Beispiel Fortbildung und Umschulung, in: MittAB, H. 6 1992, S. 381-405.

Blümelhuber, C.: Über die Szenerie der Dienstleistung: Aufgaben, Wahrnehmungs- und Gestaltungsaspekte von Geschäftsräumen, in: Meyer, A. (Hrsg.): Handbuch Dienstleistungs-Marketing, Stuttgart 1998, S. 1194-1215.

BMBW (Hrsg.): Betriebliche Weiterbildung. Forschungsstand und Forschungsperspektiven, Bonn 1990.

Böhler, H.: Methoden und Modelle der Marktsegmentierung, Stuttgart 1977.

Bolz, J.: Standardisierungspotentiale der internationalen Marktbearbeitung, Münster 1991.

Bowen, D.E.; Lawler, E.E.: Empowerment im Dienstleistungsbereich, in: Meyer, A. (Hrsg.): Handbuch Dienstleistungs-Marketing, Stuttgart 1998, S. 1031-1044.

Bowersox, D.J.; Cooper, M.B.: Strategic Marketing Channel Management, New York 1992.

Brandt, J.: Controlling II: Weiterbildungs-Controlling, Konstanz 1994.

Brassington, F.; Pettitt, S.: Principles of Marketing, London 1997.

Brauchlin, E.; Wehrli, H.P.: Strategisches Management, München 1991.

Braunschweig, E.: Werbewirkungsmodelle - planungsgerecht?, in: Vierteljahreshefte für Mediaplanung, H. 1 1981, S. 2-5.

Brockhoff, K.: Produktpolitik, 3. Aufl. Stuttgart 1993.

Brödel, R.: Lebenslanges Lernen - lebensbegleitende Bildung, in: Brödel, R. (Hrsg.): Lebenslanges Lernen - lebensbegleitende Bildung, Neuwied 1998, S. 1-25.

Bronner, R.; Schröder, W.: Weiterbildungserfolg: Modelle und Beispiele systematischer Erfolgssteuerung, München 1983.

Bruder, W.: Anforderungen an die betriebliche Ausbildung, Mannheim 1979.

Bruhn, M.: Beschwerdemanagement, in: Harvard Manager, H. 3 1986, S. 104-108.

Bruhn, M.: Kommunikationspolitik, München 1997, S. 718;

Bruhn, M.: Social Marketing, 2. Aufl. Stuttgart 1994.

Bruhn, M.; Bunge, B.: Beziehungsmarketing - Neuorientierung für Marketingwissenschaft und -praxis?; in: Bruhn, M.; Meffert, H.; Wehrle, F. (Hrsg.): Marktorientierte unternehmensführung im Umbruch, Stuttgart 1994, S. 41-84.

Bruhn, M.; Tilmes, J.: Social Marketing, 2. Aufl. Stuttgart 1994.

Brunold, H.: Budgetierung von Weiterbildungskursen, in: GdWZ, H.6. 1995, S. 285-286.

Buchholz, W.: Time-to-market-Management, Stuttgart 1996.

Bullinger, H.J.; u.a.: Medienintegration, in: Office Management, H. 6 1992, S. 6-8.

BUVEP (Hrsg.): Bildungsurlaub: Angebotsplanung und Teilnehmermotivation, Endbericht Band II, Heidelberg 1979.

BUVEP (Hrsg.): Bildungsurlaub: Teilnehmerwerbung und Nacharbeit, Endbericht Band III, Heidelberg 1979.

Buzzell, R.D.; Ortmeyer, G.: Channel Partnerships Streamline Distribution, in: Sloane Management Review, H. 3 1995, S. 85-96.

Buzzell, R.D.; Quelch, J.A.: Multinational Marketing Management, Reading 1988.

Carl, V.: Problemfelder des internationalen Managements, München 1989.

Carp, H.J.: Der Transformationsprozeß in Dienstleistungsunternehmen, Berlin 1974.

Carpenter; G.S.; Nakamoto, K.: Consumer Preference Formation and Pionieering Advantage, in: JoMR, H. 3 1989, S. 285-298.

Chisnall, P.E.: Strategic Industrial Marketing, New York 1985.

Clark, C.: The Conditions of Economic Progress, London 1957.

Coenenberg, G.A.: Kostenrechnung und Kostenanalyse, Landsberg 1997.

Combe, A.; Petzhold, H.-J.: Bildungsökonomie - Eine Einführung, Köln 1977.

Corey, R.E.: Marketing Strategy - An Overview, in: Dolan, R.J. (Hrsg.): Strategic Marketing Management, Boston 1991, S. 69-89.

Corsten, H.: Betriebswirtschaftslehre der Dienstleistungsunternehmen. Eine Einführung, 2. Aufl. München 1990.

Corsten, H.; Stuhlmann, S.: Kapazitätsmanagement von Dienstleistungs-Anbietern, in: Meyer, A. (Hrsg.): Handbuch Dienstleistungs-Marketing, Stuttgart 1998, S. 483-490.

Corsten, H.; Will, T.: Das Konzept generischer Wettbewerbsstrategien – Kennzeichen und kritische Analyse, in: WISU, H. 3 1992, S. 185-191.

Cramer, B.: Marketing für innerbetriebliche Weiterbildungsleistungen, Frankfurt 1987.

Crawford, C. M.: New Products Management, Homewood 1983.

Cross, J.C.; Walker, B.J.: Service Marketing and Franchising: A Practical Business Marriage, in: Business Horizont, H. 30 1987, S. 50-58.

Czepiel, J.A.; Rosenberg, L.J.: The Study of Conumer Satysfaction: Adressing „So What" Questions, in: Hunt, H.K.(Hrsg.): Conceptualisation and Measurement of Consumer Satisfaction and Dissatisfaction, Cambridge 1977, S. 93-100.

Czisnik, U.: Ermittlung des Weiterbildungsbedarfs, in: Grundlagen der Weiterbildung - Praxishilfen, Register 4.50.40, Neuwied 1990.

DAAD (Hrsg.): Internationales Hochschulmarketing, Bonn 1999.

Dalrymple, D.J.; Parsons, L.J.: Marketing Management, New York 1980.

Daudel, S.; Vialle, G.: Yield-Management, Frankfurt 1992.

Davenport, T.H.: Process innovation. Reengineering work through information technology, Boston 1993.

David, F.R.: Strategic Management, 5. Aufl. Englewood Cliffs 1995.

Delmhorst, M.; Häuser, J.: Ohne klares Profil kein Profit, in: w&w, H. 2 1994, S. 26-29.

Demmer, C.; Gotta, F.: Berufsziel lebenslanges Lernen: Persönliche Qualifizierungsstrategien, in: Graf, J. (Hrsg.): Seminare 96, Bonn 1995, S. 47-51.

Deutsch, K.J.; u.a.: Gewinnen mit Kernkompetenzen. Die Spielregeln des Marktes neu definieren, München 1997.

Deutscher Bildungsrat (Hrsg.): Strukturplan für das Bildungswesen, Stuttgart 1972.

Diller, H.: Beziehungsmanagement, in: Tietz, B. (Hrsg.): Handwörterbuch des Marketing, 2. Aufl. Stuttgart 1995, Sp. 285-300.

Diller, H.: Preispolitik, 2. Aufl. Stuttgart 1991.

Diller, H.; Kusterer, M.: Beziehungsmanagement, in: Marketing ZFP, H. 3 1988, S. 211-220.

Diller, H.; Müllner, M.: Kundenbindungsmanagement, in: Meyer, A. (Hrsg.): Handbuch Dienstleistungs-Marketing, Stuttgart 1998, S. 1220-1240.

Dixit, A.K.; Nalebuff, B.J.: Spieltheorie für Einsteiger, Stuttgart 1997.

Döring, P.A.: Erfolgskontrolle betrieblicher Bildungsarbeit, Frankfurt 1973.

Döttlinger, D.: Suchkritierien im Dschungel der Seminarvielfalt, in: Congress & Seminar, H. 2 1989, S. 24-25.

Drumm, H.J.: Personalwirtschaftslehre, 2. Aufl. Berlin 1992.

Durö, R.; Sandström, B.: Marketing-Kampf-Strategien, Landsberg am Lech 1986.

Eckhard, W.: Bildungsökonomie, Entwicklung - Modelle - Perspektiven, Berlin 1978.

Ehrmann, C.: Weiterbildung ist eine Messe wert, in: GdWZ, H. 3 1991, S. 118-121.

Eick, J.: Dienstleistungen, in: von Beckerath, E. (Hrsg.): HdSW Band 12, Stuttgart 1965, S. 550-559.

Engel, J. E.; Fiorillo, H. F.; Cayley, M. A. (Hrsg.): Market Segmentation. Concepts and Applications, New York 1972.

Engel, J. F.; Kollat, D. T.; Blackwell, R. D.: Consumer Behavior, 2. Aufl. New York 1973.

Engelhardt, W. H.; Paul, M.: Dienstleistungen als Teil der Leistungsbündel von Investitionsgüter-Herstellern, in: Meyer, A. (Hrsg.): Handbuch Dienstleistungs-Marketing, München 1998, S. 1323-1341.

Engelhardt, W.; u.a.: Dienstleistungen als Absatzobjekt, Arbeitsbericht Nr. 52 des Institutes für Unternehmensführung und Unternehmensforschung, Bochum 1992.

Entgelter, K.A.: Das Rationalisierungspotential im Dienstleistungsbereich, Frankfurt 1979.

Erbslöh, F. D.: Wissenschaftliche Weiterbildung im Spannungsfeld freier Träger und staatlicher Hochschulen, in: GdWZ, H. 5 1995, S. 267-270.

European Foundation for Quality Management (Hrsg.): Selbstbewertung 1998 – Richtlinien für Unternehmen, Brüssel 1998.

Falk, B. (Hrsg.): Dienstleistungsmarketing, Landsberg 1980.

Falk, R.: Bildungsmarketing, in: Geißler, Loos, (Hrsg.): Handbuch der Personalentwicklung, 35. Erg.-Lfg. Köln 1996.

Faßnacht, M.: Preisdifferenzierung bei Dienstleistungen, Wiesbaden 1996, S. 55.

Felder, P.: Höhenflug durch ISO-Norm?, in: w&w, H. 3 1997, S. 12-17.

Felser, G.; Kaupp, P.; Pepels, W.: Käuferverhalten, Köln 1999.

Fett, J.: Die Mehr-Wert Strategie, Landsberg 1999.

Fey, C.: Multimedia im Marketing - Möglichkeiten und Grenzen, Siegen 1995.

Fischer, A.; Weber, K.: Über den Preis des Kostenbewußtsein, in: GdWZ, H. 6 1996, S. 249-251.

Fisher, A. G.: The Class of Progress and Security, London 1935.

Fleck, A.: Hybride Wettbewerbsstrategien: Zur Synthese von Kosten- und Differenzierungs-vorteilen, Wiesbaden 1995.

Flohr, B.; Niederfeichtner, F.: Zum gegenwärtigen Stand der Personalentwicklungsliteratur: Inhalte, Probleme und Erweiterungen, in: Kossbiel, H. (Hrsg.): Personalentwicklung, Wiesbaden 1982. S. 40-54

Florin, G.: Strategiebewertung auf der Ebene der Strategischen Geschäftseinheiten, Frankfurt 1988.

Foerster, H. von: Wissen und Gewissen, Frankfurt 1993.

Fourastié, J.: Die große Hoffnung des zwanzigsten Jahrhunderts, 2. Aufl. Köln 1969.

Franke, H.: Problemlösen in Gruppen, 3. Aufl. Leonberg 1998.

Franz, O.; Bernecker, M.: Allgemeine Volkswirtschaftslehre, München 1999.

Freemann, R.E.: Strategic Management - A Stakeholder Approach, London 1984.

Freise, E.B.: Handliche Theorie: Basis erfolgreicher Hotel-PR, in: w&w, H. 6 1992, S. 52-57

Freise, E.B.: Ziel: Alleinstellung in einem riesigen atomisierten Markt, in: w&w, H. 6 1992, S. 36-40.

Freter, H.: Kunden-Portfolio-Analyse. Aussagewert für das Investitionsgütermarketing, Arbeitspapier des Lehrstuhl für Marketing der Universität Siegen, Siegen 1992.

Freter, H.: Marktsegmentierung, Stuttgart 1983.

Friedman, L. G.: Furey, T. R.: The Chanel Advantage, Oxford 1999.

Fritsch, M.: Führungskräftefortbildung bei innovationsorientierter Unternehmensführung, Frankfurt 1985.

Fronhoff, B.: Die Gestaltung von Marketingstrategien, Bergisch Gladbach 1986.

Fröschl, F.: Auf Unternehmer gesetzt, in: FAZ v. 7.7.1997, S. 25.

Frost, U.: Gegen den Ausverkauf des Bildungsanspruchs, in: GdWZ, H. 1 1996, S. 26-28.

Gabele, E.: Betriebliche Bildung im Wandel, in: WISU, H. 11 1982, S. 307-311.

Gaumann, J.: Die Dienstleistungsmarke, München 1983.

Gaumann, J.: Die Dienstleistungsmarke. Ein neuer Markentypus aus absatzwirtschaftlicher Sicht, in: Markenartikel, H. 12 1984, S. 607-610.

Geißler, H.: Bildungsmarketing – zur Pädagogisierung von Marketing, in: GdWZ, H. 2 1991, S. 149-154.

Geißler, H.: Weiterbildungsmarketing, Neuwied 1997.

Geißler, K.: Schlußsituationen. Die Suche nach dem guten Ende, Weinheim 1992.

Geißler, K.A.; Ortey; F.M.: Der große Zwang zur kleinen Freiheit, Stuttgart 1998.

Gemünden, H. G.: Erfolgsfaktoren des Projektmanagements - eine kritische Bestandsaufnahme der empirischen Untersuchungen, in: Projektmanagement, H. 1 1990, S. 4-15.

Gemünden, H.G.; Walter, A.: Der Beziehungspromotor, in: ZfB, H. 9 1995, S. 971-986.

Gerhard, R.: Bedarfsermittlung in der Weiterbildung. Eine Handreichung, Hannover 1992.

Gestmann, M.: Marketing ist Gold wert, in: Managerseminare, H. 3 2000, S. 65-68.

Ghemawat, P.: Building Strategy on the Experience Curve, in: Harvard Business Review, H. 2 1995, S. 431-149.

Gidion, G.: Handbuch Weiterbildungsberatung für berufstätige Frauen sowie kleine und mittlere Unternehmen, Bielefeld 1995.

Gilbert, X.; Strebel, P.: From Innovation to Outpacing, in: Business Quarterly, H. 54 1998, S. 19-22.

Gilbert, X.; Strebel, P.: Strategies to outpace the competition, in: Journal of Business Strategy, H. 1 1987, S. 28-36.

Glaserfeld, E. von: Radikaler Konstruktivismus, Frankfurt 1997.

Gluminski, I.; Stangel-Meseke, M.: Der handlungstheoretische Ablaufplan – Eine Strukturierungshilfe für Fragen der betrieblichen Bildungsbedarfsanalyse, in: ZfP, H. 1 1993, S. 30-63.

Gomez, P.; Probst, G.J.: Die Praxis des ganzheitlichen Problemlösens, Bern 1995.

Gordon, G.L.; u.a.: Mature Markets and Revitalization Strategies, in: Business Horizons, Mai/Juni 1991, S. 42. H. ? S.

Gordon, I.: Relationship Marketing, Toronto 1998.

Görgens, E.: Die Drei-Sektoren-Hypothese, in: WISU, H. 4 1975, S. 287-292.

Goslich, L.: Schulungen wie Hamburger verkaufen, SZ v. 25.1.1997, S. 15.

Graf, J.: Trendanalyse 98: Quo vadis, Weiterbildung?, in: Graf, J. (Hrsg.): Seminare 99, 10. Aufl. Bonn 1999, S. 9-16.

Grahamer D.: Anleitung und Checklisten zur Konkurrenz-Beobachtung und Konkurrenz-Analyse, Berlin 1984.

Graßy, O.: Industrielle Dienstleistungen - Diversifikationspotentiale für Industrieunternehmen, München 1993.

Graumann, J.: Die Dienstleistungsmarke, in: Markenartikel, H. 12 1984, S. 607-610.

Gröne, A.: Marktsegmentierung bei Investitionsgütern, Wiesbaden 1977.

Grönroos, C.: Die Herausforderung im Dienstleistungswettbewerb - Wirtschaftlichkeits-vorteile durch guten Service, in: Bruhn, M.; Stauss, B. (Hrsg.): Dienstleistungsqualität, 2. Aufl. Wiesbaden 1995, S. 65-79.

Grönroos, C.: Relationship Approach to Marketing in Service Contexts: The Marketing and Organizational Behavior Interface, in: JoBR, H. 1 1990, S. 3-11.

Grönroos, C.: Relationship Marketing, in: Sheth, J.A.; Söllner, A. (Hrsg.): Development, Management und Governance of Relationships, Proceedings of 1996 International Conference on Relationship Marketing, Berlin 1996, S. 313-319.

Grönroos, C.: Service Management and Marketing, Lexington 1990.

Grönroos, C.: Strategic Management and Marketing in the Service Sector, Helsingfors 1982.

Gross, T.S.: Wovon Kunden träumen, Landsberg 1999.

Gugelmann, E.: Vertrauensmarketing der Migros, in: Belz, C. (Hrsg.): Realisierung des Marketing, St. Gallen 1986, S. 1035-1049.

Hackstein, R.; Nüssgen, K.H.; Uphus, P.H.: Personalwesen in systemorientierter Sicht, in: Fortschrittliche Betriebsführung, H. 2 1972, S. 85-89.

Hädrich, G.; Barthenheier, G; Kleinert, H. (Hrsg.): Öffentlichkeitsarbeit. Dialog zwischen Institutionen und Gesellschaft, Berlin New York 1982.

Haeberlin, F.: Marketing für Erwachsenenbildung, in: Sarges, W.; Haeberlin, F. (Hsrg.): Marketing für Erwachsenenbildung, Hannover 1980, S. 7-34.

Haedrich, G.: Tomczak, T.: Strategische Markenführung, Stuttgart 1990.

Haedrich, G.; Tomczak, T.: Produktpolitik, Stuttgart 1996.

Hahn, D.: Führungsaufgaben bei schrumpfendem Absatz, in: ZfbF, H. 1981, S. 1085-1097.

Hahn, D.: Unternehmensziele im Wandel, in: Hahn, D.; Taylor, B.(Hrsg.) : Strategische Unternehmensplanung – strategische Unternehmensführung, Heidelberg 1997, S. 303-323.

Hahn, D.: Zweck und Entwicklung der Portfolio-Konzepte in der strategischen Unternehmensplanung, in: Hahn, D.; Taylor, B. (Hrsg.): Strategische Unternehmensplanung - strategische Unternehmensführung, 7. Aufl. Heidelberg 1997, S. 360-381.

Hamel, G.: Strategy as Revolution, in: Harvard Business Review, Juli/August 1996, S. 69-83.

Hammer, M.; Champy, J.: Business reengineering, 2. Aufl. Frankfurt 1994.

Hansen, U.: Absatz- und Beschaffungsmarketing des Einzelhandels, 2. Aufl. 1990.

Hansen, U.; Leitherer, E.: Produktpolitik, 2. Aufl. Stuttgart 1984.

Harny, K.: Krise öffentlicher Trägerschaft in der Weiterbildung: Betrieblichkeit als Referenzproblem, in: Brödel, R. (Hrsg.): Lebenslanges Lernen - lebensbegleitende Bildung, Neuwied 1998, S. 184-195.

Hartge, T.: PR-Arbeit als ein "schönes i-Tüpfelchen", in: w&w, H.6 1992, S. 42-44.

Haselbeck, F.: Bildung als Erfolgs- und Wettbewerbsfaktor, in: Geißler, H. (Hrsg.): Bildungsmarketing, Frankfurt 1993, S. 181-185.

Hatten, K.J.; Hatten, M.L.: Effective Strategic Management, Englewood Cliffs 1988.

Hauer, C.; Lühring, N.; Dresen, H.: Servicequalität und Kundenzufriedenheit - Ansätze zur Operationalisierung, in: Wiecher, H. (Hrsg.): Betriebliches Qualitätsmanagement, Ammersbek bei Hamburg 1997, S. 223-251.

Hauschildt, J.: Innovationsmanagement, 2. Aufl. München 1997.

Heberer, J.; Grap, R.: Betriebliche Weiterbildung in kleinen und mittelständischen Unternehmen, 2. Aufl. Herzogenrath 1996.

Heger, H.: Dozentendatenbanken im Internet, in: Seminarführer, H. 2 1998, S. 12-16.

Heibutzki, H.J.: Die unerträgliche Leichtigkeit des Scheins, in: Managerseminare, H. 1 1998, S. 34-41.

Helmer, E.: Kooperationen in der Erwachsenenbildung: Determinanten, Ausprägungen und Leistungen, Opladen 1978.

Henderson, B.D.: Die Erfahrungskurve in der Unternehmensstrategie, Frankfurt 1974.

Henderson, B.D.: The Anatomy of Competition, in: JoM, H. 3 1983, S. 7-14.

Hentschel, B.: Beziehungsmarketing, in: WISU, H. 1 1991, S. 25-28.

Henzler, H.: Strategisches Marketing als Impulsgeber für die 80er Jahre. in: ZfbF Sonderheft. 11 1980, S. 70-86.

Hermann, A.: Produktmanagement, München 1998.

Heskett, J.L.: Management von Dienstleistungsunternehmen, Wiesbaden 1988.

Heskett, J.L.: Managing in the Service Economy, Boston 1986.

Heß, G.: Marktsignale und Wettbewerbsstrategien, Stuttgart 1991.

Hill, D. J.: Satisfaction and Consumer Services, in: Lutz, R.J. (Hrsg.): Advances in Consumer Research, 1986, S. 311-315.

Hill, D.; Ghandi, N.: Services Advertising. A Framework to its Effectiveness, in: Journal of Services Marketing, H. 6 1992, S. 63-76.

Hill, W.: Der Stellenwert der Unternehmensberatung für die Unternehmensführung, in: DBW, 1990, S. 171-180.

Hinder, W.: Strategische Unternehmensführung in der Stagnation, München 1986.

Hinder, W; Bartosch, S.: Strategisches Wettbewerbsverhalten in stagnierenden Märkten, Frankfurt 1987.

Hinterhuber, H. H.; Thom, N.: Innovationen im Unternehmen, in: Literatur Berater Wirtschaft, H. 2 1979, S. 13-19.

Hinterhuber, H.H.: Strategische Unternehmensführung, 3. Aufl. Berlin 1984.

Hinterhuber, H.H.: Strategische Unternehmensführung, 5. Aufl. Berlin 1992.

Hinterhuber, H.H.: Strategische Unternehmensführung. Band 1: Strategisches Denken, 5. Aufl. Berlin 1992.

Hinterhuber, H.H.; Handlbauer, G.; Matzler, K.: Kundenzufriedenheit durch Kernkompetenzen, München 1997.

Hirn, W.: Verdi-didi-vici, in: manager magazin, H. 11 1999, S. 237-243.

Hirsch, J.: Direktmarketing für Seminaranbieter, Ettlingen 1995.

Hoehne, J.: Projektphasen und -lebenszyklus, in: RKW (Hrsg.): Projektmanagement Fachmann, 5. Aufl. Düsseldorf 1999, S. 217-246.

Höffer-Mehlmer, M.: Programmplanung und -organisation, in: Tippelt, R. (Hrsg.): Handbuch Erwachsenenbildung/Weiterbildung, Opladen 1994, S.629-639.

Hofmann, L.: Brief und Siegel für Qualität in der Weiterbildung, in: GdWZ, H. 3 1995, S. 146-150.

Hölterhoff, H.; Becker, M. K.: Aufgaben und Organisation der betrieblichen Weiterbildung. München, Wien 1986.

Holzer, A.: Innerbetriebliches Bildungsmarketing aus der Ersten Österreichischen Spar-Casse-Bank, in: Geißler, H. (Hrsg.): Bildungsmarketing, Frankfurt 1993, S. 263 - 267.

Homburg, C.; Werner, H.: Messung und Management von Kundenzufriedenheit, in: Marktforschung & Management, H. 4 1998, S. 131-135.

Hopfenbeck, W.: Allgemeine Betriebswirtschafts- und Managementlehre, 8. Aufl. Landsberg 1994.

Hungenberg, H.: Planung eines Führungskräfteentwicklungssystems, Gießen 1990.

Hunziker, R.: Die soziale Verantwortung der Unternehmung, Bern 1980.

Huth, R.; Pflaum, D.: Einführung in die Werbelehre, 6. Aufl. Stuttgart 1996.

Immel, S.: Bildungsökonomische Ansätze von der klassischen Nationalökonomie bis zum Neoliberalismus, Frankfurt 1994.

Jain, S.C.: Marketing Planning and Strategy, 2. Aufl. Cincinnati 1985.

James, B.G.: Kampfstrategien für das Unternehmen, Landsberg am Lech 1986.

Janisch, M.: Das strategische Anspruchsgruppenmanagement, Bern 1993.

Joas, A.: Konkurrenzforschung als Erfolgspotential im strategischen Marketing, Augsburg 1990.

Johannsen, U.: Das Marken- und Firmen-Image. Theorie, Methodik, Praxis, Berlin 1971.

Johnson, E.M.; Scheuing, E.E.; Gaida, K.A.: Profitable Service Marketing, Homewood 1986.

Johnson, G.; Scholes, K.: Exploring Corporate Strategy, Englewood Cliffs 1993.

Johnston, W.J.; Bonoma, T.V.: The Buying Center: Structure and Interaction Patterns, in: JoM, H. 2 1981, S. 143-156.

Jones, M. H.: Executive decision making, Homewood 1957.

Kaak, A.: Überlegungen zum Outsourcing von Dienstleistungen in einem Industriebetrieb, Marburg 1997.

Kailer, N.: Bildungsmanagement von Weiterbildungsträgern für kleine und mittlere Unternehmen, in: Geißler, H.; vom Bruch, T.; Petersen, J. (Hrsg.): Bildungsmanagement, Frankfurt 1994, S. 77-91.

Kailer, N.: Bildungsmanagement von Weiterbildungsträgern für kleine und mittlere Unternehmen, in: Geißler, K. u.a.(Hrsg.): Bildungsmanagement, Frankfurt 1994. S. 77-91.

Kailer, N.: Neue Dienstleistungen erfordern neue Strategien des Bildungsmanagements, in: GdWZ, H. 6 1995, S. 322-326.

Kaplan, R.B.; Murdock, L.: Core process redesign, in: McKinsey Quarterly 1991, H. 2, S. 27-43.

Kaufmann, E. J.: Marketing für Produktivdienstleistungen, Frankfurt 1977.

Kegelmann, M.: CERTQUA: Zertifizierung von Qualitätsmanagementsystemen, in: GdWZ, H. 3 1995, S. 143-145.

Kellner, K.: Die räumliche Gliederung der BRD nach marketing-strategischen

Grundsätzen, Nürnberg 1990.

Kempkes, H.G.: Teilnehmerorientierung in der Erwachsenenbildung, Frankfurt 1987.

Kern, W.: Die Messung industrieller Fertigungskapazitäten und ihre Ausnutzung, Opladen 1962.

Kern, W.; Schröder, H. H.: Forschung und Entwicklung in der Unternehmung, Reinbeck 1977.

Kirmair, J.: Der Geist der Outdoors, in: Managerseminare, H 3 1995, S. 47-49.

Kirsch, W.; Bruder, W.; Gabele, E.: Personalschulung. Empirische Perspektiven der betrieblichen Curriculumplanung, München 1976.

Kleinaltenkamp, M.: Typologien von Business-to-Business-Transaktionen – kritische Würdigung und Weiterentwicklung, in: Marketing ZFP, H. 16 1994, S. 77-88.

Kleinaltenkamp, M.; Jacob, F.: Gestaltung des Leistungsprogramms, in: Kleinaltenkamp, M.; Plinke, W. (Hrsg.): Technischer Vertrieb, Berlin 1995, S. 703-744.

Kleinert, H.: Das Instrumentarium des Tourismusmarketing und der Fremdenverkehrsplanung: Kommunikationspolitik, in: Haedrich, G.: (Hrsg.) Tourismus-Management, Berlin New York 1983, S. 287-300.

Knigge, J.: Franchising, in: Tietz, B. (Hrsg.): Handwörterbuch des Marketing, 2. Aufl. Stuttgart 1995, Sp. 701-710.

Knoblauch, R.: Der blinde Fleck des TQM, in: Lernfeld Betrieb, H. 3 1993, S. 34-35.

Koch, H.: Integrierte Unternehmensplanung, Wiesbaden 1982.

Köhler, R.: Absatzorganisation, in: Köhler, R. (Hrsg.): Beiträge zum Marketing-Management, 3. Auflage Stuttgart 1993, S. 279-297.

Koppelmann, U.: Produktmarketing, 5. Aufl. Berlin 1997.

Korndörfer, W.: Unternehmensführungslehre, 7. Aufl. Wiesbaden 1989.

Kotler, P.: Marketing Management, 6. Aufl. Englewood Cliffs 1988.

Kotler, P.: Marketing-Management, Analyse, Planung und Kontrolle, Stuttgart 1982.

Kotler, P.: Phasing out weak Products, in: Harvard Business Review, H. 2 1965, S. 107-118.

Kotler, P.: Principles of Marketing, 3. Aufl. Englewood Cliffs 1986.

Kotler, P.; Bliemel, F.: Marketing Management, 9. Aufl. Stuttgart 1999.

Kreilkamp, E.: Strategisches Management und Marketing, Berlin 1987.

Kreutzer, R.: Global Marketing - Konzeption eines länderübergeifenden Marketing, Wiesbaden 1989.

Kron, F.W.: Grundwissen Didaktik, München 1993.

Kronenthaler, A.; Kallenbach, I.; Reller, G.: Handelsgesellschaft Heinrich Heine GmbH, in: Bolender, S. (Hrsg.): Managementtrainer, Frankfurt 1998, S. 145-150.

Krug, P.: Qualitätssicherung in der Weiterbildung, in: GdWZ, H. 6 1995, S. 313-315.

Krups, M.: Marketing innovativer Dienstleistungen am Beispiel elektronischer Informations-dienste, Frankfurt 1985.

Kuntz, B.: Die Katze im Sack verkaufen, in: Seminarführer, H. 2 1998, S. 46-48.

Kuntz, B.: Marketing für Tagungshotels: Alles dasselbe?, in: IQ, H. 5 1998, S. 11-14.

Kuntz, B.: Zukunftsmarkt Kundenseminare, in: IQ, H. 6 1998, S. 27-29.

Kuschnereit, K.: Das (Bildungs-) Management eines Bildungsunternehmens - Die FAA und ihre 26 Niederlassungen, in: Geißler, H.; vom Bruch, T.; Petersen, J. (Hrsg.): Bildungsmanagement, Frankfurt 1994, S. 73-76.

Kvech, C.: Öffentlichkeitsarbeit für Weiterbildungsanbieter, in: GdWZ H. 2 1991, S. 145-147.

LAAW (Hrsg.): Neue Impulse für die Weiterbildung, Freiburg 1994.

Lambin, J.J.: Strategisches Marketing, Hamburg 1987.

Landsberg, G.; Weiß, R.: Bildungscontrolling, Stuttgart 1992.

Langeard, E.: Grundfragen des Dienstleistungsmarketing, in: Marketing ZFP, H. 4 1981, S. 233 - 240.

Langner, H.: Kundenbindung, in: Planung und Analyse, H. 3 1995, S. 9-12.

Layer, M.: Kapazität- Begriff, Arten und Messung; in: Kern, W.(Hrsg.): HdWB d. Produktionswirtschaft, Stuttgart 1979, Sp. 872-876.

Levitt, T.: Marketing Imagination, Landsberg 1984.

Likert, R.: The human organisation: Its management and value, New York 1967.

Lipsmeyer, A.: Die didaktische Struktur des beruflichen Bildungswesens, in: Lenzen, D.: Enzyklopädie Erzeihungswissenschaften, Band 9.1, Stuttgart 1992, S. 227-249.

Loeber, H.-D.: Lerneinheit Teilnehmervoraussetzungen, in: Brokmann-Nooren, C.; Grieb, I.; Raapke, H.-D. (Hrsg.): Handreichungen für die nebenberufliche Qualifizierung in der Erwachsenenbildung, Bonn 1994, S. 225-270.

Lovelock, C.H.: Managing Services, Englewood Cliffs 1988.

Löwe, H.: Einführung in die Lernpsychologie des Erwachsenenalters, Berlin 1970.

Ludwig, E.: Markenmanagement für Dienstleistungen, St. Gallen 1998.

Luhmann, N.: Sozialisation und Erziehung, in: Rotthaus, W. (Hrsg.): Erziehung und Therapie in systemischer Sicht, Dortmund 1987, S.77-89.

Luhmann, N.: Die Gesellschaft der Gesellschaft, Frankfurt 1997.

Luhmann, N.: Die Wissenschaft der Gesellschaft, Frankfurt 1990.

Luhmann, N.: Vertrauen - Ein Mechanismus zur Reduktion sozialer Komplexität, Stuttgart 1968.

Maddox, L.; Graf, L.: Multi-media-marketing in the USA, in: Hünerberg, R.; Heise, G. (Hrsg.): Multi-Media und Marketing, Wiesbaden 1995, S. 149.

Mager, R.F.: Lernziele und programmierter Unterricht, Weinheim 1971.

Maisberger, P.: Marketing für Non-Profit-Organisationen, in: GdWZ, H. 2 1991, S. 121-125.

Maisberger, P.: Der Schritt ins Rampenlicht, in: Managerseminare, H. 36 1999, S. 50-56.

Malcher, W.: Möglichkeiten zur Ermittlung des Weiterbildungsbedarfs im Betrieb, Köln 1980.

Maleri, R.: Grundlagen der Dienstleistungsproduktion, Berlin 1994.

Mattmüller, R.: Marketing-Prognosen für den Handel, Augsburg 1990.

Mattmüller, R.; Killinger, S.: Filialisierung und Franchising von Dienstleistungsbetrieben, in: Meyer, A. (Hrsg.): Handbuch Dienstleistungs-Marketing, München 1998, S. 563-588.

Mattmüller, R.; Tuner, R.: Diversifikation-, Reduktions- und Konversionsstrategie von Dienstleistungsanbietern, in: Meyer, A. (Hrsg.): Handbuch Dienstleistungs-Marketing, Stuttgart 1998, S. 590-606.

Mattson, B.E.: Spotting a Market Gap for a New Product, in: Long Range Plannung, H. 1 1985, S. 173-181.

Mayer, A.; Ertl, R.: Marktforschung von Dienstleistungs-Anbietern, in: Meyer, A. (Hrsg.): Handbuch Dienstleistungs-Marketing, Stuttgart 1998, S. 203-247.

Meffert, H.: Dienstleistungsphilosophie und -kultur, in: Mayer, A.(Hrsg.): Handbuch Dienstleistungs-Marketing, Stuttgart 1998, S. 122-138.

Meffert, H.: Marketing Management, Wiesbaden 1994.

Meffert, H.: Marketing Management, Wiesbaden 1994.

Meffert, H.: Marketing, 8. Aufl. Wiesbaden 1997.

Meffert, H.: Marktorientierte Führung von Dienstleistungsunternehmen - Neuere Entwicklungen in Theorie und Praxis, in: DBW, H. 4 1994, S. 519-541.

Meffert, H.: Qualität als Wettbewerbsfaktor, in: Preßmar, D. (Hrsg.): Total Quality Management, Wiesbaden 1995, S. 19-35.

Meffert, H.; Bruhn, M.: Beschwerdeverhalten und Zufriedenheit von Konsumenten, in: DBW, H. 4 1981, S. 597-613.

Meffert, H.; Bruhn, M.: Dienstleistungsmarketing, Wiesbaden 1995.

Meffert, H.; Bruhn, M.: Dienstleistungsmarketing, Wiesbaden 1995.

Meister, U.; Meister, H.: Kundenzufriedenheit im Dienstleistungsbereich, 2. Aufl. München 1998.

Mellerowicz, K.: Markenartikel. Die ökonomischen Gesetze ihrer Preisbildung und Preisbindung, 2. Aufl. München 1964.

Mentzel, W.: Personalentwicklung, Freiburg 1980.

Merx, K.; Bötel, C.: Qualität in der beruflichen Bildung - ein sächsisches Markenzeichen, Hannover 1997.

Meurer, J.: Führung von Franchisesystemen – Führungstypen – Einflußfaktoren – Verhaltens- und Erfolgswirkung, Wiesbaden 1997.

Meyer, A.: Dienstleistungsmarketing, 8. Aufl. 1998.

Meyer, A.: Produktdifferenzierungen durch Dienstleistungen, in: Marketing ZFP, H. 2 1985, S. 99-107.

Meyer, A.; Blümelhuber, C.: „No Frills" - oder wenn auch für Dienstleister gilt: „Less is more", in: Meyer, A. (Hrsg.): Handbuch Dienstleistungs-Marketing, Stuttgart 1998, S. 736-745.

Meyer, A.; Blümelhuber, C.: Dienstleistungs-Design, in: Meyer, A.(Hrsg.): Handbuch Dienstleistungs-Marketing, Stuttgart, München 1998, S. 912-940.

Meyer, A.; Dornach, F.: Branchenübergreifendes Benchmarking für Dienstleistungsanbieter aus Kundensicht - Das Beispiel „Das Deutsche Kundenbarometer" - Qualität und Zufriedenheit, in: Meyer, A.(Hrsg.): Handbuch Dienstleistungs-Marketing, Stuttgart 1998, S. 247-262.

Meyer, A.; Dullinger, F.: Leistungsprogramm von Dienstleistungs-Anbietern, in: Meyer, A. (Hrsg.): Handbuch Dienstleistungs-Marketing, Stuttgart 1998, S. 711-736.

Meyer, A.; Ertl, R.: Marktforschung von Dienstleistungsanbietern, in: Meyer, A.(Hrsg.): Handbuch Dienstleistungs-Marketing, Stuttgart 1998, S. 204-246.

Meyer, A.; Oppermann, K.: Bedeutung und Gestaltung des internen Marketing, in: Meyer, A. (Hrsg.): Handbuch Dienstleistungs-Marketing, Stuttgart 1998, S. 992-1009.

Meyer, J.-A.: Public Relations, in: Tietz, B.; Köhler, R.; Zentes, J.(Hrsg.): Handwörterbuch des Marketing, Stuttgart 1995, Sp. 2195-2203.

Meyer, P.W.: Integrierte Marketingfunktionen, Stuttgart 1990.

Miller, D.: Generic Strategies: Classification, Combination and Context, in: Advances in Strategic Management, H. 8 1992, S. 391-408.

Miller, T.: Professionelle Veranstaltungsplanung unter Marketing-Gesichtspunkten, in: GdWZ H. 2 1993, S. 130-134.

Mintzberg, H.; Ahlstrand, B.; Lampel, J.: Strategy Safari, Wien 1999.

Moser, K.S.: Fachliche Heterogenität der TeilnehmerInnen – eine Ressource?, in: GdWZ, H. 6 1999, S. 162-164.

Motamedi, S.: Methoden der Weiterbildung, in: Graf, u.a.(Hrsg.): Seminare 96, 7. Aufl. Bonn 1996, S. 65-72.

Müller, H.-J.; Stürzl, W.: Dialogische Bildungsbedarfsanalyse, in: Geißler, H. (Hrsg.): Neue Qualitäten betrieblichen Lernens, Frankfurt 1992, S. 103-146.

Müller, W.: Gerechtigkeitstheoretische Grundlage der Kundenzufriedenheit, in: Jahrbuch der Absatz- und Verbrauchsforschung, H. 3 1998, S. 239-256.

Müller-Merbach, H.: Operations-Research, 3. Aufl. München 1973.

Münchmeier, A.B.: Zugehen auf eine neue Lebensphase, Seminare zur Vorbereitung auf den Ruhestand, in: Hofmann, L.M.; Regnet, E. (Hrsg.): Innovative Weiterbildungskonzepte, Göttingen 1994.

Nahrstedt, W.; Brinkmann, D.: Neue Zeitfenster für die Weiterbildung, in: GdWZ, H. 4 1997, S. 155-159.

Neal, K.: Abgenabelt, in: m&s, H. 10 1993, S. 22-25.

Neubauer, F.F.: Portfolio-Management, 3. Aufl. Neuwied 1989.

Neumeier, M.: BMW AG, in: Bolender, S. (Hrsg.): Managementtrainer, Frankfurt 1998, S. 110-113.

Nierhaus, H.: Gewerkschaften und Weiterbildung, in: Kreklau, C.; Siegers, J.(Hrsg.): Handbuch der Aus- und Weiterbildung, 15. Erg.-Lfg. Köln 1982.

Nieschlag, R.; Dichtl, E.; Hörschgen, H.: Marketing, 16. Aufl. Berlin 1991.

Normann, R.: Dienstleistungsunternehmen, Hamburg 1987.

o.V.: Gefragt ist, was auffällt, in: w&v, H. 36 1999, S. 228-230.

o.V.: Inspektion von Ist und Soll, in: Manager Seminare, H. 27 1997, S. 44-55.

o.V.: Weiterbildung als strategische Waffe, in: Lernfeld Betrieb H. 3/4 1993, S. 54-55.

Ohlsen, G.: Marketingstrategien in stagnierenden Märkten, Münster 1985.

Olbert, H.: Unterschrift mit Folgen, in: Manager Seminare, H. 36 1999, S. 66-73.

Oliver, R.L.: A Cognitive Model of the Antecedents and Consequences of Satisfaction Decisions, in: JoMR, H. 11 1980, S. 460-469.

Ortner, G.H.: Weiterbildung ohne Werbung, in: w&w, H. 4 1994, S. 22-23.

Oster, S.A.: Modern Competitive Analysis, New York 1990.

Osterloh, M.; Frost, J.: Prozeßmanagement als Kernkompetenz, Wiesbaden 1996.

Pack, M.: Kapazitätsmessung und Kapazitätsplanung in Dienstleistungsbetrieben mit Handwerkscharakter am Beispiel der Kraftfahrzeug-Werkstätten, Frankfurt 1993.

Pampel, J.: Kooperation mit Zulieferern, Wiesbaden 1993.

Parasuraman, A.; Zeithaml, V.A.;Berry, L.L.: Reassessment of Expectations as a Comparison Standard in Measuring Service Quality: Implications for Further Research. in: JoM, H. 1 1994, S. 111-124.

Patterson, W.C.: First-Mover advantage: The Opportunity Curve, in: Journal of Management Studies, H. 3 1993, S. 759-777.

Paulik, H.: Konkurrenz durch Qualität, in: Institut der Deutschen Wirtschaft (Hrsg.), Streitsache: Mehr Markt in der Weiterbildung, Köln 1988, S. 46-51.

Paulson, S. K.: Causal analysis of interdependece - An Intra-organisazional structure, in: American Sociological Review, H. 23 1974, S. 319-325.

Pawlowsky, P.; Bäumer, J.: Betriebliche Weiterbildung. Management von Qualifikation und Wissen, München 1996.

Penrose, E.: The theory of the growth of the firm, New York 1995.

Pepels, W.: Die Bedeutung von Dienstleistungen, in: Pepels, W. (Hrsg.): Kundendienstpolitik, München 1999, S. 1-12.

Pepels, W.: Einführung in das Dienstleistungsmarketing, München 1995.

Pepels, W.: Marketing, 2. Aufl. München 1998.

Perlitz, M.: Wettbewerbsvorteile durch Innovation, in: Simon, H. (Hrsg.): Wettbewerbsvorteile und Wettbewerbsfähigkeit, Stuttgart 1988, S. 47-65.

Peters, M.: Dienstleistungsmarketing in der Praxis, Wiesbaden 1992.

Pfohl, H.C.: Vertikales Marketing, in: Marketing Loseblattsammlung, Poth, L.G. (Hrsg.): Neuwied 1987, S. 8-17.

Phillips, L.W.; Chang, D.R.; Buzzell, R.D.: Product quality, cost position and business performance: A test of some key hypotheses, in: JoM, H. 1 1993, S. 26-34.

Pigou, A.C.: The Economics of Welfare, 4. Aufl. London 1960.

Platzköster, M.: Vertrauen – Theorie und Analyse interpersoneller, politischer und betrieblicher Implikationen, Essen 1990.

Plötner, O.: Das Vertrauen des Kunden, Wiesbaden 1995.

Pohl, K.-H.; Schönfeld, M.; Stöbe, S.: Zertifizierung allein genügt nicht, in: GdWZ, H. 3 1995, S. 131-133.

Porter, M.E. (Hrsg.): Globaler Wettbewerb, Wiesbaden 1989.

Porter, M.E.: Competitive Advantage, New York 1994.

Porter, M.E.: Competitive Strategy, Englewood Cliffs 1983.

Porter, M.E.: The Contributions of Industrial Organisation to Strategic Management, in: Academy of Management Review, H. 4 1981, S. 609-620.

Porter, M.E.: Wettbewerbsstrategien, Frankfurt 1992.

Porter, M.E.: Wettbewerbsvorteile, Frankfurt 1986.

Porter, M.E.; Singh, R.: Marketing Warfare in the 1980´s, in: Journal of Business Strategy, H. 4 1981, S. 30-41.

Preißner, A.; Engel, S.: Marketing, 3. Aufl. München 1997.

Preß, B: Kaufverhalten in Geschäftsbeziehungen, in: Kleinaltenkamp, M.; Plinke, W. (Hrsg.): Geschäftsbeziehungsmanagement, Berlin 1997, S. 63-111.

Probst, G.J.; Gomez, P.: Vernetztes Denken – Die Methodik des vernetzten Denkens zur Lösung komplexer Probleme, in: Hahn, D.; Taylor, B. (Hrsg.): Strategische Unternehmensplanung, Heidelberg 1997, S. 934-953.

Probst; G.; Gomez, P.: Die Methodik des vernetzten Denkens zur Lösung komplexer Probleme, in: Probst, G.; Gomez, P.: (Hrsg.): Vernetztes Denken, Wiesbaden 1991, S. 3-20.

Proff, H.: Hybride Strategien, in: WISt, H. 6 1997, S. 305-307.

Pukke, A. S. : Fortbildung und Umschulung - mehr Chancen auf dem Arbeitsmarkt, München 1991.

Quartapelle, A.Q.; Larsen, G.: Kundenzufriedenheit, Berlin 1996.

Raffée, H.; Gottmann, G.: Marketing-Management von Volkshochschulen, Arbeitspapier 12 des Instituts der Universität Mannheim, Mannheim 1982.

Rall, W.: Strategie für den Weltmarkt, in: Hahn, D.; Taylor, B. (Hrsg.): Strategische Unternehmensplanung - strategische Unternehmensführung, 7. Aufl. Heidelberg 1997, S. 523-541.

Ramme, I.: Marketing, Stuttgart 2000.

Rappaport, A.: Creating Shareholder Value: The new Standard for Business Performance, New York 1986.

Rasch, C.: Wettbewerbsvorteile durch Kernkompetenzen, Frankfurt 1994.

Rasmussen, T.: Entwicklungslinien des Dienstleistungssektors, Göttingen 1977.

Raster, M.: Prozeßarchitektur und Informationsverarbeitung, in: Gaitanides, M. u.a. (Hrsg.): Prozeßmanagement, München 1994, S. 123-142.

Recum, H. von: Bildungsökonomie im Wandel, Braunschweig 1987.

Reibstein, E.; Rieken, H.: Lerneinheit Kursvorbereitung, in: Brokmann-Nooren, C.; Grieb, I.; Raapke, H.-D. (Hrsg.): Handreichungen für die nebenberufliche Qualifizierung in der Erwachsenenbildung, Bonn 1994, S. 67-106.

Reichheld, F.F.: Loyalty-Based Management, in: Harvard Business Review, Nr. 2 1993, S. 64-73.

Reichheld, F.F.; Sasser, W.E.: Zero Defections: Quality Comes to Services, in: Harvard Business Review, H. 4 1990, S. 105-111.

Reitsperger, W.D.; u.a.: Product quality and cost leadership: Compatible strategies, in: Management International Review, H. 3 1993, S. 7-15.

Remersbach, K.U.: Markteintrittsentscheidungen, Wiesbaden 1988.

Remmers, W.: Die Erwachsenenbildung in Schleswig-Holstein, Empfehlungen der Studienkommission für Erwachsenenbildung, in: Erwachsenenbildung, H. 1 1969,

S. 25-29.

Rexrodt, G.: Standortfaktor Qualifikation, in: Kreklau, C.; Siegers, J. (Hrsg.): Handbuch der Aus- und Weiterbildung, 99. Erg.-Lfg. Köln 1996.

Rieser, I.: Konkurrenzanalyse, in: Die Unternehmung, H. 4 1989, S. 302-305.

Robinsohn, S. B.: Bildungsreform als Revision des Curriculum, 5. Aufl. Darmstadt 1975.

Robinson, P.J.; Farris, C.W.; Wind.J.: Industrial Buying and Creative Marketing, Boston 1967.

Rohleder, N.E.: Grundlagen der betrieblichen Personalwirtschaft, Marburg 1995.

Roth, H.: Die realistische Wende in der pädagogischen Forschung, in: Röhrs, H. (Hrsg.): Erziehungswissenschaft und Erziehungswirklichkeit, 2. Aufl. Frankfurt 1967, S. 179-191.

Rühli, E.: The Resource Based View of Strategy, in: Gomez, P. (Hrsg.): Unternehmerischer Wandel, Wiesbaden 1994, S. 31-57.

Sandhusen, R.L.: Marketing, 2. Aufl., New York 1993.

Sandrock, M.: Trainermesse soll normierende Funktion haben. in: Congress & Seminar, H. 2 1989 S. 36.

Sarges, W.; Haeberlin, F.: Marketing für Erwachsenenbildung, in: Sarges, W.; Haeberlin, F.(Hsrg.): Marketing für Erwachsenenbildung, Hannover 1980, S. 18-65.

Schade, C.: Marketing für Unternehmensberatung, Wiesbaden 1996.

Schäffel, M.; Neubutzki, H.J.: The show must go on, in: Management & Seminar, H. 11 1993, S. 22-25.

Schäffner, L.: Betriebliche Weiterbildung als Profit-Center, in: Geißler, H. (Hrsg.): Bildungsmarketing, Frankfurt 1993, S. 260-262.

Schäffter, O.: Kollektive Adressaten der beruflichen Weiterbildung. Der Bedarf an einer erwachsenenpädagogischen Organisationstheorie, in: Hessische Blätter für Volksbildung, H. 1 1992, S. 33-39.

Scharf, A.; Schubert, B.: Marketing, 2. Aufl., Stuttgart 1997.

Scharnbacher, K.; Kiefer, G.: Kundenzufriedenheit, München 1996.

Schelle, H.: Projektabschluß und -auswertung, in: RKW (Hrsg.): Projektmanagement Fachmann, 5. Aufl. Düsseldorf 1999, S. 1185-1206.

Schepansky, N.: Mikroelektronik und Facharbeiterqualifikation. Grundlage für eine Personalentwicklung bei der Einführung neuer Technologien, Berlin 1986.

Scheuch, F.: Dienstleistungsmarketing, München 1982.

Scheuch, F.: Marketing, 4. Aufl. München 1993.

Scheuing, E.E.: Beschaffung von Dienstleistungen, in: Meyer, A. (Hrsg.): Dienstleistungsmarketing, München 1998, S. 1276-1268.

Schewe, C. D.; Hiam, A.: The Portable MBA in Marketing, 2. Auflage New York 1998

Schick, M.: Qualität vor Augen, Weiterbildung als Element des Handelsmarketing, in: Lernfeld Betrieb, H. 3 1991, S. 28-30.

Schierenbeck, H.: Grundlagen der Betriebswirtschaftslehre, 13. Aufl., München 1993.

Schiersmann, C.: Die Qualifizierungsoffensive – Ein Beitrag zur Verbesserung der Weiterbildungssituation von Frauen?, in: Schierholz, H. (Hrsg.): Weiterbildung: Auf der Suche nach einem neuen Profil?, Loccum 1988, S. 146-159.

Schindele, H.: Deutsche Telekom AG, in: Bolender, S.(Hrsg.): Managementtrainer, Frankfurt 1998, S. 128-131.

Schmid, U.: Das Anspruchsgruppen-Konzept, in: WISU, H. 10 1998, S. 1062.

Schmidt, I.: Wettbewerbspolitik und Kartellrecht. Eine Einführung, 3. Aufl., Stuttgart 1990.

Schmiel, M.: Erziehung zum Handeln, in: Baumgardt, J. (Hrsg.): Erziehung in einer ökonomisch technischen Welt. Festschrift für F. Schlieper zum 70. Geburtstag, Freiburg 1967, S. 181-193.

Schmitt-Grohe, J.: Produktinnovationen - Verfahren und Organisation der Neuprodukt-planung, Wiesbaden 1972.

Schnaars, S.P.: When Entering Growth Markets, Are Pioneers Better than Poachers?, in: Business Horizonts, H. 29 1986, S. 27-36.

Schneeweiß, C.: Modellierung industrieller Lagerhaltungssysteme, Berlin 1981.

Schneider, D.: Oberziele von Dienstleistungsanbietern, in: Mayer, A.(Hrsg.): Handbuch Dienstleistungs-Marketing, Stuttgart 1998, S. 164-172.

Schneider, K.; Pflaum, D.: Werbung in Theorie und Praxis, 4. Aufl. Waiblingen 1997.

Schnitzler, L.: Lange Gesichter, in: Wirtschaftswoche, H. 31 1994, S. 46-48.

Scholz, R.; Vrohlings, A.: Prozeß - Struktur - Transparenz, in: Gaitanides, M., u.a. (Hrsg.): Prozeßmanagement, München 1994, S. 37-56.

Schönfeld, M.; Stöbe, S.: Vom Weiterbildungsträger zum Weiterbildungs-dienstleistungs-unternehmen: Ein schwieriger Weg, in: GdWZ, H. 6 1996, S. 359-362.

Schönfeld, M.; Stöbe, S.: Weiterbildung als Dienstleistung, Neuwied 1995.

Schrader, J.: Lehrende in der Weiterbildung: Bildungspolitische Positionen und empirische Befunde zum lebenslangen Lernen, in: Brödel, R. (Hrsg.): Lebenslanges Lernen - lebensbegleitende Bildung, Neuwied 1998, S. 84-95.

Schrader, J.: Lerntypen bei Erwachsenen, Empirische Analysen zum Lernen und Lehren in der beruflichen Weiterbildung, Weinheim 1994.

Schreyögg, G.: Organisation, 2. Aufl. Wiesbaden 1998.

Schreyögg, G.: Organisation, 2. Aufl. Wiesbaden 1998.

Schuler, K.J.: Bildungsmarketing - der neueste Schrei der Bildungsarbeit?, in: Lernfeld Betrieb H. 3 1991, S. 14-17.

Schüller, A.: Dienstleistungsmärkte in der Bundesrepublik Deutschland, Köln 1967.

Schulze, H.S.: Dienstleistungswerbung – Ursachen, Anforderungen und Lösungsansätze der externen Massenkommunikation von Dienstleistungsunternehmen am Beispiel ausgesuchter Printkampagnen, in: JAV, H. 2 1993, S. 139-164.

Schwalbach, J.: Markteintrittsverhalten industrieller Unternehmen, in: ZfB, H. 8 1986, S. 713-727.

Schweiger, G.; Schrattenecker, G.: Werbung. 3. Aufl. Stuttgart 1992.

Schwertfeger, B.: Harvard der Werber, in: w&v, H. 11 2000, S. 166-169.

Seidel, E.; Redel, W.: (1987a): Organisationsformen (I), in: wisu, H. 6 1987, S. 301-306.

Seidel, E.; Redel, W: (1987b): Organisationsformen (II), in: wisu, H. 7 1987, S. 357-382.

Seidel, W.; Stauss, B. : Beschwerdemanagement. Personalpolitische Konsequenzen für Dienstleistungsunternehmen, in: Qualität und Zuverlässigkeit, H. 8 1995, S. 915-920.

Seidel, W.; Stauss, B. : Rechnerunterstütztes Beschwerdemanagement, in: ZWF - Zeitschrift für wirtschaftlichen Fabrikbetrieb, H. 3 1996, S. 97-100.

Shapiro, B. S.; Bonoma, T. V.: How to Segment Industrial Markets, in: Dolan, R.J. (Hrsg.): Strategic Marketing Management, Boston 1991, S. 140-167.

Shenson, H. L.: The Unhappy Client: Who´s to blame?, in: Journal of Management Consulting, H. 6 1991, S. 38-40;

Shostack, G.L.: Planung effizienter Dienstleistungen, in: Harvard Manager, H. 6. 1984, S. 93-99.

Siebert, H.: Ziele und Aufgaben der Erwachsenenbildung, in: Sarges, W.; Haeberlin, F. (Hrsg.) Marketing für Erwachsenenbildung, Hannover 1980, S. 66-76.

Siebert, H.; Seidel, E.: Lernen im Lebenslauf. Studienmaterial 0052 des Fernstudiums Erwachsenenbildung, Kaiserslautern 1995.

Siegert, M.: Wettbewerbsrecht und Direktmarketing, in: Hilke, W. (Hrsg.): Direkt-Marketing, Wiesbaden 1993, S. 51-70.

Simon, H. (Hrsg.): Industrielle Dienstleistungen, Stuttgart 1993.

Simon, H.: Management strategischer Wettbewerbsvorteile, in: Simon, H. (Hrsg.): Wettbewerbsvorteile und Wettbewerbsfähigkeit, Stuttgart 1988, S. 1-17.

Simon, H.: Markteintrittsbarieren, in: Macharzina, K.; Welge, M.K. (Hrsg.): Handwörterbuch Export und internationale Unternehmen, Stuttgart 1989, Sp. 1441-1453.

Sloane, P. F. E.: Wirtschafts- und Berufspädagogik, in: Walter, R. (Hrsg.): Wirtschaftswissenschaften – Eine Einführung, Paderborn 1997.

Sloane, P.F.E.: (1997) Bildungsmarketing in der wirtschaftspädagogischen Perspektive, in: Geißler, H. (Hrsg.): Weiterbildungsmarketing, Neuwied 1997, S. 41-56.

Sloane, P.F.E.: Modellversuchforschung. Überlegungen zu einem wirtschaftspädagogischen Forschungsansatz, Köln 1992.

Sloane, P.F.E.: Theorien für das Handeln, in: Twardy, M.; Sommer, K. (Hrsg.): Berufliches Handeln, gesellschaftlicher Wandel, pädagogische Prinzipien, Festschrift M. Schmiel, Esslingen 1993.

Specht, G.: Lizenz, in: Diller, H. (Hrsg.): Vahlens Großes Marketing Lexikon, München 1992, S. 621-622.

Spencer-Brown, G.: Gesetze der Form, Lübeck 1997.

Stark, G.: Qualitässicherung der Weiterbildung als Aufgabe der Weiterbildungsträger, in: BWP H. 2 1997, S. 25-28.

Stauss, B.: "Augenblick der Wahrheit" in der Dienstleistungserstellung: Ihre Relevanz und ihre Messung mit Hilfe der Kontaktpunkt-Analyse, in: Bruhn, M.; Stauss, B. (Hrsg.): Dienstleistungsqualität, Wiesbaden 1991, S. 345-366.

Stauss, B.: Beschwerdepolitik als Instrument des Dienstleistungsmarketing, in: JAV, H. 1 1989, S. 41-62.

Stauss, B.: Dienstleistungsmarken, in: Bruhn, M. (Hrsg.) Handbuch Markenartikel Band 1, Stuttgart 1994, S. 79-103.

Stauss,B.; Seidel, W.: Beschwerdemanagement. Fehler vermeiden - Leistung verbessern - Kunden binden, München 1996.

Stegmüller, B.: Internationale Marktsegmentierung als Grundlage für internationale Marketingkonzeptionen, Bergisch Gladbach 1995.

Sterne, J.: Customer Service on the Internet, New York 1996.

Strothmann, K.H.: Ursachen der Verletzlichkeit von Geschäftsbeziehungen, in: Backhaus, Diller, H. (Hrsg.): Arbeitsgruppe "Beziehungsmanagement" der wissenschaftlichen Kommision für Marketing im Verband der Hochschullehrer für Betriebswirtschaftslehre, Dokumentation des 1. Workshops vom 27.-28.9.1993 in Frankfurt, S. 107-122.

Strotmann, K.H.: Messen und Ausstellungen, in: Tietz, B.; Köhler, R.; Zentes, J.(Hrsg.): Handwörterbuch des Marketing, Stuttgart 1995, Sp. 1886-1897.

Strunk, G.: Marketing als Instrument der Weiterbildungsplanung, in: Sarges, W.;

Haeberlin, F. (Hrsg.): Marketing für Erwachsenenbildung, Hannover 1980, S. 169-188.

Sudharshan, D.: Marketing Strategy, Englewood Cliffs 1995.

Suppan, E.: Direktwerbung Komplett, Wien 1980.

Suter-Seuling, U.: Bildungsmarketing, Zürich 1996.

Tajima, Y.: Internationales Marketing, in: Tietz, B. (Hrsg.): Handwörterbuch der Absatzwirtschaft, Stuttgart 1974, Sp. 896-909.

Takeuchi, H.J.: Strategic Issues in Distribution, in: Dolan, R.J. (Hrsg.): Strategic Marketing Management, Boston 1991, S. 323-336

Thies, G.: Vertikales Marketing, Berlin, New York 1976.

Thiesing, E.O.: Strategische Marketingplanung in filialisierten Universalbanken, Frankfurt 1986.

Tomczak, T.; Ludwig, E.: Strategische Markenführung für Dienstleistungen, in: Tomczak, T.; Schögel, M.; Ludwig, E.(Hrsg.): Markenmanagement für Dienstleistungen, St. Gallen 1998, S.48-65.

Töpfer, A.: Qualitätscontrolling und -management von Dienstleistungsanbietern, in: Meyer, A.(Hrsg.): Handbuch Dienstleistungs-Marketing, Stuttgart 1998, S. 419-443.

Treis, B.: Standortpolitik, in: Tietz, B. (Hrsg.): Handwörterbuch des Marketing, 2. Aufl. Stuttgart 1995, Sp. 2364-2379.

Treis, B.; Oppermann, R.: Bereiche und Mittel der Dienstleistungsgestaltung, in: Meyer, A. (Hrsg.): Handbuch Dienstleistungs-Marketing, München 1998, S. 784-806.

Triebe, J. K.; Wittstock, M.: Konfliktmanagement, in: RKW (Hrsg.): Projektmanagement Fachmann, 5. Auflage Eschborn 1999, S. 441-466.

Trommsdorf, V.: Innovationsmarketing - Querfunktion der Unternehmensführung, in: Marketing ZFP, H. 3 1991, S. 178-185.

Tucker, S. H.: Pricing for Higher Profit, New York 1966.

Tull, D. S.; Kahle, L. R.: Marketing Management, New York 1990.

Ueding, R.: Determinanten erfolgreicher Messebeteiligungen, in: IfM-News, Institut für Marketing, Westfälische Wilhelms-Universität Münster (Hrsg.): Nr. 1 1996, S. 26-28.

Uehlinger, K.; von Allmen, W.: TQM live, Kilchberg 1999.

Ulrich, H.; Probst, G.: Werthaltung schweizerischer Führungskräfte, Bern 1982.

Urban, G.L.; Hauser, J.R.: Design and Marketing of new Products, 2. Aufl. Englewood Cliffs 1993.

v. Landsberg, G.: Bildungs-Controlling: "What is likely to go wrong?"; in: v. Landsberg, G.; Weiss, R. (Hrsg.) : Bildungscontrolling, Stuttgart 1995, S. 7-27.

v. Rosenstiel, L.: Grundlagen der Organisationspsychologie, 2. Aufl. Stuttgart 1987.

v. Rosenstiel, L.: Motivation im Betrieb, München 1973.

v.d. Oelsnitz, D.: Mikropolitik in Organisationen, in: WISU, H. 5 1999, S. 710-716.

Vavra, T.G.: Rethinking the Marketing Mix to Maximize Customer Retention: An Aftermarketing Perspective, in: Cravens, D.W.; Dickson, P.R. (Hrsg.): AMA Eductor´s Proceedings, Enhancing Knowledge Development in Marketing, Chicago 1993, S. 263-268.

von der Oelsnitz, D.: Ist der „Firstcomer" immer der Sieger, in: M&M, H. 3 1996, S. 109-110.

von Gyldenfeldt, H.: Marketing und emanzipatorische Erwachsenenbildung, in: Sarges, W.; Haeberlin, F. (Hrsg.): Marketing für Erwachsenenbildung, Hannover 1980, S. 77-85.

Walther, P.: Marktstudie: Weiterbildungsanbieter konnten Umsatz wieder steigern, in: Training aktuell, H. 5 2000, S. 8.

Wangen-Goss, M.: Marketing für Universitäten, Spardorf 1983.

Warren, W.E.; Abercrombie, C.L.; Berl, R.L.: Adoption of a Service Innovation, in: A Case Study with managerial implications, in: JoSM, H. 3 1989, S. 21-33.

Watson, C.: Management Development through Training, Reading 1979.

Weber, W.: Weiterbildungsentscheidungen im Betrieb, in: Weber, W. (Hrsg.): Ergebnisse der betriebswirtschaftlichen Bildungsforschung, Paderborn 1983; S. 24-

40.

Webster, F. J.; Wind, Y.: A General Model of Oganizational Buying Behavior, in: JoM, H. 2 1972, S. 12-19.

Weiber, R.: Das Management von Geschäftsbeziehungen im Systemgeschäft, in: Kleinaltenkamp, M.; Linke, W. (Hrsg.): Geschäftsbeziehungsmanagement, Berlin 1997, S. 277-349.

Weiber, R.; Beinlich, G.: Die Bedeutung der Geschäftsbeziehung im Systemgeschäft, in: M&M, H. 3 1994, S. 120-127.

Weihermüller, M.: Die Lizenzvergabe im internationalen Marketing, München 1982.

Weiß, H. C.: Persönlicher Verkauf, in: Handwörterbuch des Marketing, 2. Aufl. Stuttgart 1995, Sp. 1979-1989.

Weiß, R.: Entwicklungstendenzen der betrieblichen Weiterbildung, in: Graf, J. (Hrsg.) : Seminare '96, Bonn 1995, S. 19-34.

Weiß, R.: Weiterbildungscontrolling, in: Schulte, C. (Hrsg.): Lexikon des Controlling, München 1994. S. 823-824.

Wentlandt, A.: Die strategische Positionierung von Finanzdienstleistungsunternehmen, Frankfurt 1993.

Wiedmann, K.P.; Kreuzer, R.: Strategische Marketingplanung, in: Raffée, H.; Wiedmann, K. P. (Hrsg.): Strategisches Marketing, 2. Aufl. Stuttgart 1989, S. 61-141.

Wild, J.: Grundlagen der Unternehmensplanung, 4. Aufl. Opladen 1982.

Wilde, K.D.: Bewertung von Produkt-Markt-Strategien, Berlin 1979.

Will, H. u.a.: Evaluation in der beruflichen Aus- und Weiterbildung, Heidelberg 1987.

Wimmer, F.: Beschwerdepolitik als Marketinginstrument, in: Hansen, U.; Schoenheit, I. (Hrsg.): Verbraucherabteilung in privaten und öffentlichen Unternehmungen, Frankfurt 1985, S. 225-254.

Wind, Y.; Cardozo, R.N.: Industrial Market Segmentation, in: IMM, o.H. 1973, S. 153-166.

Winkelmann, P.: Marketing und Vertrieb, 2. Auflage München 2000.

Wirtz, J.: Dienstleistungsgarantien als wirksames Mittel, um bessere Servicequalität zu erreichen, zu erhalten und zu vermarkten, in: Meyer, A. (Hrsg.): Handbuch Dienstleistungs-Marketing, Stuttgart 1998, S. 828-845.

Witt, F.J.: Innerbetriebliche Weiterbildung, in: Pullig, U. U.; Schäkel, U. (Hrsg.): Weiterbildung im Wandel, Hamburg 1987, S. 211-233.

Wohlgemuth A. C.: Führung im Dienstleistungsbereich - Interaktionsintensität und Produktionsstandardisierung als Basis einer neuen Typologie, in: Zeitschrift Führung und Organisation H. 5 1998, S. 339-345.

Wolff, H.: Die volkswirtschaftliche Bedeutung von Dienstleistungen und ihr Niederschlag in der Statistik, in: Meyer, A. (Hrsg.): Handbuch Dienstleistungs-Marketing, Stuttgart 1998, S. 48-66.

Woratschek, H.: Positionierung - Analysemethoden, Entscheidungen, Umsetzung, in: Meyer, A. (Hrsg.): Handbuch Dienstleistungs-Marketing, Stuttgart 1998, S. 693-735.

Wurzer, J.: Der Ursprung des Wachstum, in: Managerseminare, H. 29 1997, S. 66-70.

Yip, G. S.: Barriers to Entry, Toronto 1982.

Zapf, H.: Industrielle und gewerbliche Dienstleistungen, Wiesbaden 1990.

Zeithaml, V. A.; Parasuraman, A.; Berry, L.L.: Qualitätsservice, Frankfurt, New York 1992.

Zeithaml, V.A.: How Consumer Evaluation Processes Differ between Goods and Services, in: Lovelock, C.H. (Hrsg.): Service Marketing, 2. Aufl. Englewood Cliffs 1991, S. 39-47.

Zeithaml, V.A.; Berry, L.L.; Parasuraman, A.: The Behavioral Consequences of Service Quality, in: JoM, H. 2 1996, S. 31-46.

Zimmermann, H.: Ansätze einer ganzheitlichen Pädagogik bei den unabhängigen Tagungshäusern, in: LAAW (Hrsg.): Neue Impulse für die Weiterbildung, Freiburg 1994, S. 26-35.

zu Knyphausen, D.; Ringsletter, M.: Wettbewerbsumfeld, Hybride Strategien und Economies of Scope; in: Kirsch, W. (Hrsg.): Beiträge zum Management strategischer Programme, München 1991.

Zwingmann, E.; u.a.: Management von Dissens, Frankfurt 1998.